ASSOCIATIONS
FONDATIONS
Congrégations

Collection « Pratique des Affaires »

© GLN JOLY éditions, 1994   Tél. : (1) 44.95.16.20
ISSN 1.248.77.59   Fax. : (1) 45.63.89.89
ISBN 2.907.512.34.X   Minitel : 3616 GLN JOLY
1, avenue Franklin-D.-Roosevelt, 75008 Paris.

ASSOCIATIONS
FONDATIONS
Congrégations

DANIEL LEPELTIER
Directeur de la rédaction des éditions GLN JOLY

YANN STREIFF
Avocat à la Cour

AVANT-PROPOS

Cercle, amicale, comité, club, ligue : la multiplicité des noms que les associations se donnent témoigne déjà de la variété du phénomène. Son importance tient en quelques chiffres révélateurs.

Plus de 600 000 associations ont été créées depuis vingt ans en France, et près de 60 000 par an ces dernières années : celles-ci concernent des enfants comme des personnes du troisième âge, des pêcheurs à la ligne comme des centres de recherche.

LES ASSOCIATIONS DANS L'ÉCONOMIE.

De par leur nombre et leur diversité, les associations ont un réel poids dans l'économie.

Tout d'abord, les associations sont des « employeurs » : plus de 80 000 associations emploient des salariés à temps plein ou temps partiel. Il s'agit plus particulièrement des associations culturelles ou d'enseignement. Ce sont en général de petits employeurs : une très large majorité d'associations emploie moins de neuf salariés, seule une trentaine d'associations emploie plus de 1 000 salariés.

On peut estimer à 790 000 le nombre des emplois à temps plein et 860 000 le nombre des emplois à temps partiel : environ 6 % des salariés travaillent dans une association.

Par ailleurs, les associations représentent des sommes considérables de par leur financement, leur consommation.

Le budget des associations varie évidemment selon leur taille et leur type d'activité. Leurs sources de financement sont diverses : cotisations pour 62 % des associations, produits d'activité pour 57 %, subventions communales (50,4 %), départementales (37,5 %), nationales (25,6 %) et régionales (15,4 %) et dons (17,6 %).

Cette place économique des associations, si elle témoigne d'un certain succès de l'institution, ne comporte pas que des avantages.

En effet, l'association court un risque de banalisation tant au niveau national qu'au niveau européen. La tendance veut que toute association faisant appel au marché, même ponctuellement, soit assimilée juridiquement et fiscalement à l'entreprise, ignorant ainsi la nature même de l'activité. Les rapports des associations avec les pouvoirs publics s'en trouvent plus complexes.

LES ASSOCIATIONS ET LE POUVOIR.

L'association entretient des rapports étroits avec la Politique. Celle-ci peut être impliquée directement : 2,64 % des créations entre 1987 et 1990 portent sur des associations et des clubs politiques. Mais surtout elle peut servir de relai à l'action des pouvoirs publics. L'association a ainsi profité de l'extension des domaines d'intervention de l'Etat depuis une trentaine d'années soit comme interlocuteur de l'administration en regroupant et défendant un groupe d'usagers, soit même en se substituant à l'Etat et aux collectivités publiques, en réalisant des opérations humanitaires, sociales, culturelles, etc.

Cette situation a conduit le législateur à imposer une comptabilité et un commissaire aux comptes aux associations recevant plus d'un million de francs de subventions publiques.

LES FONDATIONS.

Trois traits essentiels rapprochent les fondations des associations et justifient une étude commune : la non-lucrativité, des missions d'intérêt général, et, comme conséquence, un très large préjugé favorable, une sorte d'aura auprès de nos contemporains qui tiennent dans la même méfiance l'Etat et le Profit.

Par contre, quoique plus anciennes, les fondations sont moins connues et ont subi un développement récent moindre, même si quelques-unes d'entre elles ont largement contribué à la médiatisation de l'institution, de façon plus efficace que les deux lois de 1987 et 1990 qui ont réglementé les trois formes de fondations : fondations d'utilité publique, comptes de fondation et fondations d'entreprise.

Ce développement moindre tient au fait que les conditions de création, notamment le montant de la dotation, sont plus exigeantes, et que le champ d'application de la fondation est moindre que celui de l'association et ne concerne que des objets d'intérêt général.

LES CONGRÉGATIONS.

Le troisième volet de ce tryptique est constitué par les congrégations que de nombreux liens rapprochent des associations : un texte unique, la loi de 1901, les régit, et la possibilité pour les congréganistes de se constituer en associations est de plus en plus affirmée. A cela il faut ajouter un renouveau récent : alors qu'il n'y avait quasiment pas eu de reconnaissance entre 1901 et 1970, plus de 200 congrégations ont accompli cette formalité en vingt ans et depuis 1988 la congrégation s'est ouverte à d'autres religions que la religion catholique.

Titre premier

Associations

Chapitre préliminaire

Section 1

Historique

1. Loi de 1901. — La loi du 1er juillet 1901 relative au contrat d'association a été votée afin — essentiellement — de reconnaître une liberté publique et de supprimer une infraction qui frappait toute association ayant pour objet de réunir plus de vingt personnes, sans autorisation préalable (C. pén., art. 291 anc.).

Ce caractère de « liberté publique », qui concernait aussi bien le droit de réunion que le droit d'association, rattache ces deux droits à l'évolution des institutions politiques depuis l'Ancien Régime ; et il est intéressant de constater à quel point, pendant la période qui a séparé la Révolution française du vote de la loi de 1901, le libéralisme à l'égard de l'association est un bon baromètre du libéralisme politique (1). Ce n'est pas un hasard si la stabilisation de nos institutions, au début du XXe siècle, a permis le vote d'une loi encore en vigueur aujourd'hui.

Cet aspect de la genèse de l'association n'a cependant pas empêché d'autres éléments essentiels de jaillir lors du vote de la loi de 1901 et de s'affirmer depuis : caractère contractuel, permanence, personnalité morale et donc aptitude à effectuer certains actes et à fixer certains droits ou biens, autant d'éléments distinctifs qui ont permis à l'association de se développer au point qu'il en existe peut-être aujourd'hui près de 600 000 (2).

Cette loi et le décret du 16 août 1901 pris pour son application concernent non seulement les associations, mais également les congrégations religieuses qui existaient antérieurement et pour lesquelles une tutelle plus large a été maintenue (*infra*, Titre III).

2. Evolution législative. — En quatre-vingt-dix ans d'histoire, ce texte n'a subi, tout compte fait, que des modifications mineures. On signalera notam-

---

1. Sur cette période, cf. notamment : Gérard Sousi, *Les associations*, éd. Dalloz, 1987 ; Jean-Claude Coulon, « Congrès de l'ANCJ », Lyon 1983, *Bull. ANCJ*, décembre 1984, p. 11.
2. E. Alfandari, *Les associations et fondations en Europe*, Juris-service, 1990, p. 108.

ment la procédure de déclaration à la préfecture, qui a été modifiée par la loi n° 71-604 du 10 juillet 1971, le régime d'autorisation préalable des associations étrangères qui a été supprimé par la loi n° 81-909 du 9 octobre 1981 et la capacité de recevoir à titre gratuit, qui a été élargie par la loi n° 87-571 du 23 juillet 1987, pour certaines associations, qui, bien que non reconnues d'utilité publique, présentent néanmoins une certaine utilité sociale (*infra,* n°s 181 et s.), créant ainsi, de ce point de vue des libéralités reçues, une catégorie intermédiaire entre l'association simplement déclarée, et l'association reconnue d'utilité publique.

3. Champ d'application territoriale : Alsace-Moselle. — Si l'application de cette loi a été étendue aux territoires d'outre-mer et à la collectivité territoriale de Mayotte, par contre, la législation locale d'Alsace-Moselle a été maintenue à l'issue de la Première Guerre mondiale. Selon cette législation, résultant des articles 21 à 79 du Code civil local, l'association de droit local doit être inscrite auprès du tribunal d'instance de son siège social, pour obtenir la personnalité morale. Autres particularités importantes, elle peut réaliser des bénéfices et distribuer le boni de liquidation à ses membres. Elle a enfin une compétence plus large, pour posséder des immeubles et recevoir des dons et legs, que l'association simplement déclarée (3).

Il est admis qu'une association de droit local puisse avoir une activité sur le reste du territoire national, et vice versa. Enfin, le transfert de siège d'une association d'Alsace-Moselle dans un autre département entraîne un changement de régime juridique important puisqu'elle sera soumise au droit commun. Elle devra mettre ses statuts en harmonie, donc effectuer une déclaration à la préfecture du siège social, et, le cas échéant, adapter son patrimoine à sa nouvelle capacité. Il est par contre admis qu'il n'y a pas création d'un être moral nouveau.

L'opération inverse (transfert de siège vers l'un des trois départements d'Alsace-Moselle) semble possible aux mêmes conditions.

4. Evolution constitutionnelle et internationale. — La liberté d'association fait partie des principes fondamentaux affirmés par le préambule de la Constitution de 1946, auquel renvoie le préambule de la Constitution de 1958. C'est sur ce fondement que certaines dispositions de la loi n° 71-604 du 20 juillet 1971, permettant à l'Administration de différer le récépissé de déclaration d'une association, a été écartée par le Conseil constitutionnel (4). Au plan international, cette liberté est également reconnue notamment par la Déclaration universelle des droits de l'homme et par la Convention européenne des droits de l'homme.

---

3. En ce sens : *Rev. de droit local,* mai 1992, n° 6, p. 3. Sur cette législation particulière : P. Frey, « Associations d'Alsace-Moselle », *Juris-service ; J-Cl. Alsace-Moselle,* fasc. 176-3 par R. Brichet ; « Guide pratique des associations », Conseil général du Bas-Rhin.

4. Cons. const., 16 juillet 1971 : *D.,* 1971, 685.

5. Proposition de règlement relatif à l'association européenne. — Le règlement portant statut de l'association européenne a été élaboré pour permettre aux associations de pouvoir bénéficier, tout en conservant leur spécificité de société de personnes, des avantages du Grand marché sans frontières au même titre que les sociétés anonymes. Ce règlement répond aux besoins exprimés par ces entités par la voix de leurs représentants au niveau européen, ainsi que par le Parlement européen et le Comité économique et social (*infra,* Textes).

Ce règlement s'adresse à des entités juridiques, exerçant le même type d'activité mais selon des formes différentes, car les législations nationales n'ont pas établi partout des compartimentations rigides entre les formes juridiques prises par les différentes entités (coopératives, mutualités et associations).

La proposition de règlement ne contient pas de dispositions fiscales. Les problèmes fiscaux susceptibles de se poser lors de la constitution ou lors du fonctionnement de l'association européenne, y compris ceux relatifs au transfert de son siège dans un autre Etat membre, devront être réglés par des directives arrêtées selon la procédure de l'article 100 du traité.

6. Evolution économique. — Alors que l'association est née comme une liberté publique, elle s'est développée comme groupement doté de la personnalité morale, réunissant non seulement des personnes physiques, mais également des personnes morales, de droit privé ou de droit public.

Ce développement a été facilité par un objet quasiment sans autres limites que le respect des lois, des bonnes mœurs, de l'intégrité du territoire et du caractère républicain du gouvernement (ces deux dernières restrictions étant le reliquat de l'origine politique de l'association), et un but également très large (« autre que de partager des bénéfices »), au point de constituer avec la coopération et la mutualité un tiers secteur entre le secteur public et le secteur privé capitaliste que la loi n° 83-657 du 20 juillet 1983 a qualifié d'économie sociale.

Ce succès n'est pas sans créer des problèmes, dans la mesure où la tentation a été forte d'utiliser l'association en raison de sa facilité de constitution, ou pour éviter l'application du droit des affaires, ou du droit administratif et des règles de finance et de comptabilité publiques ; ce succès aurait pu faire naître une réaction qui aurait bridé l'association au point de lui faire perdre son caractère originaire de liberté.

Actuellement, un équilibre semble se réaliser entre une liberté de principe qui demeure lors de la constitution, et l'application du droit commun propre à chaque opération, indépendamment de la personne de l'association, afin de protéger les tiers et de respecter un certain équilibre entre les différents agents économiques. S'ajoute le cas échéant un statut particulier lorsque l'association est investie d'une mission d'intérêt général ou de certaines prérogatives (*infra,* n°ˢ 181 et s.).

Section 2

Définition et éléments constitutifs

7. Intérêt théorique et pratique. — Le problème de la définition du contrat d'association, c'est-à-dire du but qui peut lui être légalement assigné et de ses autres éléments constitutifs est essentiel pour déterminer, en présence d'un groupement existant ou à créér, s'il est bien conforme à la loi ou s'il ne s'agit pas d'un groupement d'une autre nature.

Un examen rigoureux s'impose incontestablement lors de la constitution du groupement, car il appartient aux juges du fond de restituer aux contrats — et donc au contrat d'association — leur véritable qualification ; et le fait que le champ d'application de chacun des principaux groupements (société, GIE, GEIE, association) ne soit pas exclusif, mais présente au contraire quelques recoupements partiels avec celui des deux autres, impose néanmoins un tel examen. Simplement, il existe des hypothèses où ce choix n'existe pas.

Afin d'illustrer l'intérêt pratique de ce problème, on rappelera que la notion de société de fait a tendance a être retenue de plus en plus fréquemment par la jurisprudence et qu'elle peut être appliquée le cas échéant à une association (5). En outre, le législateur facilite les requalifications tendant à rendre aux différents groupements leur véritable nature : ainsi en est-il de l'article 43 de la loi n° 77-574 du 7 juin 1977 qui a permis, pendant une courte période, aux sociétés n'ayant aucun caractère lucratif de se requalifier en association, ou de l'article 12 de l'ordonnance n° 67-821 du 23 septembre 1967 sur le GIE qui a permis, dès l'origine, la transformation d'associations ou de sociétés en GIE (*infra*, n° 127).

§ 1. Contrat et personnalité morale

8. Contrat d'association. — L'association est un contrat, c'est-à-dire un acte synallagmatique résultant du concours de plusieurs volontés et produisant des effets à l'égard de chacune des parties. Cette définition résulte de l'article premier de la loi du 1er juillet 1901 : « l'association est la convention par laquelle deux ou plusieurs personnes... ».

A la différence de la société qui peut être constituée dans certains cas par l'acte de volonté d'une seule personne (C. civ., art. 1832, al.1), l'association doit comporter au moins deux membres.

Enfin, comme dans les autres « groupements » ou contrats de collaboration tels que sociétés, GIE, les parties au contrat d'association se réunissent en vue d'une œuvre commune et souscrivent des obligations identiques et

---

5. TC Rennes, 31 janvier 1978 : *Rev. sociétés,* 1978, 779, note R. Plaisant ; Cass. crim., 3 janvier 1983 : *D.,* 1984, J, 615, note Th. Renoux.

non pas des obligations différentes comme dans le bail ou la vente. De plus, et c'est le point important, les parties ont la possibilité, à certaines conditions, de donner naissance à une personne morale, qui personnifiera cette œuvre commune, et dont le but s'identifiera totalement à l'objet du contrat.

9. Personnalité morale. — L'attribution de la personnalité morale résulte, pour l'association, de formalités de publicité comprenant une déclaration à la préfecture du siège social (préfecture de police à Paris), et une mention au *Journal officiel* (L. 1er juillet 1901, art. 5). Toutefois, cette personnalité ne confère aux associations simplement déclarées qu'une capacité restreinte (L., art. 6) appelée couramment « petite personnalité » (*infra*, n° 82), par opposition aux associations reconnues d'utilité publique, jouissant d'une « grande personnalité » (*infra*, n° 166).

Ce caractère n'est qu'une application du principe de spécialité des personnes morales, selon lequel la capacité qui leur est conférée l'est en fonction de l'objet légal et statutaire.

La différence entre les deux types tend cependant à s'atténuer depuis la loi n° 87-571 du 23 juillet 1987 sur le mécénat, en ce qui concerne la capacité de recevoir à titre gratuit. La principale restriction de capacité, affectant les deux types d'association, concerne la propriété des immeubles, limitée à ceux nécessaires au but qu'elle se propose (L., art. 6 et 11).

On notera enfin qu'une association peut très bien être formée sans personnalité morale (L., art. 2). Cette association est dénommée couramment « association non déclarée ».

§ 2. *Mise en commun de connaissances ou d'activités*

10. Objet de l'apport. — Cette mise en commun de connaissances ou d'activités par les membres de l'association n'est pas sans rappeler l'apport en industrie dans le contrat de société, qui porte également sur l'activité de l'associé (6), ce terme d'activité n'étant d'ailleurs pas utilisé par l'article 1832 du Code civil mais par l'article 1843-3, alinéa 6 :

> « L'associé qui s'est obligé à apporter son industrie à la société lui doit compte de tous les gains qu'il a réalisés par l'activité faisant l'objet de son apport. »

A l'opposé la distinction entre activité et connaissance ne semble pas essentielle, les deux concepts étant complémentaires et indissociables : car l'activité humaine est l'expression matérielle d'une connaissance qui, elle, est cérébrale : l'activité n'est que le déploiement d'une connaissance, tandis que la connaissance ne peut être « apportée » et mise en commun que si elle est mise en œuvre ou au moins exprimée, ce qui est déjà une forme d'activité !

Connaissance, activité et industrie représentent donc des stades successifs d'une opération qui implique totalement celui qui la réalise.

---

6. En ce sens, R. Baillod, *Joly Sociétés,* v° « Apport en industrie », nos 4 et s.

Cet apport de connaissance est essentiel à la qualification d'association, et la participation de ses membres ne peut se limiter à une simple cotisation (*infra,* n° 43).

11.   Permanence. — Selon l'article premier de la loi du 1ᵉʳ juillet 1901, la mise en commun de l'activité ou des connaissances doit être effectuée « d'une façon permanente ». Cette exigence a eu pour but, lors du vote de la loi (7), de distinguer l'association de la simple réunion ou de la manifestation qui, par essence, sont éphémères. Elle classe délibéremment l'apport du membre d'association parmi les engagements à exécution successive comme ceux résultant du contrat de location ou du contrat de travail.

Elle implique que la communication d'un savoir-faire (qui n'est qu'une forme particulière de connaissance), à un moment donné, par mise en œuvre ultérieure, constitue plutôt l'apport d'un bien en nature, très fragile quant à l'appréciation de sa valeur, que l'apport de connaissance ou d'activité exigé par la loi (8).

Par contre, cette permanence n'exclut pas la possibilité de constituer une association pour une courte durée, ou pour une durée indéterminée (9).

§ 3.   Le but autre que le partage des bénéfices

12.   Portée de la non-lucrativité. — Ce caractère distinctif de l'association est souvent désigné par le nom de caractère non lucratif. Il convient de bien préciser que cette non-lucrativité concerne non pas tant l'association que ses membres qui ne peuvent en aucun cas se partager les bénéfices réalisés par elle en cours de vie sociale, ou sous forme de boni de liquidation (D., 16 août 1901, art. 15, *infra,* n° 143).

Cette solution a été rapidement dégagée et toujours confirmée par la jurisprudence (10). Les excédents réalisés par l'association viennent donc alimenter une trésorerie dont le montant n'est pas limité par la loi et qui permet, d'une part, de financer les activités qu'elle s'assigne, d'autre part, de développer un fonds social ou des réserves constituant, pour l'établissement en cause, l'équivalent des fonds propres d'une entreprise (11).

13.   Bénéfice et économie. — La notion de bénéfice a également été définie rapidement après la loi de 1901, par l'arrêt « Caisse rurale de Manigod »,

---

7. *JOAN CR,* 1ᵉʳ février 1901.

8. En ce sens, à propos de l'apport en sociétés, R. Baillod, préc. n° 15.

9. A propos de l'association constituée pour l'édification d'une statue, cf. CA Lyon, 17 novembre 1958 : *Gaz. Pal.,* 1959, 1, 195.

10. Cass. civ., 4 août 1909 : *S.,* 1910, 1, 393, note V. Wahl ; Cass. com., 24 novembre 1958 : *Bull. civ.* III, n° 400, p. 399.

11. Rép. min. : *JOAN Q,* 21 mai 1990, p. 2449, n° 25489 ; *Bull. Joly,* 1990, p. 547, § 145.

bien connu sous le nom du groupement ayant donné lieu à cette contestation. Dans cet arrêt, la Cour de cassation (12) définit clairement le bénéfice comme un gain pécuniaire et matériel s'ajoutant à la fortune des associés, et précise en outre que cette notion de bénéfice est la même que celle figurant à l'article 1832 du Code civil relatif au contrat de société.

Cet arrêt a ainsi tracé une ligne de démarcation très précise entre les deux groupements, qui s'est maintenue jusqu'à la modification, par la loi du 4 janvier 1978, de l'article 1832 du Code civil et l'extension du champ d'application du contrat de société (*infra,* n° 15).

La question qui mérite d'être très clairement posée aujourd'hui est de savoir si cette extension du champ d'application du contrat de société qui ne résulte pas de la seule loi de 1978, mais dont cette loi est plutôt l'aboutissement (13), s'est faite au détriment de celui du contrat d'association, ou a au contraire entraîné un « champ commun » aux deux contrats. En l'absence, semble-t-il, de jurisprudence depuis 1978 sur cette question, et compte tenu de l'introduction, dès 1967, d'un troisième groupement, le GIE (14), qui ne justifie plus une délimitation aussi nette qu'en 1914, nous penchons pour le maintien de la définition initiale du contrat d'association excluant la réalisation de bénéfices et permettant la réalisation d'économies par ses membres.

14.   Non-lucrativité, caractère désintéressé et but d'intérêt général. — Il convient de bien préciser que le principe de non-lucrativité tel qu'il vient d'être défini n'implique pas que l'association ait un caractère désintéressé, lequel ne figure pas dans la loi de 1901. Par contre, la capacité de recevoir toutes libéralités suppose, soit la reconnaissance d'utilité publique, laquelle n'est accordée que pour un but d'utilité général (*infra,* n° 148), soit, depuis la loi du 23 juillet 1987, un but exclusif d'assistance ou de bienfaisance (15).

De façon générale, une association peut donc être constituée avec un but intéressé, et n'impliquant pas nécessairement de ses membres un bénévolat.

Section 3

Associations et autres contrats

15.   Société. — Suivant l'article 1832 du Code civil, la société est un contrat par lequel deux ou plusieurs personnes conviennent de mettre en commun des biens ou leur industrie, en vue de partager le bénéfice ou de

---

12.   Cass., Ch. réunies, 11 mars 1914 : *DP,* 1914, 257, note Sarrut.

13.   La loi du 28 juin 1938 sur les sociétés de construction, la loi du 10 novembre 1948 portant statut de la coopération ont, chacune dans leur domaine, consacré l'idée qu'une société pouvait être constituée pour la réalisation d'économies.

14.   D. Lepeltier, E. Buttet, G. Lesguillier, « Les groupements d'intérêt économique : GIE, GEIE », GLN Joly éd., 1990, n° 13.

15.   Cette loi a créé de fait une catégorie d'association intermédiaire entre l'association simplement déclarée et l'association reconnue d'utilité publique (L., 1901, art. 6).

profiter de l'économie qui pourra en résulter. Cette nouvelle définition des sociétés donnée par la loi du 4 janvier 1978 est susceptible de provoquer des difficultés. En effet, à partir du moment où la société a pour but la réalisation d'une économie tout autant que le partage d'un bénéfice, la ligne de partage entre société et association établie de façon très nette par l'arrêt « Caisse rurale de Manigod » semble disparaître. Et, même si cette réforme est l'aboutissement d'une évolution progressive du concept de société, qui tend à assimiler l'économie au bénéfice, elle n'a pas eu pour effet de réduire en conséquence la définition de l'association.

Par contre, l'abandon de la ligne ancienne de démarcation entre la société et l'association peut redonner de l'intérêt à un autre critère de distinction, la mise en commun d'activités ou de connaissances, dont nous avons montré la grande similitude avec l'apport en industrie (*supra,* n° 10). En effet, si l'apport en capital (en nature ou en numéraire) n'est pas expressément prévu, sa validité est aujourd'hui reconnue (*infra,* n° 35) ; mais un tel apport ne devrait pas exclure totalement l'apport d'activités ou de connaissances et une association ne pourrait donc être constituée valablement, qu' en exigeant de ses membres une participation autre que financière (*supra,* n° 10).

16.   Groupement d'intérêt économique et groupement européen d'intérêt économique. — La définition de l'association pourrait la rapprocher du GIE et du GEIE, mais deux différences essentielles existent entre la première et les seconds. Dans les seconds, en effet, chaque membre doit avoir une activité économique et l'objet doit en être de faciliter ou de développer cette activité économique. Alors que, dans l'association, il n'est pas nécessaire que les membres aient une activité économique, et, surtout, le but de l'association n'a pas à être le prolongement de cette activité.

Il résulte de ces différences que l'association s'impose chaque fois que ses membres poursuivent un but non économique (culturel, sportif ou de loisirs, etc.) ou altruiste, sans lien avec leur activité ou n'ayant qu'un lien lointain avec celle-ci.

Par contre, lorsque les éléments constitutifs du contrat de groupement d'intérêt économique (GIE ou GEIE) sont réunis, on peut se demander parfois si le recours à l'association déclarée ne serait pas possible ; dans ce cas, le choix entre les deux contrats sera fonction de l'objet (y aura-t-il participation effective à la production ou à la commercialisation des produits ou services et conclusion de contrats avec des tiers, fournisseurs ou clients), de l'actif (y aura-t-il un patrimoine propre important qui suppose des apports corrélatifs et une possibilité de partage en cas de dissolution ou de retrait), des membres présents et futurs (doit-il y avoir « élargissement à d'autres personnes que les professionnels directement concernés »).

17.   Société coopérative. — Les recoupements possibles entre associations et sociétés coopératives sont d'autant plus évidents que le partage des bénéfices a toujours été limité dans la coopérative et que les deux types de groupements appartiennent au secteur de l'économie sociale consacré par la loi n° 83-657 du 20 juillet 1983.

On ajoutera que l'objet des coopératives tel qu'il résulte de l'article premier de la loi n° 47-1775 du 10 septembre 1947 faisait exception jusqu'en 1978 à la définition générale du contrat de société, et que leur rattachement était plus un rattachement légal que la conséquence de leurs différents caractères distinctifs.

Par contre, l'article 28 de cette loi réglemente l'usage du qualificatif de « coopérative », de sorte qu'une association ne peut l'utiliser en l'état actuel de la législation. Bien souvent ce sera donc la volonté d'adopter cette dénomination, et d'appartenir au mouvement coopératif, qui guidera le choix des fondateurs (16).

18. Syndicat professionnel. — L'objet du syndicat est l'étude et la défense des intérêts économiques, industriels, commerciaux et agricoles de ses membres. Cet objet est plus limité que celui de l'association mais n'est pas fondamentalement différent : si toute association ne peut pas se constituer en syndicat, on peut remarquer que tout syndicat peut se constituer en association.

La dualité de groupement est d'origine historique. L'autorisation des syndicats (loi du 2 mars 1884) a précédé celle des associations (loi de 1901), sans que cette dernière législation englobe la précédente.

En pratique, lorsque le choix existe, celui-ci se porte sur le syndicat.

La liberté syndicale est inscrite dans le préambule de la Constitution de 1946 auquel se réfère celui de la Constitution de 1958 : il s'agit d'une liberté publique au même titre que la liberté d'association.

Cette liberté syndicale suppose la liberté de constitution, d'adhésion ou de non-adhésion à un syndicat et entraîne le pluralisme syndical selon lequel il peut exister plusieurs syndicats dans une même branche d'activité. Certains pays connaissent, au contraire, un régime de syndicat unique qui n'est pas sans rappeler nos corporations de l'ancien droit ou nos ordres qui structurent certaines professions libérales réglementées (médecins, géomètres...).

La possibilité de constituer un syndicat appartient à toutes personnes exerçant la même profession ou des professions similaires ou connexes, en qualité de salariés, d'artisans, de commerçants ou de membres de professions libérales.

Les officiers ministériels ne peuvent constituer des syndicats professionnels, le droit syndical étant exercé par les chambres et conseils ordinaux. Egalement, mais parce qu'il ne s'agit pas d'activité professionnelle, les bailleurs d'immeubles ou les étudiants ne peuvent constituer de syndicat.

Dans ces diverses hypothèses, il est recouru en pratique à l'association déclarée.

---

16. Cf. *Joly Sociétés,* v° « Coopératives ».

Au plan de la capacité, le syndicat est doté de la personnalité morale mais celle-ci est limitée à la réalisation de son objet qui lui permet d'acquérir à titre gratuit ou onéreux.

19.   Associations et autres contrats. — Les tribunaux, dans le cadre de leur pouvoir souverain d'appréciation, ont été amenés à requalifier en contrat de transport le baptême de l'air organisé par une association au profit d'un membre d'honneur, dont l'adhésion a été considérée comme de pure forme (17). Cette solution illustre parfaitement le risque de requalification connu par une association dont les liens avec tel ou tel de ses « membres » se limitent à la fourniture d'un bien ou d'une prestation, moyennant le versement d'une cotisation, qui sera susceptible d'être analysée comme le prix de ce bien ou de cette prestation. D'ailleurs, le contrat d'association n'est pas exclusif de toute vente ou de toute prestation de service entre l'association et chacun de ses membres, mais il convient de bien déterminer dans les versements, ce qui relève de la cotisation de membre, et ce qui relève du prix de l'objet ou de la prestation (*infra,* n° 43).

---

17.   Cass. 1re civ., 5 février 1980 : *JCP*, 1980, II, 19461, note P. Chauveau.

Chapitre premier

Constitution de l'association

Section 1

Membres

20. Pluralité des membres. — Ainsi que cela a déjà été précisé (*supra*, n° 8) l'article premier de la loi du 1er juillet 1901 définit l'association comme une convention et exige donc l'existence de deux membres au moins ; il en résulte que comme pour le GIE, et à la différence de la société, la constitution d'une association par une seule personne se trouve interdite.

21. Personnes physiques ou morales. — Par contre, ce texte ne précise pas si les membres doivent être exclusivement des personnes physiques, ou si elles peuvent être des personnes morales ; nous admettrons *a priori,* sous réserve de l'examen des restrictions propres à chaque type de personne morale, que ce silence vaut permission. Certes, le caractère de liberté du droit des associations (*supra*, n° 1) aurait pu permettre une conception de l'association limitée aux personnes physiques, seules titulaires de droits politiques. Cependant une telle solution restrictive ne s'est inscrite ni dans les textes, ni dans la pratique des associations depuis quatre-vingt-treize ans.

22. Consentement. — Conformément à l'article 1108 du Code civil, auquel renvoie implicitement l'article premier de la loi de 1901, le contrat d'association suppose notamment le consentement et la capacité des membres : le consentement ne doit pas avoir été donné par erreur, ni extorqué par violence ou surpris par dol (C. civ., art. 1109), sous peine de la nullité de son adhésion.

En règle générale, la nullité d'une adhésion n'aura pas pour effet d'entraîner la nullité ou la dissolution de l'association elle-même, compte tenu du nombre de membres qu'elle regroupe. Il pourra cependant en aller différemment, lorsque cette nullité aura pour effet de faire tomber le nombre des membres au-dessous du nombre fixé par les statuts, ou par une loi spéciale, comme par exemple, la loi n° 57-724 du 27 juin 1957 dont l'article 5, alinéa 2, dispose que toute création éventuelle d'association colombophile dans une commune où il en existe déjà une devra réunir un minimum de cent nouveaux colombophiles.

Il pourrait également advenir que dans une association particulièrement restreinte, l'engagement de chaque membre soit la cause de l'engagement des autres, ou bien que l'engagement de l'un d'eux ait une importance telle (par exemple apport d'un immeuble essentiel à la réalisation de l'objet) que la nullité de cet engagement entraîne la nullité de l'association.

On notera enfin que si la liberté d'adhérer à une association est un principe fondamental (18), ce principe a subi des exceptions du fait de la loi qui crée des associations obligatoires à objet spécial : l'ordonnance n° 59-29 du 7 janvier 1959 a rendu obligatoire l'affiliation des entreprises aux associations pour l'emploi dans l'industrie et le commerce (Assedic) ; la loi n° 75-988 du 29 octobre 1975 sur le développement de l'éducation physique et du sport, qui crée obligatoirement une association sportive dans tout établissement de second degré (public ou privé) [art. 4], etc.

23.   Capacité des personnes physiques. — Pour apprécier la capacité d'un membre à adhérer à une association, il faut prendre en considération l'étendue de l'engagement résultant de cette adhésion, et la comparer avec les pouvoirs dont dispose le futur membre.

En règle générale, pour les mineurs et les majeurs protégés, il conviendra d'obtenir l'autorisation ou l'assistance du représentant légal, tuteur ou curateur. Mais les membres n'étant pas, en général, responsables des dettes de l'association et s'obligeant seulement à verser des cotisations et, le cas échéant, un droit d'entrée, on admet que l'autorisation peut être tacite et résulter du silence du représentant légal de l'incapable. Si, en vertu d'une disposition statutaire édictant la responsabilité des sociétaires, l'incapable devait être tenu indéfiniment d'une quote-part des dettes sociales, il conviendrait de suivre les règles applicables en matière de société civile.

En ce qui concerne les époux, dès lors qu'il n'y a pas d'apport en nature, l'adhésion ne pose aucun problème de capacité et relève des pouvoirs propres de chaque époux. Il semble même que la validité de l'association entre époux, ou entre seuls époux, n'ait jamais été contestée, l'interdiction aujourd'hui disparue ne visant que la société entre époux.

24.   Cas particuliers des militaires. — Il résulte des dispositions des articles 9 et 10 de la loi n° 72-662 du 13 juillet 1972 portant statut général des militaires, que :

— il est interdit aux militaires en activité de service d'adhérer à des groupements ou associations à caractère politique ;

— les militaires servant au titre du service national qui seraient membres de groupements politiques ou syndicaux avant leur incorporation ou leur rappel à l'activité peuvent y demeurer affiliés, en s'abstenant toutefois de toute activité politique ou syndicale pendant leur présence sous les drapeaux ;

---

18.   C'est ainsi qu'il a été jugé qu'un groupement qui déciderait de l'adhésion en bloc de ses membres à telle ou telle association n'agirait pas valablement et qu'une association ainsi constituée manquerait de base légale : Cass. civ., 23 février 1960.

— l'existence de groupements professionnels militaires à caractère syndical ainsi que l'adhésion des militaires en activité de service à des groupements professionnels sont incompatibles avec les règles de la discipline militaire.

Les militaires peuvent adhérer librement aux groupements autres que ces groupements professionnels. Toutefois, s'ils sont en activité, ils doivent rendre compte à l'autorité militaire des fonctions de responsabilité qu'ils y exercent et le ministre peut leur imposer d'abandonner lesdites fonctions et, le cas échéant, de démissionner du groupement (19).

25. Capacité des sociétés. — S'il n'y a pas d'obstacle de principe à la participation d'une société à une association, la principale difficulté tient à la conformité de cette participation avec l'objet social. En effet, sans exagérer à l'excès les différences entre les deux groupements (*supra*, n° 15), le caractère non lucratif de l'association peut être en opposition avec le but lucratif de la société. Mais de nombreux éléments peuvent atténuer cette opposition et justifier la participation d'une société à une association, sans que ni l'une ni l'autre ne perde son âme. D'une part, la ligne de démarcation entre la société et l'association est devenue plus floue du fait de la nouvelle rédaction de l'article 1832 du Code civil. Pourquoi, dès lors que deux groupements dont l'objet est analogue peuvent être constitués soit sous forme de société, soit sous forme d'association, empêcher la participation d'une société à une association, qui s'avérerait être en conformité totale avec l'objet de la société ? En effet, une société qui aurait pu tout à fait légalement se constituer sous forme d'association, doit pouvoir participer à une association pour réaliser son objet.

D'autre part, le développement du mécénat, ces dernières années, montre tous les avantages indirects qu'une entreprise « capitaliste » peut tirer de la participation à une œuvre désintéressée, culturelle, humanitaire ou autre.

En résumé, la participation d'une société à une association est une question d'espèce, fonction de l'objet de l'une et de l'autre, et ne peut appeler un rejet de principe.

26. Capacité des GIE et GEIE. — La participation d'un GIE ou d'un GEIE à une association se pose dans les mêmes termes que pour les sociétés et appelle la même réponse.

27. Capacité de l'association. — L'aptitude d'une association à participer à une autre association ne pose aucun problème de principe. Il existe même, dans certains secteurs associatifs, des associations constituées exclusivement d'associations qu'elles fédèrent. Ces unions d'associations font l'objet d'une réglementation spécifique (D. 16 août 1901, art. 7).

---

19. Cf. également, D. n° 75-675, 28 juillet 1975 portant règlement de discipline générale dans les armées et pour les membres des associations sportives effectuant leur service national, L. n° 75-988, 29 octobre 1975, art. 15.

28. Capacité des personnes morales de droit public. — La participation des personnes morales de droit public aux associations a toujours été admise en principe. Elle a par contre été plus ou moins favorisée par les pouvoirs publics selon les époques. Pour s'en tenir à une période récente, on peut constater que dans les années 1970, l'idée dominante était que le secteur public n'avait pas le monopole des œuvres sociales et qu'il valait mieux parfois s'associer à une initiative privée désintéressée que de faire supporter ces œuvres par la collectivité. Certains abus résultant d'associations exclusivement financées par des collectivités locales ont entraîné depuis quelques années un mouvement de recul.

Section 2
Objet

29. Principe. — L'objet assigné à une association peut être extrêmement varié, aussi varié que l'activité humaine, les seules restrictions résultant de l'article 3 de la loi du 1er juillet 1901 : « Toute association fondée sur une cause ou en vue d'un objet illicite, contraire aux lois, aux bonnes mœurs, ou qui aurait pour but de porter atteinte à l'intégrité du territoire national et à la forme républicaine du Gouvernement, est nulle et de nul effet ».

En pratique, l'objet des associations est extrêmement varié, depuis le club très restreint de joueurs de belote ou de pêcheurs à la ligne, qui se réunissent quelques dizaines de fois par an, jusqu'aux groupements d'entreprises, en charge d'intérêts importants, ou aux œuvres sociales, gérant de nombreux établissements de soins.

La liste des associations spécialement réglementées donne un panorama intéressant (*infra*, p. 181).

30. Objets illicites ou immoraux. — La restriction résultant de l'article 3 précité a servi de fondement à une jurisprudence très abondante. Ont été considérés comme illicites :

— un groupement constitué en vue de défendre les intérêts de la prétendue « profession » des chiropracteurs, laquelle ne peut être exercée que par des personnes titulaires du diplôme d'Etat de docteur en médecine, alors même que ce groupement soutenait qu'il s'était constitué essentiellement en vue d'obtenir la promulgation d'un statut légal des chiropracteurs et proposait de supprimer de ses statuts la mention concernant la défense des « intérêts professionnels » (20) ; ou le syndicat constitué entre acuponcteurs non médecins ;

— une association qui n'a été créée que pour recevoir une libéralité (21) ;

---

20. CA Paris, 1re Ch., 2 décembre 1970 : *JCP*, éd. G, 1971, II, 16622 ; *Bull. Joly*, 1971, p. 96, § 30.
21. Cass. 3e civ., 3 mai 1973 : *Bull. civ.* III, p. 219, n° 304 ; *AJPI*, 1974, 131 ; *JCP*, éd. G, 1974, II, 17893 ; *Bull. Joly*, 1975, p. 124, § 72.

— une association ayant en effet pour but de mettre en rapport des personnes, afin qu'elles concluent un accord de « mère porteuse ». Une telle convention porte sur des objets qui ne sont pas dans le commerce, et elle est contraire au principe d'ordre public de l'indisponibilité de l'état des personnes (22) ;

— une association qui a pour objet la « promotion de la chasse et de la pêche à l'arc » car, selon l'article 373 du Code rural et la loi du 1er août 1986, ce procédé n'entre pas dans la catégorie de ceux autorisés pour la pêche ou pour la destruction de gibiers ; en conséquence, l'activité considérée constitue une infraction pénale (23).

Par contre, aucun texte n'interdit aux propriétaires acquéreurs de lots dans un lotissement de se constituer en association déclarée pour la défense d'un intérêt commun consistant à obtenir du lotisseur l'exécution de son obligation, conformément aux clauses et conditions du cahier des charges approuvées par arrêté préfectoral (24). Il est utile de remarquer qu'en la matière l'objet à considérer par les tribunaux n'est pas obligatoirement l'objet statutaire, mais celui réel de l'association, tel qu'il peut apparaître ultérieurement et qu'un objet licite lors de la constitution de l'association peut devenir illicite par la suite (25).

31. Sanction : dissolution judiciaire. — On notera tout d'abord que le caractère illicite d'une association ne peut donner lieu à un contrôle *a priori* lors du dépôt prescrit pour obtenir la capacité juridique (26).

Par contre, en cas de nullité prévue par l'article 3, la dissolution de l'association est prononcée par le tribunal de grande instance, soit à la requête de tout intéressé, soit à la diligence du ministère public.

Le tribunal peut ordonner, par provision et nonobstant toute voie de recours, la fermeture des locaux et l'interdiction de toute réunion des membres de l'association (L. 1901, art. 7).

Les fondateurs, directeurs ou administrateurs de l'association qui se serait maintenue ou reconstituée illégalement après le jugement de dissolution sont passibles d'une amende et d'un emprisonnement de six jours à un an (L. 1901, art. 19).

32. Cas particuliers de dissolution administrative : groupes de combat et milices privées. — Outre le cas général de dissolution judiciaire fondé sur l'article 3 de la loi de 1901, deux textes spécifiques ont prévu des possibilités

---

22. CA Paris, 1re ch. A, 11 octobre 1988 : *Bull. Joly*, 1989, p. 340, § 116, note B. Saintourens.
23. CA Paris, 27 février 1989 : *RTD com.*, octobre-décembre 1989, p. 689, n° 7.
24. Cass. 3e civ., 20 mars 1978 : *Bull. civ.*, 1978, III, p. 99, n° 127 ; *Bull. Joly*, 1978, p. 759, § 338.
25. Cass. 1re, civ., 23 février 1972 : *JCP*, éd. N, 1972, II, 17129 ; CE, 15 juillet 1964 : *Rec. CE*, 1964, p. 407, relatif aux revendications d'indépendance de la Polynésie française par une association créée à Tahiti avant l'entrée en vigueur de la constitution française du 4 octobre 1958, art. 72 et 74, ne permettant plus de remettre en cause l'appartenance à la République d'un territoire d'Outre-mer.
26. T. adm., Paris, 25 janvier 1971 : *JCP*, éd. G, 1971, II, 16828. Dans le même sens, *JCP*, éd. N, 1971, II, 16832, et CE, 16 juillet 1971 : *JO*, 18 juillet 1971, p. 7114.

de dissolution administrative : tout d'abord, la loi du 10 janvier 1936 sur les groupes de combat et milices privées dispose, sous son article premier, que seront dissous, par décret, toutes les associations ou groupements de fait :

— qui provoqueraient à des manifestations armées dans la rue ;

— ou qui, en dehors des sociétés de préparation au service militaire agréées par le Gouvernement, des sociétés d'éducation physique et de sport, présenteraient, par leur forme et leur organisation militaire, le caractère de groupes de combat ou de milices privées ;

— ou qui auraient pour but de porter atteinte à l'intégrité du territoire national ou d'attenter par la force à la forme républicaine du Gouvernement ;

— ou dont l'activité tendrait à faire échec aux mesures concernant le rétablissement de la légalité républicaine ;

— ou qui auraient pour but soit de rassembler des individus ayant fait l'objet de condamnation du chef de collaboration avec l'ennemi, soit d'exalter cette collaboration ; le Conseil d'Etat, saisi d'un recours en annulation de la décision, devra statuer d'urgence sans toutefois qu'un délai lui soit imposé ;

— ou qui, soit provoqueraient à la discrimination, à la haine ou à la violence envers une personne ou un groupe de personnes à raison de leur origine ou de leur appartenance ou de leur non-appartenance à une ethnie, une nation, une race ou une religion déterminée, soit propageraient des idées ou théories tendant à justifier ou encourager cette discrimination, cette haine ou cette violence.

Il avait été jugé que ce décret n'avait pas à être motivé (27). Par contre une telle décision relèverait de la loi du 11 juillet 1979 sur la motivation des actes administratifs (28).

En vertu de ce texte, le Conseil d'Etat a rejeté une requête en nullité pour excès de pouvoir d'une décision de dissolution d'une association (SAC) qui, tant en raison de ses activités que de sa forme et de son organisation, présentait un tel caractère et tombait sous le coup de ces dispositions (29).

La dissolution prévue par la loi du 10 janvier 1936 peut être prononcée sans que l'association ait été mise à même de présenter sa défense (30).

L'article 2 de la même loi punit également quiconque aura participé au maintien ou à la reconstitution, directe ou indirecte, d'une association ou d'un groupement ainsi dissous par décret. Si le coupable est étranger, le tribunal devra, en outre, prononcer l'interdiction du territoire français.

Par contre, il a été décidé qu'il ne pouvait être reproché à une association dissoute de ce chef, de regrouper dans une nouvelle association les anciens membres de celle-ci en vue d'œuvres sociales (31).

27.   CE, 4 avril 1936 : *S.*, 1936, 3, 43 ; DP, 1936, 3, 38. La décision doit être seulement notifiée, et non affichée (CE, 29 décembre 1937 : *Rec. CE,* 1937, p. 1102).

28.   CE, 4e et 1re s.s., 31 octobre 1984 : *D.*, 1985.201, note C.S.

29.   CE, 2e et 6e s.s., req., n° 44910, 13 février 1985 : *Bull. Joly*, 1985, p. 535, § 170-1.

30.   CE, 21 juillet 1970 : *Rec. CE,* 1970, p. 499 ; CE, 13 janvier 1971, *Rec. CE,* 1971, p. 31.

31.   CA Paris, 7 juin 1938, « Aff. Association des croix de feu » : *Gaz. Pal.*, 1938, 2, 391.

33. Autres cas de dissolution administrative : groupements de jeunesse. — L'ordonnance du 2 octobre 1943 portant statut provisoire des groupements de jeunesse prévoit, dans son article 7, que peuvent être dissous par l'Etat tous groupements, associations, unions ou fédérations de jeunesse :

a) Poursuivant en fait un but commercial ou lucratif ;

b) Ayant une activité contraire à la liberté de conscience et à la liberté des cultes ;

c) Ayant une activité dirigée contre les institutions républicaines ;

d) Dont l'organisation ne présente pas de garanties techniques suffisantes par rapport au but assigné par les statuts.

Il a également été jugé que cette décision n'avait pas à être motivée (32), mais elle relèverait semble-t-il de la loi sur la motivation des actes administratifs (*supra*, n° 32).

Section 3

Apports et autres ressources

§ *1. Apports*

34. Particularités de l'apport à l'association. — Quelle que soit la personne morale bénéficiaire, l'apport est l'affectation de façon permanente d'un bien en nature ou d'une somme d'argent, destinée à permettre la réalisation de l'objet social. Dans la société, cet apport est réputé être un acte à titre onéreux dans la mesure où l'apporteur reçoit une contrepartie sous forme de parts sociales.

Dans l'association, du fait de la difficulté de cerner cette contrepartie, la validité de l'apport a été contestée par le passé ; actuellement, l'apport appelle encore certaines précautions pour que sa validité ne puisse être contestée.

35. Licéité de principe. — La licéité de l'apport à l'association ne résulte pas de la loi du 1er février 1901, qui n'en traite pas, mais du décret du 16 août 1901, qui prévoit cet apport, de façon incidente, à propos de sa reprise lors de la liquidation de l'association.

Cette validité a été confirmée par l'article 9 de la loi de finances pour 1936, qui a expressément soumis les apports immobiliers aux associations et aux syndicats aux mêmes droits que les apports en société.

On notera également que, si le problème de validité s'est posé essentiellement pour les apports en nature, et plus particulièrement les apports immobiliers, il est admis que l'association peut recevoir toutes sortes de biens :

---

32. CE, 16 avril 1947 : *Rec. CE,* 1947, p. 533.

meubles, immeubles, numéraires. Il est en effet admis que la liste figurant à l'article 6 de la loi et visant les ressources financières des associations n'a aucun caractère limitatif et que les associations peuvent recueillir d'autres biens ou revenus (*infra*, n° 42).

36. Distinction entre apport et libéralité. — Malgré le principe de licéité de l'apport, il est essentiel que les conditions de validité de cet apport soient remplies afin qu'il ne risque pas une requalification en libéralité, dont les conséquences civiles ou fiscales pourraient être nombreuses : rappelons en effet que les libéralités ne sont autorisées qu'au profit des associations reconnues d'utilité publique et de certaines associations d'assistance, de bienfaisance ou de recherche scientifique ou médicale (L. 1901, art. 6 et 11).

Ce problème est d'autant plus difficile que la frontière entre l'acte à titre onéreux et l'acte à titre gratuit n'est pas aussi évidente que pourrait le laisser croire le Code civil. Indépendamment de l'élément intentionnel (l'intention libérale, d'autant plus difficile à cerner qu'elle est rarement exprimée dans l'acte de donation), la donation se caractérise par l'absence de contreprestation. Mais dans l'apport à l'association, la contre-prestation peut être un avantage, évaluable ou non en argent ou même un simple avantage « moral » (33) dont l'apporteur est le principal juge : à titre d'exemple, une entreprise peut avoir avantage à apporter un terrain à usage de sport à une association sportive constituée entre ses salariés ; ou un simple particulier peut avoir un avantage à apporter un terrain voisin de sa propriété à une association de golf, pour la diffusion de ce sport... ou en raison de l'agrément que constituera pour lui une telle proximité !

37. Apport avec charge. — La distinction avec la libéralité est d'autant plus difficile que — comme elle — l'apport peut être consenti avec charge. Et la charge peut être « altruiste » ou purement « égoïste », stipulée dans l'intérêt de l'apporteur. La principale charge qui peut venir à l'esprit est l'affectation de l'immeuble apporté : par exemple, à usage de terrain de golf, ou d'hôpital ou encore de maison de retraite. Compte tenu de la capacité limitée de l'association (*infra*, n° 82), on remarquera que l'objet lui-même, conçu de façon limitée peut constituer une affectation implicite, mais si l'apporteur souhaite se prémunir totalement il est préférable de bien stipuler cette affectation (34).

38. Qualité de l'apporteur. — La notion particulièrement large d'intérêt moral, peut sans doute permettre un apport à une association par une personne qui n'est pas membre formellement et ne le devient pas (35). Il sem-

---

33. CA Lyon, 8 juin 1971.
34. On notera que l'apport avec charge peut être très lourd avec le temps, et ce, d'autant que le dispositif de révision (C. civ., art. 900-2 à 900-8) n'existe que pour les libéralités avec charges et non pour le cas d'apport.
35. Gény, « Les apports aux associations » : *RTD civ.*, 1930, p. 662.

ble néanmoins que le principal intérêt de l'apporteur réside dans la qualité de membre (36) et l'apport par un non-membre constitue selon nous un risque inutile de requalification en libéralité.

Par contre, l'apporteur ne doit pas nécessairement rester membre à vie et sa qualité de membre ne passera pas nécessairement sur ses ayants droit, même si ceux-ci bénéficient du droit de reprise de l'apport.

39. Reprise d'apport. — Nous avons précisé (*supra*, n° 35) que le seul texte qui ait reconnu l'apport à l'association est l'article 15 du décret du 16 août 1901 qui prévoit la reprise d'apport lors de la liquidation de l'association. Certains auteurs ont conféré un effet automatique à cette reprise et ont même justifié le caractère onéreux de l'apport par ce droit de reprise (37). Cette solution n'a pas été admise par la jurisprudence (38), à juste titre à notre avis, car le droit de reprise n'a pas de caractère automatique, et ses effets doivent être soigneusement examinés dès l'apport, si l'apporteur veut éviter que cette reprise soit laissée à la discrétion de l'assemblée qui statuera sur la liquidation (*infra*, n° 143). Il convient de bien préciser que l'apport, même assorti d'un droit de reprise, se distingue d'une simple mise à disposition, en ce qu'il entraîne un transfert de propriété, et donc une partie du patrimoine de l'apporteur, du bien apporté. Certes, l'apporteur conserve une créance — le droit de reprise. Mais cette créance n'est qu'éventuelle et ne constitue pas à elle seule la contrepartie de l'apport, qui réside également dans l' « avantage » tiré de l'apporteur (*supra*, n° 36).

40. Effets de l'apport. — Sauf stipulation particulière résultant, par exemple, d'un simple apport en jouissance, l'apport opère transfert de propriété au profit de l'association, jusqu'à sa liquidation. Sous réserve du respect de ses règles de fonctionnement ou de tutelle, l'association peut librement en disposer, le vendre, le donner en gage, etc. Ici encore il faut analyser le droit de reprise comme n'étant qu'un droit éventuel, et non, semble-t-il, comme une condition résolutoire susceptible d'entraîner l'anéantissement rétroactif des droits consentis du chef de l'association (39).

41. Comptabilisation des apports. — Les apports sont comptabilisés par l'association bénéficiaire au passif du bilan, en classe 1, « comptes de capitaux », sous une rubrique « fonds associatifs et réserves ». A l'intérieur de ce compte, il est effectué une distinction entre les fonds associatifs avec droit de reprise (compte 103) et sans droit de reprise [compte 102] (40).

---

36. En ce sens : G. Sousi, *Les associations*, p. 55, n° 179.
37. Hardouin, « Les apports aux associations » : *D.*, 1933, p. 140.
38. Cass. 19 novembre 1940 : *S.*, 1943.1.9 note Gény.
39. En sens contraire : G. Sousi, préc., p. 53, n° 162.
40. CNCC, *Les associations — Nomenclature comptable*, tome II, p. 63.

§ 2.   *Droit d'entrée et cotisations*

42.   Objet et nature juridique. — Alors que l'apport est destiné à constituer les fonds propres de l'association, la cotisation couvre les frais de fonctionnement. Sa périodicité est donc *a priori* annuelle, comme le compte d'exploitation de l'association. Si, en théorie, une association peut fonctionner uniquement avec l'apport d'activités ou de connaissances de ses membres, et couvrir ses modestes frais de fonctionnement au fur et à mesure de ses besoins, en pratique, dès qu'une association atteint une certaine importance, par le nombre de ses membres ou par ses activités, elle engage des frais de fonctionnement dont elle doit demander la couverture à ses membres.

Le droit d'entrée est une cotisation plus élevée demandée lors de l'adhésion d'un nouveau membre. Si ce montant présente une certaine importance, et doit alimenter les fonds propres de l'association, il peut présenter semble-t-il tous les caractères d'un apport en numéraire.

43.   Montant. — L'article 6 de la loi de 1901 fixe le plafond de cotisations à la somme de 100 F.

En pratique aucun plafond n'est applicable dès lors que la cotisation répond effectivement à son objet de couvrir les frais de fonctionnement de l'association. Il est fréquent qu'une association fixe plusieurs taux de cotisation auxquelles elle attache plusieurs catégories de membres (bienfaiteur, par exemple). Ces cotisations ne perdent pas leur nature, sauf si elles étaient trop élevées, auquel cas elles pourraient constituer soit une libéralité, soit un apport.

Il y a également un risque de requalification en prestation de service si cette cotisation couvre en fait un service conféré aux membres : par exemple si un club de tennis offre des leçons à ses membres, les frais de fonctionnement du club peuvent être couverts par la cotisation, tandis que les leçons devraient l'être par un véritable prix. On remarquera toutefois que la distinction entre cotisation et prix de vente ou de prestation est très délicate à opérer dans ce cas, la pratique de ce sport impliquant l'usage d'un court de tennis qui représente une certaine valeur économique (41).

Section 4
Forme et énonciations des statuts

44.   Forme. — La loi de 1901 ne prévoit la rédaction d'un écrit que pour les formalités de déclaration à la préfecture, nécessaires pour obtenir la personnalité morale. Dans l'hypothèse d'une association non déclarée, donc

---

41.   La qualité de client a été reconnue au membre d'honneur d'un aéroclub qui a versé une cotisation pour bénéficier d'un baptême de l'air : Cass. 1re civ., 5 février 1980 : *JCP*, éd. G, 1980, II, 19461, note Chauveau ; *RTD com.*, 1981, p. 102, obs. Alfandari et Jeantin.

non dotée de la personnalité morale, la rédaction d'un écrit est également souhaitable, par application de l'article 1315 du Code civil, pour apporter la preuve du contenu du contrat.

Cet écrit pourra être notarié ou sous seing privé. L'acte notarié s'impose si un apport immobilier est constaté dans les statuts ; il est vivement conseillé chaque fois qu'une disposition particulière (reprise d'apport, charge spéciale) doit être stipulée.

L'acte sous seing privé doit être établi en autant d'originaux qu'il est nécessaire pour la remise d'un exemplaire à chaque membre fondateur, le dépôt d'un exemplaire au siège social, et l'accomplissement des diverses formalités (deux exemplaires pour la déclaration, éventuellement un exemplaire pour l'enregistrement).

45. Enonciations obligatoires. — La loi n'a fixé aucune énonciation obligatoire dans les statuts d'associations simplement déclarées. Par contre, les associations qui sollicitent leur reconnaissance d'utilité publique doivent avoir des statuts conformes à des statuts types, par application de l'article 11 du décret du 16 août 1901. Celles qui souhaitent un agrément de l'autorité publique doivent se soumettre, de leur côté, à certaines dispositions statutaires également imposées (*infra*, n⁰ˢ 148 et 181 et s.).

Plus généralement, lorsqu'une association est appelée à relever d'un régime particulier, il convient de bien examiner les dispositions légales et réglementaires fixant ce régime.

46. Autres énonciations. — Indépendamment de ces dispositions, il convient d'attirer l'attention des fondateurs d'associations sur la nécessité de rédiger avec soin leurs statuts. En effet, à la différence des diverses lois sur les sociétés, la loi de 1901 est extrêmement laconique sur le fonctionnement de l'association, et les statuts doivent y suppléer. De même, sont particulièrement importants : l'objet, la durée (qui peut être illimitée ou non) et les conditions d'adhésion, de retrait et d'exclusion.

En général, les statuts mentionnent :
— l'objet de l'association ;
— le siège de ses établissements ;
— sa durée, qui peut être illimitée, mais, dans ce cas, tout membre de l'association peut s'en retirer à tout moment, après paiement des cotisations échues et de l'année courante, nonobstant toute clause contraire (L. 1901, art. 4) ;
— les conditions d'admission, de démission et d'exclusion des membres ;
— les ressources de l'association ;
— son mode d'administration ;
— les dispositions relatives à la réunion des assemblées générales ;
— et celles afférentes à la dévolution des biens en cas de dissolution volontaire ou forcée de l'association.

47. Dénomination ou titre. — L'article 5 de la loi fixe le titre de l'association parmi les éléments soumis à déclaration. Ce titre ou cette dénomination peuvent être choisis librement : nom de fantaisie ou en rapport avec son objet ; conformément à un usage de plus en plus fréquent, il peut être accompagné d'un sigle ou d'une abréviation. Comme pour les constitutions de sociétés, le choix du nom doit s'effectuer dans le respect des droits des tiers : marque déposée mais aussi dénomination déjà adoptée. Toutefois, ce droit antérieur d'un tiers n'existe que s'il y a originalité et risque de confusion : une appellation « Société protectrice des animaux » n'est que descriptive d'une activité et cette appellation est dépourvue de l'originalité susceptible de permettre son appropriation privée (42).

48. Objet. — La détermination de l'objet est essentielle car c'est en fonction de cet objet que les membres mettent en commun leurs connaissances ou leur activité et qu'ils versent leurs cotisations ou effectuent leurs apports. Un objet imprécis pourrait entraîner des déceptions. De plus, cet objet ne doit pas être illicite ou immoral (*supra*, n° 30).

49. Siège. — La détermination du siège est d'autant plus nécessaire que ce siège détermine la compétence en matière de déclaration, de tutelle et plus généralement la compétence judiciaire.

Le siège peut être librement fixé au domicile de l'un des fondateurs, et ultérieurement de l'un des mandataires sociaux, à condition que l'association n'y exerce pas une activité particulière.

Le seul obstacle pouvant résulter d'une clause du bail, si la personne physique est locataire, nous semble avoir été implicitement levé depuis qu'est réputée non écrite toute clause du bail qui interdirait au locataire l'exercice d'une activité notamment associative (L. n° 89-462, 6 juillet 1989, art. 4). Par contre, dès lors qu'une activité économique est exercée, avec une clientèle, il conviendrait de respecter la clause de destination des locaux, résultant d'un bail ou même d'un règlement de copropriété.

50. Durée. — La durée de l'association peut être illimitée ou fixe. Dans le premier cas, tout membre à jour de sa cotisation peut se retirer (L., art. 4).

L'intérêt d'une durée fixe peut se présenter notamment en cas d'apport en nature important assorti d'un droit de reprise, à condition toutefois que l'apporteur puisse empêcher une prorogation.

51. Admission, démission, exclusion. — Ces dispositions sont également essentielles puisqu'elles règlent les modifications intervenant parmi les membres qui peuvent parfois avoir deux incidences, en raison des connaissances ou activités qu'ils sont susceptibles d'apporter, ou des votes au sein des assemblées qui peuvent modifier l'attribution des pouvoirs entre les membres restants.

---

42. Cass. 1re civ., 7 octobre 1981 : *Bull. Joly*, 1982, p. 223, Panorama. Sur cette question on consultera avec intérêt : R. Plaisant, « Les dénominations des associations » : *Gaz. Pal.*, 1982, I, p. 33.

52. Ressources. — Nous avons déjà précisé l'immense variété des ressources des associations (*supra*, nᵒˢ 34 à 43). Celles en provenance des membres doivent être fixées, du moins dans leurs grandes règles, par les statuts.

53. Administration et assemblée. — L'organisation des pouvoirs présente une importance d'autant plus grande que l'association dispose d'un patrimoine ou exerce une activité importante. Ici encore, il appartient aux statuts d'établir les règles d'organisation.

54. Contrôle et commissariat aux comptes. — La question du contrôle de l'organe de gestion et du commissariat aux comptes appelle une solution adaptée à la dimension de l'association, à son activité, et plus particulièrement à l'importance et à la provenance des ressources dont elle dispose.

Le risque propre à l'association par rapport à la société est le manque d'intérêt des membres à exercer un contrôle qui est pourtant nécessaire.

Indépendamment de la réglementation propre à tel ou tel type d'association, et notamment les associations recevant annuellement plus d'un million de francs de subventions « publiques » (L. n° 91-772, 7 août 1991, art. 3), le législateur a prévu la tenue d'une comptabilité et la désignation d'un commissaire aux comptes titulaire et d'un suppléant, si l'association a une activité économique et dépasse deux des trois seuils : 50 salariés, 20 millions de francs de chiffre d'affaires hors taxes, et 10 millions de francs de bilan (L. n° 84-148, 1ᵉʳ mars 1984, art. 27 ; D. n° 84-295, 1ᵉʳ mars 1985, art. 24).

55. Liquidation. — Conformément à l'article 15 déjà cité du décret du 16 août 1901, et conformément à son but non lucratif, l'association ne peut pas librement disposer de ses biens après dissolution. Les règles de dévolution (et éventuellement de reprise d'apport) doivent être déterminées dans les statuts ; à défaut, ils le seront par une assemblée de liquidation.

56. Règlement intérieur. — Le règlement intérieur est destiné à préciser un certain nombre de points secondaires concernant le fonctionnement de l'association, ce qui évite d'avoir recours à des modifications statutaires trop nombreuses. Ses objets habituels sont le montant de la cotisation annuelle, la réglementation d'un service assuré par l'association (bibliothèque, jeu, le fonctionnement d'une section locale, etc.)

Section 5
Acquisition de la personnalité morale

57. Principe. — L'article 5 de la loi de 1901 impose aux associations qui souhaitent acquérir la personnalité morale d'être rendue publique, d'une part, par une déclaration à la préfecture et, d'autre part, par une insertion au *Journal officiel*.

Ces formalités sont également nécessaires :

— aux associations étrangères, en cas d'activités en France ;

— et, ultérieurement, pour toute modification statutaire, et tout changement intervenu au sein de la direction ou de l'administration de l'association.

§ 1. *Déclaration et publications*

58. Déclarants. — Les formalités qui suivent incombent aux fondateurs, c'est-à-dire à ceux qui, à un titre quelconque, sont chargés de l'administration ou de la direction de l'association (L., art. 5 ; D., art. 1er).

59. Autorités compétentes. — La déclaration doit intervenir à la sous-préfecture du lieu où l'association a fixé son siège social (ou à la préfecture quand le chef-lieu d'arrondissement se confond avec le chef-lieu du département ; à Paris, la déclaration est effectuée à la préfecture de police).

La compétence de l'autorité administrative est purement formelle quant au contenu du dossier ; en cas de doute sur la licéité de l'association, le préfet ou le sous-préfet ne peuvent que saisir l'autorité judiciaire. En effet, les dispositions de la loi du 20 juillet 1971 qui avaient pour objet d'organiser un contrôle administratif ont été annulées par le Conseil constitutionnel, comme contraires à la liberté d'association.

60. Contenu du dossier de déclaration. — Le contenu de ce dossier résulte de l'article 5 de la loi et des précisions du ministère de l'Intérieur.

La déclaration indique :

— le titre exact et complet de l'association (l'utilisation d'un simple sigle n'est pas admise) ;

— l'objet ou les buts qu'elle se propose ;

— l'adresse de son siège social et, le cas échéant, de ses autres établissements.

A la déclaration sont annexés :

— la liste des personnes chargées, à un titre quelconque, de l'administration ou de la direction de l'association, avec l'indication de leurs noms, prénoms, dates et lieux de naissance, nationalités, professions et domiciles ;

— les statuts (en deux exemplaires) de l'association, datés et signés par deux au moins de ses fondateurs ou administrateurs ; ces statuts doivent rappeler l'objet et préciser les moyens d'action de l'association, indiquer les différentes catégories de ses membres, faire état du versement des cotisations, respecter le principe de la liberté d'adhésion, prévoir l'élection des administrateurs (ou de la majorité au moins d'entre eux) par l'assemblée générale des membres composant le groupement.

A ces documents, il convient d'ajouter une demande d'insertion au *Journal officiel,* sur un imprimé spécial, fourni par les préfectures et sous-préfectures et dûment complété. La déclaration est établie sur papier libre.

61. Date et récépissé. — Il est délivré récépissé de la déclaration d'association dans le délai de cinq jours.

Le point de départ de ce délai est évidemment le jour où la déclaration complète a été soit déposée par le déclarant, soit transmise par lettre recommandée avec accusé de réception et enregistrée à l'arrivée. Le rejet ou le renvoi d'une déclaration incomplète ne fait pas courir le délai, mais peut fonder un recours pour excès de pouvoir.

Le récépissé fait mention de la date du dépôt de la déclaration complète ainsi que de la date de sa remise ou de son envoi au déclarant, le délai entre ces deux dates ne devant pas excéder cinq jours, décomptés conformément aux dispositions de l'article 642 du nouveau Code de procédure civile.

62. Insertion au *Journal officiel*. — L'association n'est rendue publique que par une insertion au *Journal officiel,* sur production du récépissé mentionné ci-dessus (L., art. 5). Cette insertion doit intervenir dans le délai d'un mois de la déclaration. L'absence d'insertion dans le délai d'un mois rend la déclaration caduque (43) et implique donc une nouvelle déclaration.

Il a également été jugé qu'une association déclarée, mais non publiée au *Journal officiel,* n'est pas opposable aux tiers et doit être considérée comme une association de fait, dont les dirigeants responsables sont engagés solidairement (44). Cette décision est contestable dans la mesure où une telle association devrait valoir comme association non déclarée (*infra,* n° 81).

63. Insertion au Recueil des actes administratifs. — L'extrait publié au *Journal officiel* est reproduit par l'Administration, sans frais pour l'association, au *Recueil des actes administratifs* de la préfecture ou de la sous-préfecture. Cette publication doit reproduire littéralement le texte du *Journal officiel* sans aucune addition ou modification.

64. Sanctions civiles et pénales. — En cas d'infraction aux dispositions de l'article 5 de la loi du 1er juillet 1901, la dissolution peut être prononcée à la requête de tout intéressé ou du ministère public (L. 1901, art. 7).

La dissolution peut donc être prononcée :

— en cas de déclaration initiale irrégulière ;

— à défaut de déclaration complémentaire ou en cas de déclaration irrégulière ;

— enfin, à défaut de tenue du registre spécial. Les mêmes infractions sont punies d'une amende, doublée en cas de récidive (L. 1901, art. 8).

Il nous semble par contre que le simple défaut de déclaration initiale ne mérite pas d'autres sanctions que l'absence de personnalité morale.

---

43. CA Paris, 17 mai 1910 : *DP,* 1911, 5, 9.
44. *Gaz. Pal.,* 1951, 1, 169.

65. Point de départ de la personnalité morale. — La loi de 1901 est silencieuse sur la date à laquelle l'association acquiert la personnalité morale : s'agit-il de la déclaration complète, de la date de délivrance du récépissé, ou de l'insertion au *Journal officiel* ? L'article 5 ne visant pas seulement la déclaration mais prévoyant que « l'association n'est rendue publique que par une insertion au *Journal officiel* », c'est cette insertion qui confère la personnalité morale.

§ 2. Publicité des associations étrangères

66. Texte. — La loi n° 81-909 du 9 octobre 1981 a eu pour objet de supprimer le régime spécial d'autorisation qui s'appliquait alors aux associations étrangères ayant leur activité en France ou à celles créées en France par des étrangers. Ce régime, créé à la veille de la Seconde Guerre mondiale, dans une situation internationale exceptionnelle n'apparaissait plus nécessaire.

67. Association ayant son siège en France. — Depuis ce texte, une association peut donc librement être créée en France par des étrangers, avec un siège social en France. Elle sera soumise tant pour sa constitution que pour son fonctionnement aux mêmes règles que l'association créée à l'initiative de Français. Simplement, la nationalité des personnes assurant une fonction de direction ou d'administration figure parmi les éléments de la déclaration (*supra*, n° 60).

68. Association ayant son siège à l'étranger. — Par contre, l'association qui a son siège social à l'étranger, et qui est donc soumise au droit du pays de son siège, doit, lorsqu'elle ouvre un établissement en France, effectuer la même déclaration préalable que les associations françaises, à la préfecture de son principal établissement.

L'objet de cette disposition est manifestement d'organiser et de faciliter de tels établissements permanents d'associations étrangères.

La sanction du défaut de déclaration n'est pas expressément prévue par le texte ; toutefois, le fait que cette disposition ait été intégrée à l'article 5 commanderait la même sanction que le défaut de déclaration d'une association française, à savoir l'absence de capacité juridique de l'établissement français non déclaré (45).

Une association étrangère peut également préférer constituer pour les besoins de son activité française une autre association ayant son siège en France et déclarée selon la loi française.

---

45. En ce sens, Mariel Revillard, « L'exercice par les associations étrangères d'une activité en France » : *Dr. sociétés,* juillet 1991, p. 1, qui fonde son opinion sur l'article 7 de la Convention de La Haye du 1er juin 1956.

69. Acte isolé d'une association étrangère. — Le dispositif qui précède ne concerne que l'établissement en France. Une association étrangère ne disposant pas d'un tel établissement, jouit en France, pour ses actes isolés, de la capacité qui lui est reconnue par le pays dont elle relève.

§ 3. *Actes passés pour le compte d'une association en formation*

70. Solution pratique. — A défaut de disposition particulière réglant le sort des actes passés pour le compte d'une association en formation (par exemple, prise à bail du siège social), il semble que les deux dispositifs mis en place par le droit des sociétés soient transposables :
— mandat par tous les membres fondateurs au profit de l'un d'eux ;
— et reprise de l'acte par l'organe compétent de l'association, après constitution définitive.

Il convient toutefois de noter qu'en principe, faute de textes, cette reprise n'opérera pas de façon rétroactive. Pour un acte important il convient même de cumuler le mandat (pour que le mandataire ne soit pas seul engagé) et la reprise formelle (pour que l'association soit effectivement engagée).

71. Régime fiscal. — A défaut de texte, la reprise d'un acte d'acquisition sera considérée comme une seconde mutation, de sorte que cette solution doit être évitée pour toute acquisition soumise à un droit proportionnel d'enregistrement (immeuble, droit au bail...).

§ 4. *Association non déclarée et association de fait*

72. Association non déclarée. — L'association non déclarée peut se former librement sans autorisation ni déclaration (L., art. 2). Par contre, elle n'est dotée d'aucune capacité juridique et ne peut donc acheter, vendre, ester en justice, etc.

Les actes entre vifs ou testamentaires, à titre onéreux ou gratuit, accomplis soit directement, soit par une personne interposée, ou toute autre voie indirecte, ayant pour objet de permettre aux associations non déclarées d'avoir un patrimoine sont nuls (L. 1901, art. 17).

Indépendamment de ce problème de personnalité morale, l'association non déclarée est un contrat et reste soumise comme aux conditions générales de validité des contrats. Il est admis qu'elle peut prélever les cotisations prévues par les statuts pour les besoins de son fonctionnement.

73. Association de fait. — Cette notion a été retenue à propos de dépenses de publicité engagées par une association de commerçants, afin de permettre aux cocontractants de poursuivre l'association en paiement (46).

---

46. CA Versailles, 13ᵉ Ch., 3 mai 1990 : *Bull. Joly*, 1990, p. 648, § 180, note Jeantin.

Section 6
Autres formalités

74. Immatriculation au registre du commerce et des sociétés. — La loi n'a prévu l'immatriculation au registre du commerce et des sociétés des associations que dans la seule hypothèse d'émission de valeurs mobilières (*infra*, n° 235). Il résulte tant de la rédaction de ce texte, qui impose la radiation après le remboursement définitif de titres, que des textes sur le registre du commerce et des sociétés, qui ne prévoient l'immatriculation que des personnes physiques commerçantes et des sociétés, que cette immatriculation ne concerne pas l'ensemble des associations.

L'intérêt d'une telle immatriculation n'est pas, comme pour les sociétés, dans l'attribution de la personnalité morale, mais dans la reconnaissance de certains droits liés à cette immatriculation, tels que le bénéfice du statut des baux commerciaux.

75. Immatriculation au répertoire des métiers. — Par contre, en ce qui concerne le répertoire des métiers, aucune restriction n'est prévue quant à la forme juridique du requérant. L'immatriculation semble même une obligation quand les conditions légales d'activité et de nombre de salariés sont remplies (D. n° 88-109, 2 février 1988, art. premier) :

— exercice à titre principal ou secondaire d'une activité de production, de transformation, de réparation ou de prestations de services ;

— emploi de 10 salariés au maximum.

Malgré ce texte, un certain nombre de chambres de métiers refusent l'immatriculation aux associations et fondent leur refus sur la nature particulière de l'activité des associations qu'elles considèrent comme non professionnelle ou comme accessoire (47).

76. Formalités fiscales. — La constitution d'une association n'est soumise à enregistrement qu'en cas de constatation d'apports. Indépendamment de ce cas, l'enregistrement peut présenter néanmoins un intérêt pour lui donner date certaine (cet intérêt n'existe cependant que pour une association non déclarée puisque la déclaration et l'insertion feront suffisamment foi de la date pour une association déclarée).

Les associations soumises au régime de droit commun de l'impôt sur les sociétés sont également soumises à une déclaration d'existence au service des impôts dans le mois du début d'activité (CGI, art. 206).

---

47. Christine Mayer, « L'immatriculation des associations au répertoire des métiers », *Juris assoc.*, 1990, n° 49, p. 17.

Section 7
Union d'associations

77. Formation. — Les associations peuvent former entre elles des unions (D., 16 août 1901, art. 7), fréquemment appelées « fédérations » ou « confédérations » et permettant de réaliser plus aisément les buts poursuivis en groupant les actions et en défendant en commun leurs intérêts. Leur formation est libre et obéit aux mêmes règles que la constitution d'une association sauf règles propres aux unions reconnues d'utilité publique et à celles soumises à un statut légal particulier (*infra*, Tableau, p. 181).

Si les statuts de l'union ne s'y opposent pas, celle-ci peut grouper, outre les associations concernées, des personnes physiques, des personnes morales de droit public (collectivités locales, établissements publics, etc.) et des personnes morales de droit privé (sociétés, comités d'entreprise, etc.) que l'union veut associer à son but.

78. Règles particulières concernant les associations adhérentes. — Les unions d'associations ayant une administration ou une direction centrale sont soumises aux dispositions qui précèdent. Elles déclarent, en outre, le titre, l'objet et le siège des associations qui les composent. Elles font connaître dans les trois mois les nouvelles associations adhérentes (D., 16 août 1901, art. 7).

L'administration précise par ailleurs que ses statuts doivent contenir notamment des dispositions fixant les conditions dans lesquelles les associations peuvent être admises à faire partie de l'union, et le mode de représentation des associations à l'assemblée générale. Ils doivent prévoir également que seules les associations reconnues d'utilité publique et les associations ayant fait l'objet d'une déclaration conformément à l'article 5 de la loi du 1er juillet 1901 auront qualité pour adhérer à l'union.

L'union d'associations doit joindre à sa demande les pièces énumérées ci-dessus, ainsi qu'une liste des associations qui en font partie avec, pour chacune d'elles, l'indication de la date du décret qui l'a reconnue d'utilité publique ou celle du numéro du *Journal officiel* contenant l'extrait de la déclaration.

Pour qu'une association puisse faire partie d'une union, il faut que ses statuts ne l'en empêchent pas et que les organes statutairement compétents de l'association et de l'union donnent leur accord.

79. Fonctionnement. — Les bases sur lesquelles seront calculées les cotisations de chaque association, les modalités de la représentation de chacune d'elles au sein de l'union (assemblée générale, conseil, bureau, etc.) et les conditions de retrait, de démission ou d'exclusion doivent être précisées dans les statuts si l'on veut éviter les difficultés ultérieures.

Il arrive en effet fréquemment que pendant la vie de l'union, certaines associations membres quittent celle-ci pour fonder une autre union destinée à contrecarrer ou à modifier l'action de l'union abandonnée.

Il en est de même des conditions de vote au sein des différents organes de l'union (collèges différents, représentatifs de catégories particulières, vote plural, etc.).

80. Capacité. — Les unions jouissent de la même capacité juridique que les associations dont elles revêtent la forme.

Toutefois certains textes spéciaux accordent à certaines unions simplement déclarées et en contrepartie de certaines charges, la même capacité juridique que si elles étaient reconnues d'utilité publique (ex. l'ordonnance du 3 mars 1945 sur les unions d'associations familiales, en ses dispositions reprises au Code de la famille et de l'aide sociale).

En règle générale, chaque association adhérente conserve son autonomie ; ainsi, selon l'article 50 du Code de la mutualité, « les unions et fédérations ne peuvent s'immiscer dans le fonctionnement interne des sociétés adhérentes ». Pour cette raison, une cour d'appel a pu à propos de sociétés mutuelles, à bon droit, retenir que la décision de l'association transférant des adhérents d'une société vers une autre, au préjudice de la première, constituait une telle immixtion illicite (48).

Une union reconnue d'utilité publique peut être instituée donataire ou légataire, avec charge d'affecter soit les revenus, soit le capital de la libéralité à l'association simplement déclarée que le donateur ou légataire aurait voulu gratifier et qui est membre de l'union (49).

Cette solution présente un intérêt pratique énorme, puisqu'elle permet à l'association membre de bénéficier d'une libéralité qu'elle n'aurait pas la capacité d'accepter.

---

48.   Cass. 1re civ., 19 avril 1988 : *Bull. Joly*, 1988, p. 491, § 162.
49.   Avis du CE, 26 décembre 1923, rapporté par R. Brichet, *Associations et syndicats*, n° 957.

Chapitre II

Fonctionnement de l'association

Section 1
Capacité juridique

81. Associations non déclarées. — Les associations de fait, non déclarées ou n'ayant pas fait l'objet d'une publication au *Journal officiel* sont licites ; en revanche, elles ne jouissent pas de la personnalité juridique.

Dès lors, le fonctionnement des associations non déclarées se rattachera d'abord à la qualification des actes entrepris.

C'est ainsi, par exemple, que :
— une association non déclarée n'a pas qualité à contracter en son nom (50) ;
— les biens acquis par une association non déclarée sont indivis entre ses membres (51) ;
— une association non déclarée ne peut agir en justice (52) ;
— une assocation non déclarée ne peut régulièrement bénéficier d'une subvention publique (53).

Les membres d'une association ayant illicitement bénéficié d'une subvention publique, et en tout cas ses dirigeants, s'exposeraient à être qualifiés de gestionnaires de fait et personnellement tenus de l'usage des fonds.

Toutefois, la jurisprudence considère de façon prétorienne que les associations non déclarées peuvent, dans certaines hypothèses, bénéficier d'une « personnalité passive » leur permettant d'exprimer une personnalité propre.

C'est ainsi que :
— une association non déclarée peut être assignée en justice (54) ;

---

50. Cf., par exemple, Cass. 1re civ., 14 mars 1984 : *Gaz. Pal.,* 1984, Panorama, p. 211 ; *Juris-assoc.* 1984, n° 12, p. 5.
51. CA Aix-en-Provence, 19 janvier 1905 : *D.,* 1905, 2, p. 183.
52. Cf., par exemple, Cass. 1re civ., 8 novembre 1978 : *Bull. civ.,* I, n° 336, p. 261 ; *RTD com,* 1979, p. 487, obs. Alfandari.
53. Cour des comptes, 28 septembre 1960 : *Grands arrêts de la jurisprudence financière,* n° 32, p. 231.
54. Cf., par exemple, CA Versailles, 23 mars 1982 : *Gaz. Pal.,* 1983, som., p. 181 ; *RTD com.,* 1983, p. 571, obs. Alfandari et Jeantin.

— certaines jurisprudences, à notre sens critiquables, admettent qu'une association non déclarée puisse agir en justice (55).

Quoi qu'il en soit, limitée par l'absence de capacité ou par une capacité plus que réduite, l'association non déclarée ne pourra que difficilement fonctionner indépendamment de l'activité de ses fondateurs.

82. Associations déclarées : renvois. — Les associations déclarées jouissent de la personnalité morale (*supra,* n° 57) pour autant leur capacité n'est pas entière.

On distingue généralement la capacité restreinte des associations déclarées qui peuvent ester en justice, acquérir à titre onéreux, posséder et administrer, pour les immeubles, ceux nécessaires à l'accomplissement de leur but, et les associations reconnues d'utilité publique jouissant de la « grande personnalité », pouvant de surcroît et notamment bénéficier de dons et legs (*infra,* n° 166).

Mais la limite de l'activité des associations réside moins dans l'étendue de leur capacité que dans le fait que leur capacité est limitée à la réalisation de leur objet.

83. Réalisation de l'objet statutaire. — De façon générale, qu'elles jouissent ou non d'une capacité étendue, les associations ne peuvent accomplir que les actes entrant dans leur objet ou concourant à sa réalisation.

Les actes excédant l'objet statutaire de l'association sont sans cause et donc susceptibles de nullité.

En pratique, la capacité des associations déclarées n'est limitée que par ce principe. Tous les actes sont possibles, qu'il s'agisse de conclure un bail soumis au décret du 30 septembre 1953 ou de déposer une marque.

Concourent à la réalisation de l'objet statutaire tous ceux qui animent l'association, quel que soit leur statut, membres bénévoles, salariés, dirigeants.

Section 2
Membres

84. Liberté de l'adhésion. — La liberté d'association a été consacrée comme valeur constitutionnelle par le Conseil constitutionnel dans sa décision du 16 juillet 1971 (56).

Cette liberté essentielle est d'abord celle de l'individu de ne pas adhérer à une association. Dès lors, tous les mécanismes d'adhésion obligatoire poseront problème (*infra,* n° 85).

55. CA Paris, 2 décembre 1970 : *JCP,* éd. G, 1971, II, n° 16622. — CE 16 octobre 1985 : *JCP,* éd. G, 1986, IV, p. 83.

56. Cons. const., 16 juillet 1971 : *D.,* 1971, p. 685, préc.

C'est ensuite la liberté de choisir une association plutôt qu'une autre. Est alors posé le problème des associations en situation de monopole (57), parfois relique de la continuité de l'Etat de Pétain, comme certains ordres professionnels.

C'est enfin la liberté pour une association de choisir ses membres (*infra,* n° 86).

85. Atteintes à la liberté d'association. — Au-delà des questions relatives aux associations en situation de monopole en elle-même (association de sport, de chasse, professionnelle, etc.), la liberté d'association de l'individu est atteinte en son principe lorsqu'une activité ne peut être poursuivie qu'à la condition de l'adhésion à une association monopolistique.

Il est vrai que ce monopole a pour contrepartie que les associations concernées, exerçant peu ou prou une prérogative de service public, et ne peuvent dès lors fermer leurs portes aux adhérents.

86. Liberté pour une association de choisir ses membres. — Hormis les cas particuliers précités (cf. également, en annexe, p. 181), une association est d'abord un libre contrat qui suppose la rencontre des volontés (58) des membres de l'association ; ensuite cette rencontre de volontés peut être librement organisée par les statuts (59).

C'est ainsi qu'une association peut être :

— fermée, et refuser tout nouveau membre ;

— à adhésion « ès qualité » (par exemple, par la qualité exigée de tout membre : associations « d'anciens », associations professionnelles) ;

— à adhésion organisée (par exemple, par une procédure d'agrément par le conseil d'administration ou l'assemblée).

87. Différentes catégories de membres. — La liberté statutaire d'association aboutit souvent à la création de catégories de membres dont le contenu n'a pas d'autre valeur que statutaire.

Certaines catégories sont usuelles :

— les membres fondateurs, à l'initiative de l'association ;

— les membres de droit, dispensés de la procédure d'adhésion et souvent présents à raison de leur qualité de représentants des administrations, d'autres associations, d'organismes représentatifs etc. ;

---

57. Cf. sur ce problème, Théry « L'octroi d'un monopole à une association » : *Dr. sociétés,* 1969, p. 409.

58. Cf., par exemple, CA Paris, 15 mai 1985 : *Petites affiches,* 1986, n° 144, p. 4, note Sousi ; *Rev. sociétés,* 1986, p. 457, note Guyon.

59. En ce sens, v. notamment le principe posé par Cass. civ., 14 mars 1927 : *DP* 1928, p. 1, note Beudant.

— les membres d'honneur, ainsi honorés et souvent invités à remplir un rôle passif ;

— les membres bienfaiteurs, qu'il s'agisse de bienfaits financiers, intellectuels, politiques ou moraux ;

— les membres à vie, hérésie juridique ou pure convenance puisque l'article 4 de la loi de 1901 dispose : « ... tout membre ... peut s'en retirer (de l'association) en tout temps, après paiement des cotisations échues et de l'année courant, nonobstant toute clause contraire des statuts ».

88. Statut. — Les textes n'accordent pas de statut particulier aux membres des associations. Si l'on veut parler de statut des membres d'une association, c'est d'abord celui de leur liberté.

Le statut d'un adhérent est fonction de l'activité de l'association (consommateur de services, donateur, professionnel, syndicaliste), la polymorphie des associations est aussi celle du statut de leurs membres.

89. Responsabilité de l'association du fait de ses membres. — La responsabilité civile de l'association sera le plus souvent engagée, qu'il s'agisse du fait de son dirigeant ou de l'un de ses membres commis dans l'exercice de leurs fonctions, du fait des choses dont elle a la propriété, ou utilisées par un de ses préposés.

La responsabilité du fait d'autrui de l'association a été admise par la Cour de cassation après une longue résistance de la jurisprudence. Un arrêt du 29 mars 1991 (60) a déclaré l'association responsable du fait d'une personne handicapée dont elle avait la garde et qui avait mis le feu chez des particuliers.

Cette jurisprudence marque une étape importante notamment pour l'indemnisation des victimes ; mais il est difficile d'en dire la portée, tant à l'égard des personnes dont l'association est en charge, que de ses propres membres.

De façon générale, seule est admise, pour l'instant, la responsabilité de l'association ayant une activité d'enseignement de par ses préposés (61).

Mais il s'agit d'une application de l'article 1384, alinéas 6 et 8, issu de la loi du 5 avril 1937, spécifique à l'enseignement et qui ne peut être en l'état généralisée.

90. Responsabilité personnelle des membres. — La responsabilité des membres peut être engagée à deux occasions :

— sur la base des rapports unissant les membres entre eux, il s'agit essentiellement des fautes survenues en matière sportive, plus graves que la simple faute de jeu et propres à engager la responsabilité civile (62).

---

60. Cass. civ., 29 mars 1991.
61. Cass. 1re civ., 27 février 1990 : *Bull. civ.* n° 88-11, p. 286.
62. Cass. 2e civ., 21 juin 1979 : *D.,* 1979, IR, p. 543.

En dehors du sport, il est possible de rechercher la responsabilité d'un autre membre, mais cela ne doit pas donner lieu à abus (63).

Les membres peuvent également causer des préjudices à des tiers ou à l'association elle-même. Les règles de droit commun des responsabilités contractuelle et délictuelle sont alors appliquées, par exemple quant à la responsabilité d'un pilote, membre d'un aéroclub, pour la garde de l'appareil qui lui a été confié (64).

Section 3
Bénévoles

91. Généralités. — Près de 80 % des associations reposent exclusivement sur des bénévoles.

Le bénévolat est dans la nature même de l'association, dont il est parfois utile de rappeler la qualification d' « organisme sans but lucratif ».

Le bénévole se retrouve à tous les niveaux de l'association, du simple membre au dirigeant, notamment dans le cas d'une association reconnue d'utilité publique où le dirigeant doit obligatoirement être un bénévole.

Sa place soulève deux types de difficultés : la notion même du bénévolat qui doit être définie par rapport aux nombreuses situations que peuvent présenter les associations, et le statut qui en est issu.

La responsabilité ne présente en revanche que peu de particularités.

92. Notion de bénévole. — Le bénévole est, selon la définition du Comité économique et social : « celui qui s'engage librement pour mener une action non salariée en direction d'autrui, en dehors de son temps professionnel et familial ».

Juridiquement, la distinction s'opère sur deux critères :
— existence ou non d'un lien de subordination ;
— existence ou non d'une contrepartie financière.

La jurisprudence a un rôle particulièrement important dans la définition de ces critères.

Quant à l'existence d'un lien de subordination, il est parfois difficile de différencier entre l'existence véritable d'un tel lien et le respect des règles de

---

63. Cass. 2ᵉ, civ., 16 mars 1988 : *Bull. civ.* II, p. 290.
64. Cass. civ., 28 novembre 1962 : *D.,* 1963, II, p. 465.

discipline nécessaires à toute entreprise collective. Pour ce faire, les juges contrôlent la soumission à des directives et à des contrôles, l'intégration dans un service organisé et le profit retiré par l'association (65).

Il s'agit d'une affaire de circonstances : certaines associations sont plus hiérarchisées que d'autres, que leurs collaborateurs soient bénévoles ou salariés.

Ce critère doit être associé à un autre, matériel : il s'agit de savoir si le collaborateur perçoit une rémunération.

Le principe du bénévolat réside dans l'absence de toute contrepartie financière, cette contrepartie pouvant être une rémunération classique, mais également des avantages en nature : les membres d'association accompagnant des groupes d'enfants et recevant en échange gîte et couvert, reçoivent ainsi une rémunération (66).

En revanche, bénévolat ne signifie pas appauvrissement : le remboursement de frais « exposés » est donc admis, moyennant le respect de certaines conditions.

Les frais doivent correspondre à des dépenses réelles, engagées dans l'intérêt de l'association, et ne peuvent être remboursés que sur justificatifs. Le contrôle du bien-fondé des frais est réalisé par l'URSAFF (en cas de contestation, l'organisme aura la charge de la preuve), qui n'est pas lié par la qualification donnée par le bénéficiaire.

En ce qui concerne les administrateurs, la pratique veut que certaines associations leur versent une allocation quand ils consacrent du temps à l'association, sacrifiant parfois une activité professionnelle.

La jurisprudence ne s'est pas encore prononcée sur la nature de ces allocations. Deux réponses ministérielles ont apporté une réponse contradictoire admettant le principe du caractère indemnitaire pour l'exclure ensuite (67).

La doctrine admet en revanche cette indemnisation, qui ne doit pas être pour autant le moyen d'une distribution déguisée de profits.

93. Régime social et fiscal du bénévolat. — En matière de protection sociale, le bénévole ne pourra bénéficier du régime des accidents du travail.

Lors d'une telle situation, c'est la responsabilité de l'association qui sera engagée.

Par ailleurs, le travail bénévole doit s'effectuer dans certaines limites afin qu'il ne gêne pas une activité principale (68) ou qu'il ne compromette pas une recherche d'emploi (69).

---

65. TASS Laval, 1ᵉʳ février 1987 : *Juris-assoc.,* 1987, n° 41.1988, p. 35.
66. Cass. soc., 17 avril 1985 : *Juris-assoc.,* 1986, n° 22.
67. *JO Sénat Q,* Garde des Sceaux à Philip, 17 janvier 1986. *JOAN Q,* ministre de l'Intérieur à Fuchs, 21 mai 1984.
68. Cass. soc., 6 décembre 1979.
69. Cass. soc., 9 décembre 1985.

Seules les tâches déclarées d'intérêt général par la préfecture donnent lieu, pour l'association, au paiement d'une cotisation pour le risque accident du travail.

En matière fiscale, le remboursement des frais des bénévoles n'est pas imposable car ils correspondent à des dépenses réelles.

De même, la rémunération forfaitaire déclarée par les associations exploitant des établissements lucratifs grâce au concours de bénévoles au titre de frais d'entretien n'entraîne aucune imposition.

Il s'agit, par exemple, de la gestion d'une clinique ou d'un établissement d'enseignement par une congrégation.

94. Responsabilité des bénévoles. — La responsabilité du collaborateur bénévole correspond soit au régime de responsabilité des adhérents, soit à celui des dirigeants.

La seule particularité est que le bénévolat permettra souvent d'atténuer la responsabilité du dirigeant, sans pour autant l'exonérer. En effet, en cas de faute lourde, celui-ci verra tout de même sa responsabilité personnelle engagée.

Section 4
Salariés

95. Généralités. — Etre salarié d'une association plutôt que d'une entreprise ne présente pas de différences réelles. Ce type de salariat entraîne, comme les autres, un lien de subordination et une contrepartie financière, interprétation *a contrario* des critères du bénévolat.

L'association employeur est, quant à elle, soumise aux obligations légales générales en matière d'âge minimum légal, de réglementation des conditions de travail, de contenu du contrat, et surtout de responsabilité.

L'originalité du statut du salarié de l'association se trouve ailleurs, dans les situations complexes où l'emploi dans l'association se cumule avec une fonction dans l'association ou une fonction extérieure, notamment d'agent public.

96. Adhérent-salarié. — L'adhérent peut être salarié de l'association sous réserve que la prestation de travail soit effective, au profit de l'association et qu'il s'agisse d'une charge qui puisse être normalement assurée par un employé.

La prestation à fournir n'en est pas pour autant limitée et peut revêtir des formes très diverses : moniteur de sport, médecin, enseignant...

Par ailleurs, le fait que l'adhérent soit aussi un salarié de l'association n'interdit pas qu'il ait également une autre fonction dans l'association, ou dans une autre, ou encore une activité indépendante rémunérée.

97. Dirigeant-salarié. — Le cumul des fonctions de dirigeant et de salarié est réglementé, eu égard aux responsabilités que suppose une fonction dirigeante.

Le principe a été posé par un avis du Conseil d'Etat du 22 octobre 1970 et précisé par la Cour de cassation : « la définition de l'association (...) n'interdit pas à un salarié du seul fait de cette qualité, d'appartenir au conseil d'administration de l'association qui l'emploie ».

La doctrine considère qu'un mandat de dirigeant n'est pas incompatible avec une fonction « technique » salariée exercée au sein de l'association.

C'est la teneur de l'arrêt de la Chambre sociale du 26 février 1986 qui enjoint que soit tenu compte de la différence des fonctions du dirigeant et du salarié.

La doctrine va même plus loin car elle pense que la rémunération du mandataire social n'est pas interdite par le caractère de l'association.

Les règles actuelles ne sont pas, pour l'heure, aussi hardies.

Soumis au droit commun des contrats, afin d'éviter les abus faciles qu'une telle situation pourrait engendrer, le contrat de travail du dirigeant salarié doit avoir une cause licite, et pour objet un travail effectif, distinct du mandat social, en créant un lien de subordination. De même, la source du contrat de travail doit être régulière : le non-respect des conditions posées par l'assemblée générale annule l'existence du contrat (70).

Par ailleurs, il n'existe pas à notre sens de limite aux cumuls au sein d'une association. En effet la limite tenant au nombre de dirigeants salariés au sein d'un conseil d'administration posée par l'avis du Conseil d'Etat de 1970, et reprise dans un avis plus récent de 1987, tendant à éviter que des salariés aient une part prépondérante dans le conseil d'administration, est contestable. Elle n'est prévue par aucune disposition légale. De plus, ces avis étaient destinés à des associations reconnues d'utilité publique et avaient pour but d'interdire à tout salarié non membre de l'association d'en devenir dirigeant.

Le danger d'une généralisation de ces avis serait que les salariés membres d'associations en dehors de ce cadre restrictif pourraient être écartés des fonctions dirigeantes.

98. Cumul-emploi privé. — Dans cette catégorie, sont envisagés les cas de cumul avec un autre emploi privé, mais aussi avec certaines situations telles que la retraite et le chômage.

Le principe de liberté de cumul est assorti de conditions plus ou moins strictes selon les situations :

— un salarié peut cumuler plusieurs emplois différents, à la seule condition que sa durée de travail soit conforme aux règles de sa profession (C. trav., art. L. 324-2).

---

70. Cass. soc., 17 décembre 1987.

— un salarié peut même être employé par une association lors de ses congés payés, mais ne doit pas priver un chômeur de ce travail éventuel (C. trav., art. D. 223-2) ;

— un retraité peut également avoir une activité salariée au sein d'une association. La contribution qu'il devait verser sur les revenus qu'il touchait a été supprimée par la loi du 27 janvier 1987 ;

— le chômeur est en revanche soumis à des conditions plus strictes, son activité bénévole étant d'ailleurs plus particulièrement surveillée.

Son activité salariée devra être limitée à 73 heures par mois et l'allocation-chômage sera diminuée en conséquence. S'il s'agit d'activités d'intérêt général, le maximum autorisé est fixé à 50 heures par mois, 80 s'il n'y pas de rémunération.

99.   Cumul-emploi public. — Le principe est l'interdiction du cumul posé par les articles L 324.1 du Code du travail et 25 de la loi du 13 juillet 1983. Cependant, certaines dérogations permettent que l'agent public collabore à une association.

100.   Mise à disposition de fonctionnaires. — La mise à disposition consiste à affecter un fonctionnaire à une activité extérieure, alors qu'il est réputé rester en activité dans les conditions antérieures. Elle peut être réalisée au bénéfice d'organismes associatifs assurant une mission d'intérêt général pour des fonctionnaires de l'Etat, et dans des associations reconnues d'utilité publique en complétant les services publics locaux pour les fonctionnaires territoriaux.

La mise à disposition suppose une convention entre l'Administration et l'association, une demande de mise à disposition de la part de l'association qui choisira elle-même parmi les candidats, et parfois une habilitation, notamment dans le cas de l'Education nationale.

Le fonctionnaire est toujours rémunéré et contrôlé par son administration, mais ses conditions de travail sont fixées par la convention passée avec l'association.

Il est tenu de travailler uniquement pour l'association et de respecter ses obligations traditionnelles d'agent public, de loyauté et de discrétion.

La fin de la mise à disposition peut être décidée par le fonctionnaire, l'association ou l'Administration, car la mise à disposition n'est pas un droit.

Le fonctionnaire placé en disponibilité est considéré comme un salarié : il est en effet hors de son corps administratif d'origine.

Il bénéficie cependant d'un droit de réintégration.

En matière de responsabilité, la règle est mixte :
— responsabilité de l'Administration pour dommages aux tiers ou usagers ;
— responsabilité de l'employeur, ou de son préposé, pour tous autres dommages.

101. Détachement de fonctionnaires. — Le détachement consiste à placer un fonctionnaire hors de son corps d'origine, dans différents organismes, et parfois des associations. Il peut être réalisé par l'Etat ou une collectivité territoriale, pour des associations d'utilité publique ou reconnues d'intérêt général ; par les ministres concernés, pour les fonctionnaires ayant eu un rapport avec l'organisme dans les cinq années précédentes.

Le détachement est décidé par l'Administration et prononcé par arrêté conjoint des différents ministres concernés, ou décision de l'autorité hiérarchique pour les fonctionnaires qui ne sont pas d'Etat.

Le détachement pourra également être rendu quasiment définitif par la mise hors cadre des fonctionnaires ayant effectué 15 ans de service dans leur corps.

Sa fin peut survenir par achèvement du délai (6 mois pour courte durée ou 5 ans pour longue durée, tous deux renouvelables) ou sur demande des différents protagonistes.

Le fonctionnaire détaché dépend uniquement de l'association qui l'emploie, même si sa progression hiérarchique est toujours comptabilisée dans son Administration.

La responsabilité administrative ne peut être mise en jeu du fait du fonctionnaire détaché.

102. Situations particulières. — Enfin, il existe quelques situations particulières :

— les personnes enseignant dans le cadre de contrat d'association dans des établissements privés doivent être considérées comme des agents de l'Etat, sauf pour des activités non comprises dans le contrat d'association ;

— les contractuels de l'Administration sont des agents publics, mais aussi des salariés privés dès lors qu'ils perçoivent une rémunération spécifique de l'association (71) ;

— les salariés d'une association dite « transparente » n'ayant aucune autonomie par rapport à la personne publique qui l'a créée, sont des agents publics (72).

Section 5
Les organes de l'association

103. Généralités. — L'extraordinaire souplesse du statut des associations réside d'abord dans leur liberté de s'organiser. Aucune structure n'est imposée aux associations, ni président, ni conseil d'administration, ni assemblées.

---

71. Cass. soc., 24 mai 1989 : *JCP*, éd. G, 1989, IV, p. 276.
72. CE 11 mai 1987 : *AJDA,* 1987, p. 446.

Ainsi, une association « fermée » pourra fonctionner du seul fait de ses fondateurs.

Néanmoins, l'adoption des statuts types, par exemple ceux émanant de l'Administration (associations déclarées, associations reconnues d'utilité publique, etc.), aboutit généralement à l'institution d'au moins deux des trois organes « classiques » des associations :
— dirigeant, le plus souvent intitulé président ;
— conseil d'administration et son émanation, le bureau ;
— assemblée générale.

104. Fonctions des dirigeants. — Les statuts de l'association en organisent la gestion et déterminent le nombre des dirigeants, leur nomination et la durée de leurs fonctions.

La particularité tient ici à la rémunération et à la protection sociale des dirigeants, qui diffèrent selon le type d'association.

Le principe est que le dirigeant d'association n'est pas rémunéré mais il n'existe aucune disposition qui interdise de rémunérer les dirigeants d'une association déclarée. Il doit simplement être relevé ici qu'une telle rétribution entraîne deux conséquences :
— l'association perd le bénéfice du régime fiscal des organismes sans but lucratif ;
— le revenu ainsi perçu relève de la catégorie des bénéfices non commerciaux.

De plus, le remboursement des frais ne peut être forfaitaire.

105. Pouvoirs des dirigeants. — Les dirigeants de l'association sont considérés comme ses mandataires (73).

Leurs attributions sont déterminées par les statuts. Les statuts peuvent être librement fixés et interdire, par exemple, toute délégation de pouvoir (74). Ils peuvent également être obligatoires, comme pour les associations reconnues d'utilité publique et les fédérations sportives.

En cas de difficulté, il appartiendra au juge d'interpréter souverainement ces dispositions sur la base des statuts, mais aussi des circonstances, et de décider des règles à appliquer.

Il a, par exemple, été jugé que si les statuts confiaient bien l'administration à un comité, ils contenaient également les dispositions qui étaient du pouvoir d'un président et qui ne pouvaient être écartées, par pure cohérence (75).

---

73. CA Paris, 21 avril 1986 : *Rev. sociétés,* 1987, p. 90, note Alfandari.
74. Cass. 1re civ., 17 mars 1981 : *Gaz. Pal.,* 1981, II, p. 287.
75. CA Paris, 19 janvier 1989 : *Gaz. Pal.,* 18-19 octobre 1989, p. 21.

La jurisprudence utilise d'ailleurs en matière d'association la théorie du mandat apparent: toute personne traitant avec une association est dispensée de vérifier la qualité des pouvoirs de son interlocuteur, si elle avait des motifs légitimes de croire en la qualité de cette personne. Par exemple, le fait de traiter en utilisant un papier à en-tête peut donner lieu à une croyance légitime (76).

106. Pouvoirs des dirigeants en l'absence de statuts. — En l'absence de statuts, la jurisprudence :

— reconnaît au président ou au conseil d'administration certains pouvoirs pour la gestion de l'association, comme le licenciement d'un salarié (77) dont elle pose elle-même les limites, ou comme l'aliénation d'un immeuble (78) ;

— reconnaît enfin au dirigeant unique ou au président de l'organe collégial qualité pour représenter l'association en justice, pouvoir normalement dévolu par les statuts au représentant légal.

107. Responsabilité civile des dirigeants d'association. — La responsabilité civile des dirigeants est exceptionnellement engagée, mais elle peut l'être aussi bien pour des fautes commises dans l'exercice de leurs fonctions, que hors de ce cadre.

a) Responsabilité des fautes commises dans l'exercice des fonctions de dirigeant.

L'étendue de la responsabilité varie selon que la mission leur a été confiée par les statuts ou non. Les dirigeants doivent en général s'acquitter de leur charge selon la notion de « bon père de famille ».

Leur responsabilité n'est en pratique réellement engagée qu'en cas de faute volontaire ou énorme, équivalente à un dol : cas, par exemple, du dirigeant émettant des chèques sans vérifier le provisionnement (79).

b) Responsabilité en cas de faute personnelle indépendante des fonctions de dirigeant.

Il s'agit de fautes commises en dehors du cadre de l'objet de l'association ou en dehors de leurs attributions : cas d'un trésorier passant commande sans mandat du président et sans faire apparaître le nom de l'association.

De façon générale, selon les règles du mandat (C. civ., art. 1992, al. 2), l'appréciation de la responsabilité sera moins rigoureuse envers un dirigeant dont le mandat est gratuit (80).

---

76. Cass. civ., 14 février 1979 : *Bull. civ.* I, n° 62.
77. Cass. soc., 3 octobre 1980 : *Gaz. Pal.,* 1981, I, p. 9.
78. Par exemple, CA Rouen, 15 septembre 1981 : *Gaz. Pal.,* 1981, II, somm., p. 289.
79. CA Aix-en-Provence, 16 octobre 1979.
80. TGI Rennes, 3 janvier 1974 : *D.,* 1974, somm., p. 36.

108. Responsabilité pénale des dirigeants d'association du chef de leur comportement personnel. — Les dirigeants peuvent être pénalement responsables des fautes qu'ils ont personnellement commises, mais peuvent aussi se voir imputer les fautes commises par l'association.

Celles-ci peuvent être commises dans le cadre de l'administration générale ou hors de leurs fonctions :
— abus de confiance (81) ;
— publicité mensongère (82) ;
— escroquerie (83) ;
— coups et blessures, homicides involontaires : en ce cas, le juge relève l'inobservation des règlements et apprécie l'imprudence ou la négligence (84) et la faute personnelle doit être prouvée (85).

Cette responsabilité des dirigeants pour les fautes commises par l'association se cumulera, le cas échéant, avec la responsabilité pénale de l'association personne morale (*infra*, n° 122).

109. Responsabilité pénale des dirigeants d'association du chef de leurs fonctions. — La responsabilité de ces infractions pèse sur le président ou sur les membres du conseil d'administration dans la mesure où ils ont qualité pour représenter l'association (86).

Il s'agit des :
— infractions prévues par la loi du 1er janvier 1901, relatives au registre spécial des associations, aux comptes annuels (87), au jugement de dissolution (88) ;
— infractions prévues par la réglementation spéciale liée à l'activité du groupement, que ces activités soient réglementées (débits de boissons, agences de voyage...) ou à caractère économique (émission d'obligations, activité de vente...) soumises à la loi du 11 juillet 1985 ;
— infractions en matière fiscale : la fraude fiscale, délibérée ou par négligence, ne peut être prononcée qu'à l'encontre du président du conseil d'administration et éventuellement du trésorier en tant que complice (89) ;
— infractions en matière sociale : le dirigeant sera toujours le responsable du non-paiement des cotisations sociales, même en cas d'infraction commise par un salarié (90).

110. Responsabilité financière des dirigeants d'association. — En matière fiscale, la fraude fiscale peut entraîner la condamnation solidaire d'un dirigeant au paiement des impositions dues par l'organisme (91).

---

81. Cass. crim., 16 décembre 1975 : *Gaz. Pal.*, 1976, I, p. 233.
82. CA Paris, 9 juillet 1984 : *Gaz. Pal.*, 26 février, 1985, p. 151.
83. T. corr. Seine, 22 mai 1962 : *D.*, 1962, II, p. 520. Cass. crim., 23 novembre 1987 : *Gaz. Pal.*, 7 janvier 1989, 10.
84. TGI Grenoble, 18 mai 1989 : *Juris-assoc.*, n° 41, 1989, p. 48.
85. T. corr., Tours, 1er février 1990 : *Juris-assoc.*, n° 44, 1990, p. 20.
86. T. corr. Pont-L'Evêque, 18 mars 1955 : *Gaz. Pal.*, 1955, p. 306.
87. L., 23 juillet 1987, art. 5, al. 2.
88. CA Paris, 9 octobre 1957 : *Gaz. Pal.*, 1957, II, p. 379.
89. Cass. crim., 3 janvier 1983 : *D.*, 1984, II, p. 615.
90. Cass. crim., 18 janvier 1967 : *Gaz. Pal.*, 1967, I, p. 150.
91. CA Lyon, 5 mars 1985 : *BODGI*, 12-C-3285.

En matière de redressement judiciaire, la loi de 1985 étend le redressement judiciaire à toutes les personnes morales de droit privé et logiquement aux associations. Le dirigeant peut ainsi être impliqué financièrement de trois façons :

— par l'action en comblement de passif : pour toute faute de gestion, même légère, qui a pu aggraver le passif (92) ;

— par l'extension du redressement judiciaire au dirigeant qui a agi dans son intérêt personnel (93) ;

— par la faillite personnelle prévue aux articles 186 et suivants de la loi de 1985. Elle sanctionne par certaines interdictions (de gestion, de droits civiques) toutes malversations de la part du dirigeant (94).

111. Changement de dirigeant. — Toute modification dans la direction d'une association déclarée doit faire l'objet d'une « déclaration de changement de personnes chargées de l'administration ou de la direction d'une association » (95) auprès de la préfecture ou sous-préfecture où ont été déposés les statuts de l'association.

Faute de déclaration, les changements intervenus sont inopposables aux tiers. Plus graves, les actes passés par un dirigeant non déclaré peuvent être nuls pour défaut de qualité.

Ainsi, est nulle l'assignation au nom d'une association représentée par un président dont la nomination n'a pas fait l'objet d'une déclaration à la préfecture (96).

Au plan pénal, le non-respect de l'obligation de déclaration modificative est sanctionné par l'article 8 de la loi de 1901 d'une peine d'amende de 5e classe (5 000 F).

Enfin, le défaut de déclaration modificative peut donner lieu à une sanction administrative, par exemple au retrait d'agrément ou de reconnaissance d'utilité publique (97).

Les conséquences de cette formalité souvent négligée sont graves.

On doit inviter les dirigeants d'association, souvent bénévoles, à être vigilants, à procéder à ces déclarations et à leur corollaire, la mise à jour du registre spécial que doit tenir toute association (*infra,* n° 126).

92. Cass. 1re civ., 3 février 1987 : *Bull. civ.* I, mars 1987, p. 220.
93. Cass. com., 18 juin 1985 : *Juris-assoc.,* n° 19, 1986, p. 11.
94. TGI Créteil, 15 février 1989 : *Juris-assoc.,* n° 39, 1989, p. 41.
95. TGI Paris, 9 juillet 1986 : *Juris-assoc.,* 1987, n° 25, p. 47, note Paulmier.
96. T. civ. Seine, 24 février 1954 : *DS* 1954, I, p. 126.
97. Cf. en ce sens, la réponse ministérielle n° 14522 : *JOAN Q,* 19 mai 1979, p. 4056 : « En outre, si l'association est subventionnée sur fonds publics, la carence signalée (le défaut de déclaration modificative) est suffisamment grave pour motiver, le cas échéant, la suppression de la subvention ou son non-renouvellement ».

112. Conseil d'administration. — En dehors des associations qui, de par leurs statuts, connaissent obligatoirement d'un conseil d'administration (associations reconnues d'utilité publique, associations sportives, etc.), de nombreuses associations s'organisent autour d'un ou, rarement, de plusieurs organes collégiaux presque toujours intitulés « conseil d'administration » (la liberté aidant, ils pourraient aussi bien s'appeler « triumvirat », « comité », « centre », etc.).

113. Composition du conseil d'administration. — Toute personne, qu'elle soit physique ou morale, de droit privé ou de droit public, peut être membre d'un conseil d'administration.

Bien évidemment, les personnes morales ne peuvent exprimer leur volonté que par l'intermédiaire de personnes physiques dont les noms, professions, domiciles et nationalités seront mentionnés dans les déclarations préalables, puis de modification, des statuts de l'association (L., 1901, art. 5).

Souvent les personnes morales représentées sont des membres de droit institués par les statuts au regard de l'activité de l'association.

La représentation des collectivités publiques, fréquemment instituées membres de droit, sera assurée par des personnes physiques formellement désignées par les collectivités qui apprécient le rôle qu'elles doivent jouer dans les associations au regard du bon fonctionnement de l'association et sans que leur rôle devienne prépondérant (98).

114. Fonctionnement du conseil d'administration. — Les règles de convocation (délais, formes, etc.), de tenue de réunions (lieu, date, président, etc.), de vote (quorum, majorité, etc.) sont souvent inspirées du droit des sociétés.

Leur application est précisée par les formules et statuts types en annexe.

En instituant un conseil d'administration et les règles le régissant, une association renonce à une partie de sa liberté. Le juge est en effet le gardien du respect des règles statutaires d'associations.

Chaque membre pourra ainsi obtenir du juge la nullité d'une décision prise par le conseil d'administration en violation des règles statutaires qui font la loi de l'association. Encore faut-il que la violation de la règle statutaire ait eu un effet sur la décision prise (99).

---

98. En ce sens, la circulaire n° 2070 du 27 janvier 1975, relative aux rapports entre les collectivités publiques et les associations assurant des tâches d'intérêt général ainsi rédigée : « Si les statuts d'une association précisent qu'une place sera faite dans les organes de l'institution à une collectivité publique, celle-ci ne saurait pour autant être engagée sans son accord exprès (...).
Au niveau du conseil d'administration, il convient également, en règle générale, que les personnes désignées par les collectivités publiques ne se trouvent pas en nombre supérieur à celui des membres élus par l'assemblée générale.
Les représentants des collectivités publiques peuvent aussi participer aux autres organes directeurs de l'association. Ils contribuent ainsi à l'orientation de son activité. Cependant, la pratique a montré que parfois les collectivités pèsent ainsi d'un poids trop lourd ou, au contraire, sont mises en minorité et font figure d'otages. La participation aux organes directeurs ne doit donc être retenue que si elle est favorable au bon fonctionnement de l'association ».

99. Cf., par exemple, en ce sens, CA Riom, 18 mai 1965 : *D.,* 1965, p. 767. Cass. 1re, civ., 28 octobre 1980 : *Bull. civ.,* n° 277, p. 221.

115. Pouvoirs du conseil d'administration. — Couramment le conseil d'administration, à l'image de la pratique des sociétés commerciales, joue un rôle de coordination, d'approbation, de décision et de censure qui l'amène à se réunir plusieurs fois par an.

Mais la liberté des associations est telle que le conseil d'administration pourrait avoir tous les pouvoirs (gestion, administration, etc.) [100].

Toutefois ce pouvoir a pour limite l'objet de l'association, seuls les actes y concourant pouvant être le fait du conseil d'administration ou de ses membres « ès-qualité ».

En règle générale, les pouvoirs du conseil d'administration et de ses membres sont délimités par les statuts.

Mais il convient de souligner que ces limitations statutaires ne sont pas opposables aux tiers qui bénéficient de la théorie de l'apparence.

Encore convient-il d'écarter le cas du tiers informé de la limitation statutaire qui serait en cause (101).

116. Responsabilité des membres du conseil d'administration. Renvoi. — La responsabilité des membres du conseil d'administration et du dirigeant sont comparables (*supra,* n° 107).

Bien souvent le dirigeant apparaîtra comme plus directement impliqué et l'appréciation de la responsabilité du membre « passif » du conseil d'administration d'autant plus indulgente.

Mais il ne suffit pas au membre du conseil d'administration de s'en remettre à des dirigeants plus directement impliqués. En acceptant ses fonctions il a accepté sa responsabilité et sa passivité ne suffit pas à l'en exonérer.

Ainsi est responsable l'administrateur négligent, omettant de se renseigner sur l'activité réelle de l'association et de ses dirigeants.

117. Liberté d'organisation des assemblées générales. — Le principe de la liberté d'association trouve ici aussi à s'appliquer : une association peut ne pas organiser d'assemblées, et, les prévoyant, les organiser comme bon lui semble dans le cadre de ses statuts.

La loi de 1901 ne prévoit en effet d'assemblée générale que dans l'hypothèse de dévolution des biens de l'association à défaut de stipulations statutaires : « En cas de dissolution volontaire, statutaire ou prononcée par justice, les biens de l'association seront dévolus conformément aux statuts, ou, à défaut de disposition statutaire, suivant les règles déterminées en assemblée générale » (L. 1901, art. 9).

---

100.   Toutefois, en sens contraire, TGI Paris, 5 juillet 1988 : *Bull. inf. C. cass.*, 1988, n° 963. Cette décision est justement critiquée et critiquable comme directement contraire au principe de la loi de 1901 (cf., par exemple, *Lamy Associations,* étude 207, n° 25).

101.   Cf., en ce sens, Trousset, « Pouvoir et responsabilité dans les associations », *JCP,* éd. E, 1984, II, 14268.

Dès lors, soit les statuts ont disposé de la dévolution des biens et aucune assemblée n'est légalement imposée, soit il n'y a d'assemblée que dans cette hypothèse limitée.

118. Associations tenues aux assemblées générales. — Exceptions au principe, certains textes et statuts types obligent les associations à tenir assemblée.

Il s'agit essentiellement :

— des associations reconnues d'utilité publique (cf. les statuts types annexes qui décrivent les modalités et les pouvoirs de ces assemblées) ;

— des associations émettrices de valeurs mobilières (L. n° 85-698 du 11 juillet 1985 ; *infra,* n° 230) ;

— des associations sportives, qu'il s'agisse des fédérations (D. n° 85-236, 13 février 1985) ou des simples associations sportives (L. n° 84-610, 16 juillet 1984).

119. Liberté statutaire de la détermination des pouvoirs des assemblées et de leur organisation. — Les statuts déterminent les pouvoirs des assemblées et leur organisation : convocation, conditions d'accès, vote, représentation, procès-verbaux, etc.) [102].

Ces règles sont prédéterminées pour les associations régies par des statuts types.

Dans l'hypothèse où les statuts sont ambigus et doivent être interprétés, il peut appartenir, en cas de conflits entre les membres de l'association, aux juges de trancher. C'est ainsi qu'il a été jugé que « la loi du 1er juillet 1901 relative aux contrats d'association n'est qu'un cadre général faisant la plus grande place aux principes généraux du droit dont il appartient aux tribunaux de faire application en cas de difficultés dans l'interprétation des dispositions statutaires ou dans leur silence » (103).

Dans cet esprit le juge est souvent intervenu (104).

120. Non respect des règles des assemblées générales. — Qu'elles résultent de statuts types ou qu'elles soient librement constituées, les règles régissant les assemblées générales constituent la Loi de l'association.

Comme telle, sa violation peut entraîner l'annulation, au besoin prononcée par le juge (105) des décisions fautives.

---

102. Les formules en fin de l'ouvrage décrivent les principales et usuelles modalités des assemblées générales.
103. TGI St-Etienne, référé, 3 septembre 1982 : *Petites affiches,* 1986, n° 34, p. 15, note Sousi.
104. Cf., par exemple, Cass. 1re, civ., 2 juin 1970 : *Bull. civ.,* n° 184, p. 149 qui précise que le juge procède par « une interprétation souveraine » ou Cass. 1re, civ., 2 décembre 1975, *D.,* 1976, p. 25.
105. Au sein d'une abondante jurisprudence on peut citer : CA Paris, 1re ch. A, 25 septembre 1990 : *Bull. Joly,* 1990, p. 951, § 300 ; *RTD com.,* 1991, p. 247, note Alfandari et Jeantin. Ou CA Versailles, 1re ch., 20 septembre 1990 : *Bull. Joly,* 1990, p. 1043, § 338.

Pour cela, tout membre de l'association a qualité pour agir (106).

Encore faut-il, en application des règles générales, qu'il puisse faire valoir un préjudice et qu'il agisse dans le délai de prescription propre aux nullités relatives, c'est-à-dire cinq ans (107).

121. Registre spécial obligatoire. Renvoi. — De l'activité des organes de l'association, la loi de 1901 fait une obligation, succinte, de déclaration des changements intervenus dans la direction de l'association et dans ses statuts (*infra,* n° 126).

Section 6
Responsabilité pénale de l'association

122. Principe. — Les personnes morales, à l'exclusion de l'Etat, sont responsables pénalement, selon les dispositions des articles 121-4 à 121-7 et dans les cas prévus par la loi ou le règlement, des infractions commises, pour leur compte, par leurs organes ou représentants (N.C. pr. pén., art. 121-2, al. 1er).

En tant que personnes morales, les associations déclarées, les fondations, d'utilité publique ou d'entreprise, et les congrégations sont susceptibles de cette responsabilité pénale, dont l'entrée en vigueur a été fixée au 1er mars 1994.

Cette applicabilité récente, jointe au fait que cette responsabilité ne diffère notamment pas de celle des sociétés commerciales, fait que son étude déborde le cadre de cet ouvrage.

---

106. Ce principe constant trouve notamment sa source dans une des plus anciennes jurisprudences en matière d'association : CA Besançon, 23 janvier 1901 : *D.,* 1901, 2, p. 46.

107. C'est ainsi qu'a jugé la cour d'appel de Paris : ''La relativité des conventions s'oppose à ce qu'un membre d'une association puisse demander, pendant toute la durée de la prescription trentenaire, la nullité des assemblées générales ordinaires et extrordinaires qui auraient créé ou modifié les statuts sociaux sans respecter éventuellement les formes prévues par les dispositions des statuts antérieurs, alors que ces formes ont été légalement instituées par une convention particulière dans le seul intérêt des membres de l'association.
La validité du contrat étant régie par les règles juridiques applicables aux contrats et obligations, à plus forte raison en est-il de même de la validité des délibérations des assemblées créées par les clauses du contrat. En conséquence, aucune nullité absolue ne saurait être admise en cas de non-respect des règles d'organisation intérieure de l'association, la prescription de droit commun des nullités relatives de l'article 1304 du Code civil devant seule s'appliquer au contrat d'association, et rend les délibérations définitives''. (CA Paris, 25 novembre 1977 : *Gaz. Pal.,* 1978, 1, p. 316, note A.P.S., et rejet du pourvoi par Cass. 1re, civ., 10 juillet 1979 : *Bull. civ.,* I, n° 202, p. 162 ; *Rev. sociétés,* 1980, p. 586, note Plaisant ; *RTD com.,* 1980, n° 11, p. 112, obs. Alfandari et Jeantin).

Chapitre III

Modifications statutaires

Section 1
Modifications statutaires diverses

123. Décision. — La loi n'a prévu aucune règle particulière de quorum ou de majorité pour les décisions de modification des statuts, de sorte que ces derniers peuvent prévoir librement soit l'unanimité, soit une règle particulière de majorité.

Par contre, les tribunaux se montrent vigilants sur le respect des règles statutaires de convocation et de majorité.

124. Publicité. — Les associations déclarées sont tenues de faire connaître, dans les trois mois, tous les changements survenus dans leur administration ou direction, ainsi que toutes les modifications apportées à leurs statuts (L. 1901, art. 5).

Les déclarations relatives aux changements survenus dans l'administration ou la direction mentionnent (D. 1901, art. 3) :

— les changements de personnes chargées de l'administration ou de la direction ;

— les nouveaux établissements fondés ;

— le changement d'adresse dans la localité où est situé le siège social ;

— les acquisitions ou aliénations du local destinées à l'administration de l'association et à la réunion de ses membres et des immeubles nécessaires à l'accomplissement du but de l'association. Un état descriptif, en cas d'acquisition, et l'indication des prix d'acquisition ou d'aliénation doivent être joints à la déclaration.

Les déclarations complémentaires sont faites de la même manière et aux mêmes endroits que la déclaration initiale, mais elles ne sont soumises à publication ni au *Journal officiel,* ni au *Recueil des actes administratifs.*

Il est délivré un récépissé de ces déclarations et des pièces jointes. En cas de modifications apportées aux statuts, il y a lieu de joindre à la déclaration deux exemplaires des modifications apportées.

En outre, les unions d'associations doivent faire connaître, dans les trois mois, les nouvelles associations adhérentes (D., 1901, art. 7).

Les modifications ou changements qui n'ont pas fait l'objet de déclarations complémentaires ne sont pas opposables aux tiers (L., 1901, art. 5).

125.   Transfert du siège hors du département ou de l'arrondissement. — Si le siège de l'association est transféré dans une localité située hors du département ou de l'arrondissement qui a reçu la déclaration originelle, il y a lieu de faire une nouvelle déclaration complète et non une simple déclaration modificative.

126.   Registre spécial. — Les modifications et changements sont consignés par l'association sur un registre spécial, qui doit être présenté aux autorités administratives ou judiciaires chaque fois qu'elles en font la demande (L. 1901, art. 5, al. 6).

Ce registre, tenu au siège social, mentionne les dates des récépissés délivrés par le préfet ou le sous-préfet (D. 1901, art. 6).

Il doit être coté et paraphé, sur chaque feuille, par le préfet ou son délégué ou par le sous-préfet (D. 1901, art. 31).

Section 2

Transformation

127.   Transformations autorisées. — *Stricto sensu,* la transformation signifie le changement de forme, la forme étant l'une des caractéristiques essentielles des sociétés (cf. notamment, C. civ., art. 1834 ; L. n° 66-537, 24 juillet 1968, art. 1er) et la loi autorise expressément le changement de forme d'une société « sans création d'un être moral nouveau » (C. civ., art. 1844-3). L'expression transformation est également utilisée par les textes régissant le GIE et le GEIE pour faciliter la transformation :

— d'une société ou d'une association en GIE (Ord. n° 67-821, art. 12, al. 1) ;

— d'une société ou d'une association en GEIE (L. n° 89-377, art. 8) ;

— d'un GIE en GEIE et vice versa (L. n° 89-377, art. 8) ;

— d'un GIE en SNC, à l'exclusion de toute autre forme de société (Ord. n° 67-821, art. 12, al. 2) ;

— et d'un GEIE en SNC (L. n° 89-377, art. 8).

Enfin, il faut signaler une disposition transitoire, mais aujourd'hui expirée, qui a permis à certaines sociétés, depourvues de but lucratif, de se transformer en association : il s'agit de la loi n° 69-717 du 8 juillet 1969 modifiée par la loi de finances rectificative pour 1969, n° 69-1160, du 24 décembre 1965 et par la loi de finances pour 1973, n° 72-1121 du 20 décembre 1972.

128. Autres « transformations ». — Indépendamment de ces hypothèses, la question de principe demeure, non pas de « transformation », mais de « changement de nature juridique » (108) de l'association. En l'état actuel du droit, il faut considérer qu'il y a création d'un être moral nouveau, c'est-à-dire cumul de conséquences, notamment fiscales, d'une dissolution et d'une création. Ainsi en est-il :

— de la transformation de la société en association et vice versa ;

— de transformation de GIE ou de GEIE en association.

Cette solution de principe n'est pas sans entraîner des difficultés dans la mesure où, en dehors de toute fraude, l'évolution de la vie d'un groupement peut l'amener à ne plus correspondre parfaitement à sa nature juridique d'origine. Ainsi par exemple, du GIE qui présentait un caractère auxiliaire par rapport à l'activité de ses membres et dont l'activité devient prééminente par suite de l'évolution économique et de son succès. On peut également citer le cas d'une association, créée pour développer le tourisme local, par l'organisation de manifestations sans aucun but lucratif, et qui, par suite de succès répétés dégage un excédent d'exploitation important, et surtout est amenée à organiser des manifestations de plus en plus importantes, dans un climat concurrentiel qui est la conséquence de son propre succès (109).

Toutefois, indépendamment de quelques cas de transformation autorisés par la loi (*supra*, n° 127), il existe d'autres moyens pour une association de développer son activité au travers d'une société, en apportant son activité à une société à créer qui devient sa filiale et qui peut même être une EURL. Cet apport peut se faire sous le régime d'apports en nature, ou de celui de l'apport partiel d'actif.

§ 1.   *Transformation en GIE ou GEIE*

129. Objet de l'association transformée. — La possibilité de transformation en GIE ou en GEIE répond à un souci du législateur de favoriser ces deux groupements, l'unique condition étant que l'objet corresponde à la définition du GIE (Ord. n° 67-821, art. 12) ou du GEIE (L. n° 89-377, art. 8), ce qui est tout à fait possible, car ils ont des « domaines » qui se recoupent partiellement (*supra*, n° 16).

130. Obligations des membres. — Par contre, la responsabilité vis-à-vis des tiers qui résultera de cette transformation implique une décision à l'unani-

---

108. Annick Batteur, « Le changement de nature juridique des personnes morales » : *Petites affiches,* 27 juillet 1992, p. 12.

109. Cf. notamment le colloque organisé par la Compagnie régionale des commissaires aux comptes de Versailles sur le thème « Les associations : un droit à revoir ? Principes-Apparences-Réalités », décembre 1990, et plus particulièrement les interventions d'Alain Simon et du professeur Elie Alfandari.

mité des membres, ou, à défaut, le retrait préalable ou concomitant de l'association, des membres qui ne souhaitent pas endosser cette nouvelle responsabilité.

On notera que le texte régissant la transformation n'a pas prévu le cas d'exclusion de ces membres opposants. Cette exclusion n'est donc possible que conformément aux statuts de l'association et, à défaut, avec l'accord unanime des « partants ».

131.   Dévolution du patrimoine. — La transformation de l'association en GIE ou en GEIE, sans création d'un être moral nouveau, n'entraîne donc pas dévolution de l'actif au sens de l'article 15 du décret du 16 août 1901, lequel interdit toute dévolution au profit des membres de l'association.

Par contre, il faut que cette transformation ne soit pas frauduleuse eu égard à ce texte, c'est-à-dire qu'elle n'ait pas eu pour objet de permettre, au travers du GIE, une répartition prohibée d'actif entre les membres.

§ 2.   *Transformation d'une société en association*

132.   Objectifs. — Cette possibilité de transformation des sociétés en association a répondu à un objectif extrêmement limité de régularisation de structures sociétaires, qui avaient été créées au début du siècle, souvent avec des prête-noms, à la suite des querelles qui ont opposé l'Eglise et les congrégations à l'Etat. Ces querelles étant éteintes, il convenait que les biens en question réintègrent une structure appropriée et échappent soit à l'oubli, soit à la cupidité des héritiers des prête-noms d'origine.

133.   Conditions. — Les différentes conditions tenaient :

— à la forme de la société à transformer (société civile, société à responsabilité limitée, société par actions) ;

— à l'activité principale exercée : gestion d'immeubles loués ou affectés à des fins charitables, éducatives, sociales, sanitaires, cultuelles ou culturelles.

Un délai relativement bref a été accordé : initialement la décision devait être prise avant le 31 décembre 1972, prorogé jusqu'au 31 décembre 1974 (L. fin. pour 1973, n° 72-1121, 20 décembre 1972).

Enfin, et c'est peut-être la disposition la plus remarquable du dispositif, les conditions de majorité de la transformation ont été particulièrement allégées, puisque la décision de transformation pouvait être prise en assemblée ordinaire (110).

---

110.   Ce qui fait dire à un auteur qu'il ne s'agirait pas d'une véritable transformation, mais d'une requalification : Annick Batteur, préc.

§ 3. *Requalification judiciaire de certaines sociétés en associations*

134. Dispositif. — Bien que ce dispositif ait été d'une très faible durée — dix mois à compter de la publication de la loi n° 77-574 du 7 juin 1977 — il convient d'en rappeler les grandes lignes, car pour aboutir au même résultat qu'en 1969, le législateur a adopté une technique différente : la requalification judiciaire. Les points notables en sont :

— la demande par un seul actionnaire ou associé ;

— l'absence de fait de tout caractère lucratif de la société.

Enfin, cette procédure concernait toutes les sociétés civiles ou commerciales, même dissoutes, mais non encore liquidées.

Section 3
Fusion, scission, apport partiel d'actif

135. Fusion. — Bien qu'elle ne soit pas expressément prévue par la loi de 1901, la fusion d'associations est considérée par l'ensemble des auteurs comme valable. Lorsqu'il y a absorption d'une association par une autre, l'opération est d'ailleurs très proche de la dévolution intégrale d'actif dans le cadre de la liquidation, avec cette particularité, que les membres de l'association dissoute ont vocation à faire partie de l'association absorbante, ce qui n'est pas le cas lorsqu'il y a dévolution d'actif (*infra*, n° 143). On notera que la fusion-absorption présente l'intérêt de ne pas risquer d'être requalifiée de donation (111).

136. Scission. — La scission n'est pas non plus prévue par la loi de 1901. Un auteur l'envisage néanmoins en la rapprochant de la scission de syndicats. Il s'agit alors non pas d'une opération décidée à une majorité déterminée comme une scission de sociétés, mais plutôt comme le résultat d'actions judiciaires consistant pour une minorité à contester la fidélité de la majorité ou de la direction au but assigné à l'association (112).

Par voie de conséquence, chaque membre n'aurait vocation à appartenir qu'à une seule des deux associations issues de la scission.

Une autre pratique de la scission peut être envisagée, par référence au droit des sociétés, afin de permettre de séparer des activités différentes. Il s'agit alors d'une opération décidée à une majorité qualifiée et permettant *a priori* à chacun de rester membre des deux structures.

---

111. En ce sens, Elie Alfandari, « Le patrimoine de l'entreprise sous forme associative », *in Mélanges Derruppé*, Litec et GLN Joly éd., 1991, p. 265.

112. R. Brichet, *Association et syndicat,* n° 630.

137. Apport partiel d'actif. — Il est traditionnel de rattacher cette opération, qui n'est qu'un apport portant sur une branche complète d'activité y compris les éléments actif et passif, dont les auteurs s'accordent à reconnaître la validité, même au profit d'une société, dès lors que l'association apporteuse deviendrait elle-même actionnaire de cette société (et non ses membres !). A notre sens, il semblerait préférable d'envisager ces diverses opérations dans les statuts.

Chapitre IV

Dissolution-Liquidation

Section 1
Causes de dissolution

138. Nullité. — Il a déjà été précisé que la seule restriction mise par la loi à la formation d'une association concerne la cause et l'objet de l'association qui ne doivent être ni illicites ni contraires aux lois, ni aux bonnes mœurs et qui ne peuvent avoir pour objet de porter atteinte à l'intégrité du territoire national et à la forme du Gouvernement (L., 1er juillet 1901, art. 3 ; *supra*, n° 30).

La sanction de cette nullité absolue est la dissolution judiciaire de l'association prononcée par le tribunal de grande instance à la requête de tout intéressé (L. 1er juillet 1901, art. 7), de sorte que la liquidation ne différera pas des autres cas de dissolution.

139. Dissolution administrative. — Certains textes particuliers prévoient également la dissolution administrative d'associations ayant un objet illicite particulier (groupes de combat ; *supra*, n° 32). Cette dissolution administrative entraîne des effets particuliers quant à la liquidation de l'association : mise sous séquestre des biens et liquidation par l'administration des domaines.

140. Dissolution statutaire. — Il faut entendre par dissolution statutaire, non seulement celle résultant de l'arrivée du terme (lequel n'est pas obligatoire : L., 1er juillet 1901, art. 4), mais également la réalisation ou l'extinction de l'objet pour lequel l'association a été créée.

141. Dissolution volontaire. — La dissolution volontaire est celle prise en assemblée soit sur un motif prévu par les statuts, soit pour tout autre motif. Afin d'éviter toutes difficultés, il conviendra que les statuts prévoient clairement cette hypothèse ainsi que les règles de quorum et de majorité applicables, comme cela est le cas dans les statuts des associations reconnues d'utilité publique.

A défaut, il semble que l'on puisse considérer la dissolution comme une modification statutaire, puisqu'elle a pour but d'ajouter dans les statuts une durée qui n'existe pas ou de réduire la durée qui est fixée, mais encore faut-il que les statuts aient prévu le cas de modification statutaire.

A défaut de durée, les membres qui le souhaitent peuvent toujours quitter l'association (L. 1901, art. 4).

Section 2
Liquidation

142. Survie de l'association pour les besoins de la liquidation. — Le principe de la survie de l'association pour les besoins de sa liquidation a été affirmé, à défaut de disposition légale, par la Cour de cassation qui a mis fin à l'incertitude antérieure (113).

L'association peut donc continuer à effectuer des opérations (vente de biens, recouvrement de créances, apurement du passif, etc.) ou ester en justice tant comme demanderesse que comme défenderesse etc., dans toute la mesure où ces opérations et ces instances tendent effectivement à sa liquidation (114).

143. Règles de dévolution. — En cas de dissolution volontaire, statutaire ou judiciaire, les biens de l'association sont dévolus conformément aux statuts ou, à défaut de dispositions statutaires, suivant les règles déterminées en assemblée générale (L. 1901, art. 9).

Lorsque l'assemblée générale est appelée à se prononcer sur la dévolution des biens, quel que soit le mode de dévolution, elle ne peut attribuer aux sociétaires, en dehors de la reprise de leurs apports, une part quelconque des biens de l'association (D. 1901, art. 15).

Les actes constatant l'attribution de biens aux sociétaires, en dehors de la reprise de leurs apports, seraient nuls (L. 1901, art. 17).

144. Reprise d'apport. — La possibilité de reprise d'un apport a été prévue comme une exception au principe selon lequel aucun bien ne peut être attribué aux associés (D. 1901, art. 15).

Cette reprise d'apport suscite en pratique un certain nombre de difficultés auxquelles il est préférable, compte tenu des intérêts en jeu, d'apporter une solution dès l'acte d'apport, par des stipulations précises.

La première question est de savoir si le droit de reprise appartient à l'apporteur même en l'absence de stipulation à cet égard dans l'acte d'apport ou

---

113. Cass. 1re civ., 11 décembre 1973 : *Bull. civ.,* I, 1973, p. 305 ; *JCP,* éd. G, 1976, IV, 31 ; *Bull. Joly,* 1974, p. 194, § 100.

114. Cass. 1re civ., 8 novembre 1978 : *Bull. civ.,* I, 1978, p. 263, n° 335 ; *Bull. Joly,* 1978, p. 305, § 144.

dans les statuts. La rédaction de l'article 9 de la loi semble dans ce cas laisser toute liberté à l'assemblée. Les autres questions concernent les biens susceptibles de reprise et les bénéficiaires de ce remploi en cas de prédécès de l'apporteur.

145. Biens susceptibles de reprise. — *A priori,* tout bien apporté peut faire l'objet de reprise, dès lors qu'il existe encore au moment de la liquidation. Par contre, la subrogation sur le bien acquis en remploi ou sur le prix d'aliénation semble contestable, sauf si l'acte d'apport le sipule expressément (115).

En tout état de cause, même si l'on a prévu cette subrogation, elle supposera soit qu'il y ait un remploi formel lors de l'acquisition d'un nouveau bien, soit que le repreneur puisse établir, quelquefois longtemps après, le lien entre les deux opérations. Dès lors que l'apport entraîne un véritable transfert de la propriété (*supra*, n ° 40), et que le consentement de l'apporteur n'a pas à être requis lors de l'aliénation, celle-ci risque d'échapper totalement à l'apporteur.

Enfin, en cas de reprise portant sur une somme d'argent, celle-ci sera sujette à la dépréciation monétaire sur une durée qui peut être très longue.

146. Personnes susceptibles de bénéficier de la reprise. — Indépendamment de l'apporteur, qui sera souvent membre de l'association (*supra*, n° 38), il semble que la possibilité de reprise d'apport bénéficie également à ses héritiers, qu'ils soient ou non membres de ladite association. Il est également préférable de prévoir cette hypothèse dans l'acte d'apport, d'autant que la reprise peut intervenir plusieurs dizaines d'années après l'apport.

147. Absence de règles de dévolution. — Si les statuts n'ont pas fixé les conditions de liquidation et de dévolution des biens de l'association, et si l'assemblée générale qui a prononcé la dissolution volontaire n'a pas pris de décision à cet égard, le tribunal, à la requête du ministère public, nomme un curateur, qui provoque, dans un délai déterminé par le tribunal, la réunion de l'assemblée générale dont la mission est uniquement de statuer sur la dévolution des biens. Ce curateur exerce les pouvoirs conférés par l'article 813 du Code civil aux curateurs aux successions vacantes (D. 1901, art. 14).

Si l'assemblée générale ne prenait pas de décision, l'actif de l'association, après reprise des apports, et éventuellement retour dans les cas prévus aux articles 954 et 1046 du Code civil (c'est-à-dire inexécution des charges) aux

---

115. *Contra :* P. Chassagnade-Belmin, « Les apports aux associations », *in Journ. not.,* 1958, p. 585, selon lequel, en cas d'aliénation, l'apporteur et ses héritiers auraient, même en l'absence de convention initiale, droit de reprise sur les biens acquis en remploi, ainsi qu'à défaut de remploi, sur le prix de la valeur d'aliénation.

donateurs ou testateurs des biens donnés ou légués, reviendrait à l'Etat comme biens vacants, conformément aux articles 539 et 713 du Code civil, la nomination d'un administrateur provisoire n'étant pas possible, même à la requête d'un créancier (116).

A noter toutefois que, quel que soit le mode de dévolution et la personne des attributaires, les biens donnés ou légués peuvent retourner au disposant ou à ses héritiers par l'effet d'une révocation pour inexécution des charges sur le fondement des articles 954 ou 1046 du Code civil.

---

116. CA Rouen, 9 février 1981 : *Gaz. Pal.*, 1981, 2, som., p. 226 ; *Bull. Joly,* 1981, p. 801, Panorama.

Chapitre V

Associations reconnues d'utilité publique

148. Définition. — L'association reconnue d'utilité publique est une association qui, souscrivant à certaines conditions édictées par les pouvoirs publics et renonçant à certains aspects de sa liberté de principe, se voit accorder des pouvoirs et obéit à des règles de fonctionnement spécifiques.

La loi de 1901 et son décret d'application n'établissant pas de critères précis, il a appartenu jusqu'à présent au Conseil d'Etat de les définir, puis de les appliquer.

Pour être reconnue d'utilité publique, l'association doit remplir certaines conditions préalables dont le respect détermine l'acquisition, la modification ou le retrait du statut, qui définit lui-même les principes de fonctionnement de l'association, de sa capacité juridique aux règles pesant sur ses dirigeants.

Section 1

Acquisition et perte du statut

149. Principe. — L'acquisition du statut de reconnaissance d'utilité publique suppose que soient remplies des conditions d'origine légale ou imposées par le Conseil d'Etat, ainsi que des conditions de procédure destinées à faciliter le contrôle de l'administration.

§ 1. Conditions d'acquisition

150. Conditions légales. — Les conditions d'acquisition du statut sont régies par la loi du 1er juillet 1901 et par le décret du 14 août 1901 :

— l'association doit être déclarée (D. 1901, art. 18) afin de bénéficier de la capacité juridique de droit commun ;

— l'association doit être viable selon les conditions de la loi n° 87-571 du 23 juillet 1987 sur le développement du mécénat, c'est-à-dire sur la base de comptes établissant leur équilibre financier au cours des trois dernières années (L. 1901, art. 10).

Il résulte donc de ces conditions que l'association qui sollicite la reconnaissance d'utilité publique doit « préexister » effectivement en qualité d'association déclarée.

151.   Conditions administratives. — La pratique administrative a mis en oeuvre deux types de conditions, tenant au but poursuivi et à l'importance de l'association.

a) L'association doit poursuivre un but d'intérêt public. Son objet doit être d'intérêt général sans caractère lucratif.

Sont ainsi retenus :

— organismes à but charitable, philanthropique, éducatif...

— organismes à caractère scientifique, culturel, professionnel...

Sont en revanche exclus :

— organismes exclusivement religieux ou politiques ;

— organismes économiques ;

— organismes poursuivant l'intérêt personnel ou collectif de leurs membres, hormis les associations d'anciens combattants ou d'anciens élèves.

b) L'association doit avoir une certaine importance, qui se définit en fonction :

— de son champ d'action, de son audience qui doit largement dépasser le cadre local même si elle en est issue au départ (cas des associations protégeant les sites et monuments historiques) ;

— de sa taille (nombre de membres) et de sa surface financière (dotation, fonds de roulement).

152.   Statuts types. — L'association candidate à la reconnaissance d'utilité publique doit satisfaire aux principes établis par les statuts types, pour que la demande puisse être considérée efficacement par les organes compétents.

Les statuts types sont une sorte de modèle d'origine coutumière que la pratique a rendu obligatoire afin de permettre à l'Administration un contrôle *a priori*. Leur valeur diffère en droit et en pratique.

Les statuts types répondent à des contraintes légales de différente nature.

D'une part, le décret d'application impose six mentions obligatoires (D. 1901, art. 11) :

1° l'indication du titre de l'association, de son objet, de sa durée et de son siège social ;

2° les conditions d'admission et de radiation de ses membres ;

3° les règles d'organisation et de fonctionnement de l'association et de ses établissements, ainsi que la détermination des pouvoirs conférés aux membres chargés de l'administration ou de la direction, les conditions de modification des statuts et de la dissolution de l'association ;

4° l'engagement de faire connaître dans les trois mois à la préfecture ou à la sous-préfecture tous les changements survenus dans l'administration ou la direction et de présenter sans déplacement les registres et pièces de comptabilité, sur toute réquisition du préfet, à lui-même ou à son délégué ;

5° les règles suivant lesquelles les biens seront dévolus en cas de dissolution volontaire, statutaire, prononcée en justice ou par décret ;

6° le prix maximum des rétributions qui seront perçues à un titre quelconque dans les établissements de l'association où la gratuité n'est pas complète.

D'autre part, les statuts types tiennent compte de quatre grands principes liés à la nature de l'association :

— le respect de la libre-démocratie ;

— le caractère désintéressé de l'association ;

— la limitation des valeurs patrimoniales afin de se conformer, comme le critère précédent, au caractère non lucratif de l'association ;

— la reconnaissance du contrôle de l'Administration.

D'autres contraintes sont issues de la jurisprudence du Conseil d'Etat qui exige que les statuts soient précis sur certaines questions majeures relatives à la nature de l'association, à l'objet qui est poursuivi.

153.   Force obligatoire des statuts types. — Dans leur rédaction littérale, les statuts types n'ont légalement qu'un caractère indicatif. Seules sont obligatoires les mentions prévues à l'article 11 du décret de 1901, d'autant que la compétence du Conseil d'Etat quant à la rédaction de ces statuts n'est assise sur aucun texte législatif ou réglementaire.

Cependant, ils sont obligatoires dans la pratique et les associations candidates à une reconnaissance d'utilité publique sont incitées à suivre cet usage. Il est possible de ne pas se conformer aux statuts types, mais les circonstances ayant dicté ce choix devront être justifiées lors de la demande de reconnaissance (117).

§ 2.   *Procédure*

154.   Demande de reconnaissance. — La demande de reconnaissance doit suivre un parcours établi par le décret du 14 août 1901, du dépôt à la décision finale.

La demande de reconnaissance est adressée au Bureau des groupements et associations du ministère de l'Intérieur. Elle doit être accompagnée des pièces prévues à l'article 10 du décret de 1901, elle-même complétée par une liste publiée par une brochure du *Journal officiel* consacrée aux associations (118).

---

117.   Pomey « Le contrôle par le Conseil d'Etat des associations reconnues d'utilité publique » : *EDCE,* n° 32.

118.   *Associations - Régime général,* Brochure *JO,* n° 1068, p. 191.

Les pièces qui doivent être certifiées sincères et véritables par les signataires de la demande et fournies en double exemplaire, sont :

— statuts de l'association en dix exemplaires, dont trois au moins paraphés à chaque page et signés sous le dernier article ;

— extrait de la délibération indiquant l'accord sur la demande de reconnaissance et le nombre de membres présents ;

— extrait du *Journal officiel* contenant la déclaration de l'association ;

— exposé indiquant l'origine, le développement, les conditions de fonctionnement, le but d'intérêt public de l'association et, le cas échéant, l'organisation, le fonctionnement des comités locaux et leurs rapports avec l'association ;

— liste des établissements de l'association avec indication de leur siège ;

— liste des membres du bureau, du conseil d'administration et de l'association (nationalité, profession, domicile) ;

— comptes financiers des trois derniers exercices et budget de l'exercice courant ;

— état de l'actif et du passif et notamment des immeubles (situation, contenance, valeur) et des titres qui doivent être nominatifs (valeur en capital attestée par certificat bancaire) ;

— le cas échéant, justificatifs du choix de statuts différents des statuts types.

A la réception du dossier complet, l'autorité administrative délivre à l'association un récépissé, daté et signé, portant le détail des pièces jointes.

155. Examen de la demande de reconnaissance. — L'examen de la demande a été allégé au niveau de l'instruction de la demande par le ministère de l'Intérieur. L'avis du conseil municipal de la commune du siège et des différents ministères intéressés, le rapport du préfet ne sont plus obligatoires depuis le décret du 24 avril 1981 : ils sont laissés au choix du ministère de l'Intérieur (D. 1901, art. 12).

Le ministère de l'Intérieur dispose en effet d'un pouvoir discrétionnaire : il peut refuser l'instruction ou l'arrêter en cours de route et ne pas donner suite à la reconnaissance, il peut choisir de ne pas procéder à l'instruction... Il lui appartient de toutes façons de transmettre le dossier au Conseil d'Etat.

Le Conseil d'Etat doit procéder à l'examen de la demande. Outre les conditions légales énumérées précédemment, notamment pour les statuts types, le Conseil d'Etat vérifie :

— que le projet est précis et argumenté ;

— que l'objet de l'association est d'utilité publique ;

— que les statuts sont conformes au principe des statuts types, notamment quant à l'objet de l'association, aux catégories de membres, à la composition du conseil ;

— que la dénomination de l'association ne prête pas à confusion ;

— que l'association est ouverte à tous les intéressés ;

— que le montant des cotisations, du budget, des comptes et la désignation des dirigeants sont issus d'une décision prise en assemblée générale ;

— que le conseil d'administration ne comporte qu'un nombre limité de représentants de personnes morales publiques et de salariés.

Ces éléments conditionnent l'avis du Conseil d'Etat, mais c'est en pratique la perspective réelle de bénéficier d'une libéralité qui est déterminante dans la reconnaissance d'utilité publique (119). Celle-ci a d'ailleurs été créée dans ce but, et non dans celui de récompenser l'honorabilité ou l'action d'une association, comme cela a pu souvent être interprété.

156. Décret de reconnaissance. — La demande aboutit à une décision soumise au pouvoir discrétionnaire du Gouvernement, quels que soient le caractère sérieux des pièces produites ou l'avis du Conseil d'Etat.

La décision intervient uniquement par décret en Conseil d'Etat. Même les autorisations administratives en faveur de très anciens organismes privés ne peuvent être assimilés à une reconnaissance d'utilité publique (120).

Une copie du décret de reconnaissance doit être transmise au préfet qui la joint au dossier de déclaration. La reconnaissance ne vaut qu'à dater du jour où elle est accordée et ne peut avoir d'effet rétroactif. Il s'agit là, selon la Cour de cassation, d'une disposition d'ordre public (121).

Le Conseil d'Etat admet en revanche la rétroactivité en présence d'actes administratifs particuliers, actes déclaratifs, confirmatifs ou interprétatifs (122).

157. Recours contre le refus de reconnaissance. — Le seul recours administratif qu'il est possible d'envisager est le recours gracieux adressé à l'auteur de la décision mise en cause à tout moment de la procédure de demande. Le recours hiérarchique n'est pas interdit mais il est rendu difficile par la multiplicité d'autorités administratives intervenant lors de la demande.

Le recours gracieux ou hiérarchique n'est pas soumis à des règles de forme ou de capacité (123), mais il apparaît indispensable pour le demandeur de se réserver des preuves de la réalité du recours et de la procédure d'introduction, tant pour sa sécurité juridique que pour la conservation du délai contentieux.

Le recours administratif préserve, en effet, le recours contentieux ultérieur en faisant courir un délai de deux mois supplémentaires pour la saisine du juge. Il doit cependant répondre à des conditions particulières :

— le recours administratif doit être véritable et mis en œuvre avant l'expiration du délai de saisine ;

— le recours contentieux doit être formé dans les délais ouverts par le recours administratif ;

— recours administratif et recours contentieux doivent avoir le même objet et être formés par la même personne.

---

119. CE, 6 décembre 1972, « Sieur Billet et Communauté sociale européenne »: *Rec. CE,* p. 786.

120. CE, 14 juin 1974, « Caisse d'Epargne de Paris » : *DA,* 1974, n° 233.

121. Cass. civ., 7 février 1912 : *S.,* 1914, I, 305, note Hugueney.

122. CE, 6 décembre 1972, préc.

123. CE, 23 novembre 1962, « Association des anciens élèves de l'ICN »: *Rec. CE,* p. 625.

En matière contentieuse, le recours en responsabilité est concevable, mais c'est surtout vers le recours en excès de pouvoir que l'attention doit être portée (124).

Le recours peut être exercé par l'association ou par toute personne ayant intérêt à l'annulation de la mesure.

Le juge ne peut contrôler l'opportunité des décisions du Gouvernement qui dispose en la matière de larges pouvoirs, mais peut néanmoins exercer le contrôle minimum du juge de l'excès de pouvoir. Il suffira que sa décision ne soit pas basée sur des faits matériellement inexacts, sur une erreur de droit ou d'appréciation ou encore de détournement de pouvoir.

§ 3. *Contrôle du statut*

158.   Généralités. — Le décret prononçant la reconnaissance d'utilité publique ne marque pas la fin de l'attention particulière apportée par l'Administration à ce type d'association. Au contraire, l'association va se trouver contrôlée à tout moment de sa vie, si elle décide de modifier ses statuts par exemple. Elle peut même, à la suite d'irrégularités commises dans sa gestion, se voir retirer la reconnaissance. Enfin, la reconnaissance ne survit pas à l'association et est retirée par l'Administration en cas de dissolution de l'association.

159.   Procédure de modification statutaire. — Toute modification apportée à une association reconnue d'utilité publique doit être adressée au ministère de l'Intérieur et suivre une procédure similaire à celle de la demande.

La demande d'approbation des modifications adressées au ministère de l'Intérieur doit comprendre nécessairement certaines pièces, fournies en double exemplaire, certifiées sincères et véritables par le président de l'association :

— extrait de la délibération de l'assemblée générale décidant la modification des statuts et indiquant le nombre des membres présents ;

— copies du décret de reconnaissance des statuts actuels ;

— statuts en dix exemplaires dont trois au moins paraphés et signés ;

— le cas échéant, copies du règlement intérieur de départ et du nouveau règlement intérieur ;

— tableau comparatif des statuts anciens et des nouveaux statuts expliquant les raisons du changement, justifiant le cas échéant les différences entre les deux séries de statuts ;

— liste des membres du conseil d'administration et du bureau (nationalité, profession, domicile) ;

— comptes financiers des trois derniers exercices et budget de l'exercice courant (125).

---

124.   CE, 15 juillet 1959, « FF de tir » : *RD publ.*, 1960, p. 317.
125.   *Associations,* Brochure *JO,* n° 1068.

La demande de modification, comme la demande de reconnaissance, peut faire l'objet d'une instruction sur demande du ministère.

160. Décision d'approbation d'une modification statutaire. — La décision d'approbation peut intervenir de deux façons. Elle peut être prise à la suite du rapport du ministre de l'Intérieur et de l'avis du Conseil d'Etat par décret du Conseil d'Etat (D. 1901, art. 13-1).

Le Conseil d'Etat veille essentiellement à ce que la modification statutaire ne remette pas en cause le caractère d'utilité publique de l'association (126).

Elle peut également intervenir par arrêté du ministre de l'Intérieur, se conformant alors à l'avis du Conseil d'Etat (ce qui est fait de toutes façons dans la plupart des cas en pratique).

Un simple arrêté suffira également lorsque la modification a pour but le transfert du siège de l'association à l'intérieur du territoire français.

La décision, sauf procédure simplifiée, ne peut être implicite et doit obligatoirement faire l'objet d'un décret en Conseil d'Etat.

La décision d'approbation des modifications est susceptible de deux types de recours, les membres de l'association en cause pouvant saisir le juge civil dans les cas où la modification des statuts n'a pas fait l'objet d'une approbation ou lorsque la délibération de l'assemblée générale décidant de la modification est entachée de vice.

Les tiers ne sont pas admis à saisir le juge civil.

161. Exceptions à la procédure de modification statutaire. — Un souci de simplification de la procédure a contribué à la mise en place d'une dispense d'autorisation administrative, pour les associations dont les statuts sont en totale conformité avec les statuts types et pour trois cas de modifications de moindre importance.

Ainsi :

— le relèvement du taux des cotisations des membres ;

— la variation du nombre des administrateurs entre les limites minimales et maximales imposées ;

— la périodicité des réunions du conseil d'administration dans la limite de six mois,

pourront être modifiés sans intervention de l'Administration.

Néanmoins, les adhérents comme les tiers pourront toujours saisir le juge administratif. Les membres de l'association seront admis à invoquer l'excès de pouvoir de l'autorité administrative, mais contre la seule procédure de l'acte administratif.

---

126. Lavagne : *RD sanit. soc.*, 1977, n° 49, p. 124.

Les tiers pourront agir en excès de pouvoir contre la décision d'approbation pour violation des règles de délibération, mais ce moyen, basé sur les règles du droit privé, devra faire l'objet d'une question préjudicielle soumise par le juge administratif au juge civil.

§ 4. Perte de la reconnaissance et dissolution

162. Retrait de la reconnaissance. — Le retrait de la reconnaissance d'utilité publique peut survenir à deux occasions, en tant que sanction autonome à la suite d'irrégularités de l'association, ou en tant que conséquence de la dissolution. La décision dans les deux cas doit, par principe, être discutée et peut donner lieu à certains recours.

Le retrait de la reconnaissance est la conséquence logique du contrôle exercé par l'Administration à partir des statuts types et qui porte sur la plupart des opérations financières (opérations patrimoniales, dotation, emploi des subventions, rapport annuel).

Le retrait étant une sanction, il doit être inspiré par des motifs graves qui doivent être énoncés en fait et en droit dans la décision (selon l'obligation générale de motivation pesant sur l'Administration depuis la loi du 11 juillet 1979).

163. Procédure de retrait de reconnaissance. — La procédure de retrait doit suivre deux principes.

Tout d'abord, le principe de parallélisme des formes entre compétence et procédure impose que le retrait soit effectué par les mêmes autorités et dans les mêmes conditions que celles qui ont procédé à la reconnaissance (127).

Par ailleurs, ce retrait ne peut intervenir sans que l'association ait été mise à même de discuter les griefs qui lui sont reprochés. Ce principe général de justice a trouvé application en matière d'association reconnue d'utilité publique depuis un arrêt du Conseil d'Etat de 1952 (128) et se retrouve dans le décret du 28 novembre 1983 relatif aux relations entre Administration et usagers (D. n° 83-1025, art. 8, al. 2).

Le retrait a pour effet d'abroger les éléments constitutifs de la reconnaissance. L'association ne pourra plus, à compter du jour où elle se voit notifier le retrait, bénéficier de donations ou de legs.

Elle n'en est pas dissoute pour autant, elle continue son existence sous la forme d'une association déclarée (129). De plus, l'association ne reste pas sans défense face à cette décision. Elle dispose d'un recours gracieux qui vise à obtenir le retrait pur et simple d'une décision de retrait qui serait illégale.

---

127. *Associations,* Brochure *JO,* n° 1068, p. 101.
128. CE, 31 octobre 1952, « Ligue des mères abandonnées » : *Rec. CE,* 1952, p. 480.
129. CE, 31 octobre 1952, préc.

Elle peut également introduire un recours pour excès de pouvoir qui devra porter sur le décret de retrait. Le juge administratif ne peut apprécier dans ce cas l'opportunité de la décision et doit se contenter de contrôler la légalité de la procédure (130).

164.   Dissolution volontaire, statutaire ou forcée. — La fin de la reconnaissance d'utilité publique peut être issue d'une décision de dissolution, que celle-ci provienne des adhérents, ou qu'elle soit l'effet d'une disposition judiciaire ou légale.

Le choix de la dissolution peut être contenu dans les dispositions statutaires, qui fixent un terme ou un objet précis à réaliser. Il peut également être le résultat d'une décision de l'assemblée, qui doit d'ailleurs être approuvée par l'autorité administrative de tutelle selon le principe au parallélisme des procédures de reconnaissance et de dissolution.

La dissolution peut être aussi un moyen de sanction. C'est le cas lorsqu'elle est le résultat d'une loi, ou d'une disposition administrative elle-même autorisée par une disposition législative expresse. Ce type de dissolution est intervenu à la suite de la loi du 13 août 1946 sur les maisons de tolérance ou celle du 10 janvier 1936 sur les milices privées, mais est aujourd'hui exceptionnel.

Quelle que soit l'origine de la dissolution, la décision a pour effet le retrait automatique et immédiat de la reconnaissance. La dévolution des biens sera réglée par les statuts ou par la procédure de liquidation prévue par la loi et le décret de 1901, avec toutefois cette particularité qu'en vertu des statuts types, la dévolution de l'actif net après liquidation doit se faire au profit d'établissements analogues, publics ou reconnus d'utilité publique.

Cependant, et en toute logique, un recours ne pourra être engagé que contre des décisions imposant la dissolution.Le recours contre une décision judiciaire s'effectuera selon les règles de la juridiction qui a rendu la décision. Le recours contre une disposition légale suivra les règles imposées par cette même loi.

Section 2
Fonctionnement d'une association reconnue d'utilité publique

§ 1. Capacité

165.   Généralités. — Le contrôle strict de l'Administration sur l'association reconnue d'utilité publique ne doit pas être conçu comme une sanction.

---

130.   CE, 15 juillet 1959, préc.

C'est avant tout un moyen de s'assurer que l'association est bien à même de poursuivre la mission qu'elle s'est impartie et de pouvoir lui conférer, en toute tranquillité, une capacité juridique plus étendue que celle des simples associations déclarées.

Cette extension de la capacité se traduit, d'une part, par une capacité à recevoir et à gérer un important patrimoine, et d'autre part, par une obligation de se donner certains moyens humains et financiers.

166.   Capacité juridique étendue. — La reconnaissance d'utilité publique a pour effet principal de donner à l'association la possibilité de recevoir des dons ou des legs (C. civ., art. 10).

Jouissent également de la capacité de recevoir des dons et legs :

— les associations cultuelles (*infra*, Titre III, n° 21) ;

— les associations familiales ressortant de l'article 7 du Code de la famille et de l'aide sociale ;

— les associations dont le but exclusif est l'assistance, la bienfaisance, la recherche médicale ou scientifique ;

— les associations affiliées à une fédération reconnue d'utilité publique.

Elles doivent pour cela se soumettre à certaines conditions, et notamment au contrôle de l'Administration.

167.   Capacité juridique préalable à la libéralité. — La date d'effet de la reconnaissance partage les tribunaux judiciaires et administratifs.

Le juge judiciaire, depuis un arrêt de principe du 12 avril 1864 (131) estime « qu'un acte postérieur d'autorisation ne peut rétroagir à une époque antérieure au décès ni priver les héritiers légitimes de droits à eux acquis par le fait même du décès ». Le Conseil d'Etat retient la solution inverse : une association déclarée peut recevoir des libéralités et demander alors la reconnaissance d'utilité publique (132).

La solution pratique consiste souvent pour l'association, qui envisage de s'assurer le bénéfice de la libéralité, à obtenir l'accord préalable des ayants droit évitant ainsi l'intervention du juge judiciaire.

168.   Forme des libéralités. — La libéralité elle-même doit être réalisée par acte notarié, à peine de nullité absolue (133). Par ailleurs, les donations mobilières ou immobilières avec réserve d'usufruit au profit du donateur sont interdites par disposition légale. Cette disposition doit être limitée à ce seul type de donation (L. 1901, art. 11).

---

131.   *DP,* 1864, I, p. 218.

132.   CE, 6 décembre 1972, « Sieur Billet et Communauté sociale européenne » : *Rec. CE,* p. 786.

133.   Cass. 1re civ., 26 janvier 1983 : *D.,* 1983, II, p. 317.

169.   Autorisation de l'administration à recevoir une libéralité. — Une fois ces conditions réunies, l'association doit être autorisée par l'Administration, sauf en cas d'acceptation provisoire. Le contrôle est un moyen pour l'Administration de faire respecter le principe de spécialité de l'association et d'éviter tout problème avec les ayants droit.

L'autorisation est obtenue à la suite d'une procédure particulière.

La demande en est déposée à la préfecture du siège social. Les pièces nécessaires différent selon qu'il s'agit d'un legs ou d'une donation (134).

La décision peut venir de différentes autorités selon l'ampleur de la libéralité ou sa nature :

— un arrêté du préfet autorisera une libéralité d'un montant inférieur à cinq millions de francs ;

— un arrêté du ministre de l'Intérieur se conformant à l'avis du Conseil d'Etat autorisera une libéralité supérieure à ce montant ;

— un décret du Conseil d'Etat sera nécessaire pour toute libéralité donnant lieu à réclamation d'un ayant droit à un degré successible.

Elle doit être notifiée par le préfet du département.

170.   Pièces nécessaires : legs. — Pour un legs les pièces nécessaires sont :

— la copie du testament certifiée par le notaire dépositaire ;

— le bulletin de décès du testateur ;

— les pièces relatives à l'accomplissement des formalités de publicité vis-à-vis des héritiers connus ou inconnus telle qu'elle est réglementée par le décret du 1er février 1986 ;

— l'état des forces et charges de la succession, si le legs est universel ou à titre universel ou l'état de consistance des biens légués en cas de legs particuliers portant sur des biens autres qu'une somme d'argent ;

— l'état estimatif des immeubles que l'établissement légataire entend conserver en nature ou vendre à l'amiable (mais la production de cette pièce n'est pas nécessaire dans le cas d'une vente aux enchères publiques) ;

— la délibération du conseil d'administration de l'établissement gratifié se prononçant d'une manière claire et complète sur la forme de l'acceptation de la libéralité (acceptation « sous bénéfice d'inventaire » ou « pure et simple » en cas de legs universel ou à titre universel), sur les modalités de liquidation de l'actif successoral, sur l'exécution des charges, sur l'emploi des fonds et éventuellement sur les réclamations des héritiers ;

— les pièces financières de l'association (c'est-à-dire les comptes des trois derniers exercices) ;

— le décret de reconnaissance et les derniers statuts approuvés lorsqu'il s'agit d'une association reconnue d'utilité publique.

---

134. *Associations*, Brochure *JO*, n° 1068, p. 112.

171.   Pièces nécessaires : donation. — Pour une donation les pièces nécessaires sont :

— l'expédition de l'acte public comportant l'acceptation provisoire de la donation sous la condition suspensive de l'approbation administrative ;

— le certificat du donateur ;

— la notice sur sa situation de famille et de fortune, indiquant s'il existe des héritiers réservataires et, dans l'affirmative, précisant que la donation en cause ne porte pas atteinte à la réserve légale desdits héritiers ;

— l'estimation de la valeur de la donation lorsqu'elle porte sur un ou plusieurs immeubles ;

— la délibération du conseil d'administration de l'association se prononçant sur l'acceptation de la donation et sur toutes ses suites (exécution des charges, emploi, etc.) ;

— le décret de reconnaissance et les derniers statuts approuvés lorsqu'il s'agit d'une association reconnue d'utilité publique.

172.   Conditions de l'autorisation administrative. — L'Administration a dans son contrôle un pouvoir discrétionnaire. Son appréciation s'effectue sur différents critères, d'intérêt général, d'intérêt de l'association et de celui des familles.

Elle peut imposer ses propres conditions :

— le bien attribué doit « conserver son affectation antérieure » (135) ;

— accorder une autorisation partielle sur le total du montant de la libéralité selon le principe de réduction administrative ;

— tenter d'aboutir à un règlement amiable entre les héritiers, familiaux et associatifs.

173.   Recours contre le refus d'autorisation d'acceptation. — Face à ce pouvoir discrétionnaire, l'association dispose de deux types de recours administratifs :

— un recours administratif non contentieux sur la base du décret n° 66-388 du 13 juin 1966, de type hiérarchique auprès de l'autorité qui a pris la décision, ou de type gracieux lorsque la décision sur lequel il porte est un décret en Conseil d'Etat ;

— un recours contentieux sur la légalité de l'acte autorisant l'acceptation (136).

Toute action en nullité d'une disposition testamentaire ne peut en revanche que faire l'objet d'une action judiciaire (137).

Les héritiers disposent également d'un recours. Leur protection est en partie à l'origine du contrôle administratif exercé notamment par le Conseil d'Etat, mais ils sont aussi fondés à agir par recours gracieux ou par recours contentieux en excès de pouvoir.

---

135.   TGI Toulouse, 11 janvier 1960 : *Gaz. Pal.,* 1960, I, p. 275.
136.   Pouvoir exclusif reconnu dans Cass. civ., 21 février 1956 : *JCP,* éd. G, 1956, IV, 49.
137.   CE, 10 décembre 1982 « Les mais de Marc Tudgual » : *DA,* 1983, n° 4.

174. Révision des charges grevant les libéralités. — Le juge intervient enfin depuis la loi n° 84-562 du 4 juillet 1984 en matière de révision des charges imposées aux libéralités. Il peut ainsi réduire le montant des prestations, autoriser une aliénation. Cette demande n'est toutefois recevable que dix ans après la mort du disposant. La décision judiciaire de révision est ouverte au recours des héritiers, mais aussi à celui des tiers en cas de fraude du donataire ou du légataire (C. civ., art. 900-2).

175. Aliénation des libéralités immobilières. — L'aliénation — ou l'hypothèque — de son patrimoine immobilier est libre pour l'association, sauf lorsqu'il s'agit de biens issus d'une libéralité. Dans ce cas ;
— une hypothèque ne peut être prise sans consentement du préfet du département (Statuts types, art. 11) :
— les biens issus d'une donation qui ne sont pas nécessaires au fonctionnement de l'association doivent être aliénés selon les dispositions de l'autorisation ;
— l'échange d'immeubles issus d'une dotation doit également faire l'objet d'une autorisation par extension du principe d'autorisation sur toute aliénation.

176. Patrimoine immobilier. — La possession d'un patrimoine immobilier pour une association reconnue d'utilité publique est entendue plus largement que pour une association déclarée.

Elle ne peut cependant acquérir que les biens qui sont nécessaires au but qu'elle se propose. Ce but n'est pas entendu au sens strict de l'article 11 de la loi de 1901, mais il doit néanmoins être direct (138). En revanche, il n'y a pas de limitation quant à l'acquisition de « bois, forêts ou terrains à boiser » (L. 1901, art. 11).

L'aliénation de son patrimoine immobilier est réalisée librement par l'association sauf lorsqu'il s'agit de biens issus d'une libéralité (*supra*, n° 175).

177. Patrimoine financier. — Si l'association reconnue d'utilité publique souhaite contracter un emprunt, elle doit y être autorisée par le préfet du département du lieu du siège (D. n° 66-388, art. 5).

La demande d'autorisation doit comporter les pièces suivantes :
— la copie ou un extrait de la délibération au cours de laquelle l'assemblée générale a décidé cette opération ;
— une promesse de prêt, émanant de l'établissement bailleur de fonds énonçant le montant ;
— le taux d'intérêt ;
— la durée et les modalités de remboursement des prêts ;
— le cas échéant, les sûretés réelles ou personnelles que l'association emprunteuse sera tenue de fournir.

---

138. CA Paris, 27 septembre 1973 : *Gaz. Pal.*, 1973.2, p. 944.

Depuis la loi du 23 juillet 1987, une association reconnue d'utilité publique peut placer ses capitaux en titres nominatifs contrairement à ses statuts types (L. 1901, art. 11).

Les titres doivent être de l'ordre de ceux pour lesquels est établi le bordereau de références nominatives (L. n° 87-416, 17 juin 1987, art. 55), ou encore de l'ordre des valeurs admises par la Banque de France en garanties d'avances, c'est-à-dire les bons du Trésor, les obligations du Crédit foncier de France.

§ 2. *Administration*

178. Généralités. — Les statuts types fixent les règles de fonctionnement des associations reconnues d'utilité publique, du moins les règles importantes (139). Celles-ci comportent quelques particularités quant à la direction et au financement de l'association.

179. Direction des associations reconnues d'utilité publique. — La direction des associations d'utilité publique est assurée, comme pour la plupart des associations, par un conseil d'administration.

Ce dernier peut comprendre :

— des membres normalement élus par l'assemblée générale ;

— des membres de droit, en nombre inférieur aux membres élus, de par les statuts types ou de par leurs fonctions ;

— des salariés de l'association (140) ne représentant pas plus d'un sixième du conseil (141), et ne pouvant prétendre aux fonctions « dirigeantes » président, vice-président, secrétaire général, trésorier) [142].

Tout changement survenu dans le conseil d'administration doit être signalé à la sous-préfecture ou à la préfecture qui le transcrit sur le registre spécial des associations.

180. Financement des associations reconnues d'utilité publique. — Le financement des associations reconnues d'utilité publique est logiquement soumis au contrôle de l'Administration.

Afin de justifier l'emploi des fonds reçus sous forme de subventions et conformément à leurs statuts, les associations doivent tenir une comptabilité qu'elle présenteront à toute réquisition du préfet.

Lorsqu'une association d'utilité publique s'est vue reconnaître par décret en Conseil d'Etat le statut d'associations-relais (statuts types particuliers),

---

139. CE, 17 octobre 1978 : *RD sanit. soc.,* 1979, p. 574, n° 2.
140. CE, 22 octobre 1970 : RTD, 1972, p. 547. CE, 19 décembre 1978, « Paralysés de France » : *RD sanit. soc.,* 1978, p. 575.
141. CE, 21 octobre 1987 : *JOAN Q.* 22 août 1988, p. 2369.
142. CE, 21 octobre 1987, préc.

c'est-à-dire d'associations pouvant recevoir des versements pour le compte d'oeuvres ou organismes d'intérêt général, elle doit se soumettre à des conditions strictes de comptabilité.

Compte tenu des fonds qu'elle peut être amenée à brasser, ce type d'association doit établir des comptes annuels et se doter obligatoirement d'un commissaire aux comptes et d'un suppléant (L. n° 87-571, 23 juillet 1987, art. 5).

Chapitre VI

Objet et statuts particuliers

181. Liberté d'objet. — La définition négative de l'objet de l'association (« un but autre que de partager des bénéfices », *supra,* n° 12) lui laisse un champ d'action extrêmement large que sa souplesse de constitution n'a pas entravé.

A la souplesse d'organisation il convient d'ajouter un caractère non lucratif qui la prédispose à des activités d'intérêt général.

Il en résulte aujourd'hui une très grande variété d'associations, ce contrat de collaboration étant utilisé non seulement par des personnes physiques, mais également par des personnes morales, qu'elles soient de droit privé ou même de droit public.

Cette utilisation de l'association n'est parfois que le résultat d'une pratique ; elle est également encouragée par de nombreux textes qui réglementent certaines associations à objet spécial, tout en leur conférant des prérogatives très diverses, notamment dans des missions d'intérêt général, ou de défense d'intérêts collectifs autres que professionnels (qui relèvent de syndicats professionnels). Le présent chapitre esquisse une typologie de ces associations :
— associations administratives et mixtes ;
— associations d'intérêt général ;
— associations agréées ;
— associations subventionnées ;
— associations habilitées,
— associations émettant des valeurs mobilières,

tandis qu'un tableau annexe tentera un recensement des divers textes particuliers (*infra,* p. 181).

Section 1

Associations administratives et mixtes

182. Généralités. — Administration et association sont *a priori* deux mondes différents, mais l'incursion croissante du secteur public dans le secteur privé a créé et entretenu des relations étroites.

L'intervention de l'Administration peut revêtir de multiples formes. Elle peut agir en contrôlant l'existence ou l'activité des associations, en établissant pour elles des statuts types (associations reconnues d'utilité publique) ou en décidant de leurs moyens d'action (associations agréées, habilitées).

L'Administration peut également emprunter la voie de l'association pour l'accomplissement de certaines tâches, et là encore, elle dispose de plusieurs solutions.

L'Administration peut tout d'abord créer ses propres associations au travers desquelles elle pourra agir directement.

Elle peut également intervenir auprès d'une association déjà existante, soit en lui confiant la gestion d'un service public, soit en lui conférant une mission de service public ou une prérogative de puissance publique.

La coopération associations/Administration se base donc sur un lien de service public qui peut revêtir de multiples formes et conditionne le fonctionnement de l'association.

183. Associations gestionnaires d'un service public. — L'Administration peut choisir de confier à une association la gestion d'un service public. Cette possibilité est établie depuis les arrêts du Conseil d'Etat de 1903 et 1921 (143) ; ancienne, elle n'est pas pour autant banalisée.

Le cas exemplaire en la matière est celui des ASSEDIC, « Associations pour l'emploi dans l'industrie et le commerce », chargées de gérer la répartition des assurances chômage.

La gestion d'un service public suppose le contrôle très strict de l'association par l'Administration (*infra,* n° 190).

184. Associations titulaires d'une mission de service public. — L'Administration peut confier à l'association une mission de service public.

Il s'agit de servir un intérêt général. L'association se voit, pour ce faire, dotée d'une prérogative de puissance publique.

Cette solution se rencontre essentiellement dans le domaine sportif : les fédérations sportives sont investies d'une mission de service public pour l'organisation de toutes compétitions, de même que les associations du sport scolaire et universitaire (ASSU) créées dans les établissements d'enseignement du second degré (L. n° 75-988, 29 octobre 1975). Elles demeurent bien des personnes morales de droit privé : les litiges entre leurs membres sont par exemple de la compétence de l'ordre judiciaire (144).

---

143.   CE, 6 février 1903 : *D.,* 1904, 3, 65 ; T. confl., 22 janvier 1921 : *GAFA,* n° 40.
144.   Cass. 1re civ., 20 mai 1980 : *Bull. civ.* I, n° 155.

L'association peut être simplement chargée de l'exécution d'un service public. Dans ce cas, l'association exerce son activité dans le cadre d'un service public. C'est une hypothèse qui a été particulièrement utilisée dans le service public hospitalier (L. n° 70-1318, 31 décembre 1970, art. 41).

Mais l'association peut être aussi chargée de l'organisation du service et non simplement de l'exécution de la tâche. C'est le cas des associations travaillant avec l'ANPE sur la base d'une convention (145) et désignées sous le nom de correspondant, ou des associations gérant les maisons des jeunes et de la culture (146).

185. Associations exerçant une prérogative de puissance publique. — L'Administration peut confier à l'association une prérogative de puissance publique.

Les prérogatives de puissance publique sont attachées à la gestion d'un service public ou à une mission de service public mais elles peuvent être consenties par l'Administration à des associations en dehors de ce type de missions. Il s'agit le plus souvent d'associations intervenant dans des domaines particuliers.

La prérogative de puissance publique est un moyen de droit supérieur à ceux consentis aux particuliers, un moyen propre à l'exercice du pouvoir. Elle consiste soit en l'autorisation d'exercer des actions particulièrement fortes (expropriation, réquisition, recouvrement fiscal...), soit en des privilèges (monopole, absence de voie d'exécution...).

Le pouvoir qui en est titulaire peut choisir de faire partager ses prérogatives aux personnes privées lorsqu'il s'agit de poursuivre un intérêt général.

La prérogative peut être consentie à l'occasion d'une mission de service public, mais elle peut être également accordée de façon isolée pour permettre aux personnes privées de poursuivre leur activité.

La jouissance de ces prérogatives ne peut être décidée que par les textes (147) ; elle est toujours interprétée strictement par les tribunaux (148).

Les prérogatives accordées le plus couramment aux associations sont un monopole de droit (associations de chasse et de pêche par exemple), ou l'octroi de la compétence nécessaire pour établir le règlement du service public dont elles ont la charge, pour prendre des actes administratifs unilatéraux collectifs ou individuels tels que les actes disciplinaires.

L'Administration peut également décider de créer, comme tout un chacun, une association au service d'un intérêt collectif.

Ces associations sont créées par l'Administration, pour l'Administration, mais elles ne se confondent pas totalement avec elle.

---

145. Circ. n° 44, 17 juillet 1987 : *Mon. TP,* 11 septembre 1987, n° 37.
146. A.-H. Mesnard, « Les associations et le service public culturel » : *AJDA,* 1980, p. 172.
147. Cas des fédérations sportives : L. n° 84-610, 16 juillet 1984, relative à l'organisation et la promotion des activités sportives.
148. Pour l'interprétation, CE, 21 octobre 1988 : *RFDA adm.,* 1988, p. 1031.

186. Immixtion partielle de l'Administration : les associations mixtes (149).
— Ce sont des associations qui présentent à la fois des traits de personne
morale de droit privé et de personne morale de droit public.

a) Les emprunts au droit privé : l'apport du droit privé est d'abord sensible
dans la diversité des membres qui peuvent être des représentants des administrations, mais qui doivent être en majorité des particuliers.

L'apport du droit privé est ensuite présent dans les règles comptables et budgétaires. L'association n'est soumise aux contraintes de la comptabilité publique, ni à celles de la budgétisation par annualité, ni aux méthodes de règlement administratif.

L'apport du droit privé est enfin concrétisé dans le droit applicable à l'association qui demeure une personne morale de droit privé.

b) Les emprunts au droit public : l'association mixte est souvent créée à l'initiative des pouvoirs publics qui sont aussi la première source de financement.

L'association mixte est destinée à l'accomplissement d'une mission de service public ou à la gestion d'un service public.

Elle intervient dans de nombreux secteurs où l'on rencontre habituellement
la puissance publique : social, éducatif, culturel...

Le principe demeure le service de l'intérêt général.

Le financement est essentiellement d'origine publique et soumet l'association au contrôle de l'Administration (*infra,* n° 190).

**187. Immixtion totale de l'Administration : les associations administrati-
ves.** — Les associations administratives ont pu être ainsi définies : « Associations déclarées, fondées et dirigées par les autorités ou agents d'une ou
plusieurs personnes publiques, financées exclusivement ou principalement
grâce à des subventions versées par ces personnes publiques pour assurer
une activité rentrant normalement dans les attributions de celles-ci. Dans
les associations administratives, il y a concordance entre les quatre éléments
d'un critère possible de telles associations : une création publique, une composition publique, un financement public, une mission de service
public » (150).

La coopération entre association et Administration va dans ce cas jusqu'à
l'intégration. Le contrôle de l'Administration est total (*infra,* n° 190). La
seule concession faite au droit privé est la compétence que conservent les
tribunaux judiciaires à l'égard de ce type d'association.

Elles sont utilisées dans le même type de domaines que les associations mixtes
et présentent les mêmes avantages d'efficacité, mais elles prêtent aussi le flanc
aux mêmes critiques.

---

149.   G. Sousi, *Les associations,* Dalloz, 1987.
150.   J.-P. Negrin, « Les associations administratives » : *AJDA,* 1980, p. 129.

Posant au départ un problème de qualification juridique, les associations administratives ou mixtes soulèvent la même objection : celle d'être destinées à contourner les règles administratives.

Cependant ces critiques ne peuvent occulter les services rendus par ces associations.

188.   Fonctionnement. — Les règles de fonctionnement de ces associations procèdent du degré d'intervention de l'Administration. Elles consistent à la fois en des obligations pour les associations assurant un service public et en un contrôle de l'Administration pour toutes les associations agissant aux côtés de la puissance publique.

189.   Obligations des associations gestionnaires de services publics. — Dans la mesure où les associations se voient confier la gestion d'un service public normalement assuré par une administration, elles doivent répondre aux mêmes obligations que l'administration afin de ne pas transformer la nature du service public.

Il s'agit en fait de respecter les règles essentielles du service public : l'égalité des usagers devant le service public, la continuité du service public ou encore la garantie d'un accès égalitaire au service public, établies par la loi et par la jurisprudence administrative depuis l'arrêt du Conseil d'Etat du 9 mars 1951 (151).

La responsabilité ressort du droit privé sauf lorsqu'il s'agit de dommages causés par le fonctionnement du service public (152).

Le critère utilisant la qualification de la responsabilité administrative est celui de l'utilisation d'une prérogative de puissance publique (153).

L'association doit enfin respecter les règles de tarification applicables au service public, les règles de communication des documents administratifs, d'accès aux fichiers.

190.   Contrôle des associations à « activité publique ». — Le contrôle sur ce type d'association répond à deux nécessités.

D'une part, celle de vérifier l'utilisation des fonds apportés par la puissance publique pour le financement de l'activité de l'association.

Les associations restent dès lors soumises aux règles comptables et budgétaires privées, mais doivent présenter leurs comptes à l'examen des autorités administratives compétentes (ministères de tutelle notamment).

D'autre part, le contrôle de l'Administration est également motivé par la nécessité d'harmoniser l'action de la puissance publique.

---

151.   *GAFA,* n° 81.
152.   CE, 7 juillet 1950 : *GAFA,* n° 79.
153.   CE, 13 juin 1984 : *Rec. CE,* 1984, p. 218.

Il appartient aux ministères de tutelle de définir les orientations et la politique à suivre pour chaque type de service public et il leur appartient de contrôler l'exécution de cette mission (154).

Le contrôle peut être exercé auprès même de l'association, par la présence d'un représentant de la puissance publique auprès des instances dirigeantes.

Il peut aussi s'exercer par des moyens externes à l'association, c'est-à-dire par tutelle proprement dite. La tutelle doit être obligatoirement prévue par un texte. Elle peut consister en différents moyens (celui du conventionnement par exemple, passé entre association et autorité) et peut même aller jusqu'à l'attribution de pouvoirs de coercition dans certains cas.

Le contrôle dépendra évidemment du degré d'intégration de l'association au sein de l'Administration, de l'importance de la mission qui lui a été conférée et du domaine dans lequel elle intervient.

Section 2
Associations d'intérêt général

191.   Définition. — L'intérêt général consiste pour une association à poursuivre un but non lucratif, utile à la collectivité publique. Il peut s'exercer dans les secteurs scientifique, culturel, de l'environnement, avec tout de même un domaine de prédilection : le social.

L'intérêt général est à distinguer de l'intérêt collectif ; il dépasse le seul intérêt des membres de l'association. Même s'il n'est pas obligatoirement à l'échelle nationale, l'intérêt général peut tout à fait avoir un rayonnement simplement local.

Il n'est pas une création des textes. Il se dégage de l'objet de l'association, de son activité sociale, culturelle, sportive.

En revanche, l'intérêt général ne peut emporter de conséquences pour l'association sans intervention administrative ou législative.

192.   Effets de l'intérêt général. — L'effet que produira l'intérêt général sur l'association est déterminé par la loi.

Des textes prévoient ainsi que les associations poursuivant un but d'intérêt général pourront accueillir des collaborateurs au titre de travaux d'intérêt général (objecteurs de conscience, condamnés pénaux) ou pourront agir en justice afin de servir justement cet intérêt général.

Pour ce faire, l'association devra obtenir une habilitation de la part de l'Administration (*infra,* n° 223).

---

154.   Circ. 27 janvier 1975.

D'autres associations servant un intérêt général peuvent recevoir des subventions des collectivités territoriales venant soutenir leurs activités (*infra*, n° 211). Elles peuvent enfin faire l'objet d'un agrément ou d'une reconnaissance d'utilité publique, leur offrant une capacité juridique plus étendue mais les soumettant par ailleurs à un contrôle plus étroit de l'Administration (*supra*, n° 148).

Section 3
Associations agréées

193. Généralités. — L'agrément est une forme de contrôle que l'Administration peut exercer sur des organismes privés, et notamment les associations.

C'est un acte administratif et discrétionnaire par lequel l'Administration confère à une association, qui en a fait la demande, certains avantages.

Il existe différents types d'agréments en matière associative. Certains agréments doivent être obtenus par une association comme par toute autre personne morale de droit privé, afin de pouvoir exercer leur activité : c'est le cas, par exemple, de l'activité d'agence de voyages.

D'autres agréments sont le fait de législations particulières venant en complément de la loi de 1901 : associations de chasse, de pêche.

Enfin, d'autres agréments sont spécifiquement associatifs. Ils n'obéissent à aucun régime juridique spécifique hors des règles de la loi de 1901 et des dispositions de l'Administration quant à l'obtention et au contrôle de cet agrément.

Il sera particulièrement question de ces cinq types d'agréments spécifiquement associatifs qui concernent :

— les associations d'éducation populaires : ordonnances du 2 octobre 1943 et 9 août 1944 ;

— les associations sportives : loi n° 84-610 du 16 juillet 1984 ;

— les associations de consommateurs : loi n° 88-14 du 5 janvier 1988 ;

— les associations intermédiaires : loi n° 87-39 du 27 janvier 1987 ;

— les associations de défense de l'environnement, de la nature et du cadre de vie : Code de l'urbanisme, articles 121-8 et 160-1 ; loi n° 76-629 du 10 juillet 1976, article 40.

§ 1. Demande d'agrément

194. Conditions préalables. — L'association peut obtenir un agrément sous réserve de se conformer à certaines conditions préalables, notamment de procédure, qui n'ouvrent pas d'ailleurs un droit systématique à l'agrément. Celui-ci peut en effet être refusé ou retiré par l'Administration.

Avant de se lancer dans une demande d'agrément, l'association doit réunir certaines conditions générales qui visent à protéger à la fois les membres de l'association et ses cocontractants. Ces conditions sont en fait des critères de sérieux, permettant d'évaluer l'association, tels que la solvabilité financière, les moyens matériels des humains, le contenu des statuts.

Pour les agréments spécifiques, chaque type d'association doit répondre à des critères correspondant à son secteur d'activité.

Ainsi :

— Les associations d'éducation populaire doivent avoir pour objet statutaire des activités de jeunesse ou d'éducation populaire et avoir fait la preuve de la qualité de leurs interventions par des actions significatives en ce domaine.

L'association doit justifier d'un but non lucratif, d'un mode de fonctionnement démocratique à l'égard de ses membres et d'une déclaration respectant les formes obligatoires ;

— Les associations sportives doivent suivre des règles de forme plus contraignantes sur la base d'un formulaire présentant les différentes caractéristiques de l'association (siège, fédération d'affiliation).

Les conditions de fond portent sur la nature de groupement sportif constitué en association et affilié à une fédération (sauf s'il n'a pas pour objet la compétition). Son fonctionnement doit à la fois veiller à l'observation de règles démocratiques et de règles d'encadrement sportif ;

— Les associations de défense des consommateurs doivent se tenir à la seule défense de ces intérêts et représenter un certain nombre de membres ;

— Les associations de protection de la nature et de l'environnement et de l'amélioration du cadre de vie ont des objets distincts mais une législation unique : le décret n° 77-760 du 7 juillet 1977, modifié par le décret du 29 mars 1985, qui impose un fonctionnement conforme à la forme et au contenu des statuts et la poursuite d'activités désintéressées.

Les associations intermédiaires (loi du 27 janvier 1987) sont des associations sans but lucratif « ayant pour objet de mettre des personnes dépourvues d'emploi à la disposition de personnes physiques ou morales pour des activités ponctuelles qui ne sont pas déjà assurées dans les conditions économiques locales » (155).

Pour leur agrément, trois conditions sont exigées : l'objet poursuivi doit être strictement celui des associations intermédiaires, leur gestion doit être désintéressée et les moyens suffisants pour garantir la fiabilité de l'association.

195. Dépôt de la demande. — Autant la demande et l'instruction sont formalisées, autant la décision même d'agrément est soumise à une certaine liberté.

---

155. *JOAN Q,* 23 mars 1987, p. 1642.

La demande est à déposer auprès de l'autorité administrative compétente à l'échelon local, régional ou national. En effet, l'agrément peut intervenir sur le plan national comme sur le plan local.

La demande concernant les associations d'éducation et les associations sportives est déposée auprès de la direction départementale de la jeunesse et des sports. Pour un agrément national, seuls les services centraux du ministère seront compétents.

Les dossiers transmis doivent être complets à peine d'irrecevabilité et comprendre un certain nombre de pièces différentes pour chaque type d'association.

196. Associations d'éducation. — Le dossier comprend :

— les statuts de l'association avec date et numéro de déclaration à la préfecture et photocopie de l'insertion au *JO ;*

— la composition des instances dirigeantes de l'association avec indication des noms, prénoms, profession, âge et domicile de leurs membres ;

— les rapports moraux et financiers présentés à la dernière assemblée générale ;

— le compte de gestion réel du dernier exercice ;

— le projet de budget pour l'année en cours ;

— un descriptif des activités de l'association ;

— les documents publiés par l'association.

197. Associations sportives. — Le dossier comprend :

— les photocopies des récépissés de déclaration et d'insertion au *JO ;*

— le procès-verbal de la dernière assemblée générale avec :
• le bilan et le compte d'exploitation de l'exercice précédant la demande,
• le budget prévisionnel de l'exercice en cours ;

— un exemplaire des statuts ;

— l'attestation (ou les attestations) d'affiliation à une fédération sportive agréée.

198. Associations de consommateurs. — Le dossier d'agrément doit être adressé en trois exemplaires à la direction départementale du commerce intérieur et des prix. La demande doit être signée par le président de l'association et être accompagnée de :

— une note de présentation de l'association indiquant notamment :
• un nombre d'adhérents,
• les publications et textes diffusés au cours du dernier exercice,
• un exemplaire ou une copie certifiée conforme de l'insertion au *JO ;*

— un exemplaire à jour des statuts ;

— la liste des membres dirigeants de l'association ;

— le rapport moral et financier approuvé lors de la dernière assemblée générale.

Le rapport financier doit comprendre le tableau des ressources et des charges et notamment le produit des cotisations. Ces données permettent d'apprécier la représentativité de l'association.

199.   Associations de protection de la nature et de l'environnement. — Le dossier d'agrément est soumis à des conditions beaucoup plus strictes. La demande est un document CERFA destiné à cerner l'activité de l'association et son cadre géographique. Le dossier doit comprendre :

— une note de présentation permettant à l'Administration d'apprécier si les conditions de fond de l'agrément sont réunies (nombre d'adhérents, de cotisants, de réunions, publications, actions, etc.) ; dans l'intérêt de l'association cette note doit être aussi complète que possible ;

— les pièces attestant la régularité de l'association (exemplaires à jour des statuts, derniers rapports, moral et financier, retraçant les ressources et les charges de l'association et indiquant le montant des cotisations et leur produit, copie certifiée conforme de la déclaration au *JO,* liste de ceux qui sont chargés de l'administration et de la direction de l'association).

Il est adressé au préfet du département ou de la région, selon le cas, en quatre exemplaires.

Cette relative sévérité est due à l'activité pétitionnaire de ce type d'association. Elle s'adresse également aux associations intermédiaires, compte tenu de la nature de leurs activités et des avantages qui leur sont conférés.

200.   Associations intermédiaires. — La demande doit comporter une demande formulée sur papier libre indiquant :

— les renseignements relatifs à l'association (dénomination, siège social, adresse de l'établissement départemental le cas échéant, nom et adresse des dirigeants, les statuts, la composition du patrimoine, le plan de financement prévisionnel, etc.) ;

— la description des activités (détermination du territoire d'activité, catégories de personnes qu'elle se propose d'embaucher et catégories de personnes auprès desquelles elle envisage de les placer, type d'activités proposées, objectifs quantitatifs, mesures de réinsertion envisagées pour les personnes embauchées, etc.).

De plus l'association doit s'engager par un acte conclu entre le président de l'association et le préfet à verser des salaires aux personnes embauchées. (Le modèle de cet engagement est annexé au décret n° 87-303 du 30 avril 1987, relatif aux associations intermédiaires).

Les documents sont déposés devant le préfet du département.

§ 2.   *Décisions et retrait*

201.   Instruction des demandes d'agrément. — A la suite du dépôt du dossier, l'instruction de la demande est ouverte.

L'instruction n'est pas obligatoire dans tous les cas. Pour les associations sportives, elle n'a lieu que si l'administration compétente en détermine l'utilité. Elle est en général menée par l'administration dépositaire du dossier, qui se charge de recueillir les divers avis nécessaires. Cependant, il peut arriver que le dossier soit transmis pour instruction à une autre instance administrative.

L'instruction des dossiers sera assurée par l'administration qui a reçu les dossiers dans le cas notamment :

— des associations d'éducation : le ministère chargé de la Jeunesse et des Sports devra obligatoirement recueillir l'avis de la Commission consultative du Conseil national de l'éducation populaire. A l'échelon départemental, l'avis du ministère est nécessaire pour une association adhérente à une fédération ;

— des associations de protection de la nature et de l'environnement : le préfet procède lui-même aux nombreuses consultations nécessaires (service de l'équipement, de l'environnement...) et aux avis obligatoires. Ces derniers varient selon la nature de l'agrément demandé et l'activité de l'association : par exemple, avis du maire et du procureur général de la cour d'appel dans le cadre de la loi du 10 juillet 1976 relative à la protection de la nature.

— des associations intermédiaires : les services du préfet assurent également l'instruction et doivent recueillir obligatoirement les avis des organisations professionnelles d'employeurs, des chambres consulaires et des organisations syndicales représentatives.

En revanche, l'instruction de l'agrément des associations de consommateurs est confiée à la direction départementale de la concurrence et de la consommation et au ministère de l'Economie et des Finances, et de la Justice conjointement pour un agrément national. L'avis consultatif du procureur près la cour d'appel dans le ressort de laquelle l'association a son siège doit être demandé.

Cette compétence conjointe des deux ministères et la consultation du procureur se justifient par la capacité particulière à agir en justice que confère l'agrément.

202. Décision d'agrément. — La décision emportant octroi de l'agrément peut être tacite ou expresse dans le cas de certaines associations, la législation peut prévoir une forme particulière. Le silence peut valoir acceptation dans certains cas.

Le refus de l'agrément lorsqu'il est exprès, doit être motivé. Le juge administratif ne pourra en contrôler l'opportunité, mais il pourra en contrôler la légalité dans le cadre d'un recours en excès de pouvoir.

La décision d'agrément sera du fait :

— du préfet du département ou du directeur départemental de la jeunesse sur délégation du préfet pour les associations d'éducation populaire et les associations sportives ;

— du préfet du département pour les associations intermédiaires (le renouvellement annuel de l'agrément est tacite) ;

— du préfet du département ou de région selon le cadre géographique de l'association pour les associations de protection de la nature, des ministres chargés de l'Urbanisme et de la Protection de la nature pour un agrément national. Le silence de plus de quatre mois de la préfecture et de plus de sept mois des ministères vaut acceptation, le refus doit être obligatoirement exprès ;

— du préfet du département pour les associations de consommateurs ou des ministres de la Justice et de la Consommation pour les associations nationales (l'arrêté doit être alors publié au *JO*).

L'agrément peut être tacite après six mois de silence de l'Administration à compter de la délivrance du récépissé du dossier.

203.   Absence d'agrément. — L'agrément est un acte discrétionnaire de la part de l'Administration, il n'est pas un droit pour l'association. Par conséquent, le refus d'agrément doit être respecté et le retrait de l'agrément peut toujours être exercé par l'administration pour faute grave.

Le défaut d'agrément prive l'association des avantages auxquels elle pouvait prétendre, et parfois même de l'activité qu'elle s'était projetée de mener : l'action judiciaire d'une association de consommateurs par exemple.

Face au défaut d'agrément, l'association peut avoir deux attitudes :

— exercer un recours pour excès de pouvoir devant les tribunaux administratifs afin que soit contrôlée la légalité de la décision de refus (*supra,* n° 202) ;

— tenter de se conformer aux conditions qui lui ont fait défaut pour être agréée. Elle pourra bien évidemment choisir d'exercer une autre activité, ou même de disparaître.

Elle ne pourra, en aucun cas, choisir d'exercer l'activité qu'elle s'était choisie nonobstant le refus d'agrément, à peine pour elle de se voir déboutée de ses demandes, actionnée en justice par les associations concurrentes et même dans certains cas, condamnée pénalement (L. n° 75-627, 11 juillet 1975 relative à l'organisation de voyages et séjours individuels).

204.   Retrait de l'agrément. — Le retrait peut être issu du caractère même de l'agrément : en effet, celui-ci peut être consenti pour une durée limitée (5 ans pour les associations de consommateurs, 1 an pour les associations intermédiaires), en général renouvelable.

Mais il est le plus souvent le résultat de la disparition des conditions ayant motivé son octroi ou de l'inobservation de ses obligations par l'association.

Le retrait doit être notifié par l'autorité compétente, après consultation de certaines instances. Il doit être motivé afin que l'association soit en mesure de se défendre.

Le retrait fait perdre à l'association son statut préférentiel lié à l'agrément. Il peut lui imposer de changer d'activité, mais n'entraîne pas systématiquement sa dissolution.

La poursuite de l'activité, malgré l'intervention d'une décision de retrait, peut donner lieu aux mêmes sanctions qu'en cas de défaut d'agrément.

§ 3. *Fonctionnement et compétence*

205. Financement des associations agréées. — L'agrément ouvre essentiellement la possibilité à toutes les associations de recevoir des subventions, mais cela n'est pas un droit et n'est pas systématique.

L'agrément peut également procurer aux associations ou à ses membres des avantages fiscaux, des moyens techniques : c'est le cas des centres de gestion agréés, ou des associations sportives appartenant à une fédération.

L'octroi des subventions donne évidemment lieu à un contrôle de l'Administration afin de vérifier l'emploi de ces sommes : les associations pour la protection de la nature, les associations de consommateurs doivent fournir chaque année un rapport moral et financier conforme aux conditions d'agrément à l'autorité compétente. L'agrément d'une association pourait lui être retiré à la suite d'un emploi des subventions non conforme à leur destination.

206. Rôle consultatif des associations agréées. — Les associations ayant reçu un agrément deviennent des acteurs de la vie administrative.

L'agrément peut leur donner le droit de participer au processus de la prise de décision administrative en leur offrant de participer aux organismes consultatifs.

Ainsi :

— les associations d'éducation populaire peuvent élire depuis 1986 leurs représentants au Conseil national de l'éducation populaire et de la jeunesse ;

— les associations sportives peuvent participer, de façon moins précise, aux instances consultatives de l'administration des sports ;

— les associations de consommateurs participent aux instances consultatives de la consommation (Conseil national de la consommation).

207. Caractère obligatoire de la consultation de certaines associations agréées. — Quant aux associations de protection de la nature et de l'environnement, c'est à elles au contraire d'être consultées dans le cas de l'élaboration de certains documents (plans de sauvegarde, de protection). Le défaut de consultation de ces associations peut entraîner l'annulation du document, par exemple d'un POS (Plan d'occupation des sols) [156].

---

156. CE, 20 mars 1985 : *RFD adm.*, 1985, p. 909.

208. Qualité à agir des associations agréées. — L'agrément permet à certaines associations d'exercer devant toutes les juridictions les actions relatives aux faits ayant porté un préjudice direct ou indirect aux intérêts collectifs qu'elles représentent.

Les associations de consommateurs agréées peuvent ainsi exercer une action civile jointe à une poursuite pénale pour violation d'un texte répressif relatif à la consommation.

Si l'action de ces associations est limitée à l'action pénale par la Cour de cassation (157), l'intérêt collectif au nom duquel elles peuvent agir est en revanche entendu largement par la jurisprudence : les clients d'un médecin ont pu être considérés comme des consommateurs et donner lieu à l'action d'une association (158). Le critère d'intérêt collectif est incontournable : l'intérêt d'un seul consommateur ne peut suffire à fonder une action (159).

L'action des associations de consommateurs n'est pas limitée aux tribunaux judiciaires, elle peut également être portée devant les tribunaux administratifs, ou, par exemple, devant le Conseil de la concurrence.

Les associations de protection de la nature et de l'environnement et de l'amélioration du cadre de vie agréées, agissant au titre de l'article L. 160-1 du Code de l'urbanisme, de la loi sur les monuments historiques ou de certains articles de la loi de 1976 jouissent également d'une qualité à agir étendue.

Il s'agit d'exercer les droits de la partie civile mais à la condition que l'infraction soit réprimée pénalement par les textes cités précédemment, que l'intérêt à agir soit celui de l'association elle-même et non celui d'un ou plusieurs de ses membres (160).

Cette faculté d'agir en justice est réservée aux associations agréées régies par la loi de 1901 (161).

209. Qualité à agir des associations non agréées. — L'agrément ou l'habilitation confèrent aux associations en bénéficiant, qualité à agir dans ces hypothèses.

Pour autant il convient de conserver présent à l'esprit l'ensemble des jurisprudences qui ont reconnu à des associations qualité à agir pour la défense des intérêts collectifs qu'elles représentent.

---

157. Cass. 1re, civ., 16 janvier 1985 : *D.,* 1985, II, p. 317 ; *JCP,* éd. G, 85,II, n° 20484.
158. Cass. crim., 15 mai 1984 : *Bull. crim.,* n° 178, p. 461.
159. Cass. crim., 20 mai 1985 : *JOAN,* 1985, n° 18, p. 15.
160. Cass. crim., 30 novembre 1977 : *D.,* 1978, IR, p. 186.
161. T. adm. Dijon, 6 janvier 1981, 2, somm. 313.

Il s'agit essentiellement, en l'état de la jurisprudence, des associations de défense de la foi (162) et de défense de la vérité historique (163) [associations de résistants et déportés].

210. Associations intermédiaires. — Les associations intermédiaires présentent deux particularités liées à la nature et à la durée des effets de l'agrément.

En raison du secteur d'activité des associations intermédiaires et de ses modifications constantes, l'agrément n'est consenti que pour un an renouvelable et peut être retiré à tout moment.

Cela procède d'un souci de répondre aux réalités économiques mais peut également être un facteur d'instabilité gênant dans l'action de l'association.

L'agrément soumet l'association intermédiaire au régime juridique spécifique prévu par le Code du travail (en matière notamment de contrat de travail, de rémunération, de protection sociale), et de ce fait entraîne un contrôle particulièrement strict de l'administration.

Ce contrôle, portant à la fois sur la gestion, le personnel et le statut de l'association est accepté à l'occasion de la demande d'agrément.

Section 4
Associations subventionnées

211. Généralités. — La subvention est une aide financière mise à disposition d'une association par une personne publique.

Toute association peut recevoir des subventions de l'Etat ou d'une autre personne publique si elle sert une activité d'intérêt général ou d'intérêt régional, départemental ou communal.

La subvention ne doit pas servir à tourner les règles de comptabilité publique.

L'octroi d'une subvention est la manifestation politique des pouvoirs publics cherchant à favoriser telle ou telle activité.

---

162. CE, 26 décembre 1908 : *Rec. CE,* 1908, p. 1089. A propos du film « Ave Maria », le TGI de Paris, statuant en référé a ainsi jugé : « Par leurs statuts, les associations demanderesses entendaient défendre par les seules voies de droit, les principes et les dogmes constituant la religion et la morale catholique et invoquer pour ce faire, un intérêt moral tenu pour légitime par les règles de la vie sociale française » : TGI Paris, 23 octobre 1984 : *Gaz. Pal.,* 1984, J, p. 727 ; *D.,* 1985, 5, p. 31, note Lindon. Jugement confirmé en appel : CA Paris, 1re ch. B, 26 octobre 1984 : *JCP,* éd. G, 1985, II, n° 20452, note Hassler. De façon comparable pour le film « Je vous salue Marie », TGI Paris, 28 janvier 1985 : *Gaz. Pal.,* p. 122 ; *D.,* 1985, JP, p. 129, note Bertin.

163. A propos du révisionnisme, cf. par exemple : TGI Nanterre, 23 septembre 1987 : *Gaz. Pal.,* 1987, p. 672 et en appel CA Versailles, 14e ch., 28 janvier 1988, le jugement étant ainsi motivé : « les propos reprochés avaient à l'évidence fait subir aux survivants et à leurs familles, dont il appartenait aux associations demanderesses de défendre l'intérêt collectif, un trouble dans le souvenir fidèle, le respect et la compassion qui leur étaient dus ».

Par nature et principe, la subvention est facultative.

Les subventions obligatoires sont l'exception et résultent de textes de loi ou de contrats passés entre associations et administration.

L'octroi de subventions peut être réalisé selon différentes modalités, mais ne peut normalement aboutir qu'à la suite d'une procédure de demande.

§ *1. L'octroi de subventions*

212. Demande de subventions. — Une subvention n'est jamais consentie de façon spontanée, elle doit être demandée et sera attribuée selon des formes précises.

La procédure de demande présente des caractères génériques, mais peut différer selon les collectivités publiques.

Toute décision d'attribution est un acte administratif susceptible de recours.

213. Procédure de demande. — Une demande de subvention n'est soumise à aucune condition formelle, mais la pratique a conduit certaines collectivités à formaliser les demandes qui leur sont adressées.

La demande de subvention doit être adressée à la personne qui doit assurer ce service au regard de la loi (164).

Il n'existe pas de dossier type de demande de subvention. Toutefois les impératifs des subventionneurs sont comparables et il est possible de dresser une liste type des documents susceptibles d'être réclamés.

Le renouvellement de la subvention devra également faire l'objet d'une telle demande, car l'octroi d'une subvention n'ouvre par droit à son renouvellement (165).

214. Décision d'attribution et recours contre le refus d'attribution. — La décision émane de l'autorité sollicitée qui se prononce sur la base du dossier fourni et en fonction de la politique suivie en la matière.

Le refus d'attribution peut faire l'objet d'un recours contentieux devant le juge administratif. Ce dernier ne peut apprécier l'opportunité de la décision, mais en contrôle la légalité (par le préfet de région ou de département pour le cas d'une décision d'une autorité régionale).

Le recours peut être exercé par l'association ou par le préfet du département dans le cas d'une décision d'une autorité communale qu'il estime contraire à la légalité.

---

164. Circ. interministérielle, 1B, n° 142, 1er février 1988, relative aux associations bénéficiaires de financements publics.
165. T. adm., Paris, 26 février 1964 : *Rec. CE,* p. 686.

Le délai pour agir est de deux mois. Ainsi, le refus de subvention au motif de non-communication au dossier de la liste des adhérents de l'association est entaché d'excès de pouvoir (166).

Le contrôle de légalité peut également s'effectuer sur des octrois de subventions illégales car bénéficiant à des associations non agréées (167), ou ne servant aucun intérêt général (168).

215. Origine de la subvention. — La subvention peut être gérée directement par la collectivité qui l'a consentie, ou indirectement par un fonds destiné à cet usage.

La gestion directe de l'octroi de subvention peut résulter d'une décision purement unilatérale. La collectivité publique procède alors seulement à l'inscription de la subvention dans son budget annuel.

La décision peut également avoir une source contractuelle, situation beaucoup plus sécurisante pour l'association. Ce type de contrat est facultatif sauf dans deux cas :
— celui des subventions étatiques dans le cadre de marchés publics de fournitures dont le montant est supérieur à 180 000 F (169) ;
— des subventions communales tendant à assurer le maintien des services nécessaires aux besoins de la population en milieu rural (L. n° 82-123, 2 mars 1982, art. 5-II).

Le manquement à ce type d'obligations conventionnelles peut faire l'objet d'un recours devant le juge administratif car la convention crée un droit à la subvention (170).

La gestion indirecte est exercée soit par des comptes spéciaux du Trésor qui permettent une gestion autonome des subventions destinées à certaines associations (Fonds d'intervention culturel, Fonds pour le développement du sport, Fonds national pour le développement de la vie associative), soit par des associations-relais qui centralisent et redistribuent les subventions (Comités régionaux sportifs, mais surtout Fonds de coopération et Fonds de la jeunesse et de l'éducation populaire [FONJEP]).

216. Destination de la subvention. — La subvention peut être allouée sous de multiples formes.

Elle est le plus souvent une somme d'argent mais peut également être une prestation, une mise à disposition de matériel ou de personnel, un avantage quel qu'il soit (171).

---

166. T. adm., Bordeaux, 10 mars 1987 : *Rec. T. adm.*, Litec, 1988, n° 27.
167. CE, 25 mai 1962 : *Rec. CE*, p. 348 (cas des associations sportives).
168. CE, 21 octobre 1966 : *DA*, 1966, p. 73, n° 362.
169. Circ. Prem. Ministre, 15 janvier 1988, relative aux rapports entre Etat et associations bénéficiaires de financements publics.
170. CE, 18 janvier 1985 : *RD sanit. soc.*, 1985, p. 537.
171. CE, 13 février 1959 : *AJDA*, 1959, p. 111.

Une subvention est également le plus souvent consentie sans contrepartie, mais elle peut être subordonnée à une condition particulière — l'adoption de nouveaux statuts par exemple (172) — ou à une affectation, un objet précis (173). Dans ce cas, la non-réalisation de l'objet bloquera le versement de la subvention ou en provoquera le remboursement.

La subvention est donc soumise à un contrôle entre les mains de son bénéficiaire.

§ 2. Le contrôle des subventions

217. Généralités. — La procédure d'attribution de subventions fournit un premier contrôle *a priori* des associations amenées à recevoir des subventions.

Cependant, c'est *a posteriori* que le véritable contrôle s'effectue.

218. Obligations de communication des associations subventionnées. — L'association qui a reçu une subvention est soumise à une obligation de communication dont la teneur dépend de l'autorité qui l'a accordée ou de la convention d'origine.

Par exemple le contrôle des subventions communales est basé sur l'article L. 221-8, alinéa 2, du Code des communes. L'obligation de communication de l'association envers la commune est similaire à l'obligation de communication envers une autorité étatique.

Le contrôle conventionnel peut être en revanche, plus lourd, selon les termes de la convention.

219. Exercice du contrôle administratif des comptes des associations subventionnées. — L'association est, en outre, soumise à l'obligation générale de laisser opérer sur ses comptes tout contrôle financier par les organismes compétents (Inspection générale des finances, Inspection générale de l'administration, Cour des comptes, Chambre régionale des comptes). L'exercice du contrôle peut dépendre, comme ses formes, de l'origine de la subvention.

Toute association devra se soumettre au contrôle administratif des comptables du Trésor et des inspections spécialisées :

— IG ou IGA pour subventions versées par une collectivité territoriale (Ord., 23 septembre 1958) ;

— Inspection générale des affaires sociales pour les subventions supérieures à 50 000 F (D. 3 septembre 1964).

Elle doit par ailleurs se soumettre au contrôle juridictionnel de la Cour des comptes ou de la Chambre régionale des comptes (L. 22 juin 1967).

---

172. CE, 3 juillet 1963 : *Rec. CE,* p. 415.
173. CE, 6 juillet 1973 : *Rec. CE,* p. 475.

Enfin s'il n'a pas de conséquences pratiques sur la vie de l'association, il existe un contrôle politique qui s'exerce globalement dans le cadre d'un document annexé à la loi de finances.

220. Obligations comptables des associations subventionnées. — Toute association recevant annuellement plus d'un million de francs de subvention doit nommer au moins un commissaire aux comptes et un suppléant (D. n° 93-767, 27 mars 1993, précisant la loi n° 93-122 du 29 janvier 1993).

Les subventions à prendre en compte pour le calcul du seuil d'un million de francs sont celles comptabilisées, c'est-à-dire celles effectivement encaissées et celles dont la décision d'octroi a été formellement notifiée à l'association bénéficiaire.

Doivent être prises en compte les subventions en nature, mises à disposition de biens, etc.

Dans cette hypothèse la valorisation est difficile. La Compagnie nationale des commissaires aux comptes (CNCC) propose de prendre en compte la valorisation retenue par les parties dans la convention de mise à disposition (174).

Encore faut-il que les parties prennent soin de mentionner cette valorisation.

221. Sanction du controle administratif. — Le contrôle de l'utilisation des subventions peut donner lieu à deux types de sanctions.

L'association qui ne s'est pas prêtée aux formalités de contrôle se verra :

— retirer temporairement ou définitivement la subvention ;

— éventuellement, obligée de reverser au Trésor (175) les sommes employées irrégulièrement (176).

222. Responsabilité de l'Etat dans le cadre de sa mission de contrôle. — Les organes qui procèdent au contrôle peuvent également être sanctionnés en cas de faute lourde.

Le recours peut être introduit soit par l'association qui a subi le contrôle, soit par un tiers qui peut avoir subi un préjudice du fait de ce contrôle (177).

---

174. *Bull. CNCC,* n° 91, septembre 1993.
175. CE, 25 mai 1962 : *AJDA,* 1962, p. 641.
176. CE, 6 juillet 1973 : *Rec. CE,* 1973, p. 475.
177. CE, 25 mai 1962 : *Rec. CE,* p. 348 (cas des associations sportives).

Section 5

Les associations habilitées

223. Généralités. — L'habilitation est une disposition légale permettant à une association à tenir un certain rôle dans la vie judiciaire. Elle autorise une association à agir en justice, pénalement ou civilement, afin d'obtenir la réparation d'un préjudice qu'elle n'a pas directement et personnellement subi.

Toute action en justice est impossible pour les associations n'ayant pas obtenu cette habilitation (178).

L'obtention de cette habilitation diffère selon les associations et doit être entendue strictement : seule l'action civile de l'article 2 du Code de procédure pénale, qui a pour but la réparation d'un dommage causé par une infraction, peut être exercée et ne doit pas être confondue avec l'action de nature civile, fondée tant sur une faute pénale que sur une faute civile (L. 5 janvier 1988, art. 3).

La loi du 5 janvier 1988 a utilisé des termes moins stricts que la Cour de cassation de 1985, mais il n'en demeure pas moins que l'action de nature civile n'est toujours pas ouverte aux associations, sauf habilitation particulière.

L'habilitation à agir en justice est accordée aux associations par une disposition législative.

Elle autorise également certaines associations à encadrer des tâches d'intérêt général effectuées par des personnes connaissant une situation particulière.

§ 1. *L'habilitation à agir en justice*

224. Associations devant justifier d'un préjudice pour l'action pénale. — L'action collective sur la base d'une infraction pénale a été accordée à de nombreuses associations, mais certaines habilitations sont soumises à la condition que le préjudice direct ou indirect subi par l'intérêt collectif que l'association représente soit justifié.

Il en est ainsi par exemple des :

— associations de défense des consommateurs : lois des 27 décembre 1973 et 5 janvier 1988 ;

— associations de défense de l'environnement : loi des 10 juillet 1976 et 29 décembre 1979 ;

— associations de défense d'épargnants et d'investisseurs : loi du 5 janvier 1988 ;

---

178.   Cass. 1re civ., 16 janvier 1985 : *Bull. civ.* I, n° 25, p. 26 : *D.,* 1985, J, p. 317.

— associations de défense des intérêts de la résistance ou des déportés ou se proposant de combattre les crimes contre l'humanité ou crimes de guerre : Code de procédure pénale, articles L. 430-4-2 et 614 ;

— associations de lutte contre le proxénétisme : loi du 9 avril 1975 ;

— associations de protection animale : loi du 10 juillet 1976 ;

— associations de pêche et de pêcheurs : Code rural, articles L. 238-9 nouveau et 611 ;

— associations de sauvegarde des intérêts liés aux installations classées : loi du 19 juillet 1976.

(De façon exhaustive, cf. tableau annexe).

225. Associations pouvant agir au procès pénal même en l'absence de préjudice établi. — D'autres habilitations sont consentis sans condition : l'association peut alors agir même en l'absence de préjudice direct ou indirect établi.

Ces habilitations concernent :

— d'abord des associations pouvant par ailleurs bénéficier du premier type d'habilitation :
• associations de défense des intérêts de la résistance ou des déportés ou se proposant de combattre les crimes contre l'humanité ou crimes de guerre (C. pr. pén., art. 2-5 et C. urb., art. L. 430-2 et 614) ;

— ensuite des associations devant par ailleurs être agréées :
• les associations de jeunesse ou d'éducation populaire (loi 16 juillet 1949) ;
• les fédérations sportives (L. n° 89-432, 28 juin 1989) ;

— enfin des associations spécialement habilitées :
• associations professionnelles (syndicats et organismes professionnels) ;
• associations familiales (C. fam., art. 3-4°) ;
• associations de parents d'élèves (L. n° 87-588, 30 juillet 1987) ;
• associations de défense de la moralité publique (L. 29 juillet 1949 ; C. pén., art. 289, 613) ;
• associations se proposant de combattre le racisme (L. 29 juillet 1981 ; C. pr. pén., art. 2-1) ;
• associations se proposant de combattre les discriminations fondées sur le sexe ou les mœurs (C. pr. pén., art. 2-6) ;
• associations ayant vocation à défendre ou à assister les personnes handicapées (C. pr. pén., art. 2-8) ;
• associations de défense de l'enfance martyrisée (C. pr. pén., art. 2-3) ;
• ligues antialcooliques (C. déb. boiss., art. L. 96).

(De façon exhaustive, cf. tableau annexe).

226. Action de nature civile. — L'habilitation, autorisant les associations à intervenir dans le cadre de procédures civiles ou administratives dans les litiges individuels de leurs membres ou concernant les intérêts qu'ils servent, est rarement accordée.

Deux types d'associations peuvent en bénéficier et intervenir en justice sur des faits non constitutifs d'une infraction pénale. Il s'agit :

— des associations de défense des consommateurs qui peuvent agir de deux façons :

• en intervenant dans les litiges individuels des consommateurs, à la suite d'une demande principale qu'ils ont eux-mêmes introduite. L'intervention doit avoir pour but de « faire cesser des agissements illicites, de faire supprimer des clauses illicites dans le contrat » (L. 5 janvier 1988, art. 3) ;

• en agissant à titre principal afin de faire supprimer des clauses abusives dans les conventions entre professionnels et consommateurs, c'est-à-dire en général dans les contrats types (L. 1988, art. 6) ;

— des associations de défense des travailleurs handicapés qui peuvent agir en justice afin de faire respecter les mesures d'emploi dont ils sont bénéficiaires (C. trav., art. L. 323-8-7).

§ 2. *L'habilitation : source d'emploi*

227.   Objet. — L'habilitation peut avoir un autre type d'effet pour l'association. Elle peut également être une autorisation réglementaire ou judiciaire lui permettant d'employer, dans un but d'intérêt général, à titre non rémunéré, certaines catégories de personnes.

228.   Travaux d'intérêt général ou peine de substitution. — Le travail pénal d'intérêt général a pour but de réintégrer dans la société les délinquants ayant commis un délit sanctionné par emprisonnement. Il ne peut être exécuté qu'au sein d'une association qui a obtenu une habilitation auprès du juge d'application des peines (du juge des enfants s'il s'agit de mineurs).

Les travaux proposés par l'association doivent également être agréés par le juge.

229.   Emploi des objecteurs de conscience. — Des travaux d'intérêt général peuvent également être imposés aux objecteurs de conscience (L. 8 juillet 1983 ; D. 29 mars 1984), qui s'opposent à l'usage personnel des armes au cours de leur service national.

Les associations à vocation sociale ou humanitaire assurant une mission d'intérêt général et bénéficiant d'un agrément peuvent les accueillir, sous réserve d'une habilitation accordée par leur ministre de tutelle.

Cette habilitation est personnelle et doit être demandée pour chaque nouveau cas. Elle est accordée par le ministère des Affaires sociales et place l'objecteur de conscience sous l'autorité de l'association.

Section 6
Associations émettant des valeurs mobilières

230. Texte. — Comme tous les organismes du secteur de l'économie sociale, les associations souffrent d'une insuffisance de fonds propres, particulièrement sensible pour celles qui veulent ou doivent accompagner financièrement leur croissance.

Le souci du Gouvernement de développer ce secteur a abouti à la loi n° 85-698 du 11 juillet 1985 autorisant l'émission de valeurs mobilières par certaines associations. Il s'agit d'obligations qui, lorsqu'elles ne sont remboursables qu'à l'initiative du seul émetteur, prennent la dénomination de « titres associatifs » (émis dans la seule forme nominative et constituant alors des créances de dernier rang).

Cette loi a été complétée par le décret n° 86-73 du 13 janvier 1986 pris pour son application.

Parallèlement à la faculté ouverte par ce texte et dans le même esprit, les sociétés coopératives peuvent recourir aux certificats coopératifs d'investissement en vertu de la loi n° 87-406 du 17 juin 1987.

231. Origine. — L'élaboration de ce texte a été particulièrement douloureuse, et ne s'explique vraiment que par le souci initial du Gouvernement de permettre l'émission de ce titre nouveau, largement inspiré du titre participatif.

En effet, l'émission des seules obligations par les associations ne justifiait pas un tel texte, ou du moins une telle préparation : cette émission admise sous l'empire du décret-loi du 30 octobre 1935 ne semble pas avoir été véritablement remise en cause par la loi du 24 juillet 1966 qui n'a eu pour objet que de réglementer l'émission d'obligations par les sociétés par actions. C'est en fait la réglementation de l'appel public à l'épargne qui est venue restreindre la liberté des associations dans ce domaine.

Devant l'opposition suscitée par ce titre associatif, notamment au Sénat, la Commission mixte paritaire a élaboré un texte de compromis abandonnant le titre participatif et maintenant sous la dénomination de titre associatif, un type particulier d'obligation, remboursable à la seule initiative de l'émetteur (179).

§ 1. *Conditions préalables*

232. Associations émettrices. — Cette possibilité est ouverte aux associations dotées de la personnalité morale, régies tant par la loi du 1er juillet 1901 que par les articles 21 à 79 du Code civil local et de la loi d'Empire du 19 avril 1908 applicable en Alsace-Lorraine.

---

179. Sur cette loi : E. Alfandari et M. Jeantin, *RTD com.,* 1985, 321 et 772. M. Guyon, « La loi du 11 juillet 1985 autorisant l'émission de valeurs mobilières par certaines associations » : *ALD* 1986-33 ; Ph. Reigne, « Les valeurs mobilières émises par les associations » : *Rev. sociétés,* 1989, p. 3.

233.   Activité économique. — L'association doit exercer, exclusivement ou non, une activité économique effective depuis au moins deux années (L. n° 85-698, 11 juillet 1985, art. 1er).

Cette notion d'activité économique n'est pas nouvelle puisqu'elle figure déjà dans la loi n° 84-148 du 1er mars 1984 sur la prévention des difficultés des entreprises (180), et dans l'ordonnance n° 67-821 du 23 septembre 1967 sur le GIE (181).

A la lumière des différents commentaires de ce texte, on peut, semble-t-il, définir l'activité économique comme étant l'activité de production ou de distribution de biens ou services.

On remarquera par contre que la loi n'exige pas la recherche ou la réalisation d'un bénéfice (ce qui serait exiger plus d'une association que d'une société) ni même une contre-prestation à cette activité économique ; mais elle suppose implicitement que cette activité puisse recevoir une contre-prestation, ou tout au moins qu'elle représente une valeur quantifiable, faute de quoi elle ne pourrait être qualifiée d'économique.

Ainsi envisagé, le caractère économique d'une activité sera donc essentiellement un problème de valorisation et de marché, ce qui, pour chaque type de prestation, peut évoluer avec le temps, ou varier dans l'espace. A titre d'illustration, signalons qu'ont été visées lors des débats parlementaires : « les associations gestionnaires opérant dans le domaine de la santé et de la protection sociale — associations pour personnes handicapées, maisons de retraite ou centres d'aide ménagère — des loisirs ou du tourisme, — tels certains villages de vacances ou le Touring Club de France — ainsi que de la formation ou de l'éducation ».

234.   Durée d'exercice. — L'activité économique doit avoir été exercée depuis au moins deux ans, de façon exclusive ou non.

On peut en déduire semble-t-il que l'association doit elle-même être dotée de la personnalité morale depuis deux ans au moins ; en effet une association non déclarée, donc non dotée de la personnalité morale, ne pourrait prétendre avoir exercé une activité, qui en tout état de cause serait celle de ses membres.

Quant au caractère non exclusif de cette activité, il signifie que l'association a pu avoir une activité non économique, mais ne permet pas que l'activité économique ait été interrompue.

235.   Immatriculation au registre du commerce et des sociétés. — Préalablement à l'émission, l'association doit être immatriculée au registre du commerce et des sociétés selon des modalités fixées par le décret n° 86-75 du 13 janvier 1986 et un arrêté du 27 janvier 1986.

---

180.   P. Le Cannu, *Prévention et réglement amiable des difficultés des entreprises,* GLN Joly Ed., 1988, p. 43.

181.   D. Lepeltier, E. Buttet, G. Lesguillier, *Les groupements d'intérêt économique, GIE, GEIE,* GLN Joly Ed., 1990, p. 22.

Cette immatriculation ne peut intervenir qu'après une décision d'émettre des obligations, régulièrement prise par l'assemblée générale, étant entendu que les statuts doivent avoir été mis en conformité avec l'article 3 de la loi du 11 juillet 1985 relatif à la fixation dans les statuts de certaines règles d'organisation (D. 13 janvier 1986, art. 1er).

L'arrêté du 27 janvier 1986 précise que les associations immatriculées au registre du commerce et des sociétés sont dispensées de demander leur immatriculation secondaire ou leur inscription complémentaire dans l'hypothèse où elles ouvrent des agences dans le ressort du tribunal ou d'un autre tribunal.

Cet arrêté indique les mentions que doit contenir la demande d'immatriculation de l'association au registre du commerce et des sociétés, ainsi que les pièces qui doivent être déposées en annexe audit registre, au plus tard en même temps que la demande d'immatriculation.

La radiation doit être demandée par l'association émettrice d'obligations si, un an après la décision de l'assemblée générale d'émettre des obligations, aucune émission n'est intervenue.

236. Organe d'administration ou de contrôle. — L'association doit fixer dans ses statuts certaines règles d'organisation. Les statuts devront prévoir les conditions dans lesquelles « seront désignées les personnes chargées de la diriger, de la représenter et de l'engager vis-à-vis des tiers ainsi que la constitution d'un organe collégial chargé de contrôler les actes de ces personnes » (L. n°85-698, art. 3-2°). Cet organe collégial (ou le conseil d'administration) doit être composé de trois personnes au moins élues parmi les membres.

Des sanctions pénales (amendes de 60 000 F) peuvent frapper tout dirigeant (de droit ou de fait) d'association qui aura émis des obligations sans respecter les conditions visées ci-dessus.

§ 2. *Règles d'émission des obligations*

237. Organe compétent. — La décision d'émettre des valeurs mobilières est prise par l'assemblée générale des membres sur proposition motivée des dirigeants dans les conditions requises pour la modification des statuts. L'assemblée générale se prononce sur le montant de l'émission, l'étendue de sa diffusion, le prix de souscription des titres et leur rémunération, ou les modalités de détermination de ces éléments (L. n° 85-698, art. 9).

238. Emission sans appel public à l'épargne. — Lorsqu'il n'est pas fait appel public à l'épargne, le taux d'intérêt stipulé dans les contrats d'émission ne peut être supérieur au taux moyen du marché obligataire du trimestre précédant l'émission. Par ailleurs, le contrat d'émission ne peut en aucun cas avoir pour but la distribution de bénéfices par l'association émettrice à ses sociétaires, aux personnes qui lui sont liées par un contrat de travail, à ses dirigeants de droit ou de fait ou à toute autre personne et ce sous peine de nullité absolue.

Les obligations sont nominatives ou au porteur (sauf s'il s'agit de titres associatifs qui sont obligatoirement nominatifs).

L'assemblée peut déléguer aux dirigeants, pour une période qui ne peut excéder cinq ans, le pouvoir d'arrêter les autres modalités de l'émission qui, sauf décision contraire, pourra être réalisée en une ou plusieurs fois.

239. Emission avec appel public à l'épargne. — L'émission d'obligations peut être effectuée par voie d'appel public à l'épargne. Dans ce cas, elle est soumise :

— d'une part, au régime d'autorisation par le ministre des Finances, prévue par l'article 82 de la loi n° 46-2914 du 23 décembre 1946. Aucune formalité n'est requise pour les émissions réalisées en une ou plusieurs fois d'un montant global annuel inférieur à un milliard de francs à compter du 1er janvier 1986. Dans le cas contraire, la banque en charge de l'émission doit proposer au comité des émissions l'inscription au calendrier de l'émission projetée ;

— d'autre part, au contrôle de la Commission des opérations de bourse en ce qui concerne l'information des porteurs de valeurs mobilières et la publicité de certaines opérations.

A l'occasion de la première émission de titres participatifs dont elle a eu à connaître, la Commission a demandé qu'en tête de la note d'information soient mises en évidence les caractéristiques de cette émission.

240. Information des souscripteurs. — Lors de chaque émission d'obligations, l'association doit mettre à la disposition des souscripteurs une notice relative aux conditions de l'émission et un document d'information. Ce document porte notamment sur l'organisation, le montant atteint par les fonds propres à la clôture de l'exercice précédent, la situation financière et l'évolution de l'activité de l'association (L. n° 85-698, art. 4, al. 1). Le décret n° 85-1304 du 9 décembre 1985 précise les conditions de cette reconnaissance et les modalités procédurales qui permettent aux contribuables, qui feront des dons à de telles associations ou fondations, de bénéficier de la déduction de leurs dons à hauteur de 5% de leur revenu imposable.

241. Emission groupée dans le cadre d'un GIE. — Les associations immatriculées ont la possibilité de se grouper pour émettre des obligations, ce groupement s'effectuant dans le cadre d'un groupement d'intérêt économique régi par l'ordonnance n° 67-821 du 23 septembre 1967 (L. n° 85-698, art. 14).

Le GIE constitué par des associations en vue de l'émission d'obligations est tenu au remboursement et au paiement des rémunérations de ces obligations.

Il dispose à l'égard des associations qui le constituent et ont bénéficié d'une fraction du produit de l'émission des mêmes droits que ceux conférés aux porteurs d'obligations émises par les associations.

Les dispositions pénales édictées par les articles 13 et 16 de la loi du 11 juillet 1985 sont applicables aux dirigeants d'un tel GIE.

§ 3. Conséquences de l'émission d'obligations

242. Information et prévention. — Suivant l'article 8 de la loi, une telle émission entraîne pour l'association l'application, sans considération d'un quelconque seuil, des dispositions des articles 27 et 28 de la loi du 1er mars 1984 relative à la prévention et au règlement amiable des difficultés des entreprises. L'association devra donc, chaque année, établir des « comptes annuels », c'est-à-dire un bilan, un compte de résultat et une annexe. Un commissaire aux comptes titulaire (et un suppléant) devront être nommés. En cas d'appel public à l'épargne, les documents prévisionnels visés à l'article 28 de la loi du 1er mars 1984 devront être établis.

D'autre part, il y aura lieu de réunir les membres de l'association en assemblée générale au moins une fois par an, et ce, dans les six mois de la clôture de l'exercice, en vue notamment de l'approbation des comptes annuels, qui doivent être publiés dans les conditions prévues aux articles 22 et suivants du décret n° 85-295 du 1er mars 1985.

243. Création d'une masse des porteurs. — Les souscripteurs sont, comme les obligataires d'une société commerciale, réunis en une masse dotée de la personnalité civile et représentée par un ou plusieurs mandataires. Les dispositions des articles 289 et 338 de la loi du 24 juillet 1966 sur les sociétés commerciales sont applicables aux obligations émises par des associations, de même que les articles 263, 266, 284, 441, 471 (1° et 2°), 472, 473, 474 (1° et 5°), 475 à 479 de cette même loi (L. 11 juillet 1985, art. 10, al. 1), ainsi que les articles 214 et 242 du décret n° 67-236 du 23 mars 1967, à l'exception de celles de ces dispositions qui concernent exclusivement les sociétés commerciales.

244. Protection des souscripteurs en cas de difficultés financières. — Lorsque, du fait des résultats déficitaires cumulés constatés, les fonds propres ont diminué de plus de la moitié par rapport au montant atteint à la fin de l'exercice précédant celui de l'émission, l'assemblée générale doit être réunie dans les quatre mois qui suivent l'approbation des comptes ayant fait apparaître des résultats déficitaires pour décider de la continuation de l'association ou de sa dissolution anticipée (L. n° 85-698, art. 8, al. 4). En cas de continuation de l'activité, l'association est tenue, au plus tard à la clôture du deuxième exercice suivant celui au cours duquel la constatation des résultats déficitaires est intervenue, de reconstituer ses fonds propres.

La décision de l'assemblée générale est publiée au registre du commerce et des sociétés.

En cas de non-reconstitution des fonds propres dans le délai prescrit comme en cas d'absence de réunion de l'assemblée, l'association perd le droit d'émettre de nouveaux titres et tout porteur de titres peut demander en justice le remboursement immédiat de la totalité de l'émission. Mais un délai de six mois peut être accordé par le tribunal pour régulariser la situation et il ne peut ordonner le remboursement immédiat si au jour où il statue sur le fond, cette régularisation a eu lieu.

245. Fonctionnement de l'association. — Les dispositions de la loi du 24 juillet 1966 relatives aux conseil d'administration, directoire et gérants de sociétés sont applicables aux associations émettant des obligations et régissent les personnes ou organes qui sont chargés de l'administration. Les dispositions relatives au conseil de surveillance ou à ses membres s'appliquent, quant à elles, à l'organe collégial de contrôle (s'il en existe) et à ses membres (L. n° 85-698, art. 10).

De même, sur le plan pénal, les dirigeants de telles associations sont alignés sur ceux des sociétés commerciales (L. n° 85-698, art. 13).

Enfin, l'interdiction de gérer des sociétés commerciales résultant des condamnations prévues par l'article 6 du décret du 8 août 1935 emporte de plein droit l'interdiction de gérer ou administrer à un titre quelconque une association ayant émis des obligations ou de participer à son organe collégial de contrôle.

246. Formalités de publicité. — Le décret impose un dépôt au greffe, en double exemplaire, pour être annexés au registre du commerce et des sociétés, dans le mois qui suit leur approbation par l'assemblée générale, des comptes annuels, du rapport de gestion, du rapport des commissaires aux comptes de l'exercice écoulé, éventuellement complété des observations de ceux-ci sur les modifications apportées par l'assemblée aux comptes annuels qui leur ont été soumis. En cas de refus d'approbation, une copie de la délibération est déposée dans le même délai d'un mois (D. n° 86-13, 13 janvier 1986).

Toute infraction à l'obligation de dépôt est punie de l'amende prévue pour les contraventions de la cinquième classe. En cas de récidive, l'amende applicable est celle prévue pour la récidive des contraventions de la cinquième classe.

En outre, en cas de modification statutaire intervenue entre la date d'immatriculation et celle du remboursement de toutes les obligations, dans l'administration ou la direction de l'association, cette modification est mentionnée au registre du commerce et des sociétés sur justification de l'accomplissement des formalités de déclaration à la préfecture ou à la sous-préfecture, ou d'inscription au tribunal d'instance pour les associations d'Alsace-Moselle (Arr. du 27 janvier 1986).

247. Radiation. — L'article 2 du décret précité prévoit la radiation du registre du commerce et des sociétés dans l'année qui suit le remboursement de toutes les obligations émises.

Faute par l'association de ne pas avoir requis sa radiation dans ces délais, le juge commis à la surveillance du registre du commerce et des sociétés pourra enjoindre à l'association immatriculée de procéder à sa radiation, conformément à l'article 58, alinéa 2, du décret n° 84-406 du 30 mai 1984.

248. Dissolution. — Une association ayant émis des obligations peut être dissoute dans les conditions prévues par la section 5 du chapitre VI de la loi du 24 juillet 1966 sur les sociétés commerciales (L., art. 390 et s.), sous réserve des dispositions particulières de la loi du 1er juillet 1901 et des articles 21 à 79 du Code civil local et de la loi d'Empire du 19 avril 1908 applicables en Lorraine ou Alsace-Lorraine.

Titre II

Fondations

Chapitre premier

Fondations reconnues d'utilité publique

1. Généralités. — Au-delà du prestige lié à l'appellation de fondation et qui a justifié que la loi n° 87-571 du 23 juillet 1987 protège le titre (*infra,* n° 3), les fondations sont le reflet d'une société et de sa conscience. Ainsi, plus sûrement que n'importe quel sondage, la lecture de la liste des fondations nouvellement créées révèle les préoccupations du moment, de l'engouement artistique, à la défense des victimes de conflits où les Etats paraissent impuissants ou incompétents.

2. Particularisme du droit local d'Alsace-Moselle. — Dans les départements d'Alsace-Moselle, le Code civil de 1890 dit BGB demeure en vigueur et notamment ses articles 80 à 89 consacrés aux fondations.

En pratique, ces fondations de droit local sont très comparables aux fondations reconnues d'utilité publique de droit commun. Pour jouir de la personnalité morale, les fondations d'Alsace-Moselle doivent en effet bénéficier d'une autorisation expresse de l'Etat accordée après consultation du Conseil d'Etat.

Le Conseil d'Etat veille à l'harmonie entre fondations de droit commun et de droit local de telle sorte que ces dernières ne se distinguent guère.

3. Protection de l'appellation. — Il est interdit à tout groupement n'ayant pas le statut de fondation reconnue d'utilité publique d'utiliser dans son titre ou de faire figurer dans ses statuts, contrats, documents ou publicités l'appellation de fondation. Les présidents, administrateurs ou directeurs des groupements qui enfreindront les dispositions du présent article seront punis d'une amende de 15 000 F et, en cas de récidive, d'une amende de 30 000 F (L. n° 87-571, art. 20).

Placée sous la protection de la loi pénale, l'appellation de fondation ne peut plus être usurpée sans risque.

Section 1
Constitution d'une fondation

4. Généralités. — Trois éléments sont traditionnellement reconnus pour indispensables à la constitution d'une fondation :

— une volonté créatrice ;

— une dotation ;

— une reconnaissance d'utilité publique par l'Etat.

Si l'un de ces trois éléments manque, il n'y a pas fondation au sens juridique de ce mot (1).

Dans l'usage, en effet, le mot « fondation » est employé surtout pour désigner des dons ou legs avec charges hospitalières ou pieuses (fondations dites aussi « fondations privées », telles celles d'un lit dans un hôpital, d'une messe d'anniversaire dans une chapelle, etc.)

La présente étude traitera successivement de ces trois éléments, le régime particulier des fondations étrangères en France ne faisant pas partie de notre objet (2).

§ 1. La volonté créatrice

5. Principes. — Cette volonté peut émaner soit d'une seule personne (physique ou morale, privée ou publique) dénommée dans l'usage « le fondateur », soit de plusieurs « cofondateurs ».

Elle peut s'exprimer directement ou indirectement.

6. Volonté d'une personne physique exprimée de son vivant. — Le fondateur utilise soit la donation immédiate, comportant dépouillement de son vivant, soit le testament, c'est-à-dire que sa volonté supposée maintenue jusqu'à son décès, n'aura d'effet qu'au moment de celui-ci.

Dans le premier cas (voie directe), le fondateur peut assumer lui-même l'établissement de sa fondation et en surveiller ainsi les assises (gestion des biens affectés, édification des constructions et équipements éventuellement projetés, formalités en vue de la reconnaissance, y compris rédaction du projet de statuts et autorisation d'accepter la donation. Les biens affectés constituent en quelque sorte des biens réservés « de manière durable et sans but lucratif à l'oeuvre d'utilité publique décidée ». Mais ils n'en demeurent pas

---

1. Cf. A. Gobin, « Evolution du droit des fondations » : *JCP*, éd. N, 1982.I.246. — Et sur l'usage abusif du mot « fondation » : *JO Sénat Q,* Mme la Secrétaire d'Etat auprès du min. Eco. et Fin. à M. Poudonson, 16 novembre 1977, p. 2692, n° 24006 : *Bull. Joly*, 1977, p. 673, § 330.

2. Sur ce régime, W. Le Bras, « Les fondations étrangères en France » : *Bull. Joly*, 1982, p. 1007, et M. Revillard, *op. cit.*, note 214.

moins, jusqu'à la reconnaissance d'utilité publique et en vertu même de l'article 932 du Code civil, dans le patrimoine du ou des fondateurs, avec toutes les conséquences civiles et fiscales que cela comporte (3).

Il peut également (voie indirecte) confier le soin de cet établissement soit à une autre personne physique avec l'aléa d'une absence de diligence ou d'un décès prématuré, soit à une personne morale publique ou privée, déjà existante et ayant capacité d'accepter la donation, ou même en créer une spécialement avec la capacité voulue pour, dans un premier temps, accepter la donation et, *in fine,* obtenir la reconnaissance d'utilité publique.

Cette volonté de confier la création d'une fondation à une tierce personne par voie de donation doit être clairement exprimée, pour éviter que cette volonté ne soit confondue avec celle de consentir une simple donation avec charges révocables, après décès, par de lointains héritiers pour inexécution desdites charges (4). D'où l'intérêt d'éviter également le don manuel (forme toujours possible si la fondation porte uniquement sur des biens dont le transfert peut s'opérer par simple tradition, tels que meubles, titres au porteur, etc.)

7. Volonté d'une personne physique perpétuée après sa mort. — En ce cas, le fondateur lègue les biens devant faire l'objet de la fondation soit à une personne physique ou morale préexistante (5), soit à une personne morale à créer, avec, dans les deux cas, une nette expression de sa volonté. Il a été jugé notamment que sous l'apparence d'une fondation, le testateur avait en réalité voulu seulement gratifier certaines catégories de personnes, avec toutes les conséquences que cette réalité comportait (6).

Le legs à une personne morale préexistante à charge de créer la fondation ne pose pas de problème particulier si ce n'est pour la personne morale (le plus souvent, un établissement public ou une association reconnue d'utilité publique), qui doit avoir la capacité et la spécificité nécessaires pour accepter valablement un tel legs (7). Il a été jugé à ce propos qu'à défaut d'une spécificité valable de la personne publique choisie, le bénéfice de la fondation pourrait — comme celui de tout legs avec charges — être reporté sur une

---

3. Cf. M. Pomey, *Traité des fondations d'utilité publique,* PUF, 1980, p. 19 et s.

4. T. civ. Seine, 1re ch., 26 février 1958 : *Gaz. Pal.,* 1958.1.325 : Aff. comtesse Potocka c/ Fondation Potocki.

5. Cf. par exemple, Edmond de Goncourt confiant, par testament déposé chez Me Duplan, notaire à Paris, à des colégataires universels le soin de réaliser ses intentions (Fondation de la société littéraire de Goncourt, plus connue sous le nom de « Académie Goncourt »), testament qui donna lieu à un jugement du tribunal civil de la Seine du 5 août 1897 (à la barre, pour la Fondation, Raymond Poincaré), ledit jugement est reproduit dans Pomey, *op. cit.,* p. 389 et s., 1905.2.78 sous Paris, 1er mars 1900.

6. Sur la qualité exacte de la personne ainsi désignée (légataire, exécuteur testamentaire, fidéicommissaire, personne interposée), CA Paris, 1re ch., 1er juillet 1926 : *D.,* 1928.2, p. 121, note R. Savatier.

7. Sur la spécificité de l'Etat, des départements, des communes et des établissement publics en la matière, cf. CE, avis des 13 avril 1881 et 2 décembre de la même année : *DP,* 1882.3, p. 21. Les régions ont de même statut de collectivités territoriales publiques que l'Etat, les départements et les communes : L. n° 82-213, 2 mars 1982, relative aux droits et libertés des communes, départements et régions, art. 1.

autre personne de même nature présentant, elle, la spécificité voulue (8). La Fondation de France, reconnue par décret du 9 janvier 1969 (9) a ainsi une vocation particulière à recueillir les legs dont la formulation a été incomplète ou maladroite, si toutefois les héritiers du testateur ne s'y opposent pas (10).

En revanche, le legs à une personne morale à créer pour devenir, *in fine,* le bénéficiaire de la reconnaissance d'utilité publique, a donné lieu à une importante divergence jurisprudentielle entre la Cour de cassation et le Conseil d'Etat à laquelle a mis fin la loi du 4 juillet 1990 en disposant : « un legs peut être fait au profit d'une fondation qui n'existe pas au jour de l'ouverture de la succession sous la condition qu'elle obtienne, après les formalités de constitution, la reconnaissance d'utilité publique » (11).

En pratique, le ou les exécuteurs testamentaires désignés par le testateur pour constituer la fondation ont la saisine sur les biens légués, meubles ou immeubles. Ils disposent, sauf lorsque le testament leur a conféré des pouvoirs plus larges, d'un pouvoir d'administration.

8.   Exécuteurs de la volonté du fondateur. — Cette disposition évite heureusement les opérations complexes par lesquelles les exécuteurs testamentaires étaient contraints de passer (création d'une société civile temporaire chargée de posséder et gérer les biens légués jusqu'à la reconnaissance de la fondation à créer, etc.).

A défaut de désignation par le testateur des personnes chargées de constituer la fondation, le représentant de l'Etat dans la région du lieu d'ouverture de la succession désigne une fondation reconnue d'utilité publique pour procéder aux formalités nécessaires.

On peut s'interroger sur l'exacte qualification de la mission ainsi dévolue au préfet, qui apparaît, une fois de plus, selon l'expression de M. le Conseiller d'Etat Grohens, comme « un notaire en costume d'amiral » (12). En tous les cas, on peut penser qu'un éventuel contentieux à l'égard des actes (le cas échéant de l'inaction) du représentant de l'Etat, ressortira de la compétence administrative (13).

---

8.   CE, avis précités, note 7. CE, 18 décembre 1925 : *Rec. CE,* 1925, p. 1003 ; *DP,* 1927.2, p. 41, commentaire R. Beudant. Cass. 1re civ., 8 janvier 1957 : *D.,* 1957, Jurispr., p. 265 (Legs à Fondation « Oeuvres sociales du Maréchal Pétain » reporté sur la ville de Cavaillon). A noter toutefois que si l'autorisation d'accepter était donnée purement et simplement, mais à tort sur ce point, cette autorisation ne pourrait être mise en cause par le pouvoir judiciaire, par application du principe de la séparation des pouvoirs : Cass. civ., 31 janvier 1893 : *DP,* 1893.1, p. 513.

9.   D., 9 janvier 1969 : *JO,* 15 janvier 1969, p. 500.

10.   CA Nancy, 28 avril 1976 : *Defrénois,* 1977, art. 31396, note Souleau.

11.   Article 3 de la loi du 4 juillet 1990, insérant un article 18-2 à la loi du 23 juillet 1987. Pour une application, TGI Paris, 26 janvier 1994, succession Giacometti.

12.   Cité par J. Mandrin (pseudonyme de J.-P. Chevènement) dans : *L'Enarchie ou les mandarins de la société bourgeoise,* éd. Table ronde, 1981, p. 63, note 15.

13.   Toutefois, l'éventuelle responsabilité de la fondation reconnue d'utilité publique désignée par le préfet sera de la compétence judiciaire.

9. Délai de forclusion et personnalité morale de la fondation créée. — L'action des exécuteurs testamentaires ou de la fondation désignée est enfermée dans un délai d'un an : « La demande de reconnaissance d'utilité publique doit, à peine de nullité du legs, être déposée auprès de l'autorité administrative compétente dans l'année suivant l'ouverture du dossier (L. n° 87-571, art. 18-2, al. 2 nouveau). Ce délai de forclusion s'entend du seul dépôt du dossier auprès du ministère de l'Intérieur, les éventuels délais d'instruction du dossier pouvant faire que la reconnaissance d'utilité publique de la fondation advienne au-delà du délai d'un an.

Cette reconnaissance d'utilité publique, à compter de l'entrée en vigueur du décret en Conseil d'Etat, conférera à la fondation sa personnalité morale et sa pleine capacité juridique. Conformément à l'ancienne position du Conseil d'Etat, le nouveau texte précise que la personnalité morale ainsi reconnue rétroagit au jour de l'ouverture de la succession (L. n° 87-571, art. 18-2, al. 3 nouveau).

Lorsque, pour une raison quelconque, notamment la non-reconnaissance d'utilité publique de la fondation, le legs n'aura pu être exécuté, il sera caduc en application du droit commun des successions (C. civ., art. 1040).

10. Volonté d'une personne morale de droit public. — La forme testamentaire étant exclue, une personne morale de droit privé ou de droit public ne peut créer une fondation que par voie de donation, ou indirecte.

L'Etat, les départements et communes jouissent de la capacité voulue pour créer une fondation : par exemple, pour l'Etat, la Fondation nationale des sciences politiques (14) et la Fondation nationale des arts graphiques et plastiques (15) à la suite des legs Salomon de Rotschild et Smith-Champion ; pour le département des Bouches-du-Rhône et les communes d'Arles et des Saintes-Marie-de-la-Mer, ensemble avec l'Etat, la fondation du Parc national de Camargue (16) chargée d'animer et de gérer le Parc créé en vertu de la loi du 1er mars 1967 relative aux parcs naturels régionaux ; pour le département de Savoie et la commune de Saint-Bon-Courchevel, la « Fondation pour l'action culturelle internationale en montagne » (17), pour la ville de Paris, la « Cité internationale des Arts » en concours avec l'Etat (18), etc.

11. Volonté d'une personne morale de droit privé. — Il est admis que des personnes morales à but lucratif (19), telles que des sociétés commerciales, peuvent créer une fondation : par exemple, les divers établissements bancaires ayant concouru avec la Caisse des dépôts et consignations à la création

---

14. Ord. n° 45-2284, 9 octobre 1945 : *JO*, 10 octobre 1945.
15. D., 6 décembre 1976 : *JO*, 18 décembre 1976.
16. D., 12 décembre 1972 : *JO*, 6 janvier 1973.
17. D., 18 juin 1976 : *JO*, 25 juin 1976.
18. D., 14 septembre 1957 : *JO*, 18 septembre 1957.
19. A la condition toutefois d'y voir un intérêt suffisant au regard de leur objet social : en ce sens, Pomey, *op. cit.*, p. 77.

de la « Fondation de France » (décret précité), la SA Compagnie des Salines du Midi et des Salines de l'Est, qui a concouru à la fondation du Parc régional de Camargue (D., 12 décembre 1972, précité).

Il est également admis que des sociétés simplement commerciales en la forme peuvent soit se transformer en fondation, comme en 1887 la SA à capital variable « Institut Pasteur », devenue « Fondation Pasteur » (20), soit se dissoudre et transférer leurs biens purement et simplement à une fondation, ce qui a été fait en 1945 par la SA « Ecole libre des sciences politiques », transférant, après sa dissolution, ses biens à la « Fondation nationale des sciences politiques » créée préalablement et à cet effet par l'Etat.

De même, des sociétés civiles ont été admises à concourir à des fondations telle la « Société civile de culture européenne et d'entraide à toute détresse » concourant à la fondation « Aide à toute détresse » (21).

Il a été aussi reconnu à des associations reconnues d'utilité publique ou simplement déclarées le droit de concourir à des fondations : la « Société nationale de protection de la nature et d'acclimatation de France (association reconnue d'utilité publique) et le Comité des propriétaires camarguais (association déclarée) concourant à la création de la « Fondation du parc régional de Camargue » (décret du 12 décembre précité) ; l'association déclarée « Ecole catholique d'arts et métiers » se transformant en fondation du même nom, ECAM (22) ; l'association déclarée « Les amis des monastères » se transformant en « La Fondation des monastères de France » ; la « Fondation du Bocage » à Chambéry, issue de trois associations (23).

Une association diocésaine (Doubs) a pu aussi concourir par voie de donation à la création de la « Fondation du Val de Consolation » (24).

§ 2. La dotation

12. Nécessité d'une dotation suffisante. — La notion de « suffisance » comporte deux aspects : celui du capital, aliéné au départ, et celui des revenus nécessaires pour faire face aux charges de la fondation. Exemple : la donation Cognacq en immeubles et actions de la Samaritaine, devenue « Fondation Cognacq-Jay » (25).

Il a été admis que capital et revenus pouvaient consister, du moins pour partie, en des subventions publiques obtenues (art. 15 des statuts approuvés par décret précité reconnaissant d'utilité publique la Fondation du parc national régional de Camargue, *supra*, n° 10) [26].

---

20. D., 14 juin 1887 : *JO*, 5 juin 1887.
21. D., 17 décembre 1971 : *JO*, 28 décembre 1971.
22. D., 27 juillet 1977 : *JONC*, 2 août 1977.
23. D., 21 août 1974 : *JO*, 25 août 1974 ; D., 22 juillet 1981 : *JO*, 29 juillet 1981.
24. D., 12 mai 1978 : *JONC*, 24 mai 1978.
25. D., 2 décembre 1916 : *JO*, 8 décembre 1916.
26. En l'espèce, il s'agissait d'une subvention de 600 000 F, obtenue de l'Etat, et de 400 000 F obtenue pour l'année 1970, du département et des communes intéressées. Cf. également, la Fondation Jean-Moulin, ayant pour origine une subvention du ministère de l'Intérieur (D., 11 décembre 1952 : *JO*, 12 décembre 1952).

Un auteur pense même que la dotation pourrait être composée uniquement d'actions d'une société anonyme (27). Un autre uniquement de meubles d'art (28). Quoi qu'il en soit, il s'est rencontré des fondations créées avec des collections et le droit au bail de l'immeuble les contenant (fondation « La Maison de la chasse et de la nature », Hôtel Guénégaud, à Paris) [29] ; il s'est également rencontré des fondations créées seulement avec des fonds recueillis par voie de collecte, de souscription ou même de remise anonyme, telle la fondation Lyautey (30), voire de droits d'auteur à venir, comme la « Fondation Anne-Aymone Giscard d'Estaing » (31), ou de partie fixée par les statuts sociaux, des bénéfices annuels d'une société, comme c'est le cas de la Société du Pétrole Hahn-Laurent Vibert, au profit de la « Fondation de Lourmarin-Laurent Vibert » (32).

13. Réduction et modifications des dotations devenues insuffisantes. — Sous réserve de ressources extérieures particulières rétablissant une situation financière déséquilibrée pour diverses raisons (notamment subventions exceptionnelles des pouvoirs publics, produits de galas, etc.), il n'est sans doute pas possible à l'Etat (qui est seul à délivrer la reconnaissance d'utilité publique sans laquelle il n'y a pas de véritable fondation), de réduire ou de modifier l'équilibre financier de la fondation par lui reconnue, sans l'accord du ou des fondateurs eux-mêmes. L'article 1134 du Code civil dispose en effet que les conventions légalement formées tiennent lieu de loi à ceux qui les ont faites. La loi n° 54-309 du 20 mars 1954, reprise sous les articles L. 12 et L. 19 du Code du domaine de l'Etat et le décret n° 56-812 du 3 août 1956 pris pour son application souvent invoquée à l'appui de l'opinion inverse, ne sont en effet relatifs qu'aux donations, legs et fondations hospitaliers, faits à l'Etat, aux départements, communes, établissements publics et associations d'utilité publique, et non, à notre avis, aux fondations publiques elles-mêmes, qui ont leur propre personnalité morale en vertu du décret de reconnaissance (33).

C'est d'ailleurs en ce sens qu'il a été admis que la modification souhaitée pouvait se réaliser par invitation aux entreprises fondatrices à compléter leur dotation initiale par un engagement statutaire de subventions annuelles (34).

Le seul moyen de pallier la situation envisagée est le retrait de la reconnaissance, entraînant dissolution de la fondation.

---

27. Cf. Pomey, *op. cit.*, p. 126 (en l'espèce « Fondation Josée et René de Chambrun », actions des Cristalleries de Baccarat).
28. R. Brichet, *op. cit.* Cependant, à notre avis, une telle dotation ne pourrait être valablement affectée qu'à la condition qu'une exploitation desdits meubles d'art soit jugée rentable.
29. D., 20 novembre 1966, ne paraissant pas avoir été publié au *JO*.
30. D., 31 mai 1937 ne paraissant pas avoir été publié au *JO*.
31. D., 1er décembre 1977 : *JO*, 9 décembre 1977.
32. D., 31 août 1927 ne paraissant pas avoit été publié au *JO*. L'interdiction de la réserve d'usufruit au bénéfice d'un donateur (ou de sa famille) édictée dans le cas des associations reconnues d'utilité publique (cf. *supra*, Titre I) ne s'appliquerait pas aux fondations (en ce sens, Pomey, *op. cit.*, p. 169, note 28, citant à l'appui le cas de la fondation Royaumont, familles Gouin-Lang, D., 18 janvier 1984 ne paraissant pas avoit été publié au *JO*).
33. Cf. cependant, dans le sens de l'assimilation, R. Brichet, *op. cit.*, n° 57.
34. CE Avis n° 280332, 5 juillet 1960, in Pomey, *op. cit.*, p. 411.

§ 3.   *La reconnaissance d'utilité publique par l'Etat*

14.   Procédure. Statuts types. — La demande de reconnaissance à adresser, dans l'état actuel des textes et comme en matière d'associations au ministère de l'Intérieur, bureau des groupements et associations, par l'intermédiaire du préfet ou sous-préfet du département du siège social, le refus d'en délivrer récépissé ouvrant recours en excès de pouvoir, doit comporter un certain nombre de renseignements détaillés dans les 17 articles des statuts types élaborés par le Conseil d'Etat.

Les principaux renseignements sont relatifs à :

— la dénomination, appelée aussi « le titre » : ce peut être le nom du fondateur (35) ou celui d'un ou plusieurs membres de sa famille (36), comme celui de la ville ou du lieu-dit du siège de la fondation (37) ou tout autre, au libre choix des fondateurs ; étant rappelé que l'appellation de « fondation » est en elle-même protégée par la loi n° 87-571 du 23 juillet 1987 qui punit d'amende l'usage illicite du nom de fondation (*supra,* n° 3) ;

— le but de la fondation : orphelinat et centre d'apprentissage et de formation professionnelle (« Les orphelins apprentis d'Auteuil »), conservation d'un musée (le musée Clemenceau à Paris) ou des groupes de châteaux et monuments (château d'Amboise, de Bourbon-l'Archambault, chapelle royale de Dreux, etc., compris par la « Fondation Saint-Louis »), l'étude de la pensée d'un homme célèbre (Fondation Teilhard de Chardin, Fondation Lyautey, etc.), logements salubres pour des ouvriers et employés (Fondation Gilet, à Lyon), promotion de la vocation chez les jeunes (Fondation de la vocation à Paris), etc. ;

— la durée de la fondation : si, en principe, la durée d'une fondation est indéfinie, rien n'interdit cependant une fondation temporaire ;

— la dotation (*supra,* n° 12) et ses moyens d'action : prix, bourses, publications, etc. (38) ;

— la composition du conseil d'administration, en principe, un maximum de 12 membres (39) avec, pour chacun d'eux, l'indication de son âge, de sa nationalité et de ses profession et domicile, et les modalités de son renouvellement (40) ;

---

35.   Exemples : Fondation E. de Rotschild, J. de Rotschild, A. de Rotschild, H. de Rotschild, Fondation Singer-Polignac, Fondation Le Corbusier, Fondation Claude Pompidou, etc.

36.   Exemples : Société littéraire de Goncourt, Institut Curie, Fondation Condé, Fondation Vasarely, Fondation Thiers, Fondation de Coubertin, Fondation Anne de Gaulle, etc.

37.   Exemples : Fondation Sanatorium marin de Roscoff (Finistère), Fondation Ripaille (Thonon-les-Bains, Haute-Savoie), etc.

38.   Dans le cas d'une dotation importante, une convention peut être imposée par l'Etat, cf. D., 6 décembre 1976 précité, note 15, accordant la reconnaissance à la Fondation nationale des arts graphiques et plastiques.

39.   La Fondation de France en compte exceptionnellement vingt.

40.   Pour éviter que le conseil se renouvelle lui-même, les statuts types imposent diverses combinaisons permettant à des éléments nouveaux de fusionner avec les anciens (membres de droit, membres obligatoirement choisis dans les catégories de personnes déterminées, etc.).

— les attributions respectives du conseil d'administration et de son bureau, ainsi que les conditions de validité de leurs délibérations (41).

Le dossier de demande de reconnaissance doit en outre comporter :
— un projet de budget ;
— et un projet de règlement intérieur, devant arrêter les conditions de détail nécessaires pour assurer l'exécution des statuts.

Il est en outre utile qu'il comporte, comme celui de reconnaissance des associations, un pouvoir à un ou plusieurs membres du conseil d'administration pour consentir aux diverses modifications qui seraient imposées par les pouvoirs publics tant aux statuts qu'au règlement intérieur. Dans ce cas de fondation, ce même pouvoir doit viser en outre les éventuelles modifications du projet de budget.

15. Décret de reconnaissance (42). — Le décret de reconnaissance est, comme pour les associations, un acte discrétionnaire de l'Etat (43), qui n'a pas à donner les raisons de son refus, fussent-elles de simple opportunité, mais le recours pour excès de pouvoir peut toujours être intenté dans les conditions de droit commun (44). Par contre, seul le juge judiciaire serait compétent pour statuer en cas de non-respect de la volonté des fondateurs (45).

Section 2
Fonctionnement et contrôle administratif d'une fondation

16. Généralités. — D'une manière générale, la fondation doit accomplir son objet, c'est-à-dire les volontés des fondateurs, sous le contrôle de l'Etat qui lui a, pour cela, accordé la reconnaissance d'utilité publique. Les pouvoirs et obligations de ses organes de gestion varient suivant la nature des obligations envisagées et la teneur des statuts adoptés (46).

Le ministère de l'Intérieur et celui du département duquel ressortit la fondation ont d'ailleurs toujours le droit de faire visiter par leurs délégués les divers services dépendant de celle-ci, et de se faire rendre compte de leur fonctionnement (Statuts types, art. 17).

---

41. Contrairement aux associations, les fondations ne comportent pas d'adhérents, donc pas d'assemblées générales.
42. Ce n'est qu'exceptionnellement, comme en matière d'association reconnue d'utilité publique qu'une fondation est créée par une loi (ex. la Fondation nationale des sciences politiques).
43. Contrairement à une association (*supra*, Titre I), il n'est pas indispensable à la fondation d'avoir fonctionné pendant un certain temps pour être reconnue (cf. en ce sens, Ch. Ozanam, *op. cit.*, p. 264, n° 240).
44. CE, 1er juillet 1938 : association reconnue d'utilité publique, « Maison de France d'Outre-Mer » : *Rec. CE*, 1938, p. 607 et CE, 20 octobre 1971 : Fondation « Asile de Sainte-Constance » : *Rec. CE*, 1971, p. 615.
45. CE, 20 octobre 1971, cf. note précédente.
46. Dans un avis du 28 juin 1949 (n° 248.022), le Conseil d'Etat a estimé que le Gouvernement doit veiller à ce que les conseils d'administration des fondations se conforment à la fois aux lois en vigueur et à leur propre charte, à ce qu'ils accomplissent les volontés des fondateurs et bienfaiteurs et administrent régulièrement le patrimoine qu'ils représentent (avis rapporté dans Pomey, *op. cit.*, p. 409).

17. Pouvoirs généraux du conseil d'administration et du bureau. — Ces pouvoirs sont ainsi résumés aux articles 7 et 8 des statuts types auxquels il convient de se conformer :

« **Art. 7.** — Le conseil d'administration entend le rapport que le bureau doit présenter annuellement sur la situation financière et morale de l'établissement.

Il reçoit, discute et approuve, s'il y a lieu, les comptes de l'exercice clos, qui lui sont présentés par le trésorier, avec pièces justificatives à l'appui.

Il vote le budget de l'exercice suivant sur les propositions du bureau et délibère sur toutes les questions mises à l'ordre du jour.

Le bureau instruit toutes les affaires soumises au conseil d'administration et pourvoit à l'exécution de ses délibérations.

Le rapport annuel sur la situation de l'établissement, ainsi que les budgets et comptes, sont adressés chaque année au préfet du département, au ministre de l'Intérieur et au ministre de ... (département duquel ressortit l'établissement) ».

« **Art. 8.** — Le président représente la fondation dans tous les actes de la vie civile. Il ordonnance les dépenses. Il peut donner délégation dans des conditions qui sont fixées par le règlement intérieur.

En cas de représentation en justice, le président ne peut être représenté que par un mandataire agissant en vertu d'une procuration spéciale.

Les représentants de la fondation doivent jouir du plein exercice de leurs droits civils.

Le trésorier encaisse les recettes et acquitte les dépenses. Les comptes de sa gestion sont soumis à l'approbation préfectorale ».

18. Réunion du conseil d'administration. — L'article 5 des statuts types est ainsi conçu :

« Le conseil se réunit une fois au moins tous les dix ans et chaque fois qu'il est convoqué par son président ou sur la demande du quart de ses membres.

La présence de la majorité des membres en exercice du conseil d'administration est nécessaire pour la validité des délibérations. Si le quorum n'est pas atteint, il est procédé à une nouvelle convocation dans des conditions qui sont précisées par le règlement intérieur. Le conseil peut alors valablement délibérer si le tiers au moins de ses membres sont présents.

Il est tenu un procès-verbal des séances, lequel est signé du président et du secrétaire.

Les agents rétribués de la fondation peuvent être appelés par le président à assister, avec voix consultative, aux séances du conseil d'administration ».

19. Emploi des subventions. — Il doit être justifié chaque année auprès du préfet du département, du ministre de l'Intérieur et du ministre du département duquel ressortit la fondation de l'emploi des fonds provenant de toutes les subventions sur fonds publics accordées au cours de l'exercice écoulé.

En outre, divers textes financiers doivent être appliqués, spécialement le décret-loi du 30 octobre 1935, le décret-loi du 2 mai 1938, l'ordonnance du 23 septembre 1958, qui établissent, par voie de disposition générale, un contrôle de l'Etat ou des collectivités secondaires qui accordent des subventions, sur les organismes bénéficiaires. De plus, ces textes soumettent ces organismes aux vérifications des comptables supérieurs du Trésor et éventuellement de l'Inspection générale des finances et au contrôle de la Cour des comptes, lorsque la moitié au moins des ressources est fournie par l'Etat ou lorsque les subventions de l'Etat sont supérieures à cinq millions par an (47).

Enfin s'applique la loi n° 93-122 du 29 janvier 1993 et son décret n° 93-568 du 27 mars 1993 qui disposent que toute association recevant plus d'un million de francs de subventions publiques doit nommer au moins un commissaire aux comptes et un suppléant (*supra,* Titre I).

20. Acceptation des dons et legs. — L'article 9, alinéa 2 des statuts types prévoit :

« Les délibérations du conseil d'administration relatives à l'acceptation des dons et legs ne sont valables qu'après l'approbation administrative donnée dans les conditions prévues par l'article 910 du Code civil, l'article 7 de la loi du 4 février 1901 et par le décret n° 66-388 du 13 juin 1966 ».

Il y a donc lieu de se reporter à l'étude de ces textes déjà faite à propos du régime général des associations (*supra,* Titre I).

Pour le cas de don ou legs à une fondation ne pouvant plus suffire à la réalisation du but imposé par le donataire ou le légataire, une jurisprudence permet à la fondation d'aliéner, malgré les réclamations d'héritiers, les biens objet de ce don ou de ce legs à une autre personne morale ayant le même but (48).

21. Aliénation et emprunt. — Selon les termes de ce même article 9, alinéa 1, « les délibérations du conseil d'administration relatives aux aliénations de biens mobiliers et immobiliers dépendant de la dotation, à la constitution d'hypothèques et aux emprunts ne sont valables qu'après approbation administrative ».

A noter qu'à la différence de l'association reconnue d'utilité publique, une fondation peut acquérir des immeubles qui ne sont pas directement nécessaires à son fonctionnement.

---

47. Dans le sens de l'application de ces textes (déjà étudiés *supra,* Titre I, n° 220) aux fondations, c'est-à-dire de leur application générale, cf. R. Brichet, *Etablissements d'intérêt public...,* n° 81.

48. CA Paris, 1re Ch., 17 avril 1976 : *Gaz. Pal.,* 1976.2.782. En l'espèce, aliénation à la ville d'Angers par l'Institut Pasteur d'une propriété devant être affectée à la recherche médicale ; cf. A. Gobin, *op. cit.,* p. 248.

Par ailleurs, il semble que les aliénations de biens ne dépendant pas de la dotation, c'est-à-dire ceux acquis ou reçus depuis, ne soient pas soumises à approbation.

Lorsque les fondations ont dans leurs statuts une disposition soumettant à autorisation administrative les opérations portant sur les droits réels immobiliers, les emprunts, l'aliénation ou le remploi des biens mobiliers dépendant de la dotation ou du fonds de réserve ne peuvent se faire qu'à la condition de cette autorisation qui est donnée en la même forme que pour les associations reconnues d'utilité publique (49).

22. Opérations commerciales. — La fin désintéressée que doit avoir une fondation n'interdit pas qu'elle réalise des opérations commerciales et industrielles, si le bénéfice qu'elle retire lui permet de mieux atteindre son objet. Cela peut entraîner, le cas échéant (50), la mise en règlement judiciaire ou en liquidation de biens (51).

23. Placement de capitaux du fonds de réserve. — Comme les associations reconnues d'utilité publique, les fondations peuvent, nonobstant les clauses de leurs statuts, placer leurs capitaux en valeurs admises par la Banque de France en garantie d'avances ; les titres doivent être acquis sous forme nominative (L. n° 56-1205, 29 novembre 1956, art. unique).

24. Modifications des statuts et règlement intérieur. — Aux termes de l'article 13 des statuts types, toute modification statutaire ne peut intervenir qu'après deux délibérations du conseil d'administration prises à deux mois d'intervalle et à la majorité des trois quarts des membres en exercice.

De plus, l'article 15 de ces mêmes statuts impose, en ce cas, l'approbation de l'Etat pour la validité des délibérations (art. 6-1 rajouté au décret du 13 juin 1966 par le décret n° 80-1074 du 17 décembre 1980 précité précise les modalités de cette approbation).

En ce qui concerne les modifications du règlement intérieur lui-même, il semble qu'elles ne puissent être appliquées sans l'approbation du ministère de l'Intérieur qui, aux termes de l'article 16 des statuts types, a approuvé le règlement intérieur initial.

25. Travaux, contrats et litiges : caractère de droit privé. — La reconnaissance d'utilité publique ne confère pas à ses bénéficiaires la qualité d'agents publics : les travaux opérés par une fondation restent des travaux privés, leurs

---

49. La notion de « fonds de réserve » inaliénable sans autorisation a été introduite par le décret du 17 mars 1970.

50. Cons. préf., Lille, 16 janvier 1952 : Fondation franco-américaine de Berck exploitant un établissement de soins pour tuberculeux : *Gaz. Pal.*, 1852.1.226) ; cf. également, Pomey, *op. cit.*, p. 121 ; mais les fondateurs de l'espèce n'ont pas pour autant à être immatriculées au registre du commerce et des sociétés : cf. en ce sens, R. Brichet, *Etablissements...*, p. 76, et Pomey, *op. cit.*, p. 122.

51. En ce sens, M. Pomey, *op. cit.*, p. 122, qui évoque le cas des fondations concédant leurs activités rémunérées à des tiers qualifiés relevant, eux, du statut de commerçant (musée pour les comptoirs de vente, Institut Pasteur pour ses brevets, etc.).

contrats restent des contrats de droit privé et leurs litiges avec le personnel comme avec tout autre cocontractant, même public, s'il ne s'agit pas d'un contrat emportant des prérogatives de droit public, restent de la compétence des tribunaux judiciaires (52).

Section 3
Dissolution et liquidation d'une fondation

26. Généralités. — Comme la dissolution d'une association reconnue d'utilité publique (*supra*, Titre I), la dissolution d'une fondation peut résulter soit d'une décision du conseil d'administration (dissolution volontaire), soit du retrait de la reconnaissance d'utilité publique (dissolution forcée).

27. Dissolution volontaire, liquidation, attribution de l'actif. — L'article 14, alinéa 1, des statuts types prévoit qu' « en cas de dissolution ou en cas de retrait de la reconnaissance d'utilité publique, le conseil d'administration désigne un ou plusieurs commissaires chargés de la liquidation des biens de la fondation. Il attribue l'actif net à un ou plusieurs établissements analogues, publics ou reconnus d'utilité publique ou à des établissements visés à l'article 35 de la loi du 14 janvier 1933 » (53).

Aux termes de l'alinéa 2 de ce même article 14, ces délibérations doivent être adressées sans délai au ministre de l'Intérieur et au ministre du département duquel ressortit la fondation.

Enfin, l'alinéa 3 de l'article 14 dispose :

« Dans le cas où le conseil d'administration n'aurait pas pris les mesures indiquées, un décret interviendra pour y pourvoir. Les détenteurs de fonds, titres et archives appartenant à la fondation, s'en dessaisiront valablement entre les mains du commissaire désigné par ledit décret ».

De son côté, l'article 15 des mêmes statuts types ajoute qu'en cas de dissolution décidée par le conseil d'administration, la décision de ce dernier n'est

---

52. Pour le cas de litiges avec le personnel, cf. T. confl., 20 novembre 1961 : *JCP,* 1962, II, 12572, note Auby, et CE, 7 janvier 1976 : *Rec. CE,* 1976, p. 776.
    De façon générale, dans le cadre de décisions rendues à propos de la Fondation Vasarely, la cour d'appel d'Aix a rappelé : « la reconnaissance d'utilité publique n'affecte pas le régime de droit privé » : CA Aix-en-Provence, 16 juin 1993, Vasarely. Décision dont on trouve l'écho auprès du tribunal administratif de Marseille : « les litiges relatifs au fonctionnement des fondations reconnues d'utilité publique qui demeurent des personnes morales de droit privé fonctionnant suivant les règles de droit privé ne relèvent pas de la compétence de la juridiction administrative ... » : TA Marseille, 27 septembre 1993, référé, n° 93-4894.

53. En fait, l'Etat admet rarement la dissolution volontaire d'une fondation : cf. fondation des « Bourses Jean Walter Zellidja » dont la dissolution n'a été entérinée qu'après plusieurs années de pourparlers (actif finalement dévolu, à la demande du Conseil d'Etat, à l'Académie française, établissement public pouvant assurer, avec de moindres frais, la volonté du fondateur).

valable qu'après son approbation. L'article 6-1, rajouté au décret du 13 juin 1966 par le décret n° 80-1074 du 17 décembre 1980, précise les modalités de cette approbation (54).

28.   Dissolution forcée. Liquidation. Attribution de l'actif. Procédure de retrait de la reconnaissance d'utilité publique. — Le retrait de la reconnaissance d'utilité publique peut être motivé soit pas des manquements de la fondation à sa mission statutaire, jugés graves par l'Etat, soit par la demande d'héritiers estimant que la fondation ne remplit plus cette mission.

En ce dernier cas, l'action des héritiers est purement morale, car l'article 14, alinéa 1, des statuts types prévoit qu'en cas de retrait de la reconnaissance d'utilité publique (quelle qu'en soit la motivation), l'actif net est attribué comme en matière de dissolution volontaire (*supra,* n ° 27) [55].

Comme le décret de reconnaissance (*supra,* n° 15), le décret de retrait a un caractère discrétionnaire, mais le recours pour excès de pouvoir peut être intenté à son encontre.

29.   Conséquence de toute dissolution : fin de l'existence juridique de la fondation. — Que la dissolution soit volontaire ou forcée, l'abrogation du décret de reconnaissance (dissolution volontaire) et le retrait de la reconnaissance (dissolution forcée) mettent fin à l'existence juridique de la fondation (contrairement à ce qui se passe en matière d'association reconnue d'utilité publique, laquelle, en pareille situation, continue à fonctionner comme association simplement déclarée ; *supra,* Titre I) [56].

---

54. Conclusions conformes Souleau, T. Seine, 1re ch., 26 février 1956, précité, note 4. Pour les cas exceptionnels de retour statutaire de certains biens aux fondateurs ou à leurs ayants droit, cf. la même note et note 56.

55. Cf. F. Lemeunier, *op. cit.*, p. S 7.

56. Comme pour certaines associations déclarées, et comme pour les associations reconnues d'utilité publique, ce n'est que dans quelques cas exceptionnel qu'il pourrait y avoir lieu à retour statutaire de certains biens aux fondateurs ou à leurs ayants droit (cf. Pomey, *op. cit.*, p. 91 et exemple dans ses notes 20 à 22).

Chapitre II
Les comptes de fondation

30. Les comptes de fondation dénuée de personnalité morale. — La loi du 13 juillet 1987 a officialisé et tenté de généraliser aux fondations et associations reconnues d'utilité publique, à condition que leurs statuts le prévoient, le privilège de la Fondation de France de recevoir des versements (dons ou legs), destinés à d'autres associations bénéficiaires, non reconnues d'utilité publique, répondant aux critères de l'article 238 *bis* du Code général des impôts, et susceptibles de constituer au sein de la Fondation de France des fonds individualisés le plus souvent par le nom de leur auteur. Mais cette reconnaissance de la pratique de la Fondation de France par un texte fiscal ne permettait pas que ces « comptes » puissent bénéficier de l'appellation protégée de fondation.

Aussi, la loi du 4 juillet 1990, afin de préserver cette possiblité, a créé une fondation dénuée de personnalité morale, simple compte géré par une fondation reconnue d'utilité publique, dont les statuts ont été approuvés par le Conseil d'Etat, comme lui permettant de gérer en qualité de fondation affectataire de dons ou legs, des « comptes de fondation » (57).

Plus précisémment, le texte ne crée pas explicitement une catégorie nouvelle de fondation mais élargit à ces comptes de fondation la possiblité de l'appellation de fondation. Cela permettra, notamment aux particuliers, de créer ces fondations pérennes, sans devoir constituer une fondation reconnue d'utilité publique.

31. Protection de l'appellation. — De la même façon que pour les fondations reconnues d'utilité publique et les fondations d'entreprise les comptes de fondation peuvent user de l'appellation fondation.

---

57. Nous proposons cette expression pour distinguer les fondations reconnues d'utilité publique et jouissant de la personnalité morale, des fondations dénuées de personnalité morale. La loi du 4 juillet 1990 est ainsi rédigée (L., 23 juillet 1987, art. 20 nouv.) : « Seules les fondations reconnues d'utilité publique peuvent faire usage, dans leur intitulé, leurs statuts, contrats, documents ou publicité, de l'appellation de fondation. Toutefois, peut également être dénommée fondation, l'affectation irrévocable, en vue de la réalisation d'une oeuvre d'intérêt général à but non lucratif, de biens, droits ou ressources à une fondation reconnue d'utilité publique dont les statuts ont été approuvés à ce titre, dès lors que ces biens, droits ou ressources sont gérés directement par la fondation affectataire, et sans que soit créée à cette fin une personne morale distincte ».

Mieux même que les fondations d'entreprise qui ne peuvent éluder la précision « d'entreprise » (*infra*, n° 36), alors qu'il suffira à une fondation « en
compte » de mentionner, par exemple en rappel en bas de page, son caractère spécifique et la fondation d'utilité publique à laquelle elle est rattachée,
pour se prévaloir en en-tête du seul titre de « fondation ».

32. Comptes de fondation : mécanisme fiduciaire. — Plutôt que de considérer que la loi introduit ainsi une hiérarchie des fondations, les « comptes
de fondations » bénéficiant de la personnalité morale de la fondation reconnue d'utilité publique qui les héberge (en quelque sorte un lien de vassal
à suzerain), il paraît plus juste de voir en ce mécanisme une opération fiduciaire où le constituant (le donataire) transfère tout ou partie de ses biens
et droits à une fondation reconnue d'utilité publique (le fiduciaire), à charge
pour celle-ci d'agir au profit de bénéficicaires, dans un but général, déterminé ou non.

Ainsi analysés, ces comptes de fondation répondent exactement à la définition proposée par l'avant-projet de loi sur la fiducie (58). L'analogie est
d'autant plus convaincante que jusqu'à maintenant l'avant-projet de loi dénie
à la fiducie la personnalité juridique, de la même façon que le compte de
fondation (59).

33. Rôle privilégié de la Fondation de France. — Texte sur mesure pour
la Fondation de France, cette disposition officialisant les comptes de fondation pourra-t-elle bénéficier à d'autres fondations désireuses, par exemple dans un domaine d'intervention spécifique, de fédérer les bonnes volontés en leur proposant le privilège du titre de fondation pour leur générо-
sité ? Pour cela, il faudra que le Conseil d'Etat accepte soit des modifications statutaires de fondations déjà existantes voulant constituer au nom
de leurs donateurs des fondations, soit la création de fondations ayant cette
fin ou cette possibilité. En d'autres termes, la Fondation de France
bénéficiera-t-elle, pour des raisons historiques, sinon politiques, d'un monopole en matière de « compte de fondation » ?

---

58. Dans sa dernière version connue, l'avant-projet de loi sur la fiducie propose un article 2062
du Code civil ainsi rédigé : « La fiducie est un contrat en vertu duquel un constituant
transfère tout ou partie de ses biens et droits à un fiduciaire, à charge pour celui-ci d'agir
au profit de bénéficiaires, dans un but déterminé ou dans l'intérêt général ».
Sur l'avant-projet de loi sur la fiducie, le n° spécial de la *RD bancaire et bourse,* mai-juin
1990, n° 19 : « fiducie ». Pour une présentation générale et des applications possibles
à la transmission des entreprises, cf. Y. Streiff, « Le droit civil au secours de la transmission des entreprises, l'avant-projet de loi sur la fiducie » : *Petites affiches,* 9 mai 1990,
n° 56, n° spécial pour le 86ᵉ congrès des notaires de France. L'ouvrage fondamental demeure
C. Witz, *La fiducie en droit privé français,* Thèse, Economica, 1981.

59. Ce parallèle entre les comptes de fondateur et la fiducie a déjà été suggéré, cf. A. Couret,
« La loi sur le mécénat » : *Bull. Joly,* 1987, p. 753, doct., spécialement p. 757 ; cf. également A. Gobin et J.-L. Monot, « Fondations : la nouvelle donne » : *JCP,* éd. N, 1987,
p. 342.

Chapitre III
Fondations d'entreprise

34. **Généralités.** — La fondation, ou devrait-on écrire la Fondation, a ceci de commun avec la particule nobiliaire, qu'elle semble à certains indispensable comme marque de leur rang. Aussi, l'émoi fût-il grand lorsque la loi n° 87-571 du 23 juillet 1987 sur le développement du mécénat adouba les « vraies » fondations reconnues d'utilité publique, dont l'engagement patrimonial irrévocable était significatif, et les autres, les « fausses » associations diverses, voire même sociétés commerciales, privées de leur particule, contraintes, sauf à braver la loi pénale, à renoncer à leur appellation avant le 24 juillet 1992, délai que la loi n° 90-559 du 4 juillet 1990 a ramené au 31 décembre 1991 (60).

Cette nuit du 4 août inspira les groupes de pression qui firent tant et si bien, qu'ils purent enfin faire valoir auprès du Parlement, puissamment aidés par certains de ses membres les plus éminents, leurs légitimes intérêts.

Préserver aux seules fondations reconnues d'utilité publique le droit au titre convoité de Fondation, revenait en effet à imposer d'abord une tutelle administrative, ensuite un engagement non seulement irrévocable, mais aussi théoriquement illimité dans le temps, enfin un « ticket d'entrée » que la pratique administrative avait fixé à cinq millions de francs.

Cela écartait des fondations, et donc du mécénat, nombre des particuliers et surtout d'entreprises commerciales. Il fallait donc assouplir la règle afin qu'elle puisse encourager des actions plus modestes.

35. **Loi du 9 juillet 1990.** — Si la loi du 23 juillet 1987 faisait déjà mention des fondations d'entreprise, c'était pour les rappeler à l'ordre et leur enjoindre de se conformer aux dispositions protégeant le titre réservé aux seules fondations déclarées d'utilité publique. Etaient ainsi rejetées dans l'illégalité, des « fondations » aussi renommées que la « fondation » Cartier, la « fondation » Vuitton, etc., qui ne voulaient pas, pour des raisons d'opportunité, accepter les contraintes du moule des fondations reconnues d'utilité publique.

---

60. Cf. commentaire de la loi du 23 juillet 1987, par A. Couret : *Bull. Joly*, 1987, p. 753. Et celui de la loi du 4 juillet 1990, par Y. Streiff : *Bull. Joly*, 1990, p. 835, § 259.

Au contraire de la loi du 23 juillet 1987, celle du 4 juillet 1990, consacre les fondations d'entreprise en disposant : « Les sociétés civiles ou commerciales, les établissements publics à caractère industriel ou commercial, les coopératives ou les mutuelles peuvent créer, en vue de la réalisation d'une oeuvre d'intérêt général, une personne morale à but non lucratif » (L. n° 87-571, art. 19 nouveau).

Par ailleurs, la loi du 4 juillet 1990, à l'inverse du texte du 23 juillet 1987, n'est pas d'inspiration fiscale. La seule disposition fiscale nouvelle vise à corriger les errements de l'administration fiscale qui, par une instruction en date du 26 février 1988, prétendait que seuls les véritables dons, c'est-à-dire les versements ne donnant lieu à aucune contrepartie directe ou indirecte, pas même un effet publicitaire, pouvaient donner lieu à déduction. Cela était irréaliste, les entreprises, sinon tous les donateurs, attendant de leur générosité non seulement une satisfaction morale et intellectuelle, mais aussi et surtout un retour d'image. C'est pourquoi la loi du 4 juillet 1990 complète l'article 238 *bis* 1 du Code général des impôts, de telle sorte que cette disposition de la déductibilité des versements aux fondations ne devrait plus être restrictivement interprétée par l'Administration fiscale.

La loi du 4 juillet 1990 a été complétée par le décret n° 91-1005 du 30 septembre 1991.

36.   Protection du titre. — De façon identique au titre de fondation, celui de fondation d'entreprise est protégé. Seules les fondations d'entreprise répondant aux conditions de la loi du 4 juillet 1990 peuvent faire usage, dans leurs intitulés, leurs statuts, contrats, documents ou publicité, de l'appellation de fondation d'entreprise, et cela sous peine d'amende (L. n° 87-571, art. 20).

Cet article distingue clairement, d'une part, la protection de l'appellation « fondation », sans aucun attribut, réservée aux fondations reconnues d'utilité publique, et, d'autre part, celui de « fondation d'entreprise » pour les personnes morales répondant à la définition de l'article 19 de la loi. Il ne saurait donc être question pour les fondations d'entreprise d'abréger leur titre en celui de fondation, et cela quelles que soient les circonstances. Tout administrateur qui enfreindrait cette interdiction serait passible d'amende.

La sanction encourue serait lourde, non seulement parce qu'infamante, mais aussi financièrement, dès lors que, par exemple, l'envoi de courrier avec la seule mention de fondation, alors qu'il s'agit d'une fondation d'entreprise, serait considéré comme autant d'infractions en concours réel que de lettres (61). Il est vrai que ne seront sans doute pas poursuivis, ne serait-ce que pour complicité, les journalistes soucieux d'alléger la composition typographique de leurs articles !

Par ailleurs, la loi n'a pas résolu le problème de l'action ou de la présence en France des fondations étrangères. Dans la rigueur d'un texte de police

---

61.   Cf. Merle et Vitu, *Traité de droit criminel*, Cujas, t. 1, 5ᵉ éd., n° 453.

aucune fondation étrangère, fût-elle reconnue d'utilité publique dans son pays par la loi, le juge ou le corps social, ne pourrait se présenter en France sous son nom de fondation. Elles devraient alors s'affubler du nom d'association ou s'établir comme fondation de droit français (elles ne pourraient même pas choisir de s'installer comme fondation d'entreprise, sa forme juridique ne correspondant pas à la liste limitative des personnes morales pouvant créer une fondation d'entreprise aux termes de l'article 19).

Une solution plus conforme à la réelle importance de certaines fondations étrangères (fondation Ford, Rockefeller, IBM, etc. aux Etats-Unis d'Amérique, fondation Mercédès, BMW en Allemagne, etc.) serait d'admettre que les fondations reconnues d'utilité publique dans leurs pays d'origine (et sous réserve d'une appréciation de cette utilité publique étrangère comparable à l'utilité publique française sinon à l'ordre public) puissent user du titre de fondation, à condition que la France et le pays du siège de la fondation étrangère soient liés par un accord de réciprocité fiscale, notamment en matière de dons et de successions.

L'Etat français pourrait alors admettre que le contrôle de l'Etat étranger sur ses fondations nationales ne cède en rien à celui qu'il exerce lui-même, et que l'équité fiscale est respectée. Mais cette solution nous semble devoir appeler l'accord du législateur sans pouvoir s'imposer par la tolérance de l'Administration.

37. Extension de l'utilisation du droit à l'utilisation du nom d'un fondateur au profit des établissements publics à caractère industriel et commercial (EPIC). — Rien n'empêchait jusqu'à la loi du 4 juillet 1990 que les EPIC créent une fondation reconnue d'utilité publique (sauf à contester ce qui peut paraître à certains un dévoiement, sinon une débudgétisation de l'action publique). Mais, seules les sociétés commerciales pouvaient utiliser leur raison ou dénomination sociale pour désigner la fondation. Désormais, les EPIC bénéficient de la même possibilité que les sociétés commerciales (L. 23 juillet 1987, art. 18 nouveau). Cela a permis, par exemple, à l'active et importante fondation d'Electricité de France qui, jusqu'à maintenant, demeurait sous forme d'association dans le cadre de la loi du 1er juillet 1901, de bénéficier de l'appellation.

Section 1

Constitution

38. Objet d'intérêt général. — La fondation d'entreprise doit être créée en vue de la réalisation d'une oeuvre d'intérêt général ; elle est une personne morale à but non lucratif (L. n° 97-571, art. 19). Du cumul de ces deux termes à l'acceptation large résulte l'affirmation du caractère nécessairement désintéressé de la fondation d'entreprise.

L'intérêt général a toujours été source de débats doctrinaux (62). En l'espèce, l'intérêt général dont il s'agit est sans doute décrit par le régime de déductibilité fiscale de l'article 238 *bis* du Code général des impôts, qui énumère les domaines d'activité où l'intérêt général est fiscalement pris en compte. Il s'agit des oeuvres à caractère philanthropique, éducatif, scientifique, social, humanitaire, sportif, familial, culturel, ou concourant à la mise en valeur du patrimoine artistique, à la défense de l'environnement naturel ou à la diffusion de la culture, de la langue et des connaissances scientifiques françaises.

Le champ d'action ainsi défini est particulièrement vaste. De façon significative, il n'exclut que la déductibilité des dons à des organismes non nationaux (63). En d'autres termes, l'intérêt général dont il s'agit demeure national. Sauf appréciation d'opportunité de l'Administration qui préférera sans doute s'attacher aux conditions de fonctionnement de la fondation d'entreprise. La notion d'intérêt public, quant à elle, ne devrait guère poser de difficultés.

39. Notion de but non lucratif. — Il n'en sera peut-être pas de même de la notion de but non lucratif. A cet égard, le rejet de la proposition sénatoriale de permettre aux fondations d'entreprise d'opter pour le caractère lucratif de leurs activités est révélatrice. Cette proposition iconoclaste amena le ministre de la Culture à clairement réaffirmer le but non lucratif des fondations d'entreprise. Mais le commentateur est dubitatif lorsqu'il rapproche cette pétition de principe du texte de l'article 19-8 qui dispose des ressources des fondations d'entreprise et mentionne au nombre de celles-ci le produit des rétributions pour services rendus. Outre que l'on peut s'interroger sur le contenu de la notion (cela s'entend-il des seules prestations de service, d'actes de ventes, etc. ?), on peut être sûr que l'administration fiscale ne s'arrêtera pas au principe et cherchera à savoir si ces ressources n'ont pas donné lieu à une activité entraînant l'imposition (64).

L'autonomie du droit fiscal est-elle suffisante pour qu'une activité à caractère lucratif n'entache pas le but non lucratif ? Cela a été admis par la jurisprudence et consacré par le législateur pour des associations déclarées (65).

62. Cf. par exemple, D. Linotte, *Recherches sur la notion d'intérêt général en droit administratif,* Thèse, Bordeaux, 1975 : J. Chevalier « L'intérêt général dans l'administration française » ; *RJDA,* 1975, IV ; M. Waline, préface du *J.-Cl. admin.*

63. Mais cela n'empêche évidemment pas que les fondations françaises exerçant tout ou partie de leurs activités à l'étranger bénéficient de la déductibilité, concourent à une oeuvre d'intérêt général qui demeure national (outre le refus de considérer un ordre international, un intérêt général international, encore à tout le moins limité et balbutiant, cela répond au souci de ne pas accorder de déductibilité à des organismes étrangers dont le contrôle est impossible). L'intérêt général national et l'intérêt fiscal coïncident.

64. L'assujettissement fiscal, notamment à l'impôt sur les sociétés, ne remettra pas en cause le but non lucratif, le caractère désintéressé de la fondation d'entreprise lorsque l'activité assujettie contribue par sa nature, et non pas seulement financièrement à la réalisation de l'objet de la fondation d'entreprise ; qu'elle ne procure aucun avantage direct ou indirect aux fondateurs ; que les recettes ne sont pas exclusivement recherchées, et qu'elles contribuent aux ressources ; qu'elle présente une utilité sociale en assurant la couverture des besoins qui ne sont pas normalement pris en compte par le marché. Les conditions dégagées de la jurisprudence fiscale relative aux associations sont transposables aux fondations.

65. T. civ. Seine, 2 novembre 1933 : *Gaz. Pal.,* 1933.2, p. 291. — Cass. civ., 13 mai 1970 : *D.,* 1970, p. 644, note X.-L. — CA Reims, 19 février 1980 : *JCP,* éd. G, 1981.II.1946, note Y. Guyon. — Cass. civ., 12 février 1985 : *Bull. civ.,* IV, p. 50. Et la reconnaissance législative par l'ordonnance du 1er décembre 1986, relative à la liberté des prix et de la concurrence, puis la loi du 11 juillet 1985 autorisant l'émission de valeurs mobilières par certaines associations.

Mais les fondations peuvent-elles se satisfaire de cette schizophrénie ? Le pragmatisme économique pousse à répondre par l'affirmative, et l'on voit mal un préfet retirer son autorisation administrative à une fondation d'entreprise s'étant livrée à des opérations lucratives qui n'auraient pas excédé l'objet de la fondation, ni constitué l'essentiel de son activité, ni procuré un profit direct ou indirect aux fondateurs. Au reste, des fondations reconnues d'utilité publique, nécessairement à but non lucratif, se livrent à des opérations accessoires à caractère lucratif sans que cela ait amené le Conseil d'Etat à réagir.

Pourtant, on peut préférer la rigueur des *Charity Trust* anglo-saxons (auxquels s'apparente la Fondation de France par exemple, et de façon générale toutes les fondations qui seront autorisées à gérer des « comptes de fondation ») qui ne peuvent avoir aucune activité lucrative, si marginale soit-elle.

En tout état de cause, il semble préférable, lorsque cela est nécessaire, d'adosser à la fondation (reconnue d'utilité publique ou d'entreprise) une structure ouvertement commerciale, pleinement assujettie aux contraintes fiscales dont les bénéfices iront à la fondation, une forme atténuée étant de préférer une association à une société commerciale (66).

40.   Fondateurs. — Seule une personne morale appartenant à la liste limitative de l'article 19 peut créer une fondation d'entreprise. Cela exclut volontairement les personnes morales de droit public (collectivités locales, Administration, etc.). Les fondateurs d'entreprise ont vocation à drainer pour des causes d'intérêt général des fonds privés et non de permettre une débudgétisation d'autant plus condamnable que, malgré la surveillance administrative des fondations d'entreprise (*infra*, n° 65), le contrôle de l'Etat y est moindre que pour les fondations reconnues d'utilité publique.

41.   La dotation initiale. — Pour être financièrement plus abordable que la fondation reconnue d'utilité publique, la fondation d'entreprise n'en impose pas moins un « droit de péage » (67) constitué par une dotation initiale et par l'engagement des fondateurs à contribuer à un programme d'action pluriannuel dont le montant ne peut être inférieur à une somme fixée par voie réglementaire (L. n° 87-571, art. 19-7 nouveau).

Cette dotation initiale versée à la création de la fondation d'entreprise constitue l'apport irrévocable, indispensable à l'autorisation de toute fondation. Elle ne peut ni servir au financement des activités de mécénat soutenues par la fondation d'entreprise, ni être utilisée par la fondation pour le financement de ses dépenses de fonctionnement.

En revanche, aucune disposition n'interdit l'utilisation des produits de la dotation initiale, soit pour couvrir les frais de fonctionnement de la fondation d'entreprise, soit pour financer ses actions de mécénat.

---

66.   On peut prendre comme exemple célèbre la Fondation Pasteur (reconnue d'utilité publique) qui, après avoir longtemps exploité ses brevets et commercialisé ses produits directement, s'est adjoint une société commerciale distincte qu'elle contrôle.

67.   Pour reprendre l'expression de M.-P. Laffite, rapporteur du projet au Sénat (Doc. Sénat, n° 345).

Son montant est calculé en fonction de l'engagement pluriannuel en application de l'article 19-6 nouveau de la loi du 23 juillet 1987. Ce texte précise que la dotation initiale doit être « comprise entre le 1/5 du montant minimal du programme d'action pluriannuel (fixé à 1 000 000 F par décret) et le 1/5 du montant du programme d'action pluriannuel de la fondation d'entreprise ».

Soit, selon le décret n° 91-1005 du 30 septembre 1991 :

— 200 000 F si le montant de l'engagement est inférieur à 2 000 000 F ;

— 350 000 F si le montant est compris entre 2 000 000 F et 3 000 000 F ;

— 500 000 F si le montant est compris entre 3 000 000 F et 4 000 000 F ;

— 650 000 F si le montant est compris entre 4 000 000 F et 5 000 000 F ;

— 800 000 F si le montant dépasse 5 000 000 F.

42. Paiement de la dotation initiale. — La dotation initiale peut être versée :

— par apport en numéraire ;

— par apport de l'immeuble destiné à abriter le siège de la fondation mais celui-ci sera perdu à la dissolution de la fondation d'entreprise ;

— par apport de valeurs mobilières placées en titres nominatifs ou en valeurs admises par la Banque de France en garantie d'avance.

43. Programme d'engagement pluriannuel. — Le montant de l'engagement pluriannuel est librement déterminé par les fondateurs et figure dans le dossier de demande d'autorisation.

En application de la loi du 4 juillet 1990 et de l'engagement pris devant le Parlement par le ministre de la Culture, le décret du 30 septembre 1990 a prévu que les fondations d'entreprise peuvent être constituées à partir d'un programme pluriannuel représentant au minimum 1 000 000 F.

Ce plancher conditionne la création d'une fondation d'entreprise et non l'engagement minimal d'une entreprise souhaitant participer à sa création. Il autorise le regroupement de sociétés ou de personnes éligibles à la constitution d'une fondation pour l'atteindre.

La loi ne fixe, en revanche, aucun maximum.

Le programme d'action pluriannuel auquel s'engagent les fondateurs est statutaire, son éventuelle majoration devra donc être autorisée dans les mêmes formes que les statuts initiaux (*infra,* n° 52), et la dotation corrélativement complétée (L. n° 87-571, art. 19 nouveau).

Il en sera de même dans l'hypothèse d'une prorogation de la fondation d'entreprise qui donnera lieu à un nouveau programme d'action et à une nouvelle autorisation administrative (L. n° 87-571, art. 19-2 nouveau).

44. Modalités de l'engagement pluriannuel. — Les sommes correspondantes à cet engagement pluriannuel peuvent être versées en plusieurs fractions sur une période maximale de cinq ans (même si par ailleurs le programme d'action est d'une plus longue durée, il ne faudrait pas que les aléas de la vie économique vident de sens un engagement financier à trop long terme).

Les sommes que chaque membre fondateur s'engage à verser sont garanties par une caution bancaire (L. n° 87-571, art. 19-7 nouveau). Il s'agit là d'une sage précaution qui devrait notamment éviter à la fondation d'entreprise les conséquences d'une éventuelle insolvabilité ou mauvaise volonté à venir de ses fondateurs.

De plus aucun fondateur ne peut se retirer de la fondation d'entreprise s'il n'a pas payé intégralement les sommes qu'il s'est engagé à verser (L. n° 87-571, art. 19-2 nouveau).

Afin de faciliter la création de fondations d'entreprise il est de surcroît possible que les engagements pluriannuels des fondateurs soient acquittés en biens ou, par exemple, par la mise à disposition de salariés.

Dans ces hypothèses, la plus grande rigueur s'impose pour que la valorisation et l'effectivité des engagements ainsi satisfaits soient à l'abri de tout reproche.

Par contre, on peut regretter que les personnes physiques ne puissent, à moindre frais, constituer une fondation dotée de la personnalité morale. Il est vrai que l'intitulé de fondation d'entreprise semble exclure par définition cette possibilité. Reste pour les personnes physiques la possibilité de créer une fondation dénuée de la personnalité morale sous la forme d'un compte de fondation auprès de la Fondation de France (*supra*, n° 33) ou de constituer une entreprise unipersonnelle à responsabilité limitée qui, elle-même, fondera une fondation d'entreprise. Mais il s'agirait là d'un montage (...).

En revanche, la loi admet l'association de plusieurs entreprises pour créer une fondation d'entreprise. Dans cette hypothèse de pluralité de fondateurs, le texte autorise à ce que l'intitulé « fondation d'entreprise » ne soit pas suivi du nom du ou des fondateurs.

45. Constitution du dossier. — Les textes prévoient que le dossier de création de la fondation d'entreprise comprend :

— le contrat entre les différentes entreprises créatrices ou l'acte unilatéral attestant de la volonté de l'entreprise initiatrice ;

— la dénomination de la fondation d'entreprise, son siège et sa durée, les nom, prénom, profession, domicile et nationalité des représentants du ou des fondateurs appelés à siéger au conseil d'administration ainsi que les : raison sociale, dénomination, siège et activité du ou des fondateurs ;

— le projet de statuts de la fondation d'entreprise dans lesquels figure le montant de la dotation initiale et le calendrier de versement du programme d'action pluriannuel ;

— la dotation initiale et le contrat de caution qui garantit le versement des engagements de chacun des fondateurs au titre du programme pluriannuel.

46. Dépôt du dossier. — Le dossier de demande d'autorisation est déposé sur papier libre auprès de l'autorité préfectorale qui délivre, dans les cinq jours qui suivent le dépôt (68) du dossier, un récépissé mentionnant la date de ce dépôt.

Le récépisse peut s'avérer nécessaire en cas d'autorisation tacite pour la publication au *Journal officiel*. Lorsqu'il n'est pas transmis de façon automatique, il doit alors être exigé des fondateurs en prévision d'une autorisation qui ne serait pas accordée expressément.

Le préfet compétent est celui du département dans le ressort duquel la fondation d'entreprise établit son siège.

47. Examen du dossier. — L'autorité préfectorale dispose d'un délai maximum de quatre mois à compter du dépôt de la demande pour examiner le dossier.

Les services préfectoraux ont pour mission de s'assurer de la présence des pièces requises et apprécient notamment le caractère non lucratif de la fondation d'entreprise et la conformité de ses objectifs à la définition légale du mécénat et aux moyens financiers dégagés par les fondateurs (69).

Pendant la période d'instruction du dossier, les fonds apportés au titre de la dotation initiale sont, selon l'article 5 du décret, consignés entre les mains d'un tiers jusqu'à ce que la fondation jouisse de la capacité juridique.

48. Autorisation administrative expresse. — Le préfet, territorialement compétent, dispose d'un délai de quatre mois pour accorder l'autorisation de fonctionnement par arrêté ou, au contraire, pour rejeter la demande en motivant sa décision conformément aux principes de la loi du 11 juillet 1979 (70).

En cas d'autorisation expresse l'arrêté d'autorisation est transmis par le préfet au ministre de l'Intérieur. Ce dernier dispose alors d'un mois pour procéder à la publication au *Journal officiel*.

---

68. Récépissé dont le modèle est prévu en annexe 4 à l'instruction ministérielle.

69. L'instruction ministérielle mentionne à titre d'illustration comme principales causes de rejet :
— le risque de confusion soulevé par l'utilisation de l'appellation de « fondation d'entreprise » dans les différentes pièces constitutives du dossier ;
— le risque de confusion entre l'objet social de la fondation d'entreprise et les activités de l'un ou plusieurs fondateurs ;
— l'inadéquation entre les activités de la fondation d'entreprise et le montant des ressources qui leur sont affectées;
— l'incohérence entre le montant du programme d'action pluriannuel et le montant de la dotation initiale ;
— l'inexistence dans les statuts de dispositions relatives à la nomination des représentants du personnel ;
— la méconnaissance des dispositions des articles 19, 19-2 à 19-4 et 19-6 à 19-8 de la loi du 23 juillet 1987 modifiée ou de celles des articles 7 et 8 du décret n° 91-1005 du 30 septembre 1991.

70. Les annexes 5 et 6 prévoient des modèles d'arrêté de rejet et de refus d'autorisation.
La distinction est subtile. Le rejet semble relever de l'absence de pièces obligatoires alors que les refus doivent reposer sur un moyen de légalité externe.
On retiendra sur ce sujet que la circulaire ministérielle s'en remet à l'autorité préfectorale : « ... l'intervention de mes services ainsi qu'il a été exposé plus haut n'implique de leur part aucun pouvoir d'appréciation ».

49. Autorisation administrative tacite. — Par exception aux principes généraux du droit administratif, l'autorisation est réputée acquise à l'expiration d'un délai de quatre mois et le silence observé par l'administration pendant cette période équivaut à cette acceptation (L. n° 87-571, art. 19-1) [71]. L'autorisation tacite de l'administration connaît des précédents (72), mais il est exceptionnel que cela aboutisse à une publicité au *Journal officiel* (73). Comme l'autorisation expresse, l'autorisation administrative tacite donne lieu en effet à publication au *Journal officiel,* qui, dans le cas de l'autorisation tacite, s'effectue un mois après l'envoi par les fondateurs au préfet du récépissé remis lors du dépôt.

50. Publication de l'autorisation au *Journal officiel.* — Qu'elle intervienne à la suite de la transmission au ministre par le préfet, pour l'autorisation expresse, ou par les fondateurs pour l'autorisation tacite, la publication au *Journal officiel* mentionne :

— la date de l'autorisation expresse accordée à la fondation d'entreprise avec l'indication du préfet qui l'a délivrée ou la date à laquelle est réputée acquise l'autorisation tacite avec l'indication du préfet auprès duquel elle a été sollicitée ;

— la dénomination et le siège de la fondation d'entreprise ;

— l'objet de la fondation d'entreprise ;

— la durée pour laquelle la fondation a été constituée ;

— les montants de la dotation et du programme d'action pluriannuel ;

— la dénomination et le siège de chacun des fondateurs.

La publication au *Journal officiel* confère à la fondation d'entreprise la capacité juridique et autorise légalement sa constitution.

Cette publicité est au frais de la fondation.

51. Information des tiers. — En marge de la publication au *Journal officiel,* l'information des tiers est organisée par l'article 13 du décret n° 91-1005 du 30 septembre 1991 qui prévoit que toute personne peut prendre communication des statuts dans une fondation d'entreprise en se déplaçant au secrétariat de la préfecture et peut s'en faire délivrer, à ses frais, copie ou extrait.

52. Modifications statutaires. — La fondation d'entreprise fait connaître à l'autorité administrative toute modification apportée à ses statuts. Ces modifications sont autorisées dans les mêmes formes que les statuts initiaux.

---

71. A l'égard de ce singulier mécanisme d'autorisation tacite, l'administration préfectorale a été mise en garde par un courrier du Directeur général de l'administration en ces termes : ... « il serait tout à fait regrettable qu'une fondation d'entreprise ne remplissant pas les conditions législatives et réglementaires puisse être créée par suite d'un mauvais suivi du dossier la concernant ».
72. Par exemple, en matière d'urbanisme et de permis de construire. Sur les décisions implicites de l'Administration, cf. Laveissière, *Le silence de l'Administration,* Thèse, Bordeaux. — Briffard et Théry, *Etude sur les autorisations tacites,* EDC, 1979-1980, p. 289.
73. Mentions prévues par l'article 6 du décret du 30 septembre 1991.

Lorsque la modification a pour objet la majoration du programme d'action pluriannuel, la dotation doit être complétée conformément à l'article 19-6 (L. n° 87-571, art. 19-1).

Cette demande mentionne chacune des modifications statutaires envisagées. Elle est accompagnée d'un exemplaire des statuts en vigueur et des statuts proposés, des extraits des délibérations du conseil d'administration portant modification des statuts, des attestations bancaires certifiant le versement par les fondateurs des sommes qu'ils se sont engagés à payer avant la date de la demande, de la liste des nom, prénom, profession et domicile des membres du conseil d'administration en fonction à la date de la demande et des administrateurs dont le mandat a pris fin.

La modification des statuts sera notamment nécessaire en cas :
— de variation du montant d'engagement pluriannuel ;
— de retrait d'un fondateur ou de sa substitution ;
— de changement de siège, d'objet, de dénomination etc.

53. Procédure de modification des statuts. — La demande de modification des statuts doit être présentée au préfet compétent par le président du conseil d'administration de la fondation (D. n° 91-1005, art. 10).

Cette demande doit être préalable à la modification. Toutefois, les changements survenus dans l'administration ou la direction de la fondation peuvent faire l'objet d'une déclaration postérieure dans le délai de trois mois (D. n° 91-1005, art. 12).

En réalité, il ne s'agit pas là d'une exception au principe de l'autorisation préalable de la modification des statuts mais plutôt d'une modalité du contrôle administratif général qu'exerce le préfet sur les fondations d'entreprise.

54. Publicité des modifications statutaires. — En vertu du parallélisme des formes, les modifications statutaires donnent lieu à publication au *Journal officiel.*

Les mentions que doit comporter la publicité des modifications statutaires sont les suivantes (D. n° 91-1005, art. 12) :
— les dates de l'autorisation de la fondation d'entreprise et de l'autorisation de la modification des statuts avec l'indication des préfets qui les ont délivrées ou dans le cas d'autorisation tacite, auprès desquels elles ont été sollicitées ;
— la dénomination de la fondation d'entreprise et, le cas échéant, son ancienne dénomination ;
— le siège de la fondation d'entreprise et, s'il y a lieu, de son siège précédent ;
— l'objet de la fondation d'entreprise et, le cas échéant, son objet précédent.

55. Retrait de l'autorisation. — Sanction de l'inobservation des règles essentielles gouvernant les fondations d'entreprise, le retrait de l'autorisation est explicitement prévu si d'aventure une fondation d'entreprise en appelait à la générosité publique ou acceptait des dons et legs.

Plus généralement le retrait d'autorisation sera encouru pour toute violation grave, par exemple des règles comptables, financières, etc.

Sanction ultime, excédant le contrôle administratif, le retrait ne sera sans doute que rarement prononcé. Il reviendra aux juridictions administratives d'élaborer la jurisprudence précisant les causes de retrait d'autorisation.

56. Publicité du retrait d'autorisation. — Le décret prévoit une double publicité du retrait d'autorisation (D. n° 91-1005, art. 13) :

— par une notification par le préfet territorialement compétent au président de la fondation ;

— par une publicité au *Journal officiel* à l'initiative du ministre de l'Intérieur.

57. Conséquence du retrait. — Le retrait de l'autorisation administrative entraîne la dissolution de la fondation (*infra,* n° 70).

Section 2

Fonctionnement

58. Capacité juridique limitée. — La fondation d'entreprise jouit de sa capacité juridique à compter de la publication au *Journal officiel* de l'autorisation administrative lui conférant son statut. Cette capacité juridique est doublement limitée :

— d'une part, la fondation d'entreprise peut faire tous les actes de la vie civile qui ne sont pas interdits par ses statuts, mais elle ne peut acquérir ou posséder d'autres immeubles que ceux nécessaires au but qu'elle se propose (L. n° 87-571, art. 19-3 nouveau). De plus, cette très large capacité est limitée par les ressources qui sont autorisées aux fondateurs d'entreprises qui excluent toutes activités commerciales (L. n° 87-571, art. 19-8 nouveau, *infra,* n° 39). Par ailleurs, toutes les valeurs mobilières doivent être placées en titres nominatifs, en titres pour lesquels il est établi un bordereau de références nominatives, ou en valeurs admises par la Banque de France en garanties et avances (74). Ces limitations sont les mêmes que celles imposées aux associations reconnues d'utilité publique ;

— d'autre part, la loi du 4 juillet 1990 a introduit une limitation spécifique aux fondations d'entreprise qui détiendraient des actions des sociétés fondatrices ou de sociétés contrôlées par elles. Dans cette hypothèse, la fondation d'entreprise ne peut exercer les droits de vote attachés à ces actions (L. n° 87-571, art. 19-3 nouveau). Sans revenir sur l'interprétation de la

---

74. L., n° 87-416, 17 juin 1987, art. 55 : *Bull. Joly,* 1987, p. 463, § 202.- A. Couret, « La loi sur l'épargne » : *Bull. Joly,* 1987, p. 429 et p. 545, doct.

notion de contrôle, on se limitera à constater que la fondation d'entreprise ne constitue pas l'outil de droit attendu par certains pour faciliter le contrôle des groupes, arbitrer ou faciliter des transmissions d'entreprises (75).

Enfin, la fondation d'entreprise (au contraire de la fondation reconnue d'utilité publique pour qui cela est un privilège) ne peut faire appel à la générosité publique ni recevoir de dons ni de legs (L. n° 87-571, art. 19-8 nouveau). Et cela sous peine de retrait de son autorisation administrative.

59. Ressources. — La loi dispose limitativement des ressources dont les fondations d'entreprise peuvent disposer. Il s'agit :

— des versements des fondateurs à l'exception de la dotation initiale, ce qui permet aux fondateurs d'augmenter les ressources de leur fondation d'entreprise sans avoir à s'engager sur un nouveau plan d'action pluriannuel nécessitant une modification statutaire et une nouvelle autorisation administrative ;

— des subventions de l'Etat, des collectivités territoriales et de leurs établissements publics ;

— des produits des rétributions pour services rendus (*supra,* n° 39) ;

— des revenus de la dotation initiale et de ses ressources.

Les fondations d'entreprise ne peuvent ni faire appel à la générosité publique ni recevoir de dons ou de legs.

60. Administration. — La fondation d'entreprise est administrée par un conseil d'administration composé pour les deux tiers au plus des fondateurs ou de leurs représentants et de représentants du personnel, et pour un tiers au moins de personnalités qualifiées dans les domaines d'intervention de la fondation.

Les personnalités sont choisies par les fondateurs ou leurs représentants et nommées lors de la première réunion constitutive du conseil d'administration (L. n° 87-571, art. 19-4 nouveau) de façon comparable aux sociétés commerciales. La composition du conseil d'administration est déterminante, surtout lorsqu'en cours de vie de la fondation d'entreprise la politique, sinon le contrôle des entreprises fondatrices, change. Aussi faudra-t-il apporter un soin particulier à la rédaction des statuts qui déterminent les conditions de nomination et de renouvellement des membres du conseil.

Le conseil d'administration prend toutes décisions dans l'intérêt de la fondation d'entreprise. Il décide des actions en justice, vote le budget, approuve les comptes ; il décide des emprunts (L. n° 87-571, art. 19-5 nouveau).

---

75. Ainsi les sociétés fondatrices n'ont pu créer des fondations d'entreprise pour y « loger » avant le 1er juillet 1991, date de la suppression de l'autocontrôle, leurs propres actions afin que la fondation d'entreprise, simple coquille, exerce les droits de vote correspondant à ces actions d'autocontrôle. Mais la fiducie permettra, peut-être, des opérations comparables, cf. Y. Streiff, « Le droit civil au secours de la transmission des entreprises, l'avant-projet de loi sur la fiducie » : *Petites affiches,* 9 mai 1990, n° 56, n° spécial pour le 86e congrès des notaires de France, p. 230.

Les membres du conseil d'administration d'une personne morale à but non lucratif ne sauraient être animés par l'esprit de lucre, ils exercent leur fonction à titre gratuit (L. n° 87-571, art. 19-4 nouveau).

Quant à la responsabilité des membres du conseil d'administration, elle sera sans doute comparable, sinon identique, à celle des administrateurs à titre gratuit des associations reconnues d'utilité publique.

61. Représentation du personnel. — L'instruction ministérielle insiste sur cette notion de « représentants du personnel ». L'absence de précisions par les statuts sur les modalités de désignation doit justifier un refus d'autorisation.

Trois solutions sont envisageables :

— la présence d'élus (délégués du personnel, membres du comité d'entreprise, etc.) ;

— l'élection spécifique de représentants, solution *a priori* excessivement lourde ;

— la désignation de salariés qui n'appartiennent pas au cénacle des dirigeants.

Chaque solution sera en pratique examinée en concertation avec l'Administration.

62. Pouvoirs du président. — La loi réserve l'exercice de certaines attributions au seul président de la fondation d'entreprise. Leur importance incite les entreprises fondatrices à pousser à la désignation de l'un des dirigeants des entreprises fondatrices appelés à siéger au conseil d'administration.

La loi réserve en propre au président du conseil d'administration de la fondation d'entreprise :

— la représentation de la fondation en justice et dans ses rapports avec les tiers ;

— la demande d'une modification des statuts auprès de l'administration préfectorale ;

— la réception de la notification par l'administration préfectorale du retrait de l'autorisation.

63. Obligations comptables et commissariat aux comptes. — La séparation du « mécène et de l'Etat » (76), but affiché de la réforme, nécessitait que puisse être contrôlé le caractère désintéressé de l'activité des fondations d'entreprises.

---

76. L'expression est empruntée à A. Gobin et J.-L. Monot qui estimaient inéluctable la généralisation de l'intervention des commissaires aux comptes à toutes les fondations : « Fondations : la nouvelle donne » : *JCP*, éd. N, I, 1987, p. 344, spécialement p. 351, note 41.

Aussi sont-elles soumises à l'établissement d'un bilan, d'un compte de résultat et d'une annexe ; et doivent nommer au moins un commissaire aux comptes et un suppléant (77), qui exercent leurs fonctions dans les conditions prévues par la loi du 24 juillet 1966 sur les sociétés commerciales (L. n° 87-571, art. 19-9 nouveau).

Les membres du conseil d'administration qui n'auraient pas établi les documents exigés, qui n'auraient pas provoqué la désignation des commissaires aux comptes ou auraient fait obstacle à leur mission seraient passibles de sanctions des articles 439, 455, 458 de la loi du 24 juillet 1966.

Ces obligations comptables sont renforcées pour les fondations d'entreprise dont les ressources dépassent le seuil de 4 000 000 F défini par le décret n° 91-1005 du 30 septembre 1991 (78). Le conseil d'administration de ces fondations d'entreprise est tenu d'établir une situation de l'actif réalisable et disponible et du passif exigible, un compte de résultat prévisionnel, et un plan de financement (L. n° 87-571, art. 19-9 nouveau).

Ces documents sont analysés dans des rapports écrits sur l'évolution de la fondation d'entreprise, ils sont communiqués au commissaire aux comptes. Si ces rapports appellent des observations de la part du commissaire aux comptes, et à plus forte raison s'ils ne lui sont pas transmis, le commissaire aux comptes le signale au conseil d'administration par un rapport écrit.

On voit là apparaître le rôle traditionnel d'avertissement et de dénonciation par le commissaire aux comptes qui est tenu lorsque, nonobstant ses avertissements, la continuité de l'activité de la fondation d'entreprise est menacée d'en rapporter à l'autorité administrative :

« Le commissaire aux comptes peut appeler l'attention du président ou des membres du conseil de la fondation d'entreprise sur tout fait de nature à compromettre la continuité de l'activité qu'il a relevé au cours de sa mission ; il peut demander au conseil d'administration d'en délibérer ; il assiste à la réunion ; en cas d'inobservation de ces dispositions ou si, en dépit des décisions prises, il constate que la continuité de l'activité reste compromise, le commissaire aux comptes établit un rapport spécial qu'il adresse à l'autorité administrative » (L. n° 87-571, art. 19-9 nouveau).

Libérée de la tutelle de l'Administration, la fondation d'entreprise n'en demeure pas moins soumise à son contrôle.

64. Responsabilité pénale des membres du conseil d'administration pour non-respect des obligations comptables. — Le défaut d'établissement des documents comptables prévus rend les membres du conseil d'administration de la fondation d'entreprise passibles des sanctions pénales de droit commun :

---

77. Tous deux choisis sur la liste mentionnée à l'article 219 de la loi du 24 juillet 1966 sur les sociétés commerciales.

78. Le terme de ressource excède la seule fraction de l'engagement pluriannuel pour la période considérée. L'article 8 du décret du 30 septembre 1991 a fixé le seuil des ressources annuelles, imposant cet accroissement des obligations comptables à quatre millions.

— une peine d'emprisonnement de six mois à deux ans et une amende de 2 000 F à 60 000 F sanctionne le défaut de désignation du commissaire aux comptes ;

— une peine de un an à cinq ans de prison et une amende de 2 000 F à 120 000 F ou l'une de ces deux peines seulement réprime les entraves apportées aux vérifications ou contrôles des commissaires aux comptes ;

— une amende de 2 000 F à 60 000 F frappe les administrateurs qui ont omis d'établir les documents comptables et financiers exigés par la loi.

65. Surveillance administrative des fondations d'entreprise. — En matière de surveillance des fondations d'entreprise, l'analyse de M. Pomey à propos des fondations reconnues d'utilité publique nous semble toujours pertinente : « La matière des établissements d'utilité publique mettant en cause les notions d'intérêt général, de mainmorte, de corps intermédiaires, les prérogatives de l'administration y ont un caractère régalien, confirmé par la tradition et dûment rappelé à l'occasion par le Conseil d'Etat » (79).

Cette tradition s'inscrit désormais partiellement dans la loi qui dispose en sus d'un contrôle administratif *a priori :* « La fondation d'entreprise adresse chaque année à l'autorité administrative un rapport d'activité auquel sont joints le rapport du commissaire aux comptes et les comptes annuels » (L. n° 87-571, art. 19-10, al. 2 nouveau), d'un pouvoir de surveillance général qui permet à l'autorité administrative de s'assurer de la régularité du fonctionnement de la fondation d'entreprise en se faisant « communiquer tous documents et procédés à toutes investigations utiles (L. n° 87-571, art. 19-10, al. 1 nouveau) ».

L'étendue de ce pouvoir de l'administration s'apparente bien à des prérogatives à caractère régalien.

Mais en pratique, ces pouvoirs de surveillance ont toutes chances de rester inutilisés, comme pour les fondations reconnues d'utilité publique, sauf en cas d'abus ou de scandale redouté.

Section 3
Le terme des fondations d'entreprise

66. Durée. — A l'inverse de la fondation reconnue d'utilité publique, qui est créée pour une durée indéterminée, la fondation d'entreprise est créée

---

79. M. Pomey, *Traité des fondations d'utilité publique,* PUF, 1980, p. 2160. On pourrait aussi rappeler la jurisprudence du Conseil d'Etat en matière de fondation reconnue d'utilité publique : CE, n° 248022 du 28 juin 1949 : « En vertu des principes traditionnels du droit français, le Gouvernement a la haute surveillance des fondations reconnues comme établissement d'utilité publique et doit veiller à ce que les conseils d'administration de ces établissements se conforment aux lois en vigueur ainsi qu'à leur charte propre ; à ce qu'ils accomplissent les volontés des fondateurs et bienfaiteurs, et administrent régulièrement le patrimoine... » « ... droit d'exiger de ces établissements, afin de vérifier la régularité de leur fonctionnement, la communication de tous les renseignements, pièces ou documents de nature à lui permettre de connaître exactement leur situation et d'apprécier leur activité, de telle sorte que puissent, en cas de nécessité, être prononcés par décret en Conseil d'Etat le retrait de la reconnaissance d'utilité publique et, par voie de conséquence, la dissolution de l'établissement ».

pour une durée déterminée qui ne peut être inférieure à cinq ans (L. n° 87-571, art. 19-2 nouveau). A l'expiration de cette période, le texte précise que les fondateurs ou certains d'entre eux seulement peuvent décider de la prorogation de la fondation d'entreprise pour une durée au moins égale à cinq ans.

67. Prorogation. — La prorogation est autorisée par l'autorité administrative dans les mêmes formes que la création. Cette faculté de pérennisation ne soulèvera pas de difficulté lorsque le fondateur sera unique. Mais, en cas de pluralité de fondateurs, il est précisé que certains d'entre eux seulement pourront proroger la fondation d'entreprise. Se posera alors le problème de la continuité de la personne morale et en particulier de l'usage du nom.

On peut ainsi imaginer la situation suivante où plusieurs entreprises s'étant mises d'accord, par exemple à un échelon local, pour créer une fondation d'entreprise commune, certaines ne veuillent ni proroger la fondation d'entreprise, ni qu'elle puisse utiliser le nom et l'image, c'est-à-dire en des termes plus crus, la publicité dont elle est porteuse au profit des seuls fondateurs la prorogeant.

La rédaction de l'article 19-2 de la loi semble permettre aux seuls fondateurs de bonne volonté de proroger même contre l'avis des autres fondateurs la fondation d'entreprise avec tous ses attributs. Il est vrai que cette bonne volonté (pour ne pas dire l'achat de l'image de marque attachée à la fondation d'entreprise) a un prix, puisque les fondateurs désirant la prorogation doivent à nouveau s'engager financièrement.

Surgit alors un deuxième problème que le texte ne résout pas dans l'hypothèse du désaccord des fondateurs, non sur le principe de la prorogation, mais sur ses modalités (par exemple si les plus disants tentent par la surenchère d'exclure les plus timorés ou les moins fortunés).

D'autres problèmes peuvent naître par exemple de dissensions entre fondateurs, entre fondateurs et le conseil d'administration, ou lorsque le contrôle d'un des fondateurs change, etc. Sans pouvoir envisager toutes les hypothèses, et dans le silence de la loi, il paraît avisé d'aménager contractuellement l'éventuelle prorogation de la fondation d'entreprise, ou du moins les conditions de cette prorogation (droit au nom, etc.).

68. Procédure de prorogation. — La loi dispose que « la prorogation est autorisée dans les formes prévues pour l'autorisation initiale » ce qui nécessite, en conséquence, un dépôt de demande de renouvellement identique à la demande initiale.

Les mentions portées sur la décision de reconduction sont les suivantes (D. n° 91-1005, art. 12 et 15) : durée pour laquelle la fondation d'entreprise est prorogée, montants de la dotation initiale et du programme d'action pluriannuel et indication des montants précédents, les raisons sociales ou dénominations et sièges des fondateurs qui décident ou renouvellent leur engagement et de ceux qui se retirent.

69. Devenir de la dotation initiale en cas de prorogation. — En vertu de l'article 19-2 nouveau de la loi n° 87-571 du 23 juillet 1987, la dotation initiale est acquise une fois pour toutes en cas de prorogation. Elle n'a pas à être renouvelée mais seulement complétée en cas de majoration du programme pluriannuel.

Dans l'hypothèse de diminution du programme pluriannuel, le caractère irrévocable de l'affectation s'oppose que les fondateurs aient retour d'une partie de leurs versements (L. n° 87-571, art. 19-1).

70. Dissolution. — En lui-même, le mécanisme de la dissolution d'une fondation d'entreprise arrivée à son terme, ou par le retrait de l'ensemble des fondateurs, sous réserve qu'ils aient intégralement payé les sommes qu'ils se sont engagés à verser, n'appelle pas de commentaires particuliers. Un liquidateur sera nommé par le conseil d'administration ou, dans l'hypothèse où la dissolution résulte du retrait de l'autorisation administrative, par l'autorité judiciaire.

La nomination du liquidateur est publiée au *Journal officiel*. La nature particulière de l'acte de fondation qui constitue l'affectation de biens à la réalisation d'un but d'intérêt général (par opposition par exemple à l'association qui est un groupement de personnes dans un but autre que le partage des bénéfices) suppose que la dissolution ne change pas le caractère d'intérêt général de l'affectation.

Aussi, en cas de dissolution d'une fondation d'entreprise, les ressources non employées et la dotation sont attribuées par le liquidateur à un ou plusieurs établissements publics ou reconnus d'utilité publique dont l'activité est analogue à celle de la fondation d'entreprise dissoute (L. n° 87-571, art. 19-12 nouveau).

Cette rédaction ne précise pas ce qu'il faut entendre par établissements publics, ni par établissements reconnus d'utilité publique. Or, ces notions ont perdu de leur précision sinon de leur sens. Par établissements publics on peut comprendre qu'il s'agisse — à la stricte exclusion des collectivités locales, et sans que la liste prétende à l'exhaustivité — des établissements publics industriels et commerciaux (EPIC), des établissements publics administratifs (EPA), des établissements *sui generis* qui exercent ou profitent d'une prérogative de puissance publique. On peut se poser la question de savoir si les EPIC doivent réellement avoir vocation à se voir attribuer les biens et droits d'une fondation d'entreprise. Certes les EPIC sont eux-mêmes habilités à créer des fondations d'entreprise, mais il n'en demeure pas moins que leur action est intéressée, et que cela paraît incompatible avec le respect de l'affectation d'origine qui a été faite non seulement dans l'intérêt général, mais aussi dans un but non lucratif. Cette objection n'existera pas pour les EPA et sera fonction du cas d'espèce pour les établissements *sui generis*.

Quant aux « établissements reconnus d'utilité publique », sans doute s'agit-il des seules fondations reconnues d'utilité publique et des associations reconnues d'utilité publique. Une autre fondation d'entreprise, ni *a fortiori* un fondateur, ne pourra se voir attribuer les biens et droits d'une fondation d'entreprise dissoute.

71.   Procédure collective à l'encontre des fondations. — Dès lors que par exemple une fondation d'entreprise peut s'endetter (*supra,* n° 58), elle est susceptible de connaître des difficultés l'amenant à faire l'objet d'une procédure de redressement judiciaire. En effet la loi du 25 janvier 1985 est applicable à toute personne morale de droit privé (L. n° 85-60, art. 2), et donc aux fondations, qu'elles soient d'entreprise ou reconnues d'utilité publique. En l'absence de texte le régime de responsabilité des fondateurs sera de droit commun. En cas de faute de gestion ils peuvent donc être indéfiniment et conjointement responsables du passif de la fondation.

Ce risque jusqu'alors négligé doit désormais être pris en compte (par exemple par des stipulations statutaires limitant et organisant strictement les pouvoirs d'engagement du conseil d'administration de la fondation d'entreprise).

72.   Conclusion. — Lorsque l'on compare les fondations reconnues d'utilité publique et les fondations d'entreprise, vient à l'esprit l'image des premiers grands crus de Bordeaux et de leurs seconds vins. Les premiers sont de longue garde (à durée indéterminée, comme les fondations reconnues d'utilité publique), les seconds à boire plus vite (dans les cinq ans bien souvent, et en tous les cas à durée déterminée, comme les fondations d'entreprise), les premiers exigent des investissements bien plus lourds que les seconds (cinq millions de dotation pour les fondations d'entreprise) ; les premiers sont issus de ceps d'un âge vénérable (par exemple la fondation de Bernard Ruffi du 22 mai 1313, la plus ancienne reconnaissance par l'Etat, par lettres patentes de 1666 (80) lorsque les seconds sont le fruit de jeunes vignes (loi de 1990).

Les premiers font l'objet de soins si attentifs qu'ils sont en tutelle, lorsque les seconds ne sont que surveillés ; les premiers portent un nom jalousement protégé et unanimement reconnu (fondation), lorsque les seconds s'ornent de suffixes, de préfixes ou se déguisent (fondation d'entreprise) ; les seconds comme les premiers sont délectables, mais les premiers plus que les seconds, surtout pour celui qui préfère le flacon à l'ivresse du goût. Les pinardiers essaient parfois de faire passer les seconds pour les premiers, parfois aussi les seconds ont plus de vertus que les premiers.

---

80.   Extraits du testament de Bernard Ruffi du 22 mai 1313 *in Le Billet de Mécénat,* n° 3 :
« Pour qu'il soit fondé un hôpital ou hôtel-Dieu, où soient recueillis les pauvres de Jésus-Christ, qui mendient dans la ville de Nîmes, je laisse ma maison avec tous ses droits et dépendances et je veux que mes exécuteurs et mon héritier y installent au moins douze lits et plus si c'est possible, d'après les revenus des possessions que je vais laisser pour le service des pauvres de Jésus-Christ, le tout à condition que le roi de France consentira à l'amortissement de tous ce que je donne pour cette œuvre. Car si le roi, ou le pape ou toute autre personne, voulait en prendre une partie pour raison d'amortissement ou de mainmorte, ou montre quelque empêchement à ce que je lègue, dans ce cas, je révoque ma donation, je l'annule, et le tout reviendra à mon héritier, qui alors sera obligé de tenir, dans ladite maison, douze lits munis de linge, pour donner l'hospitalité aux pauvres mendiants, de les servir et de pourvoir à leurs besoins tant qu'il vivra. Si ni le pape, ni le roi, ni aucun autre ne vienne préjudicier à ma volonté, je lègue, je laisse et l'assigne, pour le service des pauvres (...) » ; Lettre patente de l'hospice d'orphelins de Biérancourt *in Traité des fondations d'utilité publique,* par M. Pomey.

Titre III

Congrégations
et associations cultuelles

1. Textes. — La loi du 1ᵉʳ juillet 1901 relative au contrat d'association consacre un titre particulier, le titre III, aux congrégations ; ce titre a été modifié par la loi du 3 septembre 1940 et par la loi n° 42-505 du 8 avril 1942. Ce texte est complété par le titre II du décret du 16 août 1901 pris pour son application. La réglementation des associations cultuelles résulte du titre IV de la loi du 9 décembre 1905 concernant la séparation de l'Eglise et de l'Etat, qui place expressément ces associations dans le cadre des associations déclarées.

2. Caractères distinctifs. — Autant l'article 18 de la loi de 1905 est particulièrement précis quant à l'objet de l'association cultuelle (« subvenir aux frais, à l'entretien et à l'exercice public d'un culte ») et à son régime juridique, qui est celui des associations déclarées, sous réserve de prescriptions particulières de cette loi, autant la loi et le décret de 1901 sont plus imprécis pour les congrégations. Cette situation peut s'expliquer par la volonté du législateur de ne pas réglementer plus que nécessaire une organisation préexistante ; de plus, il a pu sembler à juste titre inopportun de donner un contenu légal à des obligations personnelles particulièrement lourdes qui devaient rester du domaine du religieux, tels que les vœux prononcés par les membres de ces congrégations. Enfin, la loi de 1901 est intervenue dans un climat de querelle entre l'Eglise et l'Etat, de sorte que dans sa rédaction d'origine, elle a cherché à imposer aux congrégations un moule plus contraignant que le cadre libéral de l'association, en les soumettant à un régime d'autorisation, et en réprimant pénalement les congrégations non autorisées (délit supprimé en 1942). Ce sont pourtant ces engagements d'une importance et d'une nature particulières et la soumission à une même règle qui caractérisent la congrégation.

Chapitre premier
Congrégations

3. Définition jurisprudentielle. — A défaut de texte précis, il existe une jurisprudence relativement abondante, rendue au début de ce siècle, lorsque la congrégation non autorisée était constitutive de délit, qui permet de définir un certain nombre de critères auxquels doit satisfaire un groupe de personnes susceptible d'être reconnu comme congrégation : engagement et activités des membres inspirés par une foi religieuse, existence de vœu, vie communautaire sous une même règle, éventuellement port d'un costume, soumission à l'autorité d'un supérieur investi de pouvoirs particuliers et relevant lui-même de la hiérarchie propre à la religion dont il se réclame (1).

Il a en effet été admis par la Cour de cassation qu'il appartenait à l'autorité judiciaire d'apprécier le caractère congrégatif d'une association (2). On notera dès à présent que le régime des congrégations a été manifestement élaboré pour le culte catholique, même si des congrégations appartenant à un autre culte ne sont pas inconcevables et commencent à demander une reconnaissance en tant que telles (*infra*, n° 7).

4. Classification et nombre. — Ces congrégations font traditionnellement l'objet d'une classification, en fonction de l'œuvre qu'elles réalisent : comtemplative, enseignante, charitable ou missionnaire. On notera que les congrégations enseignantes ont été supprimées par la loi du 7 juillet 1904 et rétablies par la loi du 3 septembre 1940.

Selon un auteur, il y aurait eu 210 congrégations reconnues en 1970 (3), et 112 reconnaissances depuis cette date (4), en ce, non compris les établissements dépendant de ces congrégations.

5. Evolution législative. — Selon le régime institué en 1901, les congrégations devaient obligatoirement faire l'objet d'une autorisation législative, dont le défaut était sanctionné pénalement, comme l'étaient certaines associations avant 1901, sous l'empire de l'ancien article 191 du Code pénal. Comparé au régime des associations institué parallèlement (association non déclarée, déclarée, reconnue...), celui des congrégations est manifestement plus contraignant. Il a évolué depuis : d'une part, le délit de congrégation non

---

1. Rép. min. : *JO Sénat Q*, 16 avril 1987, p. 591, n° 4848 ; *Bull. Joly*, 1987, p. 296, § 148.
2. Cass. civ., 13 novembre 1906 : *DP*, 1911, 5, 3.
3. J. Kerlévéo, « Nouvelles dispositions législatives concernant les diocésains et les congrégations » : *DS*, 1970, p. 109, Chron. XXIV.
4. Rép. min. : *JO Sénat Q*, 3 mars 1988, p. 591, n° 4846 ; *Bull. Joly*, 1987, p. 296, § 147.

autorisée serait tombé en désuétude dès 1914 (5) ; d'autre part, la loi n° 505 du 8 avril 1942 a substitué au régime d'autorisation une simple reconnaissance par décret, et a aligné le régime des congrégations non autorisées sur celui des associations non déclarées.

Enfin, signalons que depuis une directive du président de la République de 1970, la reconnaissance a été systématiquement accordée aux congrégations qui la demandaient. De plus, il est clairement admis que la congrégation à constituer pourrait valablement se placer sous le régime des associations déclarées (6).

6. Demande de reconnaissance. — La reconnaissance est obtenue par décret rendu sur avis conforme du Conseil d'Etat (L. 1er juillet 1901, art. 13). La procédure d'obtention est elle-même régie par les articles 16 à 21 du décret du 16 août 1901.

La demande est adressée au ministre de l'Intérieur (Bureau des cultes) et signée de tous les fondateurs.

Il est joint à la demande, outre les pièces justificatives de l'identité des signataires :

1° Deux exemplaires du projet de statuts de la congrégation ;

2° L'état des apports consacrés à la fondation de la congrégation et des ressources destinées à son entretien ;

3° La liste des personnes qui, à un titre quelconque, doivent faire partie de la congrégation et de ses établissements, avec indication de leurs nom, prénoms, âge, lieu de naissance et nationalité. Si l'une de ces personnes a fait antérieurement partie d'une autre congrégation, il est fait mention, sur la liste du titre, de l'objet et du siège de cette congrégation, des dates d'entrée et de sortie et du nom sous lequel la personne y était connue.

Ces pièces sont certifiées sincères et véritables par l'un des signataires de la demande ayant reçu mandat des autres à cet effet.

7. Rôle de la hiérarchie religieuse. — Selon l'article 20 du décret du 16 août 1901, la demande doit être accompagnée d'une déclaration par laquelle l'évêque du diocèse s'engage à prendre la congrégation et ses membres sous sa juridiction. Cette exigence permet à l'autorité civile de ne pas avoir à contrôler la conformité de chaque congrégation par rapport à une définition qui ne résulte d'ailleurs pas des textes ; elle conduit aussi à s'interroger sur le champ d'application des congrégations quant aux religions susceptibles d'être concernées.

---

5. La « désuétude » visée par cette réponse ministérielle serait plutôt la volonté systématique du pouvoir de ne pas poursuivre, et ce, d'autant plus qu'elle est très précisément datée au 2 août 1914 !

6. Intervention du Professeur J. Morange au colloque organisé en mai 1991, par la Faculté de droit canonique de l'Institut catholique de Paris et l'Université de Paris XI sur le thème « Les congrégations et la reconnaissance légale ».

La formulation de cette disposition tenait au fait que, historiquement, seules des congrégations catholiques ont toujours existé en France.

Il a été précisé dès 1987 que si une communauté appartenant à une autre religion et répondant aux principaux critères rappelés ci-dessus demandait sa reconnaissance légale, le dossier serait instruit conformément à l'article 21 du décret du 16 août 1901, notamment en provoquant l'avis du conseil municipal de la commune dans laquelle serait établie ladite communauté et un rapport du préfet. La déclaration de l'évêque prévue par le même décret pourrait être remplacée par une attestation de la personnalité ayant qualité pour représenter la religion considérée et pour exercer sur la communauté un pouvoir juridictionnel comparable à celui de l'évêque sur les établissements existant dans son diocèse. L'affaire serait ensuite soumise au Conseil d'Etat auquel il serait demandé si, en l'état actuel de la législation, le dossier peut être examiné ou s'il convient, au préalable, de modifier et de compléter les divers textes législatifs et réglementaires applicables aux congrégations religieuses (7). De fait, la reconnaissance d'une congrégation bouddhiste est intervenue dès le 8 janvier 1988, et d'autres reconnaissances de congrégations non catholiques sont intervenues depuis cette date.

8. Contenu du projet des statuts. — Ce contenu est fixé par l'article 19 du décret du 16 août 1901, lequel prévoit notamment que les statuts doivent contenir les mêmes indications et engagements que ceux exigés des associations reconnues d'utilité publique (*supra*, Titre I) sous réserve des dispositions spécifiques prévues en matière de dévolution des biens des congrégations dissoutes (L. 24 mai 1825, art. 7 ; *infra,* n° 15).

L'âge, la nationalité, le stage et la contribution pécuniaire maximum exigée à titre de souscription, cotisation, pension ou dot, sont indiqués dans les conditions d'admission que doivent remplir les membres de la congrégation.

Les statuts contiennent en outre :

1° La soumission de la congrégation et de ses membres à la juridiction de l'ordinaire ;

2° L'indication des actes de la vie civile que la congrégation pourra accomplir avec ou sans autorisation, sous réserve des dispositions de l'article 4 de la loi du 24 mai 1825 ;

3° L'indication de la nature de ses recettes et de ses dépenses et la fixation du chiffre au-dessus duquel les sommes en caisse doivent être employées en valeurs nominatives, et du délai dans lequel l'emploi devra être fait.

9. Instruction de la demande et décision. — La demande est instruite par le ministre de l'Intérieur qui provoque notamment l'avis du conseil municipal de la commune et un rapport du préfet (D. 16 août 1901, art. 21).

La décision est prise par décret en Conseil d'Etat et publiée au *Journal officiel* de la République française.

---

7. Rép. min. : *JO Sénat Q,* 16 avril 1987, p. 591, n° 4848 ; *Bull. Joly,* 1987, p. 296, § 148.

Si une décision en ce sens devait être prise à l'égard d'une congrégation remplissant par ailleurs toutes les conditions fixées par la loi du 1er juillet 1901 modifiée et par le décret du 16 août 1901, on peut estimer, sans préjuger de l'avis du Conseil d'Etat, que ce devrait être pour des raisons d'ordre public, qui seraient communiquées aux responsables de la congrégation demanderesse, conformément à la loi n° 79-587 du 11 juillet 1979 sur la motivation des actes administratifs. Le refus d'accorder la reconnaissance légale à une congrégation ou à un établissement particulier dépendant d'une congrégation figure en effet sur la liste des actes à motiver annexée à la circulaire du 10 janvier 1980 (8).

10.   Etablissements congréganistes. — Les établissements congréganistes sont expressément prévus par les articles 22 et suivants du décret du 16 août 1901, lequel ne donne cependant pas de définition de ces établissements. Chaque établissement peut être défini comme le regroupement d'un certain nombre de membres dans un même lieu, avec une autonomie financière et d'organisation.

La fondation d'un établissement doit être autorisée selon une procédure analogue à la reconnaissance de la congrégation elle-même (D. 16 août 1901, art. 22 à 25).

11.   Capacité de la congrégation. — La reconnaissance de la congrégation lui confère la personnalité morale et une capacité, comparable à celle accordée aux associations reconnues d'utilité publique. Cette capacité est même plus large dans la mesure où elle ne comporte pas de restriction concernant l'affectation des immeubles qu'elle possède ou acquiert (*supra*, Titre I).

Les régimes des acquisitions à titre onéreux et des aliénations résultent, pour des raisons anciennes, de deux textes différents selon qu'il s'agit d'établissements ecclésiastiques ou de congrégations de femmes. Pour les premiers, l'autorisation concerne les immeubles, les rentes ou valeurs garanties par l'Etat (L. 24 mai 1825, art. 4, 2° et 3°). Ce régime a été commenté comme suit par le ministre de l'Intérieur (9) :

« Les articles 2 et 3 de la loi du 2 janvier 1817 sur les établissements ecclésiastiques (toujours applicables aux congrégations d'hommmes) et l'article 4 de la loi du 24 mai 1825 relative aux congrégations religieuses de femmes, avaient prévu, pour les acquisitions et les aliénations à titre onéreux, une autorisation administrative préalable uniquement pour les biens considérés à l'époque comme de mainmorte, c'est-à-dire les immeubles et les rentes.

Ces dispositions n'ont pas eu pour effet de frapper les congrégations religieuses de l'incapacité d'acquérir les meubles incorporels définis par l'alinéa premier de l'article 529 du Code civil. Toutes les circulaires adminis-

---

8.   Rép. min. : *JO Sénat Q,* 3 mars 1988, n° 9381 ; *Bull. Joly,* 1988, p. 302, § 93.

9.   Rép. min. : *JO Sénat Q,* 22 juin 1989, p. 962, n° 3243 ; *Bull. Joly,* 1989, p. 625, § 226.

tratives des années 1817 à 1900 relatives aux affaires religieuses ne font aucune mention d'une incapacité des congrégations à acquérir des valeurs mobilières autres que des rentes, ce qui serait d'ailleurs contraire au principe général et fondamental selon lequel la tutelle de l'administration sur les personnes morales de droit privé est de droit strict et ne peut porter que sur les seuls actes de la vie civile limitativement énumérés par les textes en vigueur, tous les autres actes étant accomplis librement, sous leur seule responsabilité, par ces personnes morales.

C'est donc par erreur que la circulaire du 9 décembre 1966 a disposé que les congrégations ne pouvaient acquérir que des rentes et, pour les congrégations de femmes, également des valeurs garanties par l'Etat.

On peut considérer que les congrégations d'hommes et de femmes peuvent acquérir à titre onéreux, librement et sans autorisation, toutes les valeurs mobilières autres que les rentes ou valeurs garanties par l'Etat, titres, conformément à l'article 2 du décret du 13 juin 1966 relatif à la tutelle administrative des associations, fondations et congrégations, texte de portée générale applicable aux congrégations masculines comme aux congrégations féminines.

La congrégation subit également un certain nombre de restrictions à la capacité de recevoir à titre gratuit qui subsistent encore (*infra*, n° 12).

Ce régime d'autorisation fait l'objet d'une norme particulière de protection sous forme d'une interdiction aux notaires et agents de change d'effectuer les opérations non autorisées (Ord. 14 janvier 1931, articles premier et 2).

12. Dons et legs. — Une première restriction concerne les donations avec réserve d'usufruit au profit du donateur, lesquelles sont interdites (Ord. 14 janvier 1931, art. 4).

Une seconde restriction résultait de l'article 5 de la loi du 24 mai 1825 et concernait les libéralités (dons et legs) par les membres féminins (religieuses) des congrégations à la congrégation elle-même ou à un de ses membres (afin d'éviter les interpositions fréquentes), sauf héritière en ligne directe : selon ce texte, la quotité disponible spéciale était limitée au quart des biens de la disposante, à moins que le don ou legs n'excédât pas 50 000 F (D. n° 71-515, 25 juin 1971). Cette disposition a été abrogée (L. n° 87-588, 30 juillet 1987, art. 91).

N'étant pas assorti de dispositions transitoires particulières, cet article doit être interprété conformément aux principes généraux de solution des conflits de loi dans le temps, et recevoir par conséquent un effet immédiat mais non rétroactif. Il ne paraît donc pas, sous réserve de l'appréciation des tribunaux, devoir être appliqué à une succession ouverte avant son entrée en vigueur (10). On peut toutefois s'interroger sur la constitutionnalité d'une telle disposition qui ne frappait que les femmes et congrégations de femmes !

---

10. Rép. min. : *JO Sénat Q,* 3 mars 1988, p. 297, n° 9014 ; *Bull. Joly,* 1988, p. 302, § 94.

Indépendamment de ces deux dispositions particulières, le régime des dons et legs résulte toujours :

— de la loi du 2 janvier 1817, qui ne concerne que les établissements ecclésiastiques, laquelle prévoit une autorisation pour toutes les acceptations de dons et legs (art. 1er) ;

— et de la loi du 24 mai 1835 qui ne concerne que les congrégations de femmes et, tout en prévoyant une telle autorisation, limite la possibilité des legs universels et à titre universel aux établissements autorisés pour un objet charitable (art. 4, lequel n'a pas été abrogé par la loi du 30 juillet 1987).

Enfin, il a toujours été considéré que les versements en espèces ou par chèque, quelle que soit leur importance, constituaient des dons manuels que les congrégations autorisées ou légalement reconnues pouvaient encaisser librement et sans autorisation administrative préalable (11).

13. Régime comptable et financier. Contrôle et tutelle. — Les congrégations sont soumises à un régime comptable destiné à faciliter leur contrôle : état des recettes et des dépenses, comptes annuels et inventaire.

Ce même texte prévoit la tenue d'une liste complète des membres avec leur nom patronymique, le nom de religion, leur nationalié, leur âge, lieu de naissance, et la date de leur entrée.

Tous ces documents doivent être tenus à la disposition du préfet (L. 1er juillet 1901, art. 15).

En règle générale, la tutelle des congrégations tend de plus en plus, dans les textes récents, à l'assimilation avec celle des associations et fondations (cf. notamment, D. n° 66-388, 13 juin 1966 et circulaire n° 635, 9 décembre 1966).

Selon l'article 2 du décret précité, les autorisations diverses en matière d'acceptation, d'acquisition ou d'aliénation sont données par arrêté du préfet jusqu'à 5 000 000 F et par arrêté du ministre sur avis conforme du Conseil d'Etat ou par décret en Conseil d'Etat au-delà de ce chiffre.

En cas de refus du préfet, il peut être formé un recours administratif dans le délai d'un mois à compter de la notification. Il est statué sur ce recours par décret en Conseil d'Etat.

14. Retrait de reconnaissance et dissolution. — La loi ne prévoit aucune disposition spécifique sur les causes de retrait de reconnaissance des congrégations ; il est admis en général que ces causes sont analogues à celles prévues pour les associations reconnues d'utilité publique.

Ainsi la dissolution d'une congrégation résultera d'un retrait ou d'une révocation de la reconnaissance qui peut intervenir dans les mêmes formes que la reconnaissance elle-même. Ce retrait ou cette révocation pourra résulter soit d'une demande de membres prise conformément aux statuts, soit du décès de tous ces membres, soit enfin sur initiative directe de l'autorité publique pour un motif fondé sur l'article 3 de la loi du 1er juillet 1901.

---

11. Rép. min. : *JO Sénat Q,* 3 mars 1988, p. 296, n° 9381 ; *Bull. Joly,* 1988, p. 302, § 93.

15. Liquidation. — La dissolution volontaire ou forcée entraîne, dans tous les cas, l'application de l'article 18 de la loi du 1er juillet 1901, c'est-à-dire nomination d'un liquidateur chargé de restituer certains biens aux membres de la congrégation dissoute et, sous certaines conditions, aux auteurs des libéralités consenties, de vendre le surplus des biens et d'en distribuer le prix — après prélèvement d'allocations personnelles aux membres de la congrégation dénués de moyens d'existence — aux ayants droit de ladite congrégation (12).

---

12. La notion de « moyens d'existence » doit être appréciée en fonction de la loi n° 78 du 2 janvier 1978 sur la Sécurité sociale des membres de congrégations.

Chapitre II
Associations cultuelles et diocésaines

16. Définition et objet. — Une association cultuelle est une association déclarée ayant pour objet particulier de subvenir aux frais et à l'exercice public d'un culte (L. 9 décembre 1905, relative à la séparation des Eglises et de l'Etat, art. 18).

Elle doit, en outre, se conformer aux règles d'organisation générale du culte (catholique, protestant, israélite, musulman, etc.), dont elle assure l'exercice ou l'entretien.

Elle jouit d'une capacité spéciale très large en ce qui concerne ses ressources et les dons et legs à elle consentis.

Les associations « diocésaines » créées par l'Eglise catholique sont des associations cultuelles, mais ayant un objet plus restreint : frais et entretien du culte, à l'exclusion de ce qui se rapporte à son exercice public lui-même (13).

Bien que constituées dans le cadre de la loi du 1er juillet 1901 relative au contrat d'association, les associations cultuelles et diocésaines sont soumises à des règles particulières en ce qui concerne leur composition, leur fonctionnement, leur gestion financière, l'administration de leurs biens et leur dissolution (L. 9 décembre 1905 ; D. 16 mars 1906 et circulaire d'application du 1er décembre 1906).

Elles peuvent, comme toutes les associations, se constituer en « unions », ce qui a été fait par déclaration à la Préfecture de police le 10 août 1964 pour l'ensemble des associations diocésaines de France (14).

17. Membres. — Les associations cultuelles doivent être composées d'un nombre minimum de membres (7 à 25), déterminé suivant la population de leur ressort territorial et domiciliés ou résidant dans ce ressort (L. 19 décembre 1905, art. 19).

---

13. Il a été reconnu par le Conseil d'Etat (avis du 13 décembre 1923, toutes chambres réunies, sur conclusions conformes des trois jurisconsultes désignés) que les statuts types proposés par le clergé catholique ne contenaient rien de contraire aux dispositions d'ordre public de la loi du 9 décembre 1905. En suite de quoi, le Saint-Siège entérina les statuts types ainsi acceptés le 18 janvier 1924 (Encyclique « Magnam Gravissimam »).

14. Sur l'ensemble de la question, cf. notamment J. Georgel, « Police des cultes », 1972 : *J.-Cl. adm.*, fasc. 215, n°s 8 et s., et P. Alamigeon, *Les associations cultuelles, instrument de la propriété ecclésiastique en France* (Mémoire de licence de droit canonique), 1981.

Pour les associations diocésaines, ce minimum de membres est porté à 30 (comprenant, obligatoirement, l'évêque du diocèse) et tous doivent résider dans le diocèse.

18.   Administration. — L'association cultuelle est administrée par un conseil d'administration élu par l'assemblée générale et choisi parmi les membres de celle-ci et renouvelable par tiers chaque année. Ce conseil choisit parmi ses membres un bureau composé au moins d'un président et de quelques administrateurs.

Pour les associations diocésaines, le conseil est composé de l'évêque et quatre membres (dont l'un obligatoirement vicaire général et un autre obligatoirement chanoine du diocèse) élus par l'assemblée générale pour six ans.

L'assemblée générale ne délibère valablement sur première convocation que si la moitié au moins des membres la composant sont présents (pour les associations diocésaines, la moitié plus un). Ses décisions sont prises à la majorité des membres présents, la voix du président étant prépondérante en cas de partage.

19.   Gestion de patrimoine. — Le conseil administre librement les biens de l'association, sauf dispositions statutaires contraires réservant à l'assemblée générale un droit de décision exclusive sur le principe de telle ou telle opération (par exemple, acquisition, hypothèque ou vente d'immeubles). Les statuts types des associations diocésaines ne comportent aucune restriction de ce genre aux pouvoirs du conseil d'administration : celui-ci, qui comprend notamment l'évêque, un vicaire général et un chanoine, se trouve investi des pleins pouvoirs en ce domaine, d'autant plus que toute modification statutaire quelconque ne peut intervenir que sur proposition de l'évêque.

Les ressources de l'association et, le cas échéant, des unions d'associations cultuelles, doivent être employées aux objets spécifiques de celle-ci, avec possibilité de constitution d'un fonds de réserve variable suivant certaines normes et destiné uniquement à l'entretien du culte, et d'autres fonds de réserve à destination plus libre, mais rentrant toutefois dans l'objet de l'association (L. 9 décembre 1905, art. 22).

Pour les associations diocésaines, les obligations d'emploi des ressources de l'association sont plus nuancées dans le sens d'une plus grande liberté, sans toutefois pouvoir sortir de l'objet spécifique de l'association.

20.   Ressources liées à l'activité. — L'association cultuelle est expressément autorisée, contrairement à une association déclarée (*supra,* Titre I), à comprendre dans ses ressources, ses rétributions pour cérémonies et services religieux, location des bancs et sièges, fournitures d'objets destinés au service des funérailles dans les édifices religieux et à la décoration de ces édifices (L., 9 décembre 1905, art. 19). En outre, ne sont pas considérées comme subventions, interdites à l'Etat, aux départements et communes par l'article 19 de la loi de 1905, les sommes allouées pour réparation des édifices affectés au culte public, qu'ils soient ou non classés monuments historiques (L., 25 décembre 1942, art. 2) [15].

A noter également que les emprunts contractés pour financer la construction dans les agglomérations en voie de développement, d'édifices répondant à des besoins collectifs de caractère religieux par des associations cultuelles peuvent être garantis par les départements et par les communes (C. communes, art. L. 236-14).

L'interdiction de la réserve d'usufruit au bénéfice d'un donateur (ou des personnes interposées) édictées, dans le cas des associations, ne s'applique pas aux associations cultuelles (16).

L'article 19 de la loi du 9 décembre 1905 a précisé que les associations cultuelles pouvaient recevoir le produit des quêtes et collectes pour les frais du culte.

Il a toujours été estimé, même avant la réforme des dons et legs par la loi du 23 juillet 1987 que cette disposition valait pour tous les versements en espèces ou par chèque, considérés, quelle que soit leur importance, comme des dons manuels que les associations cultuelles pouvaient encaisser librement et sans autorisation préalable (17).

21. Dons et legs. — L'association cultuelle peut recevoir des dons et legs même grevés de charges pieuses ou cultuelles (L. 19 décembre 1905, art. 19, al. 5).

En vertu des dispositions de la loi du 9 décembre 1905 modifiée, de l'article 910 du Code civil et de l'article premier du décret du 13 juin 1966, les dons et legs faits aux associations cultuelles doivent faire l'objet d'une autorisation administrative, que le Gouvernement peut refuser lorsque les activités menées par l'association ne lui confèrent pas dans son ensemble, en raison de l'objet ou de la nature de celles-ci, le caractère d'une association cultuelle (18).

Elle peut également, aux termes d'un avis du Conseil d'Etat du 15 mai 1962 (19), faire bénéficier les contribuables lui consentant des versements à titre de dons manuels, des déductions prévues à l'article 238 *bis* du Code général des impôts, mais sous la condition que ces versements soient destinés à la construction et non à l'entretien des ministres du culte eux-mêmes, ni aux dépenses entraînées par l'exercice de ce culte.

---

15. Sur les applications de ces dispositions, cf. J. Kerlevéo, *L'église catholique en régime français de séparation,* t. II, 1956, éd. Desclée et Cie ; id., « Les églises communales. Note juridique », *in* rev. *Espace,* n° 10, Suppl, 1980 ; A. Rivet, *Traité du culte catholique,* t. II, (Législation et jurisprudence), 1950, et G. Georgel, « Police des cultes », précit. nos 18 et s. et 70 et s.

16. Circ. du ministre de l'Intérieur n° 635 du 9 décembre 1966, p. 60, n° 136.

17. Rép. min. : *JO Sénat Q,* 10 mars 1988, p. 341, n° 9530 ; *Bull. Joly,* 1988, p. 298, § 91.

18. CE, 10e s.s., req. n° 46488, 1er février : *Bull. Joly,* 1985, p. 537, § 171.

19. *Cultes et associations cultuelles, congrégations et collectivités religieuses,* 1982, p. 867.

22. Dissolution-liquidation. — L'association cultuelle peut être dissoute pour les mêmes causes qu'une association déclarée (*supra*, Titre I) et, en outre, pour infractions aux dispositions de la loi de 1905. Ses biens sont alors attribués selon les décisions de l'assemblée générale ou du tribunal.

La dissolution d'une association diocésaine entraîne attribution des biens à une association constituée par l'évêque.

Titre IV

Régime fiscal

Chapitre premier
Régime fiscal des associations

Section 1
Enregistrement

§ 1. Constitution. Apports

1. Constitution sans acte d'apport. — En l'absence d'apport, les statuts d'association sont dispensés d'enregistrement (CGI, art. 635-1°-5 *a contrario*). Au cas où la formalité serait néanmoins requise, par exemple afin de leur donner date certaine, ils seraient enregistrés au droit fixe des actes innomés (CGI, art. 680 : 500 F depuis 1992).

2. Apport immobilier. — Le régime des droits d'enregistrement est identique à celui applicable aux apports en société et régi par le même texte (CGI, art. 809-1, 2°) ; ces droits varient donc en fonction de la qualité de l'apporteur :

a) S'il est soumis à l'IS, l'apport est soumis au droit fixe des actes innomés (CGI, art. 810-I : 500 F depuis 1992).

b) S'il n'est pas soumis à l'IS, l'apport est soumis au droit proportionnel de 8,60 % (CGI, art. 810-III), auquel s'ajoutent les taxes communales (1,20 %), départementales (1,60 %) et régionales (1,60 %).

Comme en matière d'apport en société, lorsque le droit de vente est inférieur, ce droit est applicable. Cette exception concerne essentiellement les apports d'immeubles à usage d'habitation avec engagement d'affectation pendant trois ans (CGI, art. 710). Par ailleurs, les apports d'immeubles nécessaires au fonctionnement de leurs services ou de leurs œuvres à certaines associations bénéficient d'un tarif réduit (CGI, art. 713 ; *infra*, n° 7).

3. Apport mobilier. — En règle générale, l'enregistrement d'apports mobiliers à une association n'est pas prévu, de sorte que seul le droit fixe des actes innomés peut être appliqué en cas de soumission volontaire à la formalité (*supra*, n° 1).

4.   Apport d'une activité professionnelle. — L'apport de l'ensemble des éléments d'actif immobilisés affectés à l'exercice d'une activité professionnelle est soumis au droit fixe (CGI, art. 810-III : 500 F depuis 1992).

En matière de société, ce droit fixe est subordonné à l'engagement de conservation pendant cinq ans des titres remis en échange de l'apport. Cette condition est sans objet pour les apports aux associations (1).

5.   Apport à titre onéreux. — Comme en matière d'apport en sociétés, l'apport à titre onéreux, c'est-à-dire rémunéré par le versement d'une somme d'argent, est passible du droit de mutation à titre onéreux, car l'opération s'analyse comme une vente.

En cas d'apport mixte, c'est-à-dire partiellement rémunéré, le droit de mutation est applicable à due concurrence ; cette situation peut se rencontrer non seulement quand il y a versement d'une somme d'argent, mais également prise en charge par l'association bénéficiaire d'un passif dû par l'apporteur.

§ 2.   *Mutations à titre onéreux*

6.   Principe. — En principe, pour toutes les mutations à titre onéreux (ventes, locations...), autres que l'apport (*supra,* n° 2), les associations sont soumises au régime de droit commun.

7.   Acquisition par certaines associations d'immeubles nécessaires à leur fonctionnement. — L'acquisition par une association reconnue d'utilité publique ayant pour objet l'assistance, la bienfaisance ou l'hygiène sociale, ou par une association cultuelle, des immeubles nécessaires au fonctionnement de leurs services ou de leurs œuvres sociales, bénéficie d'un taux réduit de 2 % (CGI, art. 713).

§ 3.   *Mutations à titre gratuit*

8.   Nature et imposition. — Selon la nature de leur objet, et l'importance de leur activité, les associations chercheront à compléter par des libéralités les fonds propres et les ressources que leur caractère non lucratif ne permet pas de réunir.

Les libéralités peuvent prendre la forme de donations, de legs testamentaires, et également de dons manuels (sur la distinction avec les apports et les cotisations, *supra,* Titre I).

---

1.   Instr. 1er juin 1992 : *BOI,* 7H-1-92 ; *Bull. Joly,* 1992, p. 814, § 265.

Enfin, les quelques lignes qui suivent concernent l'imposition sur la tête de l'association bénéficiaire, les avantages fiscaux accordés au disposant faisant l'objet d'un autre développement (*infra,* n° 25).

9. Régime général d'imposition. — Indépendamment des cas d'exonération (*infra,* nos 10 et 11), le régime d'imposition est celui prévu pour les libéralités entre étrangers (60 %) pour les associations simplement déclarées et celui prévu entre frères et sœurs (35 % sur 150 000 F et 45 % au-delà) pour les associations et fondations reconnues d'utilité publique (CGI, art. 777). Un abattement de 10 000 F est applicable à tous les legs, quel que soit le bénéficiaire, selon le droit commun (CGI, art. 788-II).

Il a été admis que lorsque le disposant prenait en charge les droits, normalement exigibles du donataire ou du légataire, la somme correspondante n'avait pas à être ajoutée à la base d'imposition.

10. Exonération des dons manuels. — L'exonération des dons manuels aux associations, dont la validité a été confirmée par la loi sur le développement du mécénat (L. n° 87-571, 23 juillet 1987, art. 16-I ; *supra,* Titre I), résulte des dispositions de droit commun selon lesquelles seule la révélation, la reconnaissance judiciaire ou l'aveu du don rend exigibles les droits (CGI, art. 757).

Il a simplement été précisé que la délivrance de reçu ou récépissé ne constituait pas une telle révélation, et ne rendait pas le don manuel exigible.

11. Exonération de certains organismes. — Cette exonération concerne les donations et legs consentis aux organismes ci-après (CGI, art. 795-2°, 4°, 5°, 10° et 11°) :
— établissements publics ou d'utilité publique dont les ressources sont exclusivement affectées à des œuvres scientifiques, culturelles ou artistiques à caractère désintéressé ;
— établissements publics charitables, mutuelles et sociétés reconnues d'utilité publique dont les ressources sont affectées à des œuvres d'assistance ;
— associations d'enseignement supérieur reconnues d'utilité publique conformément à l'article 7 de la loi du 18 mars 1880 et sociétés d'éducation populaire gratuite reconnues d'utilité publique et subventionnées par l'Etat ;
— associations cultuelles, unions d'associations cultuelles et congrégations autorisées ;
— établissements publics ou d'utilité publique, sociétés particulières ou autres groupements régulièrement constitués, en tant qu'ils sont affectés, par la volonté expresse du donateur ou du testateur, à l'élévation des monuments aux morts de la guerre ou à la gloire de nos armées et des armées alliées.

L'exonération prévue au 2° de l'article 295 du CGI bénéficie également aux associations même simplement déclarées, dont les ressources sont exclusivement affectées à la recherche médicale (2).

---

2. Instr. 26 septembre 1988, 7-G-2-88.

§ 4.   *Fusion, transformation, dissolution, liquidation*

12.   Application du régime de faveur des fusions. — Le régime de faveur des fusions, scissions et apports partiels d'actif, en matière de droits d'enregistrement, est applicable aux opérations de cette nature qui interviennent entre des personnes morales ou des organismes passibles de l'impôt sur les sociétés (CGI, art. 816 et 817).

Or, les organismes sans but lucratif et, spécialement, les associations régies par la loi du 1er juillet 1901 sont passibles de l'impôt sur les sociétés en vertu de l'article 206-5 du Code général des impôts alors même qu'ils ne perçoivent pas de revenus susceptibles d'être soumis à cet impôt. C'est pourquoi il est admis que le champ d'application du régime de faveur des fusions, scissions et apports partiels d'actif en matière d'enregistrement soit applicable à ces organismes bien qu'ils ne poursuivent pas un but lucratif.

En ce qui concerne les apports partiels d'actif, la notion de « branche complète et autonome d'activité » doit faire l'objet d'une nécessaire adaptation lorsque les opérations d'apport sont réalisées entre associations.

C'est pourquoi il est admis qu'un apport entre associations, même limité à un seul immeuble, puisse être considéré comme portant sur une branche complète et autonome d'activité dès lors que les conditions suivantes se trouvent réunies :

— l'immeuble est affecté à l'exercice d'une activité, même non lucrative, ayant une finalité propre et dont la gestion est susceptible d'être assurée de manière autonome. Il en est ainsi, par exemple, lorsque les immeubles qui font l'objet de l'apport sont affectés à une école ou à une maison de retraite ;

— l'affectation des locaux à cette activité est maintenue par l'association bénéficiaire de l'apport.

Les apports répondant à ces conditions bénéficient donc du régime de faveur (3).

13.   Transformation. — La transformation d'association en GIE a été seule prévue (*supra,* Titre I). L'opération ne donne lieu à perception d'aucun droit, à moins que la transformation ne soit constatée par un acte, elle sera alors soumise à l'enregistrement au droit fixe des actes innomés (500 F, à compter de 1993 ; CGI, art. 680).

14.   Dissolution-liquidation. — Lorsqu'une association déclarée est dissoute, la dévolution de ses biens à une autre association déclarée ne peut être regardée comme dérivant directement de la loi. La désignation de l'attributaire, en effet, est faite conformément aux statuts ou, à défaut de dispositions statutaires, suivant les règles déterminées en assemblée générale. La transmission des actifs ayant sa source dans des actes de droit privé, il appartient à l'Administration de rechercher pour l'application de la loi fiscale quels sont,

---

3.   Note du 11 janvier 1984 : *BODGI,* 7 H-1-84 ; *Bull. Joly,* 1984, p. 85, § 32.

d'après les règles du droit commun, la nature réelle et le caractère légal desdits actes. S'il y a vente, il y a lieu d'appliquer les dispositions prévues de façon générale pour les mutations à titre onéreux de meubles et d'immeubles. S'il s'agit d'apports mobiliers, seul est dû le droit fixe des actes innommés ; s'il s'agit d'apports d'immeubles ou de droits immobiliers l'enregistrement donne lieu au paiement d'un droit fixe de 500 F (CGI, art. 810-I).

Signalons également que la transmission, dans un intérêt général, d'un organisme poursuivant une œuvre d'intérêt général au profit d'un établissement reconnu d'utilité publique ne donne lieu à aucune perception au profit du Trésor (CGI, art. 1039).

Section 2
Fiscalité directe

§ 1. Impôt sur les sociétés

15. Principe d'imposition. — L'impôt sur les sociétés vise non seulement la SA, la SARL et la commandite par actions, mais également toutes les personnes morales qui se livrent à une exploitation ou à des opérations à caractère lucratif (CGI, art. 206-1).

Pour l'appréciation de ce critère, ce n'est pas la distribution de bénéfices aux membres qui est prise en considération (*supra,* Titre I), mais le fait de fournir des biens ou des prestations dans des conditions analogues à celles des professionnels exerçant dans le cadre de leur activité commerciale ou autre. Il en résulte qu'une association, parfaitement conforme à la loi de 1901, peut réaliser des opérations soumises à l'impôt sur les sociétés. Le bénéfice imposable est alors déterminé suivant les règles applicables en matière de BIC prévues à l'article 219-I du CGI.

16. Exonération. — Indépendamment de quelques hypothèses définies par la loi, la doctrine administrative a précisé les conditions d'exonération des associations (4).

17. Applications pratiques. — Ont été considérées comme ayant une activité de caractère lucratif, les associations ayant l'objet ou l'activité suivante :
— l'association ayant pour objet l'organisation de parties de chasse dès lors que les frais de fonctionnement sont couverts pour une partie seulement par les cotisations annuelles des membres et pour l'essentiel par des participations qui, en raison de leur caractère forfaitaire, offrent à l'association des possibilités de gain ; en outre, pour favoriser la souscription des participations forfaitaires, l'association a eu recours à la publicité dans la presse (5) ;

---

4. Instr. 27 mai 1977 ; *BOI* 4-H-2-77.
5. CE, 8e et 9e s.s., req., nos 25275, 25276, 57837, 2 mars 1988 : *Quot. jur.,* n° 63, 2 juin 1988, p. 8.

— l'association de gestion d'un palais des sports municipal, qui loue à des entrepreneurs de spectacles des salles aménagées en se faisant rembourser l'ensemble des frais engagés, percevant de plus un pourcentage des recettes, et qui organise elle-même des spectacles (6) ;

— l'association ayant pour objet l'exercice d'un culte dès lors qu'elle tire la plus grande part de ses ressources de la vente de livres, documents et matériels destinés à faire connaître sa doctrine, à en exposer les pratiques et méthodes et à en vanter les bienfaits, qu'elle a procédé à une recherche permanente d'excédents de recettes et qu'elle s'est livrée, à cet effet, à une propagande qui faisait un large appel aux méthodes de la publicité commerciale (7) ;

— l'association de gestion agréée, définie par l'article 64 de la loi du 29 décembre 1976, concernant les professions de santé et dont l'activité consiste à prodiguer divers conseils comptables en contrepartie du paiement d'une cotisation par ses adhérents, même si elle a renoncé à la possibilité d'établir les déclarations de revenus de ses membres (8) ;

— l'association organisatrice de salons professionnels, mettant à disposition de ses membres des équipements et moyens publicitaires propres à faciliter leur tâche commerciale, actions constitutives d'une forme de publicité collective prolongeant l'activité économique des adhérents de l'association (9) ;

— la fondation de droit liechtensteinois qui met à disposition gratuite à des tiers non dénommés une villa située en France (10) ;

— l'association qui a exploité un terrain de camping mis à disposition par une SNC dont les dirigeants étaient les épouses du président et du trésorier de l'association, qui a dégagé des excédents reversés à la SNC grâce à des tarifs supérieurs au coût de revient des prestations (11) ;

— l'association organisant des foires et expositions en raison du caractère lucratif par nature de l'activité qu'elle exerce (12) ;

— l'association qui effectue au profit de ses adhérents des opérations d'entremise rétribuées relevant de la gestion d'affaires (13) ;

— l'association dont une part très importante des ressources est constituée par des versements faits par ses membres en contrepartie des prestations de services fournies à leur demande et utiles à leur exploitation permettant une optimisation de leurs budgets publicitaires (14) ;

6. CE, 7e et 8e s.s., req., n° 76338, 3 mai 1989 : *Bull. Joly*, 1989, p. 563, § 206.

7. CE, 8e et 7e s.s., req., nos 37583, 37585, 42516 et 42564, 14 octobre 1985 : *Bull. Joly*, 1986, p. 112, § 23-II.

8. CE, 7e et 9e s.s., req., n° 57562 et 58414, 20 mai 1987 : *Bull. Joly*, 1987, p. 513, § 231.

9. CE, 7e et 8e s.s., req., n° 91241, 4 décembre 1989 : *Bull. Joly*, 1990, p. 112, § 29.

10. CE, 7e et 9e s.s., req., n° 64211, 26 janvier 1990 : *Bull. Joly*, 1990, p. 302, § 91, note Ph. Derouin.

11. CE, 8e et 7e s.s., req., nos 60976 et 60977, 19 juin 1991 : *Bull. Joly*, 1991, p. 869, § 312, somm.

12. Rép. min. : *JOAN Q*, 17 octobre 1983, p. 4543, n° 32592 ; *Bull. Joly*, 1983, p. 941, § 404-II.

13. Rép. min. : *JOAN Q*, 17 octobre 1983, p. 4543, n° 32591 ; *Bull. Joly*, 1983, p. 940, § 404-I.

14. CE, 8e et 9e s.s., req., n° 25243, 10 décembre 1982 : *Bull. Joly*, 1984, p. 430, § 157.

— le club de football qui ne se borne pas à organiser des compétitions pour ses membres amateurs, mais organise aussi de façon habituelle des rencontres de football avec le concours d'une équipe comportant un certain nombre de professionnels. Une telle association ne peut bénéficier de l'exonération prévue par l'article 207-1, 5° du CGI pour les associations sans but lucratif qui organisent avec le concours des communes ou des départements des réunions présentant un intérêt économique pour la commune ou la région (15).

Par contre, il a été admis que les recettes publicitaires provenant d'un bulletin interne d'une association qui n'a pas par ailleurs d'activité intéressée, ne sont pas retenues dans les bases d'imposition à condition qu'elles ne constituent pas la source principale du financement de cette publication. Dans ce dernier cas, l'association demeure passible de l'impôt sur les sociétés, selon les règles particulières des articles 206-5 et 219 *bis* du CGI pour les produits de placements dont elle bénéficie (16).

18. Imposition au taux réduit. — Les associations et collectivités non soumises à l'impôt sur les sociétés en vertu d'une autre disposition, sont assujetties audit impôt en raison :

— de la location des immeubles bâtis et non bâtis dont elles sont propriétaires et de ceux auxquels elles ont vocation en qualité de membres de sociétés immobilières de copropriété visées à l'article 1655 *ter ;*

— de l'exploitation des propriétés agricoles ou forestières ;

— des revenus de capitaux mobiliers dont elles disposent — à l'exception des dividendes des sociétés françaises — lorsque ces revenus n'entrent pas dans le champ d'application de la retenue à la source visée à l'article 119 *bis ;* ces revenus sont comptés dans le revenu imposable pour leur montant brut ;

— des dividendes des sociétés immobilières et des sociétés agréées visées aux 3° *ter* à 3° *sexies* de l'article 208 et à l'article 208 B perçus à compter du 1er janvier 1987. Ces dividendes sont comptés dans le revenu imposable pour leur montant brut (CGI, art. 206-5).

Cependant, les associations sans but lucratif sont soumises pour les revenus du patrimoine précités aux taux réduits de 24 % ou de 10 % (CGI, art. 219 *bis* I).

19. Imposition forfaitaire annuelle. — Les associations passibles de l'impôt sur les sociétés sont également passibles de l'impôt forfaitaire annuel (CGI, art. 223 *septies*). Par contre, selon ce même article, ne sont pas soumis à l'impôt forfaitaire annuel, les organismes sans but lucratif soumis à l'impôt au taux réduit (*supra,* n° 18), ainsi que ceux expressément exonérés de l'impôt sur les sociétés des articles 207 et 208 du CGI.

---

15. CE, 8e et 9e s.s., 29 septembre 1982 : *D.*, 1984, IR 180.
16. Rép. min. : *JO Sénat Q,* 31 mars 1983, p. 488, n° 8817 ; *Bull. Joly*, 1983, p. 309, § 183.

Section 3

Fiscalité indirecte

§ 1. TVA

20. Principe d'imposition. — Sont assujetties à la TVA les personnes qui effectuent de manière indépendante une des activités économiques suivantes : toutes les activités de producteur, de commerçant ou de prestataire de services, y compris les activités extractives, agricoles et celles des professions libérales ou assimilées. Est notamment considérée comme activité économique une opération comportant l'exploitation d'un bien meuble corporel ou incorporel en vue d'en retirer des recettes ayant un caractère de permanence (CGI, art. 256-1).

Cette taxe s'applique quels que soient :

— d'une part, le statut juridique des personnes qui interviennent dans la réalisation des opérations imposables ou leur situation au regard de tous autres impôts ;

— d'autre part, la forme ou la nature de leur intervention et le caractère, habituel ou occasionnel, de celle-ci (CGI, art. 256 A).

Par application de ce texte et sous réserve des exonérations prévues par le Code général des impôts, les associations sont soumises à la TVA pour ces actes qu'elles accomplissent, bien que ne cherchant pas à en tirer un bénéfice et même si elles ne font des opérations qu'avec leurs membres.

21. Application pratique. — Doivent être considérées comme assujetties :

— l'association qui exploite un camping auquel est annexée une épicerie-droguerie ainsi qu'un centre culturel, dès lors qu'elle pratique des prix de même niveau que ceux des installations comparables exploitées à titre commercial dans le département et ne s'adressant pas, à des fins sociales ou philantropiques, à des personnes démunies de ressources ou défavorisées (17) ;

— l'association qui exploite une clinique, activité couverte par d'autres établissements dans le département, dès lors que cette association ne justifie ni de la modicité de ses prix ni d'un accueil particulier des bénéficiaires de l'aide sociale et qu'elle verse un loyer important (18) ;

— l'association louant à des sociétés à responsabilité limitée exploitantes un terrain aménagé à usage de camping (19) ;

— l'association de médecins interentreprise qui établit un lien entre les services rendus aux adhérents et leur contrevaleur en argent (20).

---

17. CE, 7e et 9e s.s., req., n° 40352, 27 juillet 1984 : *Bull. Joly*, 1985, p. 203, § 73-I.
18. CE, 9e et 8e s.s., req., n° 65917, 28 décembre 1988 : *Bull. Joly*, 1989, p. 364, § 135, note M. Jeantin.
19. CE, 7e et 9e s.s., req., n° 78653, 82699, 82700, 26 janvier 1990 : *Bull. Joly*, 1990, p. 295, § 85.
20. CE, 7e et 8e s.s, req., n° 84846, 20 juillet 1990 : *Bull. Joly*, 1990, p. 980, § 317, et p. 1015, § 326, note M. Jeantin.

22. Exonérations. — Sont exonérées de la TVA (CGI, art. 261-7, 1°) :

a) Les services de caractère social, éducatif, culturel ou sportif rendus à leurs membres par les organismes légalement constitués agissant sans but lucratif, et dont la gestion est désintéressée.

Il en est de même des ventes consenties à leurs membres par ces organismes, dans la limite des 10 % de leurs recettes totales.

Toutefois, demeurent soumises à la taxe sur la valeur ajoutée les opérations d'hébergement et de restauration et l'exploitation des bars et buvettes.

b) Les opérations faites au bénéfice de toutes personnes par des œuvres sans but lucratif qui présentent un caractère social ou philanthropique et dont la gestion est désintéressée, lorsque les prix pratiqués ont été homologués par l'autorité publique ou que des opérations analogues ne sont pas couramment réalisées à des prix comparables par des entreprises commerciales, en raison notamment du concours désintéressé des membres de ces organismes ou des contributions publiques ou privées dont ils bénéficient ;

c) Les recettes de six manifestations de bienfaisance ou de soutien organisées dans l'année à leur profit exclusif par les organismes désignés au *a)* et *b)* ci-dessus.

Le caractère désintéressé de la gestion résulte de la réunion des conditions ci-après :
— l'organisme doit être géré et administré à titre bénévole par des personnes n'ayant elles-mêmes, ou par personne interposée, aucun intérêt direct ou indirect dans les résultats d'exploitation ;
— l'organisme ne doit procéder à aucune distribution directe ou indirecte de bénéfices, sous quelque forme que ce soit ;
— les membres de l'organisme et leurs ayants droit ne doivent pas pouvoir être déclarés attributaires d'une part quelconque de l'actif, sous réserve du droit de reprise des apports.

23. Option pour la TVA. — La possibilité d'opter pour le paiement de la taxe sur la valeur ajoutée est limitée aux personnes ou groupements qui exercent l'une des activités énumérées par l'article 260 du Code général des impôts. Elle ne s'étend donc pas aux associations sans but lucratif exonérées en application de l'article 261-7, 1° du même code. Ces dispositions sont conformes à l'article 13 C de la sixième directive européenne et il ne peut être envisagé d'en modifier la portée (21).

§ 2. *Taxes diverses*

24. Impôt sur les spectacles et manifestations. — Les spectacles et manifestations organisés même exceptionnellement par les associations au profit de leurs œuvres, sont soumis à un impôt, dit « impôt sur les spectacles », même si un but commercial ou financier n'est pas visé (CGI, art. 1559).

Certaines exemptions sont prévues par l'article 1561-3° du CGI.

---

21. Rép. min. : *JO Sénat Q,* 2 avril 1987, p. 488, n° 4462 ; *Bull. Joly,* 1987, p. 319, § 168.

Section 4
Déductibilité des libéralités aux associations

25. Objet. — Au-delà du régime fiscal de l'association proprement dit, il convient de se pencher sur les avantages fiscaux pour le donateur liés aux libéralités qu'il consent à une association. Ce régime est différent selon qu'il s'agit d'un particulier ou d'une entreprise.

26. Libéralité par un particulier. — Quelle que soit leur forme ou leur nature, les dons consentis :

— à des œuvres ou organismes d'intérêt général, ayant un caractère philantropique, éducatif, scientifique, social, humanitaire, sportif, familial, culturel ou concourant à la mise en valeur du patrimoine artistique, à la défense de l'environnement naturel ou à la diffusion de la culture, de la langue et des connaissances scientifiques ;

— ou à des établissements d'enseignement supérieur ou artistique public ou privé à but non lucratif, bénéficiant d'un agrément ministériel ;

bénéficient d'une réduction d'impôt sur le revenu égale à 40 % des versements effectués et 50 % sur les versements effectués à des organismes qui distribuent des repas ou fournissent le logement de personnes en difficulté (CGI, art. 200).

Cette déductibilité est limitée aux dons qui n'excèdent pas 1,25 % du revenu imposable (5 % pour les versements aux organismes reconnus d'utilité publique). Un reçu de versement établi selon un modèle type doit être joint à la déclaration (*infra*, Formules).

27. Libéralité par une entreprise. — Pour les entreprises, la déductibilité est de 3 ‰ ou 2 ‰ du chiffre d'affaires, selon que les organismes bénéficiaires sont ou ne sont pas reconnus d'utilité publique (CGI, art. 238 *bis*).

Les autres conditions sont identiques au régime de déductibilité ouvert aux particuliers (*supra*, n° 26) ; étant toutefois précisé que les entreprises soumises à l'impôt sur le revenu et imposables d'après le bénéfice réel ont le choix entre le système ouvert aux entreprises et celui ouvert aux particuliers.

Chapitre II

Régime fiscal des fondations

28. Principe. — Le régime fiscal des fondations d'utilité publique est identique à celui des associations d'utilité publique sous réserve de quelques particularités qui concernent plus la nature des versements effectués à une fondation que leur conception fiscale : dotations, dons manuels ou libéralités ordinaires.

29. Dotations. — Les dotations faites aux fondations d'entreprise initiales destinées à garantir la stabilité des ressources de la fondation en vue du financement de ses activités d'intérêt général sont soumises à un droit fixe de 500 F lors de la constitution de la fondation, mais les versements qui correspondent au programme d'action pluriannuel ne sont pas passibles de droits d'enregistrement. Les dotations précitées sont déductibles du bénéfice de l'entreprise de l'exercice au cours duquel elles sont affectées à la fondation dans la limite du plafond de 2 ‰ prévu par l'article 238 *bis* du CGI.

30. Dons et legs. — La fondation d'entreprise ne pouvant recevoir de dons et legs, les libéralités des particuliers ou des sociétés autres que les sociétés fondatrices sont enregistrées au tarif « fort » et ne peuvent bénéficier des réductions des articles 238 *bis* et 200 du CGI.

Par contre, les fondations reconnues d'utilité publique bénéficient d'un taux plus favorable, celui applicable entre frères et sœurs (CGI, art. 777).

Chapitre III
Régime fiscal des congrégations

31. Principe. — Il n'existe pas de régime fiscal général applicable aux congrégations reconnues. Simplement les œuvres qu'elles accomplissent leur permettent de bénéficier (ou de faire bénéficier leurs donateurs) de dispositions fiscales de faveur pour ces opérations : ainsi en est-il, par exemple, de l'article 238 *bis* 1 qui permet la déductibilité des versements effectués au profit « d'œuvres ou d'organismes d'intérêt général, ayant un caractère... ».

En règle générale, l'objet des congrégations devrait leur permettre de bénéficier du même régime que les associations reconnues d'utilité publique ayant un objet analogue.

Pour ce qui est des droits de mutation à titre gratuit, les congrégations autorisées bénéficient d'une exonération expresse (CGI, art. 795-10°).

Tableau synoptique
des associations
spécialement réglementées

Observations

Ce tableau (*) a pour objet de présenter un panorama, non exhaustif, des associations qui, à l'intérieur du cadre des dispositions générales de la loi du 1er juillet 1901, sont régies par des dispositions particulières.

Il regroupc les associations selon les domaines d'activité dans lesquels elles interviennent de façon la plus courante.

Les différentes rubriques sont donc les suivantes :

I. Œuvres sociales (famille, santé, assistance) ;

II. Protection de la nature et de l'environnement ;

III. Sport ;

IV. Défense des consommateurs et des usagers ;

V. Activités politiques ;

VI. Objet culturel, artistique, scientifique.

Toutes ces associations sont titulaires de la personnalité juridique.

Elles sont donc toutes pour le moins déclarées et, pour certaines d'entre elles, même reconnues d'utilité publique.

(*) Réalisé avec la collaboration de Perrine Scholer.

I. ŒUVRES SOCIALES

Titre	Dispositions spécifiques	Objet des dispositions
Association familiale.	Code de la famille et de l'aide sociale, art. 1er et suivants.	Droit de recevoir des libéralités.
	Loi n° 88-14 du 5 janvier 1988.	Droit d'agir en justice.
	D. n° 93-90 du 5 mars 1993.	Participation au Conseil national pour l'intégration des populations immigrées.
	D. n° 93-274 du 25 février 1993.	Participation au Conseil supérieur de la télématique.
Association de défense des handicapés.	Code de procédure pénale, art. 2-8.	Droit d'agir en justice.
	Loi n° 90-602 du 12 juillet 1990.	Constitution de partie civile.
	Loi n° 91-663 du 13 juillet 1991.	
	Code de procédure pénale, art. 2-1.	
Association de protection de l'enfance.	Code de procédure pénale, art. 2-3.	Droit d'agir en justice.
	Loi n° 87-517 du 10 juillet 1987.	Régime du travail des handicapés.
Association de lutte contre l'alcoolisme et le tabagisme.	Code des débits de boissons, art. L. 96.	Droit d'agir en justice.
	Loi n° 91-32 du 10 janvier 1991.	Mécénat - Parrainage.
	D. n° 93-767 du 29 mars 1993.	
	D. n° 93-768 du 29 mars 1993.	
Association de lutte contre le proxénétisme.	Loi n° 75-229 du 9 avril 1975.	Droit d'agir en justice.
Association de lutte contre les violences sexuelles.	Code de procédure pénale, art. 2-2.	Droit d'agir en justice.
	Loi n° 92-1179 du 2 novembre 1992.	Constitution de partie civile.
	Code de procédure pénale, art. 2-6.	

Titre	Dispositions spécifiques	Objet des dispositions
Association de lutte contre le racisme.	Loi du 29 juillet 1881 sur la presse. Loi n° 72-546 du 1er juillet 1972. Code de procédure pénale, art. 2-2.	Droit d'agir en justice.
Association œuvrant pour les droits de l'homme.	Loi n° 90-615 du 13 juillet 1990. D. n° 93-182 du 9 février 1993.	Participation à la Commission des droits de l'homme. Constitution de partie civile.
Association de résistants et de déportés.	Code de procédure pénale, art. 2-4 et 2-5. Loi n° 90-615 du 13 juillet 1990. Code de procédure pénale, art. 2-2.	Droit d'agir en justice. Constitution de partie civile.
Association d'anciens combattants et victimes de guerre.	Loi n° 91-1257 du 17 décembre 1991. D. n° 92-701 du 20 juillet 1992.	Droit d'agir en justice. Inscription auprès de l'Office national des anciens combattants et victimes de guerre.
Association d'aide aux victimes du terrorisme.	Loi n° 90-589 du 6 juillet 1990. Code de procédure pénale, art. 2-19.	Constitution de partie civile.
Association de défense des droits des femmes.	Code de la santé publique, art. L. 162-15-1. Loi n° 93-121 du 27 janvier 1993.	Constitution de partie civile.
Association de jardins familiaux.	Code rural, art. L. 561-2.	Statuts types.
Association de jardins ouvriers.	Code rural, art. L. 561-1.	Statuts types.

Titre	Dispositions spécifiques	Objet des dispositions
Association de lutte contre les discriminations.	Code du travail, art. L. 341-6-3. Code de procédure pénale, art. 2-6. Loi n° 85-772 du 25 juillet 1985.	Droit d'agir en justice.
Association de lutte contre l'exclusion sociale ou culturelle.	Loi n° 90-602 du 12 juillet 1990. Code de procédure pénale, art. 2-10.	Constitution de partie civile.
Association de lutte contre la délinquance routière.	Loi n° 93-2 du 4 janvier 1993. Code de procédure pénale, art. 2-12.	Constitution de partie civile.
Association de réinsertion.	D. n° 86-469 du 15 mars 1986. Loi n° 87-518 du 10 juillet 1987. D. n° 87-236 du 3 avril 1987.	Volontariat. Lutte contre le chômage. Programme d'insertion locale.
Association pour l'apprentissage.	Loi n° 87-572 du 23 juillet 1987. Loi n° 92-675 du 17 juillet 1992.	Statuts types. Contrat d'apprentissage.
Association de bienfaisance et d'assistance.	Loi n° 87-571 du 23 juillet 1987. Code de la famille et de l'aide sociale, art. 1er et suivants.	Droit de recevoir des libéralités.
Association intermédiaire.	D. n° 90-418 du 16 mai 1990. Loi n° 89-905 du 19 décembre 1989. D. n° 91-747 du 31 juillet 1991. Loi n° 91-1405 du 31 décembre 1991. D. n° 92-331 du 30 mars 1992.	Agrément. Embauche. Régime social.

Titre	Dispositions spécifiques	Objet des dispositions
Association de service aux personnes.	Loi n° 91-1405 du 31 décembre 1991. D. n° 92-18 du 6 janvier 1992.	Statuts types. Agrément. Régime social.
Association intermédiaire de mise à disposition de personnel.	Code du travail, art. L. 128. Loi n° 87-39 du 27 janvier 1987. D. n° 87-303 du 30 avril 1987. Loi n° 87-588 du 30 juillet 1987.	Statuts types. Agrément.
Association d'employeurs âgés de gens de maison.	Loi n° 93-121 du 27 janvier 1993.	Régime social.
Service d'aide médicale d'urgence.	Loi n° 86-11 du 6 janvier 1986.	Statuts types.
Service d'aide à domicile.	Code de la famille et de l'aide sociale, art. 158.	Statuts types.
Association d'aide médicale.	Loi n° 92-722 du 29 juillet 1992. Code de la famille et de l'aide sociale, art. 189-1 et 189-3. D. n° 93-648 du 26 mars 1993.	Agrément.
Association médicale et médico-sociale.	Loi n° 75-535 du 30 juin 1975.	Statuts types.
Groupement d'employeurs.	Code du travail, art. L. 127-1 à L. 127-7 et art. L. 152-2.	Statuts types.
Association de jeunesse.	Loi n° 49-956 du 16 juillet 1949. Loi n° 51-662 du 24 mai 1951. Loi n° 82-652 du 29 juillet 1982.	Régime des publications destinées à la jeunesse. Statut des établissements de natation. Régime de la communication audiovisuelle.

Titre	Dispositions spécifiques	Objet des dispositions
Association éducative complémentaire de l'enseignement public.	D. n° 92-1200 du 6 novembre 1992.	Agrément.
Association d'éducation populaire.	D. n° 90-204 du 7 mars 1990.	Agrément.
Association gérant des établissements hospitaliers.	D. n° 56-1114 du 26 octobre 1956. Loi n° 54-1311 du 31 décembre 1954. D. n° 58-1202 du 11 décembre 1958. D. n° 59-1510 du 29 décembre 1959. D. n° 61-9 du 3 janvier 1961. Loi n° 70-1318 du 31 décembre 1970. Loi n° 75-535 du 30 juin 1975. Loi n° 83-744 du 11 août 1983. D. n° 85-1458 du 30 décembre 1985. Loi n° 87-575 du 24 juillet 1987.	Statut des établissements d'hospitalisation.
Association caritative.	D. n° 92-280 du 27 mars 1992.	Mécénat - Parrainage. Droit d'agir en justice.
Association de transfusion sanguine.	D. n° 92-602 du 2 juillet 1992. Loi n° 93-5 du 4 janvier 1993.	Agrément.
Association de patients et de donneurs de sang.	Loi n° 91-1406 du 31 décembre 1991. Loi n° 93-5 du 4 janvier 1993.	Participation à la Commission d'indemnisation des victimes du Sida par transfusion. Participation à l'Agence française de sang.
Association de secourisme.	Arr. du 8 juillet 1992.	Agrément.

Titre	Dispositions spécifiques	Objet des dispositions
Association de collecte du « 1 % logement ».	D. n° 93-750 du 27 mars 1993. Code de la construction et de l'habitation, art. R. 313-9-1.	Présentation des comptes annuels. Statuts types.
Association de mise à disposition de logements au profit de personnes défavorisées.	Loi n° 90-449 du 31 mai 1990. D. n° 90-783 du 5 septembre 1990.	Agrément.
Association professionnelle ou interprofessionnelle de promotion de logements sociaux.	D. n° 90-392 du 11 mai 1990. Code de la construction et de l'habitation, art. R. 319-9.	Statuts types.
Association ayant une activité sociale d'intérêt général.	Loi n° 91-772 du 7 août 1991. D. n° 92-1058 du 30 septembre 1990.	Congé de représentation à des instances consultatives.

II. PROTECTION DE LA NATURE ET DE L'ENVIRONNEMENT

Titre	Dispositions spécifiques	Objet des dispositions
Association de protection de l'environnement et de la nature.	Code rural, art. L. 252-1. Code rural, art. L. 211-1. Loi n° 75-633 du 15 juillet 1975. Loi n° 79-1150 du 29 décembre 1979. Loi n° 76-629 du 10 juillet 1976. D. n° 77-760 du 7 juillet 1977. D. n° 77-1141 du 12 octobre 1977. Loi n° 87-571 du 23 juillet 1987. Code de l'urbanisme, art. L. 160-1, L. 480-1, R. 160-7.	Agrément. Droit d'agir en justice. Statuts types.

Titre	Dispositions spécifiques	Objet des dispositions
	D. n° 77-1296 du 25 novembre 1977.	
	Loi n° 91-1381 du 30 janvier 1991.	Activité de recherche sur les déchets radioactifs.
	Loi n° 92-3 du 3 janvier 1992.	Agrément. Droit d'agir en justice.
	Code rural, art. L. 238-9.	Constitution de partie civile.
	Loi n° 92-646 du 13 juillet 1992.	Consultation par les pouvoirs publics.
	Loi n° 92-654 du 13 juillet 1992.	
	D. n° 93-235 du 23 février 1993.	
	Loi n° 92-1444 du 31 décembre 1992.	
	Loi n° 93-3 du 4 janvier 1993.	
	D. n° 93-298 du 8 mars 1993.	Participation au conseil pour les droits des générations futures.
Association de protection et d'amélioration du cadre de vie et de l'environnement.	Code de l'urbanisme, art. L. 160-1, L. 480-1. Loi n° 75-633 du 15 juillet 1975.	Droit d'agir en justice.
	Loi n° 92-3 du 3 janvier 1992.	Agrément. Droit d'agir en justice. Constitution de partie civile.
Association de protection du littoral.	Loi n° 75-602 du 10 juillet 1975.	Statut du Conservatoire du littoral.
	D. n°75-1136 du 11 décembre 1975.	Protection du littoral. Mise en valeur de la mer.
	Loi n° 86-2 du 3 janvier 1986.	
	Loi n° 86-1252 du 5 décembre 1986.	
Association de sauvegarde des ressources en eau.	Loi n° 92-3 du 3 janvier 1992.	Agrément. Droit d'agir en jsutice. Constitution de partie civile.
Association de développement et de protection de la montagne.	Loi n° 85-30 du 9 janvier 1985.	Statuts types.

Titre	Dispositions spécifiques	Objet des dispositions
Association de protection des animaux.	Loi n° 76-629 du 10 juillet 1976. Loi n° 57-724 du 27 juin 1957.	
Association de chasse ou de pêche.	Loi n° 64-696 du 10 juillet 1964. D. n° 66-647 du 6 octobre 1966. D. n° 68-1163 du 16 décembre 1968. D. n° 72-334 du 27 avril 1972. Loi n° 84-512 du 29 juin 1984.	Statuts types. Agrément.
Association de sauvegarde des intérêts liés aux installations classées.	Loi n° 76-663 du 19 juillet 1976. D. n° 77-760 du 7 juillet 1977.	Statuts types.
Association de protection du patrimoine archéologique.	Loi n° 89-900 du 18 décembre 1989. D. n° 91-787 du 19 août 1991.	Constitution de partie civile. Agrément.

III. SPORT

Titre	Dispositions spécifiques	Objet des dispositions
Groupement sportif.	Loi n° 84-610 du 16 juillet 1984. D. n° 93-392 du 18 mars 1993.	Statuts types. Assurances.
Association sportive universitaire et scolaire.	D. n° 86-495 du 14 mars 1986. D. n° 85-237 du 13 février 1985.	Statuts types. Agrément.

Titre	Dispositions spécifiques	Objet des dispositions
Fédération sportive.	D. n° 85-236 du 13 février 1985. Loi n° 87-979 du 7 décembre 1987. Loi n° 89-432 du 28 juin 1989. D. n° 90-347 du 13 avril 1990. D. n° 92-381 du 1er avril 1992.	Statuts types. Agrément. Règlement intérieur.
Intermédiaire sportif.	D. n° 93-88 du 15 janvier 1993.	Conditions d'exercice.
Association sportive.	D. n° 91-582 du 19 juin 1991.	Assurances.
Association sportive affiliée à une fédération.	Loi n° 87-979 du 7 décembre 1979. Loi n° 84-610 du 16 juillet 1984.	Statuts types.
Association sportive affiliée à une fédération et organisant des manifestations sportives payantes.	Loi n° 92-652 du 13 juillet 1992. D. n° 93-112 du 22 janvier 1993. D. n° 93-392 du 18 mars 1992.	Statuts types. Constitution de partie civile. Contrôle administratif. Assurances.
Club sportif professionnel.	D. n° 93-394 du 18 mars 1993.	Statuts types.
Etablissement d'activités physiques et sportives.	D. n° 93-708 du 27 mars 1993. D. n° 93-709 du 27 mars 1993. D. n° 93-392 du 18 mars 1993.	Contrôle de la sécurité. Agrément. Assurances.

Titre	Dispositions spécifiques	Objet des dispositions
Navigation de plaisance et sports nautiques.	D. n° 67-315 du 31 mars 1967. D. n° 84-27 du 11 janvier 1984. D. n° 87-377 du 11 juin 1987.	Statut du Conseil supérieur de plaisance et des sports nautiques.
Association de ski de fond.	Loi n° 85-30 du 9 janvier 1985.	Statuts types.
Société de courses de chevaux.	D. du 14 novembre 1974.	
Aéro-club.	Arr. du 9 mai 1984. Code de l'aviation civile, art. D. 510-3.	Agrément. Affiliation à une fédération.
Association de danse.	Loi n° 89-468 du 10 juillet 1989.	Assurances.

IV. DÉFENSE DES CONSOMMATEURS ET DES USAGERS

Titre	Dispositions spécifiques	Objet des dispositions
Association de défense des consommateurs.	Loi n° 88-14 du 5 janvier 1988. D. n° 88-586 du 6 mai 1988. Ordonnance n° 86-1243 du 1er décembre 1986. Loi n° 90-1259 du 31 décembre 1990. Loi n° 92-60 du 18 janvier 1992. D. n° 92-1306 du 11 décembre 1992. Loi n° 92-654 du 13 juillet 1992. D. n° 93-235 du 23 février 1993. D. n° 93-274 du 25 février 1993.	Statuts types. Droit d'agir en justice. Saisine du Conseil de la concurrence. Activité de consultation juridique. Droit d'agir en justice en représentation conjointe. Consultation par les pouvoirs publics. Participation au Conseil supérieur de la télématique.

Titre	Dispositions spécifiques	Objet des dispositions
Association de défense des actionnaires.	Loi n° 88-14 du 5 janvier 1988. D. n° 90-235 du 16 mars 1990.	Droit d'agir en justice.
Association de défense des épargnants et des investisseurs.	D. n° 90-235 du 16 mars 1990.	Agrément.
Association de parents d'élèves.	Loi n° 87-588 du 30 juillet 1987.	Droit d'agir en justice.
Association d'usagers.	D. n° 77-760 du 7 juillet 1977. D. n° 83-1025 du 28 novembre 1983. Code de l'urbanisme, art. L. 121-8 et R. 121-1.	Statuts types. Régime des relations entre l'administration et les usagers. Elaboration des documents d'urbanisme.

V. ACTIVITÉS POLITIQUES

Titre	Dispositions spécifiques	Objet des dispositions
Association pour le financement des partis politiques.	Loi n° 88-227 du 11 mars 1988. D. n° 92-1300 du 14 décembre 1992. Loi n° 93-122 du 29 janvier 1993. Loi n° 90-55 du 15 janvier 1990.	Droit de recevoir des libéralités. Dissolution. Agrément.
Association pour le financement électoral.	Loi du 15 janvier 1990. D. du 9 juillet 1990. D. n° 92-1300 du 14 décembre 1992. Loi n° 93-122 du 29 janvier 1993. Code électoral, art. L. 52-5.	Droit de recevoir des libéralités. Dissolution.

**VI. ŒUVRES A CARACTÈRE CULTUREL,
ARTISTIQUE ET SCIENTIFIQUE**

Titre	Dispositions spécifiques	Objet des dispositions
Association de recherche scientifique.	Loi n° 87-571 du 23 juillet 1987. Ordonnance n° 58-882 du 25 septembre 1958. Loi n° 84-52 du 26 janvier 1984.	Droit de recevoir des libéralités.
Association de tourisme.	Loi n° 75-627 du 11 juillet 1975. D. n° 77-363 du 28 mars 1977. Loi n° 85-30 du 9 janvier 1985. Loi n° 87-10 du 3 janvier 1987. Code des communes, art. R. 142-1 à R. 142-28. Loi n° 92-645 du 13 juillet 1992.	Statut des organismes de séjour et voyage. Protection de la montagne. Statuts types. Organisation régionale du tourisme. Agrément. Prestations. Responsabilité. Assurances.
Organisme local de tourisme.	Loi n° 92-645 du 13 juillet 1992.	Agrément. Assurances.
Maison familiale de vacances.	D. n° 90-1054 du 23 novembre 1990.	Agrément.
Association culturelle et artistique.	Loi n° 82-652 du 29 juillet 1982. Loi n° 87-571 du 23 juillet 1987.	Régime de la communication audiovisuelle. Droit de recevoir des libéralités.
Association organisant des manifestations et festivités associatives.	Loi n° 92-597 du 1er juillet 1992.	Droits d'auteur.
Association de fêtes communales.	Loi n° 92-597 du 1er juillet 1992.	Droits d'auteur.
Association producteur de spectacles.	Loi n° 92-1446 du 31 décembre 1992.	Licence d'exploitation.

Titre	Dispositions spécifiques	Objet des dispositions
Association d'enseignement supérieur ou artistique.	Loi n° 84-52 du 26 janvier 1984. Loi n° 87-571 du 23 juillet 1987.	Statut de l'enseignement supérieur. Droit de recevoir des libéralités.
Association exploitant une radio locale.	Loi n° 82-652 du 29 juillet 1982. Loi n° 84-742 du 1er août 1984. D. n° 84-1061 du 1er décembre 1984.	Statut de la communication audiovisuelle.

VII. ACTIVITÉS DIVERSES

Titre	Dispositions spécifiques	Objet des dispositions
Association agréée et centre de gestion.	Loi n° 88-1149 du 23 décembre 1988. D. n° 91-376 du 16 avril 1991.	Agrément.
Association de pompes funèbres.	Loi n° 92-23 du 8 janvier 1993.	Habilitation.
Organisme local de formation des élus locaux.	D. n° 92-1207 du 16 novembre 1992.	Agrément.

Textes

SOMMAIRE DES TEXTES

I. Textes principaux

II. Autres textes

Pages

I. Textes principaux

LOI DU 1er JUILLET 1901
relative au contrat d'association (*JO*, 2 juillet 1901).

TITRE PREMIER

Article premier. − L'association est la convention par laquelle deux ou plusieurs personnes mettent en commun, d'une façon permanente, leurs connaissances ou leur activité dans un but autre que de partager des bénéfices. Elle est régie, quant à sa validité, par les principes généraux du droit applicables aux contrats et obligations.

Art. 2. − Les associations de personnes pourront se former librement, sans autorisation ni déclaration préalable, mais elles ne jouiront de la capacité juridique que si elles se sont conformées aux dispositions de l'article 5.

Art. 3. − Toute association fondée sur une cause ou en vue d'un objet illicite, contraire aux lois, aux bonnes mœurs, ou qui aurait pour but de porter atteinte à l'intégrité du territoire national et à la forme républicaine du Gouvernement, est nulle et de nul effet.

Art. 4. − Tout membre d'une association qui n'est pas formée pour un temps déterminé, peut s'en retirer en tout temps, après paiement des cotisations échues et de l'année courante, nonobstant toute clause contraire.

Art. 5. − Toute association qui voudra obtenir la capacité juridique prévue par l'article 6, devra être rendue publique par les soins de ses fondateurs.

(L. n° 71-604, 20 juillet 1971, art. 1er) « La déclaration préalable en sera faite à la préfecture du département ou à la sous-préfecture de l'arrondissement où l'association aura son siège social. Elle fera connaître le titre et l'objet de l'association, le siège de ses établissements et les noms, professions », *(L. n° 81-909, 9 octobre 1981, art. 1er, I)* « domiciles et nationalités de ceux qui, à un titre quelconque, sont chargés de son administration ou de sa direction. Deux exemplaires des statuts seront joints à la déclaration. Il sera donné récépissé de celle-ci dans le délai de cinq jours ».

(L. n° 81-909, 9 octobre 1981, art. 1er, II) « Lorsque l'association aura son siège social à l'étranger, la déclaration préalable prévue à l'alinéa précédent sera faite à la préfecture du département où est situé le siège de son principal établissement ».

(L. n° 71-604, 20 juillet 1971, art. 1ᵉʳ) « L'association n'est rendue publique que par une insertion au *Journal officiel,* sur production de ce récépissé ».

Les associations sont tenues de faire connaître, dans les trois mois, tous les changements survenus dans leur administration ou direction, ainsi que toutes les modifications apportées à leurs statuts.

Ces modifications et changements ne sont opposables aux tiers qu'à partir du jour où ils auront été déclarés.

Les modifications et changements seront, en outre, consignés sur un registre spécial qui devra être présenté aux autorités administratives ou judiciaires chaque fois qu'elles en feront la demande.

Art. 6. – *(L. n° 48-1001, 23 juin 1948)* Toute association régulièrement déclarée peut, sans aucune autorisation spéciale, ester en justice *(L. n° 87-571, 23 juillet 1987, art. 16, I)*, « recevoir des dons manuels ainsi que des dons des établissements d'utilité publique », acquérir à titre onéreux, posséder et administrer, en dehors des subventions de l'Etat *(L. n° 87-571, 23 juillet 1987, art. 16, I)* « des régions, des départements, des communes et de leurs établissements publics » :

1° Les cotisations de ses membres ou les sommes au moyen desquelles ces cotisations ont été rédimées, ces sommes ne pouvant être supérieures à 100 F ;

2° Le local destiné à l'administration de l'association et à la réunion de ses membres ;

3° Les immeubles strictement nécessaires à l'accomplissement du but qu'elle se propose.

(L. n° 87-571, 23 juillet 1987, art. 16, II) « Les associations déclarées qui ont pour but exclusif l'assistance, la bienfaisance, la recherche scientifique ou médicale peuvent accepter les libéralités entre vifs ou testamentaires dans des conditions fixées par décret en Conseil d'Etat.

« Lorsqu'une association donnera au produit d'une libéralité une affectation différente de celle en vue de laquelle elle aura été autorisée à l'accepter, l'acte d'autorisation pourra être rapporté par décret en Conseil d'Etat ».

Art. 7. – *(L. n° 71-604, 20 juillet 1971, art. 2)* « En cas de nullité prévue par l'article 3, la dissolution de l'association est prononcée par le tribunal de grande instance, soit à la requête de tout intéressé, soit à la diligence du ministère public. Celui-ci peut assigner à jour fixe et le tribunal, sous les sanctions prévues à l'article 8, ordonner par provision et nonobstant toute voie de recours, la fermeture des locaux et l'interdiction de toute réunion des membres de l'association ».

En cas d'infraction aux dispositions de l'article 5, la dissolution peut être prononcée à la requête de tout intéressé ou du ministère public.

Art. 8. – Seront punis d'une amende de 2 500 F à 5 000 F et, en cas de récidive, d'une amende double, ceux qui auront contrevenu aux dispositions de l'article 5.

Seront punis d'une amende de 60 F à 30 000 F et d'un emprisonnement de six jours à un an les fondateurs, directeurs ou administrateurs de l'association qui se serait maintenue ou reconstituée illégalement après le jugement de dissolution.

Seront punies de la même peine toutes les personnes qui auront favorisé la réunion des membres de l'association dissoute, en consentant l'usage d'un local dont elles disposent.

Art. 9. – En cas de dissolution volontaire, statutaire ou prononcée par justice, les biens de l'association seront dévolus conformément aux statuts, ou, à défaut de disposition statutaire, suivant les règles déterminées en assemblée générale.

TITRE II

Art. 10. – *(L. n° 87-571, 23 juillet 1987, art. 17, I)* Les associations peuvent être reconnues d'utilité publique par décret en Conseil d'Etat à l'issue d'une période probatoire de fonctionnement d'une durée au moins égale à trois ans.

La reconnaissance d'utilité publique peut être retirée dans les mêmes formes.

La période probatoire de fonctionnement n'est toutefois pas exigée si les ressources prévisibles sur un délai de trois ans de l'association demandant cette reconnaissance sont de nature à assurer son équilibre financier.

Art. 11. – Ces associations peuvent faire tous les actes de la vie civile qui ne sont pas interdits par leurs statuts, mais elles ne peuvent posséder ou acquérir d'autres immeubles que ceux nécessaires au but qu'elles se proposent. *(L. n° 87-571, 23 juillet 1987, art. 17, II)* « Toutes les valeurs mobilières d'une association doivent être placées en titres nominatifs, en titres pour lesquels est établi le bordereau de références nominatives prévu à l'article 55 de la loi n° 87-416 du 17 juin 1987 sur l'épargne ou en valeurs admises par la Banque de France en garantie d'avances ».

Elles peuvent recevoir des dons et des legs dans les conditions prévues par l'article 910 du Code civil. Les immeubles compris dans un acte de donation ou dans une disposition testamentaire qui ne seraient pas nécessaires au fonctionnement de l'association sont aliénés dans les délais et la forme prescrits par le décret ou l'arrêté qui autorise l'acceptation de la libéralité ; le prix en est versé à la caisse de l'association. *(L. 2 juillet 1913, art. 2)* « Cependant, elles peuvent acquérir, à titre onéreux ou à titre gratuit, des bois, forêts ou terrains à boiser ».

Elles ne peuvent accepter une donation mobilière ou immobilière avec réserve d'usufruit au profit du donateur.

Art. 12. – *Abrogé (D.-L. 12 avril 1939, art. 2).*

TITRE III

Art. 13. – *(L. n° 42-505, 8 avril 1942)* Toute congrégation religieuse peut obtenir la reconnaissance légale par décret rendu sur avis conforme du Conseil d'Etat ; les dispositions relatives aux congrégations antérieurement autorisées leur sont applicables.

La reconnaissance légale pourra être accordée à tout nouvel établissement congréganiste en vertu d'un décret en Conseil d'Etat.

La dissolution de la congrégation ou la suppression de tout établissement ne peut être prononcée que par décret sur avis conforme du Conseil d'Etat.

Art. 14. – *Abrogé (L. 3 septembre 1940).*

Art. 15. – Toute congrégation religieuse tient un état de ses recettes et dépenses ; elle dresse chaque année le compte financier de l'année écoulée et l'état inventorié de ses biens, meubles et immeubles.

La liste complète de ses membres, mentionnant leur nom patronymique, ainsi que le nom sous lequel ils sont désignés dans la congrégation, leur nationalité, âge et lieu de naissance, la date de leur entrée, doit se trouver au siège de la congrégation.

Celle-ci est tenue de représenter sans déplacement, sur toute réquisition du préfet, à lui-même ou à son délégué, les comptes, états et listes ci-dessus indiqués.

Seront punis des peines portées au paragraphe 2 de l'article 8, les représentants ou directeurs d'une congrégation qui auront fait des communications mensongères ou refusé d'obtempérer aux réquisitions du préfet dans les cas prévus par le présent article.

Art. 16. — *Abrogé (L. n° 42-505, 8 avril 1942, art. 3).*

Art. 17. — Sont nuls tous actes entre vifs ou testamentaires, à titre onéreux ou gratuit, accomplis soit directement, soit par personne interposée, ou toute autre voie indirecte, ayant pour objet de permettre aux associations légalement ou illégalement formées de se soustraire aux dispositions des articles 2, 6, 9, 11, 13, 14 et 16.

Deuxième alinéa abrogé (L. n° 42-505, 8 avril 1942, art. 3).

La nullité pourra être prononcée soit à la diligence du ministère public, soit à la requête de tout intéressé.

Art. 18. — Les congrégations existantes au moment de la promulgation de la présente loi, qui n'auraient pas été antérieurement autorisées ou reconnues, devront, dans le délai de trois mois, justifier qu'elles ont fait les diligences nécessaires pour se conformer à ces prescriptions.

A défaut de cette justification, elles sont réputées dissoutes de plein droit. Il en sera de même des congrégations auxquelles l'autorisation aura été refusée.

La liquidation des biens détenus par elles aura lieu en justice. Le tribunal, à la requête du ministère public, nommera, pour y procéder, un liquidateur qui aura pendant toute la durée de la liquidation tous les pouvoirs d'un administrateur séquestre.

(L. 17 juillet 1903) « Le tribunal qui a nommé le liquidateur est seul compétent pour connaître, en matière civile, de toute action formée par le liquidateur ou contre lui.

« Le liquidateur fera procéder à la vente des immeubles, suivant les formes prescrites pour les ventes de biens de mineurs ». Le jugement ordonnant la liquidation sera rendu public dans la forme prescrite pour les annonces légales.

Les biens et valeurs appartenant aux membres de la congrégation antérieurement à leur entrée dans la congrégation, ou qui leur seraient échus depuis, soit par succession *ab intestat* en ligne directe ou collatérale, soit par donation ou legs en ligne directe, leur seront restitués.

Les dons et legs qui leur auraient été faits autrement qu'en ligne directe pourront être également revendiqués, mais à charge par les bénéficiaires de faire la preuve qu'ils n'ont pas été les personnes interposées prévues par l'article 17.

Les biens et valeurs acquis à titre gratuit et qui n'auraient pas été spécialement affectés par l'acte de libéralité à une œuvre d'assistance pourront être revendiqués par le donateur, ses héritiers ou ayants droit, ou par les héritiers ou ayants droit du testateur, sans qu'il puisse leur être opposé aucune prescription pour le temps écoulé avant le jugement prononçant la liquidation.

Si les biens et valeurs ont été donnés ou légués en vue non de gratifier les congréganistes, mais de pourvoir à une œuvre d'assistance, ils ne pourront être revendiqués qu'à charge de pourvoir à l'accomplissement du but assigné à la libéralité.

Toute action en reprise ou revendication devra, à peine de forclusion, être formée contre le liquidateur dans le délai de six mois à partir de la publication du jugement. Les jugements rendus contradictoirement avec le liquidateur, et ayant acquis l'autorité de la chose jugée, sont opposables à tous les intéressés.

Passé le délai de six mois, le liquidateur procédera à la vente en justice de tous les immeubles qui n'auraient pas été revendiqués ou qui ne seraient pas affectés à une œuvre d'assistance.

Le produit de la vente, ainsi que toutes les valeurs mobilières, sera déposé à la Caisse des dépôts et consignation.

L'entretien des pauvres hospitalisés sera, jusqu'à l'achèvement de la liquidation, considéré comme frais privilégiés de liquidation.

S'il n'y a pas de contestation ou lorsque toutes les actions formées dans le délai prescrit auront été jugées, l'actif net est réparti entre les ayants droit.

Le règlement d'administration publique visé par l'article 20 de la présente loi déterminera, sur l'actif resté libre après le prélèvement ci-dessus prévu, l'allocation, en capital ou sous forme de rente viagère, qui sera attribuée aux membres de la congrégation dissoute qui n'auraient pas de moyens d'existence assurés ou qui justifieraient avoir contribué à l'acquisition des valeurs mises en distribution par le produit de leur travail personnel.

Art. 19. – Les dispositions de l'article 463 du Code pénal sont applicables aux délits prévus par la présente loi.

Art. 20. – Un décret en Conseil d'Etat déterminera les mesures propres à assurer l'exécution de la présente loi.

....

Art. 21 *bis*. – *(L. n° 81-909, 9 octobre 1981, art. 3)* La présente loi est applicable aux territoires d'outre-mer et à la collectivité territoriale de Mayotte.

TITRE IV

DES ASSOCIATIONS ÉTRANGÈRES

(Abrogé par L. n° 81-909 du 9 octobre 1981, art. 2)

DÉCRET DU 16 AOÛT 1901

portant règlement d'administration publique pour l'exécution de la loi du 1er juillet 1901 relative au contrat d'association (*JO*, 17 août 1901, p. 5249).

TITRE PREMIER

DES ASSOCIATIONS

CHAPITRE PREMIER

Associations déclarées

Article premier. – La déclaration prévue par l'article 5, paragraphe 2, de la loi du 1er juillet 1901 est faite par ceux qui, à un titre quelconque, sont chargés de l'administration ou de la direction de l'association.

Dans le délai d'un mois, elle est rendue publique par leurs soins au moyen de l'insertion au *Journal officiel* d'un extrait contenant la date de la déclaration, le titre et l'objet de l'association, ainsi que l'indication de son siège social.

Troisième alinéa abrogé (D. n° 81-404, 24 avril 1981, art. 1er).

Art. 2. – Toute personne a droit de prendre communication sans déplacement, au secrétariat de la préfecture ou de la sous-préfecture, des statuts et déclarations ainsi que des pièces faisant connaître les modifications de statuts et les changements survenus dans l'administration ou la direction. Elle peut même s'en faire délivrer à ses frais expédition ou extrait.

Art. 3. – Les déclarations relatives aux changements survenus dans l'administration ou la direction de l'association mentionnent :
1° Les changements de personnes chargées de l'administration ou de la direction ;
2° Les nouveaux établissements fondés :
3° *(D. n° 81-404, 24 avril 1981, art. 2)* Le changement d'adresse du siège social ;
4° Les acquisitions ou aliénations du local et des immeubles spécifiés à l'article 6 de la loi du 1er juillet 1901 ; un état descriptif, en cas d'acquisition, et l'indication des prix d'acquisition ou d'aliénation doivent être joints à la déclaration.

Art. 4. – *(D. n° 81-404, 24 avril 1981, art. 3).* Pour les associations dont le siège est à Paris, les déclarations et les dépôts de pièces annexées sont faits à la préfecture de police.

Art. 5. – Le récépissé de toute déclaration contient l'énumération des pièces annexées ; il est daté et signé *(D. n° 81-404, 24 avril 1981, art. 4)* « par le préfet, le sous-préfet ou leur délégué ».

Art. 6. – Les modifications apportées aux statuts et les changements survenus dans l'administration ou la direction de l'association sont transcrits sur un registre tenu au siège de toute association déclarée ; les dates des récépissés relatifs aux modifications et changements sont mentionnées au registre.

La présentation dudit registre aux autorités administratives ou judiciaires, sur leur demande, se fait sans déplacement au siège social.

Art. 7. – Les unions d'associations ayant une administration ou une direction centrale sont soumises aux dispositions qui précèdent. Elles déclarent, en outre, le titre, l'objet et le siège des associations qui les composent. Elles font connaître dans les trois mois les nouvelles associations adhérentes.

CHAPITRE II

Associations reconnues d'utilité publique

Art. 8. – Les associations qui sollicitent la reconnaissance d'utilité publique doivent avoir rempli au préalable les formalités imposées aux associations déclarées.

Art. 9. – La demande en reconnaissance d'utilité publique est signée de toutes les personnes déléguées à cet effet par l'assemblée générale.

Art. 10. – Il est joint à la demande :
1° Un exemplaire du *Journal officiel* contenant l'extrait de la déclaration ;
2° Un exposé indiquant l'origine, le développement, le but d'intérêt public de l'œuvre ;

3° Les statuts de l'association en double exemplaire ;

4° La liste de ses établissements avec indication de leur siège ;

5° La liste des membres de l'association avec l'indication de leur âge, de leur nationalité, de leur profession et de leur domicile ou, s'il s'agit d'une union, la liste des associations qui la composent avec l'indication de leur titre, de leur objet et de leur siège ;

6° Le compte financier du dernier exercice ;

7° Un état de l'actif mobilier et immobilier et du passif ;

8° Un extrait de la délibération de l'assemblée générale autorisant la demande en reconnaissance d'utilité publique.

Ces pièces sont certifiées sincères et véritables par les signataires de la demande.

Art. 11. – Les statuts contiennent :

1° L'indication du titre de l'association, de son objet, de sa durée et de son siège social ;

2° Les conditions d'admission et de radiation de ses membres ;

3° Les règles d'organisation et de fonctionnement de l'association et de ses établissements, ainsi que la détermination des pouvoirs conférés aux membres chargés de l'administration ou de la direction, les conditions de modification des statuts et de la dissolution de l'association ;

4° L'engagement de faire connaître dans les trois mois à la préfecture ou à la sous-préfecture tous les changements survenus dans l'administration ou la direction et de présenter sans déplacement les registres et pièces de comptabilité, sur toute réquisition du préfet, à lui-même ou à son délégué ;

5° Les règles suivant lesquelles les biens seront dévolus en cas de dissolution volontaire, statutaire, prononcée en justice ou par décret ;

6° Le prix maximum des rétributions qui seront perçues à un titre quelconque dans les établissements de l'association où la gratuité n'est pas complète.

Art. 12. – La demande est adressée au ministre de l'Intérieur ; il en est donné récépissé daté et signé avec indication des pièces jointes.

(D. n° 81-404, 24 avril 1981, art. 5) « Le ministre fait procéder, s'il y a lieu, à l'instruction de la demande. Il peut provoquer l'avis du conseil municipal de la commune où l'association a son siège et demander un rapport au préfet ».

Après avoir consulté les ministres intéressés, il transmet le dossier au Conseil d'Etat.

Art. 13. – Une copie du décret de reconnaissance d'utilité publique est transmise au préfet et au sous-préfet pour être jointe au dossier de la déclaration ; ampliation du décret est adressée par ses soins à l'association reconnue d'utilité publique.

Art. 13-1. – *(D. n° 80-1074, 17 décembre 1980, art. 3)* Les modifications apportées aux statuts ou la dissolution volontaire d'une association reconnue d'utilité publique prennent effet après approbation donnée par décret en Conseil d'Etat pris sur le rapport du ministre de l'Intérieur.

Toutefois, l'approbation peut être donnée par arrêté du ministre de l'Intérieur à condition que cet arrêté soit pris conformément à l'avis du Conseil d'Etat.

Par dérogation aux dispositions qui précèdent, la modification des statuts portant sur le transfert à l'intérieur du territoire français du siège de l'association prend effet après approbation du ministre de l'Intérieur.

CHAPITRE III

Dispositions communes aux associations déclarées
et aux associations reconnues d'utilité publique

Art. 14. − Si les statuts n'ont pas prévu les conditions de liquidation et de dévolution des biens d'une association en cas de dissolution, par quelque mode que ce soit, ou si l'assemblée générale qui prononce la dissolution volontaire n'a pas pris de décision à cet égard, le tribunal, à la requête du ministère public, nomme un curateur. Ce curateur provoque, dans le délai déterminé par le tribunal, la réunion d'une assemblée générale dont le mandat est uniquement de statuer sur la dévolution des biens ; il exerce les pouvoirs conférés par l'article 813 du Code civil aux curateurs des successions vacantes.

Art. 15. − Lorsque l'assemblée générale est appelée à se prononcer sur la dévolution des biens, quel que soit le mode de dévolution, elle ne peut, conformément aux dispositions de l'article premier de la loi du 1er juillet 1901, attribuer aux associés, en dehors de la reprise des apports, une part quelconque des biens de l'association.

TITRE II

DES CONGRÉGATIONS RELIGIEUSES
ET DE LEURS ÉTABLISSEMENTS

CHAPITRE PREMIER

Congrégations religieuses

Section 1

Demandes en autorisation

Art. 16. − Les demandes en autorisation adressées au Gouvernement, dans le délai de trois mois à partir de la promulgation de la loi du 1er juillet 1901, tant par des congrégations existantes et non autorisées que par des personnes désirant fonder une congrégation nouvelle, restent soumises aux dispositions de l'arrêté ministériel du 1er juillet 1901 susvisé.

Les demandes en autorisation adressées au Gouvernement après ce délai de trois mois, en vue de la fondation d'une congrégation nouvelle, sont soumises aux conditions contenues dans les articles ci-après.

Art. 17. − La demande est adressée au ministre de l'Intérieur. Elle est signée de tous les fondateurs et accompagnée des pièces de nature à justifier l'identité des signataires.

Il est donné récépissé daté et signé avec indication des pièces jointes.

Art. 18. − Il est joint à la demande :

1° Deux exemplaires du projet de statuts de la congrégation ;

2° L'état des apports consacrés à la fondation de la congrégation et des ressources destinées à son entretien ;

3° La liste des personnes qui, à un titre quelconque, doivent faire partie de la congrégation et de ses établissements, avec indication de leurs nom, prénoms, âge, lieu de naissance et nationalité. Si l'une de ces personnes a fait antérieurement partie d'une autre congrégation, il est fait mention, sur la liste, du titre, de l'objet et du siège de cette congrégation, des dates d'entrée et de sortie et du nom sous lequel la personne y était connue.

Ces pièces sont certifiées sincères et véritables par l'un des signataires de la demande ayant reçu mandat des autres à cet effet.

Art. 19. – Les projets de statuts contiennent les mêmes indications et engagements que ceux des associations reconnues d'utilité publique, sous réserve des dispositions de l'article 7 de la loi du 24 mai 1825 sur la dévolution des biens en cas de dissolution.

L'âge, la nationalité, le stage et la contribution pécuniaire maximum exigée à titre de souscription, cotisation, pension ou dot, sont indiqués dans les conditions d'admission que doivent remplir les membres de la congrégation.

Les statuts contiennent, en outre :

1° La soumission de la congrégation et de ses membres à la juridiction de l'ordinaire ;

2° L'indication des actes de la vie civile que la congrégation pourra accomplir avec ou sans autorisation, sous réserve des dispositions de l'article 4 de la loi du 24 mai 1825 ;

3° L'indication de la nature de ses recettes et de ses dépenses et la fixation du chiffre au-dessus duquel les sommes en caisse doivent être employées en valeurs nominatives, et du délai dans lequel l'emploi devra être fait.

Art. 20. – La demande doit être accompagnée d'une déclaration par laquelle l'évêque du diocèse s'engage à prendre la congrégation et ses membres sous sa juridiction.

Section 2

Instruction des demandes

Art. 21. – Le ministre fait procéder à l'instruction des demandes mentionnées en l'article 16 du présent règlement, notamment en provoquant l'avis du conseil municipal de la commune dans laquelle est établie ou doit s'établir la congrégation et un rapport du préfet.

(D. 28 novembre 1902) « Après avoir consulté les ministres intéressés, il soumet à l'une ou à l'autre des deux Chambres (1) les demandes des congrégations ».

CHAPITRE II

Etablissements dépendant
d'une congrégation religieuse autorisée

Section 1

Demandes en autorisation

Art. 22. – Toute congrégation déjà régulièrement autorisée à fonder un ou plusieurs établissements et qui veut en fonder un nouveau doit présenter une demande signée par les personnes chargées de l'administration ou de la direction de la congrégation.

---

1. Du fait de la modification par la loi précitée n° 505 du 8 avril 1942 de l'article 13 de la loi du 1er juillet 1901, il doit être substitué aux termes : « à l'une ou à l'autre des deux Chambres », les mots : « au Conseil d'Etat ».

La demande est adressée au ministre de l'Intérieur. Il en est donné récépissé daté et signé avec indication des pièces jointes.

Art. 23. – Il est joint à la demande :

1° Deux exemplaires des statuts de la congrégation ;

2° Un état de ses biens meubles et immeubles, ainsi que de son passif ;

3° L'état des fonds consacrés à la fondation de l'établissement et des ressources destinées à son fonctionnement ;

4° La liste des personnes qui, à un titre quelconque, doivent faire partie de l'établissement (la liste est dressée conformément aux dispositions de l'article 18, 3°) ;

5° L'engagement de soumettre l'établissement et ses membres à la juridiction de l'ordinaire du lieu.

Ces pièces sont certifiées sincères et véritables par l'un des signataires de la demande ayant reçu mandat des autres à cet effet.

La demande est accompagnée d'une déclaration par laquelle l'évêque du diocèse où doit être situé l'établissement s'engage à prendre sous sa juridiction cet établissement et ses membres.

Section 2

Instruction des demandes

Art. 24. – Le ministre fait procéder, s'il y a lieu, à l'instruction, notamment en provoquant l'avis du conseil municipal de la commune où l'établissement doit être ouvert et les rapports des préfets, tant du département où la congrégation a son siège que de celui où doit se trouver l'établissement.

Le décret d'autorisation règle les conditions spéciales de fonctionnement de l'établissement.

CHAPITRE III

Dispositions communes aux congrégations religieuses et à leurs établissements

Art. 25. – En cas de refus d'autorisation d'une congrégation ou d'un établissement, la décision est notifiée aux demandeurs par les soins du ministre de l'Intérieur et par la voie administrative.

En cas d'autorisation d'une congrégation, le dossier est retourné au préfet du département où la congrégation a son siège.

En cas d'autorisation d'un établissement, le dossier est transmis au préfet du département où est situé l'établissement. Avis de l'autorisation est donné par le ministre au préfet du département où la congrégation dont dépend l'établissement a son siège.

Ampliation de la loi ou du décret d'autorisation est transmise par le préfet aux demandeurs.

Art. 26. – Les congrégations inscrivent sur des registres séparés les comptes, états et listes qu'elles sont obligées de tenir en vertu de l'article 15 de la loi du 1er juillet 1901.

TITRE III

DISPOSITIONS GÉNÉRALES
ET DISPOSITIONS TRANSITOIRES

Art. 27. – Chaque préfet consigne, par ordre de date sur un registre spécial, toutes les autorisations de tutelle ou autres qu'il est chargé de notifier et, quand ces autorisations sont données sous sa surveillance et son contrôle, il y mentionne expressément la suite qu'elles ont reçue.

Art. 28. – Les actions en nullité ou en dissolution formées d'office par le ministère public en vertu de la loi du 1er juillet 1901 sont introduites au moyen d'une assignation donnée à ceux qui sont chargés de la direction ou de l'administration de l'association ou de la congrégation.

Tout intéressé, faisant ou non partie de l'association ou de la congrégation, peut intervenir dans l'instance.

Art. 29. – Dans tout établissement d'enseignement privé, de quelque ordre qu'il soit, relevant ou non d'une association ou d'une congrégation, il doit être ouvert un registre spécial destiné à recevoir les nom, prénoms, nationalité, date et lieu de naissance des maîtres et employés, l'indication des emplois qu'ils occupaient précédemment et des lieux où ils ont résidé ainsi que la nature et la date des diplômes dont ils sont pourvus.

Le registre est représenté sans déplacement aux autorités administratives, académiques ou judiciaires, sur toute réquisition de leur part.

Art. 30. – Les dispositions des articles 2 à 6 du présent règlement sont applicables aux associations reconnues d'utilité publique et aux congrégations religieuses.

Art. 31. – Les registres prévus aux articles 6 et 26 sont cotés par première et par dernière et paraphés sur chaque feuille *(D. n° 81-404, 24 avril 1981, art. 6)* « par la personne habilitée à représenter l'association ou la congrégation », et le registre prévu à l'article 29 par l'inspecteur d'académie ou son délégué. Les inscriptions sont faites de suite et sans aucun blanc.

Art. 32. – Pour les associations déclarées depuis la promulgation de la loi du 1er juillet 1901, le délai d'un mois prévu à l'article 1er du présent règlement ne court que du jour de la promulgation dudit règlement.

Art. 33. – Les associations ayant déposé une demande en reconnaissance d'utilité publique antérieurement au 1er juillet 1901 devront compléter les dossiers conformément aux dispositions des articles 10 et 11.

Toutefois, les formalités de déclarations et de publicité au *Journal officiel* ne seront pas exigées d'elles.

LOI N° 87-571 DU 23 JUILLET 1987

sur le développement du mécénat (*JO,* 24 juillet 1988, p. 8255).

....

Art. 18. – La fondation est l'acte par lequel une ou plusieurs personnes physiques ou morales décident l'affectation irrévocable de biens, droits ou ressources à la réalisation d'une œuvre d'intérêt général et à but non lucratif.

Lorsque l'acte de fondation a pour but la création d'une personne morale, la fondation ne jouit de la capacité juridique qu'à compter de la date d'entrée en vigueur du décret en Conseil d'Etat accordant la reconnaissance d'utilité publique. Elle acquiert alors le statut de fondation reconnue d'utilité publique.

La reconnaissance d'utilité publique peut être retirée dans les mêmes formes.

(L. n° 90-559, 4 juillet 1990, art. 1er, I) « Lorsqu'une fondation reconnue d'utilité publique est créée à l'initiative d'une ou plusieurs sociétés commerciales ou d'un ou plusieurs établissements publics à caractère industriel et commercial, la raison sociale ou la dénomination d'au moins l'une ou l'un d'entre eux peut être utilisée pour la désignation de cette fondation ».

(L. n° 90-559, 4 juillet 1990, art. 1er, II) « Les dispositions des trois premiers alinéas du II de l'article 5 de la présente loi sont étendues à toutes les fondations reconnues d'utilité publique ».

Art. 18-1. − *(L. n° 90-559, 4 juillet 1990, art. 2)* La dotation initiale d'une fondation reconnue d'utilité publique peut être versée en plusieurs fractions sur une période maximum de cinq ans à compter de la date de publication au *Journal officiel* du décret qui lui accorde la reconnaissance d'utilité publique.

Art. 18-2. − *(L. n° 90-559, 4 juillet 1990, art. 3)* Un legs peut être fait au profit d'une fondation qui n'existe pas au jour de l'ouverture de la succession sous la condition qu'elle obtienne, après les formalités de constitution, la reconnaissance d'utilité publique.

La demande de reconnaissance d'utilité publique doit, à peine de nullité du legs, être déposée auprès de l'autorité administrative compétente dans l'année suivant l'ouverture de la succession.

Par dérogation aux dispositions du deuxième alinéa de l'article 18, la personnalité morale de la fondation reconnue d'utilité publique rétroagit au jour de l'ouverture de la succession.

A défaut de désignation par le testateur des personnes chargées de constituer la fondation et d'en demander la reconnaissance d'utilité publique, il est procédé à ces formalités par une fondation reconnue d'utilité publique désignée par le représentant de l'Etat dans la région du lieu d'ouverture de la succession.

Pour l'accomplissement de ces formalités, les personnes mentionnées à l'alinéa précédent ont la saisine sur les meubles et immeubles légués. Elles disposent à leur égard d'un pouvoir d'administration à moins que le testateur ne leur ait conféré des pouvoirs plus étendus.

Art. 19. − *(L. n° 90-559, 4 juillet 1990, art. 4)* Les sociétés civiles ou commerciales, les établissements publics à caractère industriel et commercial, les coopératives ou les mutuelles peuvent créer, en vue de la réalisation d'une œuvre d'intérêt général, une personne morale, à but non lucratif, dénommée fondation d'entreprise. Lors de la constitution de la fondation d'entreprise, le ou les fondateurs apportent la dotation initiale mentionnée à l'article 19-6 et s'engagent à effectuer les versements mentionnés à l'article 19-7 de la présente loi.

Art. 19-1. − *(L. n° 90-559, 4 juillet 1990, art. 4)* La fondation d'entreprise jouit de la capacité juridique à compter de la publication au *Journal officiel* de l'autorisation administrative qui lui confère ce statut.

Cette autorisation est réputée acquise à l'expiration d'un délai de quatre mois à compter du dépôt de la demande. Elle fait alors l'objet de la publication prévue à l'alinéa ci-dessus.

La fondation d'entreprise fait connaître à l'autorité administrative toute modification apportée à ses statuts ; ces modifications sont autorisées dans les mêmes formes que les statuts initiaux. Lorsque la modification des statuts a pour objet la majoration du programme d'action pluriannuel, la dotation doit être complétée conformément à l'article 19-6.

Art. 19-2. – *(L. n° 90-559, 4 juillet 1990, art. 4)* La fondation d'entreprise est créée pour une durée déterminée qui ne peut être inférieure à cinq ans. Aucun fondateur ne peut s'en retirer s'il n'a pas payé intégralement les sommes qu'il s'est engagé à verser. A l'expiration de cette période, les fondateurs ou certains d'entre eux seulement peuvent décider la prorogation de la fondation pour une durée au moins égale à cinq ans. Lors de la prorogation, les fondateurs s'engagent sur un nouveau programme d'action pluriannuel au sens de l'article 19-7 ci-dessous et complètent, si besoin est, la dotation définie à l'article 19-6. La prorogation est autorisée dans les formes prévues pour l'autorisation initiale.

Art. 19-3. – *(L. n° 90-559, 4 juillet 1990, art. 4)* La fondation d'entreprise peut, sous réserve des dispositions de l'article 19-8, faire tous les actes de la vie civile qui ne sont pas interdits par ses statuts mais elle ne peut acquérir ou posséder d'autres immeubles que ceux nécessaires au but qu'elle se propose. Toutes les valeurs mobilières doivent être placées en titres nominatifs, en titres pour lesquels est établi le bordereau de références nominatives prévu à l'article 55 de la loi n° 87-416 du 17 juin 1987 sur l'épargne ou en valeurs admises par la Banque de France en garanties d'avances. Lorsque la fondation d'entreprise détient des actions des sociétés fondatrices ou de sociétés contrôlées par elles, la fondation ne peut exercer les droits de vote attachés à ces actions.

Art. 19-4. – *(L. n° 90-559, 4 juillet 1990, art. 4)* La fondation d'entreprise est administrée par un conseil d'administration composé pour les deux tiers au plus des fondateurs ou de leurs représentants et de représentants du personnel, et pour un tiers au moins de personnalités qualifiées dans ses domaines d'intervention. Les personnalités sont choisies par les fondateurs ou leurs représentants et nommées lors de la première réunion constitutive du conseil d'administration.

Les statuts déterminent les conditions de nomination et de renouvellement des membres du conseil.

Les membres du conseil exercent leur fonction à titre gratuit.

Art. 19-5. – *(L. n° 90-559, 4 juillet 1990, art. 4)* Le conseil d'administration prend toutes décisions dans l'intérêt de la fondation d'entreprise. Il décide des actions en justice, vote le budget, approuve les comptes ; il décide des emprunts.

Le président représente la fondation en justice et dans les rapports avec les tiers.

Art. 19-6. – *(L. n° 90-559, 4 juillet 1990, art. 4)* La dotation initiale minimale, dont le montant est déterminé dans des conditions fixées par voie réglementaire, est comprise entre le cinquième du montant minimal du programme d'action pluriannuel visé à l'article 19-7 et le cinquième du montant du programme d'action pluriannuel de la fondation d'entreprise.

Art. 19-7. – *(L. n° 90-559, 4 juillet 1990, art. 4)* Les statuts de la fondation d'entreprise comprennent un programme d'action pluriannuel dont le montant ne peut être inférieur à une somme fixée par voie réglementaire.

Les sommes correspondantes peuvent être versées en plusieurs fractions sur une période maximale de cinq ans.

Les sommes que chaque membre fondateur s'engage à verser sont garanties par une caution bancaire.

Art. 19-8. – *(L. n° 90-559, 4 juillet 1990, art. 4)* Les ressources de la fondation d'entreprise comprennent :
1° Les versements des fondateurs à l'exception de la dotation initiale ;
2° Les subventions de l'Etat, des collectivités territoriales et de leurs établissements publics ;
3° Le produit des rétributions pour services rendus ;

4° Les revenus de la dotation initiale et des ressources mentionnés aux 1°, 2° et 3° ci-dessus.

Sous peine de retrait de l'autorisation administrative prévue à l'article 19-1, la fondation d'entreprise ne peut faire appel à la générosité publique ; elle ne peut recevoir de dons ni de legs.

Art. 19-9. – *(L. n° 90-559, 4 juillet 1990, art. 4)* Les fondations d'entreprise établissent chaque année un bilan, un compte de résultats et une annexe. Elles nomment au moins un commissaire aux comptes et un suppléant, choisis sur la liste mentionnée à l'article 219 de la loi n° 66-537 du 24 juillet 1966 sur les sociétés commerciales, qui exercent leurs fonctions dans les conditions prévues par cette loi ; les dispositions de l'article 457 de la loi précitée leur sont applicables. Les peines prévues par l'article 439 de la même loi sont applicables au président et aux membres des conseils de fondations d'entreprise qui n'auront pas, chaque année, établi un bilan, un compte de résultat et une annexe. Les dispositions des articles 455 et 458 de la même loi leur sont également applicables.

Les fondations d'entreprise dont les ressources dépassent un seuil défini par voie réglementaire sont tenues d'établir une situation de l'actif réalisable et disponible et du passif exigible, un compte de résultat prévisionnel, un tableau de financement et un plan de financement. Ces documents sont analysés dans des rapports écrits sur l'évolution de la fondation d'entreprise, établis par le conseil d'administration ; ils sont communiqués au commissaire aux comptes. En cas de non-observation des dispositions du présent alinéa ou si les rapports qui lui sont adressés appellent des observations de sa part, le commissaire aux comptes le signale au conseil d'administration par un rapport écrit.

Le commissaire aux comptes peut appeler l'attention du président ou des membres du conseil de la fondation d'entreprise sur tout fait de nature à compromettre la continuité de l'activité qu'il a relevé au cours de sa mission ; il peut demander au conseil d'administration d'en délibérer ; il assiste à la réunion ; en cas d'inobservation de ces dispositions ou si, en dépit des décisions prises, il constate que la continuité de l'activité reste compromise, le commissaire aux comptes établit un rapport spécial qu'il adresse à l'autorité administrative.

Art. 19-10. – *(L. n° 90-559, 4 juillet 1990, art. 4)* L'autorité administrative s'assure de la régularité du fonctionnement de la fondation d'entreprise ; à cette fin, elle peut se faire communiquer tous documents et procéder à toutes investigations utiles.

La fondation d'entreprise adresse, chaque année, à l'autorité administrative un rapport d'activité auquel sont joints le rapport du commissaire aux comptes et les comptes annuels.

Art. 19-11. – *(L. n° 90-559, 4 juillet 1990, art. 4)* Lorsque la fondation est dissoute, soit par l'arrivée du terme, soit à l'amiable par le retrait de l'ensemble des fondateurs, sous réserve qu'ils aient intégralement payé les sommes qu'ils se sont engagés à verser, un liquidateur est nommé par le conseil d'administration. Si le conseil n'a pu procéder à cette nomination ou si la dissolution résulte du retrait de l'autorisation, le liquidateur est désigné par l'autorité judiciaire.

La nomination du liquidateur est publiée au *Journal officiel*.

Art. 19-12. – *(L. n° 90-559, 4 juillet 1990, art. 5)* En cas de dissolution d'une fondation d'entreprise, les ressources non employées et la dotation sont attribuées par le liquidateur à un ou plusieurs établissements publics ou reconnus d'utilité publique dont l'activité est analogue à celle de la fondation d'entreprise dissoute.

Art. 19-13. – *(L. n° 90-559, 4 juillet 1990, art. 5)* Un décret en Conseil d'Etat fixe les modalités d'application des articles 18 à 19-12 de la présente loi.

Art. 20. − *(L. n° 90-559 du 4 juillet 1990, art. 6)* Seules les fondations reconnues d'utilité publique peuvent faire usage, dans leur intitulé, leurs statuts, contrats, documents ou publicité, de l'appellation de fondation. Toutefois, peut également être dénommée fondation l'affectation irrévocable, en vue de la réalisation d'une œuvre d'intérêt général et à but non lucratif, de biens, droits ou ressources à une fondation reconnue d'utilité publique dont les statuts ont été approuvés à ce titre, dès lors que ces biens, droits ou ressources sont gérés directement par la fondation affectataire, et sans que soit créée à cette fin une personne morale distincte.

Seules les fondations d'entreprise répondant aux conditions prévues aux articles 19-1 à 19-10 de la présente loi peuvent faire usage, dans leur intitulé, leurs statuts, contrats, documents ou publicité, de l'appellation de fondation d'entreprise. Elle peut être accompagnée du ou des noms des fondateurs.

Les groupements constitués avant la publication de la présente loi, qui utilisent dans leur dénomination les termes de fondation ou de fondation d'entreprise, doivent se conformer à ses dispositions avant le 31 décembre 1991.

Les présidents, administrateurs ou directeurs des groupements qui enfreindront les dispositions du présent article seront punis d'une amende de 5 000 F à 15 000 F et, en cas de récidive, d'une amende de 10 000 F à 30 000 F.

Art. 20-1. − *(L. n° 90-559, 4 juillet 1990, art. 7)* Il est créé un Conseil national des fondations ayant pour mission :
− de rassembler et de diffuser des informations relatives aux fondations ;
− d'établir un rapport annuel à ce sujet ;
− de proposer aux pouvoirs publics des actions tendant au développement du mécénat des fondations.

La composition et les modalités de fonctionnement de ce conseil sont fixées par décret en Conseil d'Etat.

....

Art. 22. − Des groupements d'intérêt public dotés de la personnalité morale et de l'autonomie financière peuvent être constitués entre deux ou plusieurs personnes morales de droit public ou de droit privé comportant au moins une personne morale de droit public pour exercer ensemble, pendant une durée déterminée, des activités dans les domaines de la culture, de la jeunesse, de l'enseignement technologique et professionnel du second degré et de l'action sanitaire et sociale, ainsi que pour créer ou gérer ensemble des équipements ou des services d'intérêt commun nécessaires à ces activités.

Les dispositions de l'article 21 de la loi n° 82-610 du 15 juillet 1982 d'orientation et de programmation pour la recherche et le développement technologique de la France sont applicables à ces groupements d'intérêt public.

Art. 23. − Lorsque la valeur d'un legs fait à l'Etat et portant sur un bien qui présente un intérêt pour le patrimoine historique, artistique ou culturel de la nation excède la quotité disponible, l'Etat peut, quel que soit cet excédent, réclamer en totalité le bien légué, sauf à récompenser préalablement les héritiers en argent.

....

Art. 25. − **I.** En raison de la destruction partielle, le 28 février 1987, de la documentation de la recette-conservation des hypothèques de Bastia, la responsabilité du conservateur des hypothèques, résultant des articles 2196 à 2199 du Code civil, est limitée à l'exploitation et à la reproduction des informations telles qu'elles figurent dans la documentation subsistante ou reçue postérieurement au constat établi par ordonnance sur requête du président du tribunal de grande instance de Bastia.

Les actes et pièces exigés pour la reconstitution de la documentation hypothécaire sont dispensés de tous droits, taxes et salaires.

II. Un décret détermine, au vu du constat mentionné au paragraphe I, le cadre, les limites et le délai de rétablissement de la documentation hypothécaire.

A l'expiration d'un délai de deux ans à compter de la publication du décret précité, les inscriptions, saisies et mentions en marge dont le rétablissement est prévu sont réputées périmées.

III. Par dérogation aux articles L. 256 et L. 275 du Livre des procédures fiscales et à la loi n° 79-587 du 11 juillet 1979 relative à la motivation des actes administratifs et à l'amélioration des relations entre l'Administration et le public, le paiement des créances fiscales et domaniales mises en recouvrement à la recette divisionnaire des impôts de Bastia et non acquittées à la date du 28 février 1987 peut être poursuivi en vertu d'un avis de mise en recouvrement qui comporte la nature et le montant des sommes restant dues.

Ces avis se substituent à ceux précédemment notifiés.

DÉCRET N° 91-1005 DU 30 SEPTEMBRE 1991

pris pour l'application de la loi n° 90-559 du 4 juillet 1990 créant les fondations d'entreprise et modifiant les dispositions de la loi n° 87-571 du 23 juillet 1987 sur le développement du mécénat relatives aux fondations (*JO*, 2 octobre 1991, p. 12836).

TITRE PREMIER

MODALITÉS DE CRÉATION ET DE FONCTIONNEMENT DES FONDATIONS D'ENTREPRISE

Article premier. – L'autorité administrative compétente pour délivrer l'autorisation prévue à l'article 19-1 de la loi n° 87-571 du 23 juillet 1987 susvisée et pour s'assurer de la régularité du fonctionnement de la fondation d'entreprise, conformément aux dispositions de l'article 19-10 de cette loi, est le préfet du département du siège de la fondation d'entreprise et, à Paris, le préfet de Paris.

Art. 2. – La demande présentée par le ou les fondateurs en vue d'obtenir l'autorisation administrative prévue à l'article 19-1 de la loi du 23 juillet 1987 précitée mentionne la dénomination de la fondation d'entreprise, son siège et sa durée, les noms, prénoms, professions, domiciles et nationalités des représentants du ou des fondateurs appelés à siéger au conseil d'administration ainsi que les raisons sociales, les dénominations, les sièges et les activités du ou des fondateurs.

Sont joints à la demande d'autorisation le projet de statuts de la fondation d'entreprise, l'acte par lequel le ou les fondateurs s'engagent à apporter les éléments constitutifs de la dotation et le contrat de caution mentionné à l'article 19-7 de la loi du 23 juillet 1987 précitée.

Art. 3. – Les statuts comportent l'indication du montant de la dotation initiale et des sommes que les fondateurs s'engagent à verser et qui correspondent au programme d'action pluriannuel mentionné à l'article 19-7 de la loi du 23 juillet 1987 précitée, ainsi que leur calendrier de versement.

Art. 4. – Dans les cinq jours qui suivent le dépôt de la demande, le préfet délivre un récépissé qui mentionne la date de ce dépôt.

Art. 5. – Les fonds apportés au titre de la dotation initiale sont consignés entre les mains d'un tiers jusqu'à ce que la fondation jouisse de la capacité juridique.

Art. 6. – Le préfet adresse copie de sa décision accordant l'autorisation au ministre de l'Intérieur.

A défaut de décision dans le délai de quatre mois prévu au deuxième alinéa de l'article 19-1 de la loi du 23 juillet 1987 précitée, le ou les fondateurs adressent au ministre de l'Intérieur le récépissé mentionné à l'article 4.

Le ministre de l'Intérieur assure, aux frais de la fondation d'entreprise, dans un délai d'un mois à compter de la réception de la décision ou du récépissé, la publication au *Journal officiel* de l'autorisation de la fondation comportant les mentions suivantes :

1° La date de l'autorisation expresse de la fondation d'entreprise avec l'indication du préfet qui l'a délivrée ou la date à laquelle est réputée acquise l'autorisation tacite mentionnée au deuxième alinéa de l'article 19-1 de la loi du 4 juillet 1987 précitée avec indication du préfet auprès duquel elle a été sollicitée ;

2° La dénomination et le siège de la fondation d'entreprise ;

3° L'objet de la fondation d'entreprise ;

4° La durée pour laquelle la fondation d'entreprise a été constituée ;

5° Les montants de la dotation et du programme pluriannuel ;

6° La dénomination et le siège de chacun des fondateurs.

Art. 7. – Le montant du programme d'action pluriannuel mentionné à l'article 19-7 de la loi du 23 juillet 1987 précitée ne peut être inférieur à 1 000 000 F.

La dotation initiale minimale mentionnée à l'article 19-6 de la loi du 23 juillet 1987 précitée est fixée :

1° A 200 000 F si le montant défini à l'alinéa précédent est inférieur à 2 000 000 F ;

2° A 350 000 F si ce montant est compris entre 2 000 000 et 3 000 000 F ;

3° A 500 000 F si ce montant est compris entre 3 000 000 et 4 000 000 F ;

4° A 650 000 F si ce montant est compris entre 4 000 000 et 5 000 000 F ;

5° A 800 000 F si ce montant dépasse 5 000 000 F.

Art. 8. – Le seuil des ressources annuelles des fondations d'entreprise au-delà duquel elles sont tenues d'établir les documents comptables mentionnés au deuxième alinéa de l'article 19-9 de la loi du 23 juillet 1987 précitée est fixé à 4 000 000 F.

Art. 9. – La fondation d'entreprise est tenue de faire connaître dans les trois mois à l'autorité administrative mentionnée à l'article premier tous les changements survenus dans son administration ou sa direction.

Art. 10. – L'autorisation de modification des statuts prévue par le troisième alinéa de l'article 19-1 de la loi du 23 juillet 1987 précitée est demandée au préfet par le président du conseil d'administration de la fondation d'entreprise.

La demande mentionne chacune des modifications statutaires sollicitées. Elle est accompagnée d'un exemplaire des statuts en vigueur et des statuts proposés, des extraits des délibérations du conseil d'administration portant modification des statuts, des attestations bancaires certifiant le versement par les fondateurs des sommes qu'ils se sont engagés à payer avant la date de la demande, de la liste des noms, prénoms, professions et domiciles des membres du conseil d'administration en fonctions à la date de la demande et des administrateurs dont le mandat a pris fin.

Art. 11. – Le ou les fondateurs qui sollicitent l'autorisation de prorogation prévue par l'article 19-2 de la loi du 23 juillet 1987 précitée doivent présenter au préfet une demande qui contient, outre les mentions et les documents prévus à l'article 10, les engagements des fondateurs à verser les sommes finançant le programme d'action pluriannuel de la fondation d'entreprise, le contrat de caution prévu à l'article 19-7 de la loi du 23 juillet 1987 précitée et la liste, d'une part, des fondateurs décidant ou renouvelant leur engagement, d'autre part, de ceux qui se retirent de la fondation, avec indication de leurs raisons sociales ou dénominations et leurs sièges.

Art. 12. – Les dispositions des articles 4 à 6 sont applicables en cas de demande de modification des statuts ou de prorogation de la fondation d'entreprise.

Toutefois, les mentions insérées au *Journal officiel* sont alors les suivantes :

1° Les dates de l'autorisation de la fondation d'entreprise et de l'autorisation de la modification des statuts ou de l'autorisation de prorogation, avec indication des préfets qui les ont délivrées ou, dans le cas d'autorisation tacite, auprès desquels elles ont été sollicitées ;

2° La dénomination de la fondation d'entreprise et, le cas échéant, son ancienne dénomination ;

3° Le siège de la fondation d'entreprise et, s'il y a lieu, de son siège précédent ;

4° L'objet de la fondation d'entreprise et, le cas échéant, son objet précédent ;

5° En cas de prorogation de la fondation d'entreprise prévue à l'article 19-2 de la loi du 23 juillet 1987 précitée, la durée pour laquelle est prorogée la fondation d'entreprise, les montants de la dotation et du programme d'action pluriannuel et les montants précédents, les raisons sociales ou dénominations et sièges des fondateurs qui décident ou renouvellent leur engagement et de ceux qui se retirent.

Art. 13. – Toute personne a droit de prendre communication, sans déplacement au secrétariat de la préfecture, des statuts de la fondation d'entreprise et peut s'en faire délivrer, à ses frais, copie ou extrait.

Art. 14. – Le retrait de l'autorisation fait l'objet d'une notification par le préfet au président de la fondation d'entreprise et d'une publication au *Journal officiel* à l'initiative du ministre de l'Intérieur.

Art. 15. – Lorsque la fondation est dissoute et si le conseil d'administration n'a pu procéder à la nomination du liquidateur prévu par l'article 19-11 de la loi du 23 juillet 1987 précitée ou si la dissolution résulte du retrait de l'autorisation, le liquidateur est désigné par le tribunal de grande instance du siège de la fondation, à la requête de tout intéressé ou à la diligence du Ministère public.

Art. 16. – Hors le cas de retrait de l'autorisation administrative, la dissolution de la fondation d'entreprise est publiée au *Journal officiel* à l'initiative du président de la fondation, après accord du conseil d'administration ou, à défaut, du liquidateur prévu par l'article 19-11 de la loi du 23 juillet 1987 précitée.

Art. 17. – Dans tous les cas, la publication de la dissolution est effectuée aux frais de la fondation d'entreprise. Elle comporte les informations énumérées à l'article 6 et mentionne la date de l'acte ayant entraîné la dissolution, le nom et l'adresse du liquidateur, le montant et la composition de l'actif net ainsi que la dénomination et le siège de l'établissement attributaire des ressources non employées et de la dotation de la fondation.

TITRE II

COMPOSITION ET MODALITÉS DE FONCTIONNEMENT DU CONSEIL NATIONAL DES FONDATIONS

Art. 18. – Le Conseil national des fondations prévu à l'article 20-1 de la loi du 23 juillet 1987 précitée est placé auprès du Premier ministre ; il comprend vingt-sept membres :

1. Un député désigné par l'Assemblée nationale et un sénateur désigné par le Sénat ;

2. Un conseiller d'Etat et un conseiller maître à la Cour des comptes désignés par les chefs de ces juridictions ;

3. Un conseiller ou un avocat général à la Cour de cassation désigné par l'assemblée générale de la Cour de cassation sur proposition du bureau de la cour ;

4. Neuf représentants des ministres suivants désignés respectivement par chacun des ces ministres :

– le ministre chargé de l'Education nationale ;

– le ministre chargé de l'Economie, des Finances et du Budget ;

– le garde des Sceaux, ministre de la Justice ;

– le ministre de l'Intérieur ;

– le ministre chargé de la Culture ;

– le ministre chargé des Affaires sociales ;

– le ministre chargé de la Recherche ;

– le ministre chargé de la Jeunesse et des Sports ;

– le ministre chargé de l'Environnement ;

5. Treize personnalités qualifiées nommées par le Premier ministre à savoir :

a) Huit personnalités qualifiées en raison de leurs activités au sein des fondations ;

b) Quatre personnalités qualifiées en matière de droit ou d'économie des fondations ;

c) Un représentant du Conseil national de la vie associative.

Art. 19. – Les membres du Conseil national des fondations sont nommés pour une durée de trois ans ; leur mandat est renouvelable.

En cas de décès, de démission ou d'impossibilité d'assurer leur fonction en cours de mandat, les membres du Conseil national des fondations sont remplacés selon les mêmes modalités, pour la durée de leur mandat restant à courir.

Art. 20. – Le Conseil national des fondations élit parmi ses membres, pour une durée de trois ans, un président et deux vice-présidents.

Le président a voix prépondérante en cas de partage égal des voix.

Art. 21. – Le Conseil national des fondations se réunit au moins deux fois par an, sur convocation de son président ou à la demande de la moitié au moins de ses membres.

Toute personne qualifiée peut être appelée par le président à assister, avec voix consultative, aux séances du Conseil national des fondations.

Art. 22. – Les fonctions de membre du Conseil national des fondations sont gratuites. Il peut toutefois être alloué des indemnités correspondant aux frais de déplacement et de séjour effectivement supportés à l'occasion des réunions du conseil, dans les conditions prévues par le décret du 28 mai 1990 susvisé.

Art. 23. – Le ministre d'Etat, ministre de l'Education nationale, le ministre d'Etat, ministre de l'Economie, des Finances et du Budget, le garde des Sceaux, ministre de la Justice, le ministre de l'Intérieur, le ministre de la Culture et de la Communication, porte-parole du Gouvernement, le ministre des Affaires sociales et de l'Intégration, le ministre de la Recherche et de la Technologie, le ministre de la Jeunesse et des Sports, le ministre de l'Environnement et le ministre délégué au Budget sont chargés, chacun en ce qui le concerne, de l'exécution du présent décret, qui sera publié au *Journal officiel* de la République française.

PROPOSITION DE RÈGLEMENT (CEE) DU CONSEIL

portant statut de l'association européenne (*JOCE,* 1992, n° C 99/1).

Le Conseil des Communautés européennes,

Vu le traité instituant la Communauté économique européenne, et notamment son article 100 A,

Vu la proposition de la Commission,

En coopération avec le Parlement européen,

Vu l'avis du Comité économique et social,

Considérant que le Parlement européen a adopté le 13 mars 1987 une résolution sur les associations sans but lucratif dans la Communauté européenne (1) ;

Considérant que la Commission a transmis une communication au Conseil le 18 décembre 1989 (2) et que le Comité économique et social a donné son avis le 19 septembre 1990 sur ladite communication (3) ;

Considérant que l'achèvement du marché intérieur implique que la liberté d'établissement soit pleine et entière pour l'exercice de toute activité contribuant aux objectifs de la Communauté, quelle que soit la forme sociale sous laquelle cette activité s'exerce ;

Considérant que le mouvement associatif en Europe concourt à la promotion de l'intérêt général et au développement d'activités aussi diverses que nombreuses, notamment en matière d'éducation, de culture, d'action sociale ou d'aide au développement ;

Considérant que les fondations sont des entités juridiques auxquelles sont affectés de façon irrévocable des biens, des droits et des ressources pour la réalisation d'une œuvre d'intérêt général ;

Considérant que les associations et les fondations sont ainsi avant tout des entités qui agissent sans intention de dégager un profit à titre principal et qui obéissent à des principes de fonctionnement particuliers, différents de ceux des autres opérateurs économiques ;

Considérant que, de nos jours, la quasi-totalité des associations et fondations participent pleinement, pour la réalisation de leurs buts, à la vie économique, en exerçant une activité économique contre rémunération à titre principal ou accessoire et de façon permanente ;

Considérant que la coopération transnationale d'associations et de fondations se heurte actuellement dans la Communauté à des difficultés d'ordre juridique et administratif qu'il convient d'éliminer dans un marché sans frontières ;

Considérant que l'instauration d'un statut européen doit permettre à l'ensemble du milieu associatif et aux fondations d'agir au-delà de leurs frontières nationales, sur tout ou partie du territoire de la Communauté ;

---

1. *JO* n° C 99 du 13 avril 1987, p. 205.
2. Document SEC (89) 2187 du 18 décembre 1989 (« Les entreprises de l'économie sociale et la réalisation du marché européen sans frontières »).
3. *JO* n° C 332 du 31 décembre 1990, p. 81.

Considérant ainsi que la Communauté, soucieuse de respecter l'égalité des conditions de concurrence et de contribuer à son développement économique, se doit de doter les associations et les fondations, entités reconnues communément dans tous les Etats membres, d'un instrument juridique adéquat et propre à faciliter le développement de leurs activités transnationales ;

Considérant que le statut de la société européenne, tel que prévu par le règlement (CEE) n° .../... (4), n'est pas un instrument adapté à la spécificité des associations et des fondations ;

Considérant que si le groupement européen d'intérêt économique (GEIE), tel que prévu par le règlement (CEE) n° 2137/85 (5), permet, certes, de promouvoir en commun certaines activités tout en préservant l'autonomie de ses membres, il ne répond cependant pas aux spécificités de la vie associative ni à celles des fondations ;

Considérant, dès lors, qu'il convient d'instaurer, au niveau communautaire, un statut spécifique adéquat qui permettra la création d'associations européennes ; qu'il paraît approprié de permettre aux fondations d'avoir accès à ce statut et donc de constituer des associations européennes ; que, toutefois, toute association européenne constituée par des fondations sera régie, pour sa constitution et son fonctionnement, par les dispositions du statut européen susvisé ;

Considérant que l'association européenne (ci-après dénommée « AE ») sera une illustration de l'Europe des citoyens dans la mesure où elle facilitera et encouragera la participation effective des individus à la vie de la Communauté ; qu'il convient, dès lors, de permettre également aux personnes physiques de constituer *ab initio* une association européenne ;

Considérant que le respect du principe de primauté de la personne se manifeste par des dispositions spécifiques concernant les conditions d'adhésion, de retrait et d'exclusion des membres ; qu'il se traduit par l'énoncé de la règle « un homme, une voix », le droit de vote étant attaché à la personne et qu'il implique l'impossibilité pour les membres de partager les bénéfices réalisés et d'exercer un droit sur l'actif de l'AE ;

Considérant que l'objet essentiel du régime juridique de l'AE implique qu'une AE puisse être constituée par des personnes physiques ressortissant de deux Etats membres de la Communauté et y résidant, ou par des entités juridiques relevant d'Etats membres différents, ainsi que par transformation d'une association nationale, sans passer par une dissolution, dès lors que cette association a son siège et son administration centrale dans la Communauté et un établissement dans un autre Etat membre que celui de son administration centrale ; dans ce dernier cas, l'association doit avoir une activité transnationale effective et réelle ;

Considérant que les dispositions comptables visent à assurer une gestion plus efficace et à prévenir toute difficulté ;

Considérant que, dans les domaines non couverts par le présent règlement, les dispositions du droit des Etats membres et du droit communautaire sont applicables, par exemple en ce qui concerne :

– le domaine de la participation des travailleurs aux processus décisionnels et le domaine du droit du travail ;

– le domaine du droit fiscal ;

– le domaine du droit de la concurrence ;

– le domaine du droit de la propriété intellectuelle, commerciale et industrielle ;

– le domaine de l'insolvabilité et de la cessation des paiements ;

Considérant que l'application des dispositions du présent règlement doit être différée pour permettre à chaque Etat membre la transposition en droit national des dispositions de la directive ../.../CEE du Conseil, du ..., complétant le statut de l'association européenne pour ce qui concerne le rôle des travailleurs (6) et la mise en place préalable des méca-

---

4. *JO* n° L...
5. *JO* n° L 199 du 31 juillet 1985, p. 1.
6. Voir *JOCE* n° C 99/2 du 21 avril 1992, p. 14, Proposition.

nismes nécessaires pour assurer la constitution et le fonctionnement des AE ayant leur siège sur son territoire, de façon à ce que le règlement et la directive puissent être appliqués de manière concomitante ;

Considérant que les travaux de rapprochement du droit national des sociétés ont notablement progressé de sorte qu'un renvoi à certaines dispositions de l'Etat membre du siège de l'AE, prises en vue de mettre en œuvre les directives sur les sociétés commerciales, peut être effectué pour l'AE, par analogie, dans des domaines où son fonctionnement n'exige pas de règles communautaires uniformes, de telles dispositions étant appropriées pour la réglementation de l'AE :

— directive 68/151/CEE du Conseil, du 9 mars 1968, tendant à coordonner, pour les rendre équivalentes, les garanties qui sont exigées, dans les Etats membres, des sociétés au sens de l'article 58, deuxième alinéa, du traité CEE, pour protéger les intérêts tant des associés que des tiers (7), modifiée en dernier lieu par l'acte d'adhésion de l'Espagne et du Portugal ;

— directive 78/660/CEE du Conseil, du 25 juillet 1978, fondée sur l'article 54, paragraphe 3, point *g)*, du traité CEE et concernant les comptes annuels de certaines formes de sociétés (8), modifiée en dernier lieu par les directives 90/604/CEE (9) et 90/605/CEE (10) ;

— directive 83/349/CEE du Conseil, du 13 juin 1983, fondée sur l'article 54, paragraphe 3, point *g)*, du traité CEE, concernant les comptes consolidés (11), modifiée en dernier lieu par les directives 90/604/CEE et 90/605/CEE ;

— directive 84/253/CEE du Conseil, du 10 avril 1984, fondée sur l'article 54, paragraphe 3, point *g)*, du traité CEE, concernant l'agrément des personnes chargées du contrôle légal des documents comptables (12) ;

— directive 89/48/CEE du Conseil, du 21 décembre 1988, relative à u système général de reconnaissance des diplômes d'enseignement supérieur qui sanctionnent des formations professionnelles d'une durée minimale de trois ans (13) ;

— directive 89/666/CEE du Conseil, du 21 décembre 1989, concernant la publicité des succursales créées dans un Etat membre par certaines formes de société relevant du droit d'un autre Etat membre (14) ;

Considérant que le recours au présent statut doit être optionnel,
A arrêté le présent règlement :

TITRE PREMIER

DISPOSITIONS GÉNÉRALES

CHAPITRE PREMIER

Constitution de l'association européenne

Article premier (Nature de l'AE). — **1.** L'AE est une structure permanente dont les membres mettent en commun leurs connaissances ou activités soit dans un but d'intérêt général, tel que défini dans l'ordre juridique national de l'Etat membre du siège de l'AE, soit en vue de la promotion directe ou indirecte d'intérêts sectoriels et/ou professionnels.

---

 7. *JO* n° L 65 du 14 mars 1968, p. 8.
 8. *JO* n° L 222 du 14 août 1978, p. 11.
 9. *JO* n° L 317 du 16 novembre 1990, p. 57.
10. *JO* n° L 317 du 16 novembre 1990, p. 60.
11. *JO* n° L 193 du 18 juillet 1983, p. 1.
12. *JO* n° L 126 du 12 mai 1984, p. 20.
13. *JO* n° L 19 du 24 janvier 1989, p. 16.
14. *JO* n° L 395 du 30 décembre 1989, p. 36.

Le produit de toute activité économique exercée par l'AE est affecté uniquement à la réalisation de son objet, le partage des profits entre ses membres étant exclu.

2. Sous réserve de l'application au niveau national des règles légales et administratives relatives aux conditions d'exercice d'une activité ou d'une profession, l'AE définit librement les activités nécessaires à la réalisation de son objet, dans la mesure où elles sont compatibles avec les objectifs de la Communauté, l'ordre public communautaire et celui des Etats membres. Elle les poursuit dans le respect des principes liés à son caractère de groupement de personnes et à une gestion désintéressée.

Art. 2 (Personnalité juridique). — **1.** L'AE a la personnalité juridique. Elle l'acquiert le jour de son immatriculation dans l'Etat du siège au registre désigné par cet Etat, selon les dispositions de l'article 7, paragraphe 3.

2. La personnalité juridique de l'AE comprend, notamment, les droits suivants à condition qu'ils soient nécessaires à la réalisation de l'objet de l'AE :

a) Passer des contrats et accomplir d'autres actes juridiques ;

b) Acquérir des biens mobiliers et immobiliers ;

c) Recevoir des dons et legs ;

d) Employer des salariés ;

e) Ester en justice.

3. La responsabilité de l'AE est limitée à ses avoirs.

Art. 3 (Constitution et statuts). — **1.** Peuvent constituer une AE :

— un minimum de deux entités juridiques, constituées selon le droit d'un Etat membre, reprises dans l'annexe et ayant leur siège statutaire et leur administration centrale dans au moins deux Etats membres ;

— au moins 21 personnes physiques ressortissant de deux Etats membres de la Communauté et y résidant.

2. Une association constituée selon le droit d'un Etat membre, et ayant son siège statutaire et son administration centrale dans la Communauté, peut se transformer en AE lorsqu'elle a un établissement dans un Etat membre autre que celui de son administration centrale et qu'elle prouve l'exercice d'une activité transnationale effective et réelle.

Cette transformation ne donne lieu ni à dissolution ni à création d'une personne morale nouvelle.

L'organe d'administration de l'association établit un projet de transformation portant sur les aspects juridiques et économiques de la transformation.

La transformation ainsi que les statuts de l'AE sont approuvés par l'assemblée générale dans les conditions prévues à l'article 19 pour la modification des statuts.

3. Les statuts de l'AE doivent contenir notamment :

— la dénomination précédée ou suivie du sigle AE ;

— l'indication précise de son objet ;

— le nom, l'adresse, la profession, la nationalité des membres fondateurs pour les personnes physiques ;

— la dénomination, l'objet et le siège des entités juridiques qui sont membres fondateurs de l'AE ;

— le siège de l'AE ;

— les conditions et modalités applicables à l'admission, à l'exclusion et au retrait des membres ;

— les droits et les obligations des membres et, le cas échéant, leurs différentes catégories, ainsi que les droits et obligations attachés à chaque catégorie ;

— les pouvoirs et compétences de l'organe d'administration et notamment sa compétence pour engager l'AE vis-à-vis des tiers ;

- les conditions de nomination et de révocation des membres de cet organe ;
- les règles de majorité et de quorum ;
- les conditions d'exercice de l'action en responsabilité visée à l'article 34 ;
- les causes statutaires de dissolution.

4. Au sens du présent règlement, « les statuts » de l'AE désignent, le cas échéant, à la fois l'acte constitutif et, lorsqu'ils font l'objet d'un acte séparé, les statuts proprement dits de l'AE.

Art. 4 (Siège). – Le siège de l'AE est fixé au lieu désigné par les statuts, lequel doit être situé à l'intérieur de la Communauté. Il doit correspondre au lieu de l'administration centrale de l'AE.

Art. 5 (Transfert du siège). – **1.** Le siège de l'AE peut être transféré à l'intérieur de la Communauté. Ce transfert ne donne lieu ni à dissolution ni à création d'une personne morale nouvelle.

2. Lorsque le transfert du siège a pour conséquence un changement de la loi applicable au titre de l'article 6, paragraphe 1, point *b)*, le projet de transfert fait l'objet d'une publicité conformément à l'article 7.

La décision de transfert ne peut intervenir que deux mois après la publication dudit projet. Elle doit être prise dans les conditions prévues pour la modification des statuts. Le transfert du siège de l'AE ainsi que la modification des statuts qui en résulte prennent effet à la date à laquelle l'AE est immatriculée, conformément à l'article 7, paragraphe 3, au registre du nouveau siège. Cette immatriculation ne peut s'effectuer que sur preuve de la publication du projet de transfert du siège.

3. La radiation de l'immatriculation de l'AE du registre du lieu du précédent siège ne peut s'effectuer que sur preuve de l'immatriculation de l'AE au registre du nouveau siège.

4. La nouvelle immatriculation et la radiation de l'ancienne immatriculation sont publiées dans les Etats membres concernés conformément à l'article 8.

5. La publication de la nouvelle immatriculation de l'AE rend le nouveau siège opposable aux tiers. Toutefois, tant que la publication de la radiation de l'immatriculation au registre du précédent siège n'a pas eu lieu, les tiers peuvent continuer à se prévaloir de l'ancien siège, à moins que l'AE ne prouve que les tiers avaient connaissance du nouveau siège.

Art. 6 (Loi applicable). – **1.** L'AE est régie par :

a) — les dispositions du présent règlement ;

— lorsque le présent règlement l'autorise expressément, les dispositions librement déterminées par les parties dans les statuts de l'AE ;

A défaut par :

b) — les dispositions de la législation de l'Etat du siège de l'AE, telles que déterminées par cet Etat ;

— les dispositions librement déterminées par les parties dans les statuts de l'AE, conformément à la législation de l'Etat du siège de l'AE.

2. Lorsqu'un Etat comprend plusieurs unités territoriales dont chacune a ses propres règles applicables visées au paragraphe 1, chaque unité territoriale est considérée comme un Etat aux fins de la détermination de la loi applicable selon le paragraphe 1, point *b)*.

3. En ce qui concerne ses droits, facultés et obligations, l'AE est traitée dans chaque Etat membre, et sous réserve des dispositions spécifiques du présent règlement, comme une association relevant du droit de l'Etat du siège.

Art. 7 (Immatriculation et contenu de la publicité). − **1.** Les fondateurs établissent les statuts conformément aux dispositions prévues pour la constitution des associations relevant de la législation de l'Etat du siège de l'AE. Les statuts doivent au moins être établis par écrit et signés par les fondateurs.

2. Dans les Etats membres où la législation ne prévoit pas un contrôle préventif, administratif ou judiciaire, lors de la constitution, les statuts doivent être passés par acte authentique. L'autorité de contrôle doit veiller à ce que l'acte soit conforme aux prescriptions de constitution de l'AE, notamment celles des articles premier à 4.

3. Les Etats membres désignent le registre dans lequel doit être effectuée l'immatriculation de l'AE et déterminent les règles applicables à celle-ci. Ils fixent les conditions dans lesquelles s'effectue le dépôt des statuts. L'AE ne peut être immatriculée que lorsque les mesures prévues par la directive .../.../CEE (concernant le rôle des travailleurs dans l'AE) sont adoptées.

4. Les Etats membres prennent les mesures nécessaires pour que la publicité prévue au paragraphe 3 porte sur les actes et indications suivants :

a) Les statuts et leurs modifications avec le texte intégral de l'acte modifié, dans sa rédaction mise à jour ;

b) La création et la suppression de tout établissement ;

c) La nomination, la cessation des fonctions ainsi que l'identité des personnes qui en tant qu'organe légalement prévu ou membres d'un tel organe :

− ont le pouvoir d'engager l'AE à l'égard des tiers et de la représenter en justice,

− participent à l'Administration et, le cas échéant, à la surveillance ou au contrôle de l'AE ;

d) Le bilan, le compte de profits et pertes de chaque exercice. Le document qui contient le bilan doit indiquer l'identité des personnes qui, en vertu de la loi, sont appelées à certifier celui-ci ;

e) Le projet de transfert de siège visé à l'article 5, paragraphe 2 ;

f) La dissolution, la liquidation de l'AE, ainsi que la décision visée à l'article 42 de poursuivre les activités de l'AE ;

g) La décision judiciaire prononçant la nullité de l'AE ;

h) La nomination, l'identité des liquidateurs ainsi que leurs pouvoirs respectifs, le cas échéant, la cessation de leurs fonctions ;

i) La clôture de la liquidation et la radiation du registre de l'AE.

5. Si des actes ont été accomplis au nom d'une AE en formation avant l'acquisition par celle-ci de la personnalité juridique et si l'AE ne reprend pas les engagements résultant de ces actes, les personnes qui les ont accomplis en sont solidairement et indéfiniment responsables, sauf convention contraire.

Art. 8 (Publicité dans les Etats membres des actes). − **1.** Les Etats membres veillent à ce que les actes et indications visés au paragraphe 4 de l'article 7 soient publiés dans le *Bulletin officiel* approprié de l'Etat membre où l'AE a son siège et déterminent les personnes tenues d'accomplir les formalités de publicité. La publication se fait par extrait ou sous forme de mention signalant la transcription au registre.

En outre, les Etats membres veillent à ce que chacun puisse prendre connaissance dans le registre prévu au paragraphe 3 de l'article 7 des documents visés au paragraphe 4 du même article et en obtenir, même par la poste, copie intégrale ou partielle.

Les Etats membres prennent les mesures nécessaires pour éviter toute discordance entre la teneur de la publication et celle du registre. Toutefois, en cas de discordance, le texte publié ne peut être opposé aux tiers ; ceux-ci peuvent, toutefois, s'en prévaloir, à moins que l'association ne prouve qu'ils ont eu connaissance du texte transcrit au registre.

Les Etats membres peuvent prévoir le paiement des frais afférents aux opérations visées aux alinéas précédents, sans que le montant de ces frais puisse être supérieur au coût administratif.

2. Les dispositions nationales de mise en œuvre de la directive 89/666/CEE s'appliquent aux établissements de l'AE créés dans un Etat membre autre que celui de son siège.

3. Les actes et indications ne sont opposables aux tiers par l'AE qu'après la publication visée au paragraphe 1, sauf si l'AE prouve que ces tiers en avaient connaissance. Toutefois, pour les opérations intervenues avant le seizième jour suivant celui de cette publication, ces actes et indications ne sont pas opposables aux tiers qui prouvent qu'ils ont été dans l'impossibilité d'en avoir connaissance.

4. Les tiers peuvent se prévaloir des actes et indications pour lesquels les formalités de publicité n'ont pas encore été accomplies, à moins que le défaut de publicité ne les prive d'effet.

Art. 9 (Publication au *Journal officiel des Communautés européennes*). — Les Etats membres veillent à ce que l'immatriculation et la clôture de la liquidation d'une AE soient publiées pour information, avec indication du numéro, de la date et du lieu de l'immatriculation ainsi que de la date, du lieu et du titre de la publication, de l'adresse de l'AE, de même que l'indication sommaire de son objet au *Journal officiel des Communautés européennes* et qu'elles seront communiquées à l'Office des publications officielles des Communautés européennes dans le mois suivant la publicité au *Bulletin officiel* de l'Etat membre de son siège effectuée conformément à l'article 8, paragraphe 1.

Le transfert du siège de l'AE dans les conditions prévues à l'article 5 donne lieu à une publication comportant les indications prévues au premier alinéa ainsi que celles relatives à la nouvelle immatriculation.

Art. 10 (Mentions à faire figurer sur les documents). — Les lettres et documents destinés aux tiers doivent indiquer lisiblement :

a) La dénomination de l'AE, précédée ou suivie du sigle « AE » ;

b) Le lieu où l'AE est immatriculée conformément à l'article 7, paragraphe 3, ainsi que son numéro d'immatriculation ;

c) L'adresse du siège de l'AE ;

d) Le cas échéant, la mention que l'AE est en liquidation ou sous administration judiciaire.

CHAPITRE II

Assemblée générale

Art. 11 (Compétence). — L'assemblée générale décide :

a) Dans les matières pour lesquelles le présent règlement lui confère une compétence spécifique ;

b) Dans les matières qui ne relèvent pas de la coméptence exclusive de l'organe d'administration en vertu :

— du présent règlement,

— de la directive .../.../CEE (concernant le rôle des travailleurs dans l'association européenne),

— de la loi impérative de l'Etat du siège de l'AE

ou :

— des statuts de l'AE.

Art. 12 (Règles applicables à la convocation, à l'organisation et au déroulement). — Outre les règles prévues par le présent règlement, la convocation, l'organisation et le déroulement de l'assemblée générale sont régis par les statuts pris en conformité des dispositions législatives, réglementaires et administratives concernant les entités juridiques de l'Etat du siège de l'AE, reprises dans l'annexe.

Art. 13 (Convocation). — **1.** L'assemblée générale a lieu au moins une fois par an, dans les six mois après la clôture de l'exercice.

2. Elle peut être convoquée à tout moment par l'organe d'administration, soit d'office, soit à la demande de 25 % des membres de l'AE, ce pourcentage pouvant être abaissé par les statuts.

3. La demande de convocation doit en indiquer les motifs et préciser les points à faire figurer à l'ordre du jour.

4. S'il n'est pas donné suite à la demande formulée selon le paragraphe 2 dans le délai d'un mois, l'autorité judiciaire ou administrative compétente de l'Etat du siège de l'AE peut ordonner la convocation de l'assemblée générale ou donner l'autorisation de la convoquer, soit aux membres qui en ont formulé la demande, soit à un mandataire de ceux-ci.

5. L'assemblée générale peut, lors d'une réunion, décider qu'une nouvelle réunion sera convoquée à une date et avec un ordre du jour qu'elle fixe elle-même.

6. Lors de l'assemblée générale se réunissant après la clôture de l'exercice, l'ordre du jour porte au moins sur l'approbation des comptes annuels, de l'affectation des résultats et du budget prévisionnel, ainsi que du rapport de gestion visé à l'article 46 de la directive 78/660/CEE et présenté par l'organe d'administration.

Art. 14 (Inscription de nouveaux points à l'ordre du jour). — Vingt-cinq pour cent au moins des membres de l'AE, ce pourcentage pouvant être abaissé par les statuts, peuvent demander l'inscription, dans les dix jours suivant la réception de la convocation, d'un ou plusieurs points à l'ordre du jour de l'assemblée générale.

Art. 15 (Participation et représentation). — Tout membre peut participer à l'assemblée générale ; il est habilité à s'y faire représenter par un autre membre de son choix. Un membre ne peut pas être porteur de plus de deux procurations.

Art. 16 (Droit à l'information). — Tous les membres bénéficient d'un accès égal à l'information, notamment en matière comptable, qui doit leur être donnée avant ou pendant l'assemblée générale.

Cette information sera mise à la disposition des membres de l'AE au siège de l'AE, au moins un mois avant la tenue de l'assemblée générale.

Notamment avant l'assemblée générale qui suit la clôture de l'exercice, les membres peuvent prendre connaissance des documents comptables qui doivent être établis conformément aux dispositions nationales de mise en œuvre des directives 78/660/CEE et 83/349/CEE.

Art. 17 (Droit de vote). — Chaque membre de l'AE dispose d'une voix.

Art. 18 (Majorité simple). — Les décisions sont prises à la majorité des voix des membres présents ou représentés.

Art. 19 (Majorité qualifiée). — La modification des statuts relève de la compétence exclusive de l'assemblée générale qui statue à la majorité des deux tiers des voix des membres présents ou représentés.

Un Etat membre peut prévoir que l'organe d'administration modifie les statuts lorsque cela lui est imposé par une autorité judiciaire ou administrative dont l'autorisation est nécessaire pour la validité des modifications des statuts.

Art. 20 (Décisions portant atteinte à une catégorie de membres). — Lorsqu'une décision de l'assemblée générale porte atteinte aux droits d'une catégorie particulière de membres, ces derniers doivent approuver la décision par un vote séparé.

Lorsqu'il s'agit de modifier les statuts d'une manière qui porte atteinte à une catégorie particulière de membres, ces derniers doivent se prononcer à la majorité des deux tiers des voix exprimées.

Art. 21 (Recours contre les décisions). – La décision d'un tribunal ou d'une autorité compétente déclarant nulle ou inexistante une décision de l'assemblée générale de l'AE fait l'objet d'une publicité conformément à l'article 8.

CHAPITRE III

Organe d'administration

Art. 22 (Fonctions et désignation de l'organe d'administration). – **1.** L'organe d'administration assure la gestion de l'AE. Les membres de l'organe d'administration ont le pouvoir d'engager l'AE à l'égard des tiers et de la représenter en justice conformément aux dispositions de mise en œuvre de la directive 68/151/CEE prises par l'Etat du siège de l'AE.

2. L'organe d'administration est composé de trois membres au moins dans une limite fixée par les statuts.

3. L'organe d'administration peut déléguer à un bureau constitué de ses membres le pouvoir de gérer l'AE. Il peut également déléguer, à une ou plusieurs personnes non membres de l'organe, certains pouvoirs de gestion qui sont révocables à tout moment. Les statuts ou, à défaut, l'assemblée générale, peuvent fixer les conditions dans lesquelles intervient une telle délégation.

4. Le ou les membres de l'organe d'administration sont nommés et révoqués par l'assemblée générale.

Art. 23 (Périodicité des réunions et droit à l'information). – **1.** L'organe d'administration se réunit au moins tous les trois mois selon une périodicité fixée par les statuts pour délibérer sur le déroulement des activités de l'AE et leur évolution prévisible.

2. L'organe d'administration doit se réunir pour délibérer sur les opérations prévues à l'article 30.

3. Chaque membre de l'organe d'administration peut prendre connaissance de tous les rapports, documents et renseignements donnés à cet organe et concernant les activités de l'AE.

Art. 24 (Présidence, convocation). – **1.** L'organe d'administration élit en son sein un président.

2. Le président convoque l'organe d'administration dans les conditions prévues par les statuts soit d'office, soit sur demande d'un tiers au moins des membres. La demande doit indiquer les motifs de la convocation. S'il n'est pas satisfait à cette demande dans un délai de quinze jours, l'organe d'administration peut être convoqué par ceux qui en ont fait la demande.

Art. 25 (Durée du mandat). – **1.** Les membres de l'organe d'administration sont nommés pour une période fixée par les statuts qui ne peut dépasser six ans.

2. Les membres sont rééligibles une ou plusieurs fois pour la période fixée en application du paragraphe 1.

Art. 26 (Conditions d'éligibilité). – **1.** Les statuts de l'AE peuvent prévoir qu'une entité juridique peut être membre de l'organe d'administration, à moins que la loi de l'Etat du siège de l'AE n'en dispose autrement.

Cette entité juridique doit désigner une personne physique comme représentant pour l'exercice des pouvoirs dans l'organe concerné. Ce représentant est soumis aux mêmes conditions et obligations que s'il était personnellement membre de cet organe.

2. Ne peuvent être ni membres de l'organe d'administration, ni représentants d'un membre au sens du paragraphe 1, ni se voir confier des pouvoirs de gestion ou de représentation, les personnes qui :

– selon la loi qui leur est applicable

ou

– selon la loi de l'Etat du siège de l'AE

ou

– en raison d'une décision judiciaire ou administrative rendue ou reconnue dans un Etat membre,

ne peuvent faire partie de l'organe d'administration, de l'organe de direction ou de l'organe de surveillance d'une entité juridique.

Art. 27 (Empêchement de poursuivre le mandat). – Les statuts de l'AE peuvent prévoir la nomination d'un membre suppléant lorsqu'un membre de l'organe de l'administration se trouve définitivement empêché de poursuivre son mandat. Le mandat du même suppléant prend fin au plus tard au terme du mandat de celui qu'il remplace. Toutefois, la nomination d'un nouveau membre titulaire peut intervenir à tout moment.

Art. 28 (Règlement intérieur). – L'organe d'administration peut établir un règlement intérieur dans les conditions prévues par les statuts. Ce règlement peut être consulté par tout membre ou toute autorité compétente au siège de l'AE.

Art. 29 (Pouvoir de représentation et responsabilité). – **1.** Lorsque l'exercice du pouvoir de représentation à l'égard des tiers, conformément à l'article 22, paragraphe 1, est confié à plus d'un membre, ceux-ci exercent ce pouvoir à titre collectif.

2. Les statuts de l'AE peuvent toutefois prévoir que l'AE est valablement engagée, soit par chacun des membres agissant individuellement, soit par deux ou plusieurs d'entre eux agissant conjointement. Cette clause est opposable aux tiers lorsqu'elle fait l'objet d'une publicité conformément à l'article 7.

3. L'AE est engagée vis-à-vis des tiers par les actes accomplis par les membres de son organe d'administration, même si ces actes ne relèvent pas de l'objet de cette association à moins que lesdits actes n'exèdent les pouvoirs que la loi attribue ou permet d'attribuer à cet organe.

Toutefois, les Etats membres peuvent prévoir que l'association n'est pas engagée lorsque ces actes dépassent les limites de son objet, si elle prouve que le tiers savait que l'acte dépassait cet objet ou ne pouvait l'ignorer, compte tenu des circonstances, étant exclu que la seule publication des statuts suffit à constituer cette preuve.

4. La nomination, la cessation des fonctions ainsi que l'identité des personnes qui peuvent représenter l'AE doivent faire l'objet d'une publicité conformément à l'article 7. Les mesures de publicité doivent préciser si ces personnes ont le pouvoir d'engager l'AE individuellement ou si elles doivent le faire conjointement.

Art. 30 (Opérations soumises à autorisation). – **1.** Les opérations suivantes requièrent une décision d'autorisation de l'organe d'administration :

a) Fermer ou déplacer un établissement important ou une partie importante d'un tel établissement ;

b) Restreindre, étendre ou modifier l'activité de l'AE de façon importante ;

c) Modifier de façon importante l'organisation de l'AE ;

d) Etablir avec d'autres entités juridiques une coopération durable et importante pour l'activité de l'AE ou cesser une telle coopération ;

e) Recourir au crédit pour des opérations dépassant le plafond fixé par les statuts, émettre des valeurs mobilières, reprendre ou cautionner l'engagement de tiers ;

f) Acquérir des biens mobiliers et immobiliers.

2. Les statuts de l'AE peuvent prévoir d'autres opérations auxquelles le paragraphe 1 s'applique.

3. Un Etat membre peut déterminer les catégories d'opérations visées au paragraphe 1 pour les AE immatriculées sur son territoire dans les mêmes conditions que pour les associations relevant du droit de cet Etat.

4. Un Etat membre peut prévoir que l'organe d'administration des AE immatriculées sur son territoire peut soumettre lui-même certaines catégories d'opérations à autorisation ou à délibération dans les mêmes conditions que pour les associations relevant du droit de cet Etat.

Art. 31 (Droits et obligations). − 1. Dans l'exercice des fonctions qui leur sont attribuées conformément au présent règlement, chacun des membres de l'organe d'administration a les mêmes droits et obligations que les autres membres.

2. Tous les membres exercent leurs fonctions dans l'intérêt de l'AE, compte tenu notamment des intérêts de ses membres et de ses travailleurs.

3. Tous les membres sont tenus à la discrétion, même après la cessation de leurs fonctions, en ce qui concerne les informations à caractère confidentiel dont ils disposent sur l'AE.

Art. 32 (Délibération de l'organe d'administration). − 1. L'organe d'administration délibère dans les conditions et selon les modalités prévues par les statuts.

A défaut, l'organe d'administration ne délibère valablement que si les membres ont été régulièrement convoqués au moins trois semaines à l'avance et si le tiers au moins de ses membres est présent lors des délibérations. La convocation peut déjà indiquer la date de la réunion de l'organe d'administration au cas où le quorum ne serait pas atteint à la première date indiquée. Les décisions sont prises à la majorité des membres présents ou représentés.

2. La voix du président est prépondérante en cas de partage des voix.

Art. 33 (Responsabilité civile). − 1. Les membres de l'organe d'administration répondent du préjudice subi par l'AE par suite de la violation par eux des obligations découlant de leurs fonctions.

2. Lorsque l'organe d'administration comprend plusieurs membres, ceux-ci sont solidairement responsables du préjudice subi par l'AE. Toutefois, un membre de l'organe en cause peut s'exonérer de sa responsabilité en prouvant qu'il n'a violé aucune des obligations découlant de ses fonctions.

Art. 34 (Procédure relative à l'action en responsabilité). − 1. L'assemblée générale prend à la majorité des voix exprimées la décision d'intenter au nom et pour le compte de l'AE l'action en responsabilité découlant de l'article 33, paragraphe 1.

L'assemblée générale désigne à cet effet un mandataire spécial chargé de conduire le procès.

2. Un cinquième des membres peut aussi décider d'intenter cette action au nom et pour le compte de l'AE. Ils désignent à cet effet un mandataire spécial chargé de conduire le procès.

Art. 35 (Prescription de l'action en responsabilité). − L'action en responsabilité ne peut plus être intentée après l'écoulement d'un délai de cinq ans à compter de la réalisation du fait dommageable.

CHAPITRE IV

Comptes annuels, comptes consolidés
et moyens de financement

Art. 36 (Etablissement d'un budget prévisionnel). − L'AE doit établir un budget prévisionnel pour l'exercice à venir.

Art. 37 (Etablissement des comptes annuels et consolidés). − **1.** L'AE est assujettie, en ce qui concerne l'établissement de ses comptes annuels, et le cas échéant consolidés, y compris le rapport de gestion les accompagnant, leur contrôle et leur publicité, aux dispositions de la législation de l'Etat de son siège prises pour mettre en œuvre les directives 78/660/CEE et 83/349/CEE.

2. L'AE peut établir ses comptes annuels, et le cas échéant ses comptes consolidés, en écus. Dans ce cas, l'annexe doit préciser les bases de conversion utilisées pour l'expression en écus des éléments contenus dans les comptes qui sont, ou étaient à l'origine, exprimés dans une autre monnaie.

Art. 38 (Contrôle légal des comptes). − Le contrôle des comptes annuels, et le cas échéant consolidés de l'AE, est effectué par une ou plusieurs personnes agréées dans l'Etat membre dans lequel l'AE a son siège conformément aux dispositions prises par cet Etat pour mettre en œuvre les directives 84/253/CEE et 89/48/CEE. Ces personnes doivent également vérifier la concordance du rapport de gestion avec les comptes annuels et, le cas échéant, consolidés de l'exercice.

Art. 39 (Publicité des comptes). − Les comptes annuels, et le cas échéant consolidés, régulièrement approuvés, le rapport de gestion et le rapport de contrôle font l'objet d'une publicité effectuée selon les modes prévus par la législation de l'Etat membre dans lequel l'AE a son siège conformément à l'article 3 de la directive 68/151/CEE.

Art. 40 (Révision comptable). − Les statuts prévoient le mode de vérification des comptes et de contrôle de l'AE. Les contrôleurs font rapport chaque année à l'asemblée générale des initiatives prises pour l'accomplissement de leur mission.

Art. 41 (Moyens de financement). − L'AE peut avoir accès à tous les moyens de financement dans les conditions les plus favorables applicables aux entités fondatrices de l'AE dans l'Etat du siège.

CHAPITRE V

Dissolution

Art. 42 (Dissolution par l'assemblée générale). − **1.** L'AE peut être dissoute par une décision de l'assemblée générale prononçant cette dissolution selon les règles prévues à l'article 19.

Toutefois, l'assemblée générale peut, selon les mêmes règles, décider d'annuler la décision prononçant cette dissolution tant qu'aucune répartition au titre de la liquidation n'a été commencée.

2. En outre, l'organe d'administration doit convoquer l'assemblée générale pour décider de la dissolution de l'AE :

− lors de l'arrivé du terme fixé dans les statuts ;

— en cas de défaut de publicité des comptes pendant les trois derniers exercices de l'AE ;

— lorsque le nombre des membres est inférieur au nombre minimal prévu par le présent règlement ou par les statuts de l'AE ;

— pour une cause prévue par la loi de l'Etat du siège de l'AE pour les associations nationales ou par les statuts.

L'assemblée générale décide :

— soit la dissolution de l'AE dans les conditions prévues à l'article 18 ;

— soit la poursuite des activités selon les procédures prévues pour la modification des statuts.

Art. 43 (Dissolution par le tribunal du lieu du siège de l'AE). — A la demande de tout intéressé ou d'une autorité compétente, le tribunal du lieu du siège de l'AE doit prononcer la dissolution de cette dernière lorsqu'il constate que le siège a été transféré en dehors de la Communauté, ou que l'activité de l'AE s'exerce en violation de l'ordre public de l'Etat membre du siège de l'AE ou des dispositions de l'article premier et de l'article 3, paragraphe 1.

Le tribunal peut accorder un délai à l'AE pour régulariser sa situation. Si la régularisation n'intervient pas au cours de ce délai, la dissolution est prononcée.

CHAPITRE VI

Liquidation

Art. 44 (Liquidation). — **1.** La dissolution de l'AE entraîne sa liquidation.

2. La liquidation de l'AE et la clôture de cette liquidation sont régies par le droit de l'Etat du siège.

3. L'actif net, après désintéressement des créanciers, est dévolu dans les conditions prévues par la législation de l'Etat du siège de l'AE, applicable à l'AE, à défaut d'une mention dans les statuts.

4. La personnalité juridique de l'AE, dont la dissolution a été prononcée, subsiste jusqu'à la clôture de la liquidation.

5. Après la liquidation, les livres et écritures se rapportant à la liquidation doivent être déposés au registre visé à l'article 7, paragraphe 3. Toute personne intéressée peut prendre connaissance de ces livres et écritures.

CHAPITRE VII

Insolvabilité et cessation des paiements

Art. 45 (Insolvabilité et cessation des paiements). — **1.** L'AE est soumise aux dispositions du droit de l'Etat du siège régissant l'insolvabilité et la cessation des paiements.

2. L'ouverture d'une procédure d'insolvabilité ou de cessation de paiements est communiquée par la personne chargée d'exécuter la procédure aux fins de son inscription dans le registre. L'inscription comporte les mentions suivantes :

a) La mesure prononcée et la date de la décision ainsi que la juridiction qui l'a rendue ;

b) La date de la cessation des paiements, si la décision contient une telle indication ;

c) Les noms et adresses des personnes habilitées auxquelles les pouvoirs d'exécuter la procédure ont été délégués ;

d) Toutes autres indications jugées utiles.

3. Le tribunal ordonne, soit d'office, soit à la demande de tout intéressé, l'inscription de cette décision dans le registre visé à l'article 7, paragraphe 3.

4. Les inscriptions faites conformément aux paragraphes 2 et 3 sont publiées conformément à l'article 8.

TITRE II

DISPOSITIONS FINALES

Art. 46 (Sanctions). − Chaque Etat détermine les sanctions à appliquer en cas de violation des dispositions du présent règlement et, le cas échéant, des mesures nationales utiles à son exécution ; ces sanctions doivent avoir un caractère effectif, proportionné et dissuassif. Il prend les mesures nécessaires avant le 1er janvier 1993. Il les communique immédiatement à la Commission.

Art. 47. − Le présent règlement entre en vigueur le 1er janvier 1993.

Le présent règlement est obligatoire dans tous ses éléments et directement applicable dans tout Etat membre.

ANNEXE

Entités juridiques visées à l'article 3

En Belgique

Les associations sans but lucratif et les établissements d'utilité publique relevant de la loi du 25 octobre 1919 et la loi du 27 juin 1921.

Au Danemark

Les associations et les fondations relevant de la loi du 6 juin 1984.

En Espagne

Les associations et les fondations relevant respectivement de la loi du 24 décembre 1964 et des articles 35 et suivants du Code civil.

En France

Les associations à but non lucratif relevant de la loi du 1er juillet 1901, des articles 21 à 79 du Code civil local d'Alsace et de Moselle et les fondations relevant de la loi du 23 juillet 1987, modifiée par la loi du 4 juillet 1990.

En Grèce

Les associations et les fondations relevant des articles 78 et suivants du Code civil hellénique.

En Irlande

Les « Companies limited by guarantee », les « Organisations incorporated by Royal Charter or Act of Parliament », les « Industrial and Provident Societies » ou les « Friendly Societies ».

En Italie

Les associations et les fondations relevant des articles 14 à 35 du Code civil italien.

Au Luxembourg

Les associations sans but lucratif et les établissements d'utilité publique relevant de la loi du 21 avril 1928.

Aux Pays-Bas

Les associations et les fondations relevant respectivement du titre II et des articles 286 à 304 du Code civil.

Au Portugal

Les associations et les fondations relevant des articles 167 à 194 du Code civil.

En Allemagne

Les associations et les fondations relevant des articles 21 à 88 du Code civil (BGB).

Au Royaume-Uni

Les « Companies limited by guarantee », les « Organisations incorporated by Royal Charter or Act of Parliament », les « Industrial and Provident Societies » ou « Friendly Societies » et « all institutions established for exclusively charitable purposes ».

II. Autres textes

CODE CIVIL

....

TITRE II

DES DONATIONS ENTRE VIFS ET DES TESTAMENTS

....

Art. 900-2. — Tout gratifié peut demander que soient révisées en justice les conditions et charges grevant les donations ou legs qu'il a reçus, lorsque, par suite d'un changement de circonstances, l'exécution en est devenue pour lui soit extrêmement difficile, soit sérieusement dommageable.

Art. 900-3. — La demande en révision est formée par voie principale : elle peut l'être aussi par voie reconventionnelle, en réponse à l'action en exécution ou en révocation que les héritiers du disposant ont introduite.

Elles est formée contre les héritiers ; elle l'est en même temps contre le Ministère public s'il y a doute sur l'existence ou l'identité de certains d'entre eux ; s'il n'y a pas d'héritier connu, elle est formée contre le Ministère public.

Celui-ci doit, dans tous les cas, avoir communication de l'affaire.

Art. 900-4. — Le juge saisi de la demande en révision peut, selon les cas et même d'office, soit réduire en quantité ou périodicité les prestations grevant la libéralité, soit en modifier l'objet et s'inspirant de l'intention du disposant, soit même les regrouper, avec des prestations analogues résultant d'autres libéralités.

Il peut autoriser l'aliénation de tout ou partie des biens faisant l'objet de la libéralité en ordonnant que le prix en sera employé à des fins en rapport avec la volonté du disposant.

Il prescrit les mesures propres à maintenir, autant qu'il est possible, l'appellation que le disposant avait entendu donner à sa libéralité.

Art. 900-5. — La demande n'est recevable que dix années après la mort du disposant ou, en cas de demandes successives, dix années après le jugement qui a ordonné la précédente révision.

La personne gratifiée doit justifier des diligences qu'elle a faites, dans l'intervalle, pour exécuter ses obligations.

Art. 900-6. – La tierce opposition à l'encontre du jugement faisant droit à la demande en révision n'est recevable qu'en cas de fraude imputable au donataire ou légataire.

La rétractation ou la réformation du jugement attaqué n'ouvre droit à aucune action contre le tiers acquéreur de bonne foi.

Art. 900-7. — Si, postérieurement à la révision, l'exécution des conditions ou des charges, telle qu'elle était prévue à l'origine, redevient possible, elle pourra être demandée par les héritiers.

Art. 900-8. — Est réputée non écrite toute clause par laquelle le disposant prive de la libéralité celui qui mettrait en cause la validité d'une clause d'inaliénabilité ou demanderait l'autorisation d'aliéner.

....

Art. 910. – Les dispositions entre vifs ou par testament, au profit des hospices, des pauvres d'une commune, ou d'établissements d'utilité publique, n'auront leur effet qu'autant qu'elles seront autorisées par un décret.

CODE DU TRAVAIL

....

CHAPITRE VIII

Association intermédiaire

Art L. 128. – *(L. n° 87-39 du 27 janvier 1987, art. 19-I)* **1.** L'association intermédiaire est une association agréée par l'Etat pour une période d'un an renouvelable, dans le ressort d'un ou de plusieurs départements, après avis des organisations professionnelles concernées.

(L. n° 89-905 du 19 décembre 1989, art. 10-I) « Elle a pour objet d'embaucher des personnes dépourvues d'emploi et éprouvant des difficultés de réinsertion, notamment les bénéficiaires du revenu minimum d'insertion, les chômeurs de longue durée et les chômeurs âgés de plus de cinquante ans, pour les mettre, à titre onéreux, à la disposition de personnes physiques ou morales pour des activités qui ne sont pas déjà assurées, dans les conditions économiques locales, par l'initiative privée ou par l'action des collectivités publiques ou des organismes bénéficiant de ressources publiques. Elle participe, dans le cadre strict de son objet statutaire, à l'accueil des personnes dépourvues d'emploi et éprouvant des difficultés de réinsertion, à l'information des entreprises et des collectivités locales sur les mesures de formation professionnelle et d'insertion, à l'accompagnement et au suivi des itinéraires ».

2. Le salarié d'une association intermédiaire peut être rémunéré soit sur la base d'un nombre d'heures forfaitaire déterminé dans le contrat, soit sur la base du nombre d'heures effectivement travaillées chez l'utilisateur.

3. L'activité de l'association intermédiaire est réputée non lucrative au regard des articles L. 125-1 et suivants du présent code.

(L. n° 87-588 du 30 juillet 1987, art. 62) « La surveillance de la santé des personnes mentionnées au deuxième alinéa, au titre de leur activité, est assurée par un examen de médecine préventive. Cet examen est assuré par les services médicaux de main-d'œuvre.

« A défaut d'un examen pratiqué par ces services dans les douze mois précédant l'embauche, l'examen sera pratiqué au moment de l'embauche. Dans ce cas, il est à la charge de l'association employeur. Il est valable pour une période de douze mois consécutifs, quelles que soient les associations intermédiaires employeurs successifs. »

LOI DU 2 JANVIER 1817

sur les donations et legs faits aux établissements ecclésiastiques (*Bulletin des lois*, 1817 [7, Bull. 128, n° 1454]).

Article premier. – Tout établissement ecclésiastique reconnu pourra accepter, avec l'autorisation, tous les biens meubles, immeubles ou rentes qui lui seront donnés par actes entre vifs ou par actes de dernière volonté.

Art. 2. – Tout établissement ecclésiastique reconnu pourra également, avec l'autorisation, acquérir des biens immeubles ou des rentes.

Art. 3. – Les immeubles ou rentes appartenant à un établissement ecclésiastique seront possédés à perpétuité par ledit établissement et seront inaliénables, à moins que l'aliénation n'en soit autorisée.

LOI DU 24 MAI 1825

relative aux congrégations religieuses de femmes (1) (*Bulletin des lois*, 1825 [8, *Bull.* 40, n° 921]).

....

Art. 4. – *(L. 30 mai 1941, art. 1er)* Les établissements dûment autorisés pourront avec l'autorisation spéciale du chef de l'Etat :

1° Accepter les biens meubles et immeubles qui leur auraient été donnés par acte entre vifs ou par acte de dernière volonté à titre particulier, par legs universel ou à titre universel ;

2° Acquérir à titre onéreux des biens immeubles, des rentes sur l'Etat ou des valeurs garanties par lui ;

3° Aliéner les biens immeubles, les rentes ou valeurs garanties par l'Etat dont ils seraient propriétaires.

Art. 5. – *Abrogé (L. n° 87-588, 30 juillet 1987, art. 91-II).*

---

1. Les dispositions des articles premier, 2, 3 et 6 de la loi doivent être considérées comme devenues caduques et remplacées par celles de l'article 13 de la loi du 1er juillet 1901, modifié par la loi du 8 avril 1942, et des articles 16 à 26 du règlement d'administration publique du 16 août 1901.

   Celles de l'article 7 doivent être considérées comme implicitement abrogées, leur caractère discriminatoire à l'égard des femmes étant contraire au préambule de la Constitution.

ORDONNANCE DU 14 JANVIER 1831

relative aux donations (et legs), acquisitions et aliénations concernant les établissements ecclésiastiques et les communautés religieuses de femmes (1) *(Bulletin des lois*, 1831 [IX, *Bull.* 0, n° 971]).

....

Art. 2. − Aucun notaire ne pourra passer acte de vente, d'acquisition, d'échange, de cession ou de transfert, de constitution de rente, de transaction au nom desdits établissements (établissements ecclésiastiques et communautés religieuses de femmes) s'il n'est justifié (de l'ordonnance) du décret ou de l'arrêté portant autorisation de l'acte et qui devra y être entièrement inséré.

....

Art. 4. − Ne pourront être présentées à l'autorisation, les donations qui seraient faites à des établissements ecclésiastiques ou religieux, avec réserve d'usufruit en faveur du donateur.

Art. 5. − L'état de l'actif et du passif ainsi que des revenus et charges des établissements donataires sera produit à l'appui de leur demande en autorisation d'accepter les dons qui leur seraient faits.

DÉCRET DU 1ᵉʳ FÉVRIER 1896

relatif à la procédure à suivre en matière de legs concernant les établissements publics ou reconnus d'utilité publique (*JO,* **4 février 1896).**

Article premier. − *(D. 24 décembre 1901)* Tout notaire constitué dépositaire d'un testament contenant des libéralités en faveur de l'Etat, des départements, des communes, des établissements publics ou reconnus d'utilité publique et des associations religieuses autorisées, est tenu, aussitôt après l'ouverture du testament, d'adresser aux représentants des établissements institués, ainsi qu'au préfet du département du lieu d'ouverture de la succession, la copie intégrale des dispositions faites au profit de chacun des établissements et un état des héritiers dont l'existence lui aura été révélée, avec leurs nom, prénoms, profession, degré de parenté et adresse.

La copie est écrite sur papier libre et il est délivré récépissé des pièces transmises.

Art. 2. − Dans la huitaine, le préfet requiert le maire du lieu de l'ouverture de la succession de lui transmettre, dans le plus bref délai, un état contenant les indications relatives aux héritiers connus et énoncées dans l'article précédent.

Le préfet, dès qu'il a reçu ce dernier état, invite les personnes qui lui sont signalées comme héritières, soit par le notaire, soit par le maire, à prendre connaissance du testament, à donner leur consentement à son exécution ou à produire leurs moyens d'opposition, le tout dans un délai d'un mois.

Ces diverses communications sont faites par voie administrative ; il en est accusé réception.

Art. 3. − *Abrogé (D. n° 80-1074, 17 décembre 1980, art. 8).*

---

1. Les dispositions de ladite ordonnance ont été remplacées, pour ce qui concerne les legs, par celles du décret du 1ᵉʳ février 1896 modifié par décret n° 80-1074 du 17 décembre 1980.

Art. 4. – *(D. n° 80-1074, 17 décembre 1980, art. 5)* Si un même testament contient des libéralités distinctes faites à des établissements différents et ne relevant pas de la même autorité administrative, chaque autorité se prononce séparément.

Art. 5. – Les établissements publics ou reconnus d'utilité publique et les associations religieuses autorisées doivent produire à l'appui de leur demande un état de l'actif et du passif, ainsi que de leurs revenus et charges.

(D. n° 80-1074, 17 décembre 1980, art. 7) « L'autorité compétente peut, avant de statuer, requérir du notaire la production d'une copie intégrale du testament ainsi qu'un état de l'actif et du passif de la succession de l'auteur du legs ».

Art. 6. – Les libéralités pour lesquelles auront été accomplies, avant la promulgation du présent décret, toutes les formalités de la procédure prescrite par les règlements antérieurement en vigueur, suivront, quant aux autorisations, les règles appliquées avant cette promulgation.

En ce qui touche les libéralités pour lesquelles l'instruction n'aura pas été terminée, la procédure sera continuée conformément aux dispositions du présent décret et les formalités de publication édictées par l'article 3 seront dans tous les cas applicables.

Art. 7. – Sont abrogés l'article 5, paragraphe premier, de l'ordonnance du 2 avril 1817, les articles 3 et 5 de celle du 14 janvier 1831, le décret du 30 juillet 1863 et toutes les dispositions qui seraient contraires au présent règlement.

LOI DU 4 FÉVRIER 1901

sur la tutelle administrative en matière de dons et legs (*JO,* 6 février 1901).

....

Art. 5. – *Abrogé (D. n° 66-388, 13 juin 1966, art. 7).*

....

Art. 7. – Dans tous les cas où les dons et legs donnent lieu à des réclamations des familles, l'autorisation de les accepter est donnée par décret en Conseil d'Etat.

Art. 8. – Tous les établissements peuvent, sans autorisation préalable, accepter provisoirement ou à titre conservatoire les dons et legs qui leur sont faits.

LOI DU 9 DÉCEMBRE 1905

concernant la séparation des Eglises et de l'Etat (*JO*, 11 décembre 1905, p. 7205).

TITRE PREMIER

PRINCIPES

Article premier. – La République assure la liberté de conscience. Elle garantit le libre exercice des cultes sous les seules restrictions édictées ci-après dans l'intérêt de l'ordre public.

Art. 2. – La République ne reconnaît, ne salarie ni ne subventionne aucun culte. En conséquence, à partir du 1er janvier qui suivra la promulgation de la présente loi, seront supprimées des budgets de l'Etat, des départements et des communes, toutes dépenses relatives à l'exercice des cultes.

Pourront toutefois être inscrites auxdits budgets les dépenses relatives à des services d'aumônerie et destinées à assurer le libre exercice des cultes dans les établissements publics tels que lycées, collèges, écoles, hospices, asiles et prisons.

Les établissements publics du culte sont supprimés, sous réserve des dispositions énoncées à l'article 3.

TITRE II

ATTRIBUTION DES BIENS. PENSIONS

Art. 3. – Les établissements dont la suppression est ordonnée par l'article 2 continueront provisoirement de fonctionner, conformément aux dispositions qui les régissent actuellement, jusqu'à l'attribution de leurs biens aux associations prévues par le titre IV et au plus tard jusqu'à l'expiration du délai ci-après.

Dès la promulgation de la présente loi, il sera procédé par les agents de l'administration des domaines à l'inventaire descriptif et estimatif :

1° Des biens mobiliers et immobiliers desdits établissements ;

2° Des biens de l'Etat, des départements et des communes dont les mêmes établissements ont la jouissance.

Ce double inventaire sera dressé contradictoirement avec les représentants légaux des établissements ecclésiastiques ou ceux dûment appelés par une notification faite en la forme administrative.

Les agents chargés de l'inventaire auront le droit de se faire communiquer tous titres et documents utiles à leurs opérations.

Art. 4. – Dans le délai d'un an, à partir de la promulgation de la présente loi, les biens mobiliers et immobiliers des menses, fabriques, conseils presbytéraux, consistoires et autres établissements publics du culte seront, avec toutes les charges et obligations qui les grèvent, et avec leur affectation spéciale, transférés par les représentants légaux de ces établissements aux associations qui, en se conformant aux règles d'organisation générale du culte dont elles se proposent d'assurer l'exercice, se seront légalement formées, suivant les prescriptions de l'article 19, pour l'exercice de ce culte dans les anciennes circonscriptions desdits établissements.

Art. 5. – Ceux des biens désignés à l'article précédent qui proviennent de l'Etat et qui ne sont pas grevés d'une fondation pieuse créée postérieurement à la loi du 18 germinal an X feront retour à l'Etat.

Les attributions de biens ne pourront être faites par les établissements ecclésiastiques qu'un mois après la promulgation du règlement d'administration publique prévu à l'article 43. Faute de quoi, la nullité pourra en être demandée devant le tribunal de *grande instance* par toute partie intéressée ou par le ministère public.

En cas d'aliénation par l'association cultuelle de valeurs mobilières ou d'immeubles faisant partie du patrimoine de l'établissement public dissous, le montant du produit de la vente devra être employé en titres de rente nominatifs ou dans les conditions prévues au paragraphe 2 de l'article 22.

L'acquéreur des biens aliénés sera personnellement responsable de la régularité de cet emploi.

Les biens revendiqués par l'Etat, les départements ou les communes ne pourront être aliénés, transformés ni modifiés jusqu'à ce qu'il ait été statué sur la revendication par les tribunaux compétents.

Art. 6. – Les associations attributaires des biens des établissements ecclésiastiques supprimés seront tenues des dettes de ces établissements ainsi que de leurs emprunts sous réserve des dispositions du troisième paragraphe du présent article ; tant qu'elles ne seront pas libérées de ce passif, elles auront droit à la jouissance des biens productifs de revenus qui doivent faire retour à l'Etat en vertu de l'article 5.

(Al. 2 abrogé par L. 13 avril 1908, art. 1ᵉʳ.)

Les annuités des emprunts contractés pour dépenses relatives aux édifices religieux seront supportées par les associations en proportion du temps pendant lequel elles auront l'usage de ces édifices par application des dispositions du titre III.

(Al. 4 abrogé par L. 13 avril 1908, art. 1ᵉʳ.)

Art. 7. – Les biens mobiliers ou immobiliers grevés d'une affectation charitable ou de toute autre affectation étrangère à l'exercice du culte seront attribués, par les représentants légaux des établissements ecclésiastiques, aux services ou établissements publics ou d'utilité publique, dont la destination est conforme à celle desdits biens. Cette attribution devra être approuvée par le préfet du département où siège l'établissement ecclésiastique. En cas de non-approbation, il sera statué par décret en Conseil d'Etat.

(L. 13 avril 1908, art. 2) Toute action en reprise, qu'elle soit qualifiée en revendication, en révocation ou en résolution, concernant les biens dévolus en exécution du présent article, est soumise aux règles prescrites par l'article 9.

Art. 8. – Faute par un établissement ecclésiastique d'avoir, dans le délai fixé par l'article 4, procédé aux attributions ci-dessus prescrites, il y sera pourvu par décret.

A l'expiration dudit délai, les biens à attribuer seront, jusqu'à leur attribution, placés sous séquestre.

Dans le cas où les biens attribués en vertu de l'article 4 et du paragraphe premier du présent article seront, soit dès l'origine, soit dans la suite, réclamés par plusieurs associations formées pour l'exercice du même culte, l'attribution qui en aura été faite par les représentants de l'établissement ou par décret pourra être contestée devant le Conseil d'Etat, statuant au contentieux, lequel prononcera en tenant compte de toutes les circonstances de fait.

La demande sera introduite devant le Conseil d'Etat, dans le délai d'un an à partir de la date du décret ou à partir de la notification, à l'autorité préfectorale, par les représentants légaux des établissements publics du culte, de l'attribution effectuée par eux. Cette notification devra être faite dans le délai d'un mois.

L'attribution pourra être ultérieurement contestée en cas de scission dans l'association nantie, de création d'association nouvelle par suite d'une modification dans le territoire de la circonscription ecclésiastique et dans le cas où l'association attributaire n'est plus en mesure de remplir son objet.

Art. 9 (1). — *1. (L. 13 avril 1908, art. 1er)* Les biens des établissements ecclésiastiques, qui n'ont pas été réclamés par des associations cultuelles constituées dans le délai d'un an à partir de la promulgation de la loi du 9 décembre 1905, seront attribués par décret à des établissements communaux de bienfaisance ou d'assistance situés dans les limites territoriales de la circonscription ecclésiastique intéressée, ou, à défaut d'établissement de cette nature, aux communes ou sections de communes, sous la condition d'affecter aux services de bienfaisance ou d'assistance tous les revenus ou produits de ces biens, sauf les exceptions ci-après :

1° Les édifices affectés au culte lors de la promulgation de la loi du 9 décembre 1905 et les meubles les garnissant deviendront la propriété des communes sur le territoire desquelles ils sont situés, s'ils n'ont pas été restitués ni revendiqués dans le délai légal ;

2° Les meubles ayant appartenu aux établissements ecclésiastiques ci-dessus mentionnés qui garnissent les édifices désignés à l'article 12, paragraphe 2, de la loi du 9 décembre 1905, deviendront la propriété de l'Etat, des départements et des communes, propriétaires desdits édifices, s'ils n'ont pas été restitués ni revendiqués dans le délai légal ;

3° Les immeubles bâtis, autres que les édifices affectés au culte, qui n'étaient pas productifs de revenus lors de la promulgation de la loi du 9 décembre 1905 et qui appartenaient aux menses archiépiscopales et épiscopales, aux chapitres et séminaires, ainsi que les cours et jardins y attenant, seront attribués par décret, soit à des départements, soit à des communes, soit à des établissements publics pour des services d'assistance ou de bienfaisance ou des services publics ;

4° Les biens des menses archiépiscopales et épiscopales, chapitres et séminaires, seront, sous réserve de l'application des dispositions du paragraphe précédent, affectés, dans la circonscription territoriale de ces anciens établissements, au paiement du reliquat des dettes régulières ou légales de l'ensemble des établissements ecclésiastiques compris dans ladite circonscription, dont les biens n'ont pas été attribués à des associations cultuelles, ainsi qu'au paiement de tous frais exposés et de toutes dépenses effectuées relativement à ces biens par le séquestre, sauf ce qui est dit au paragraphe 13 de l'article 3 ci-après. L'actif disponible après l'acquittement de ces dettes et dépenses sera attribué par décret à des services départementaux de bienfaisance ou d'assistance.

En cas d'insuffisance d'actif, il sera pourvu au paiement desdites dettes et dépenses sur l'ensemble des biens ayant fait retour à l'Etat, en vertu de l'article 5 ;

5° Les documents, livres, manuscrits et œuvres d'art ayant appartenu aux établissements ecclésiastiques et non visés au 1° du présent paragraphe pourront être réclamés par l'Etat, en vue de leur dépôt dans les archives, bibliothèques ou musées, et lui être attribués par décret ;

6° Les biens des caisses de retraite et maisons de secours pour les prêtres âgés ou infirmes seront attribués par décret à des sociétés de secours mutuel constituées dans les départements où ces établissements ecclésiastiques avaient leur siège.

Pour être aptes à recevoir ces biens, lesdites sociétés devront être approuvées dans les conditions prévues par la loi du 1er avril 1898, avoir une destination conforme à celle desdits biens, être ouvertes à tous les intéressés et ne prévoir dans leurs statuts aucune amende ni aucun cas d'exclusion fondés sur un motif touchant à la discipline ecclésiastique.

Les biens des caisses de retraite et maisons de secours qui n'auraient pas été réclamés dans le délai de dix-huit mois à dater de la promulgation de la présente loi par des sociétés de secours mutuels constituées dans le délai d'un an de ladite promulgation, seront attribués par décret aux départements où ces établissements ecclésiastiques avaient leur siège, et continueront à être administrés provisoirement au profit des ecclésiastiques qui recevaient des pensions ou secours ou qui étaient hospitalisés à la date du 15 décembre 1906.

---

1. Voir loi du 22 janvier 1907, article 2.

Les ressources non absorbées par le service de ces pensions ou secours seront employés au remboursement des versements que les ecclésiastiques ne recevant ni pension ni secours justifieront avoir faits aux caisses de retraite.

Le surplus desdits biens sera affecté par les départements à des services de bienfaisance ou d'assistance fonctionnant dans les anciennes circonscriptions des caisses de retraite et maisons de secours.

§ 2. En cas de dissolution d'une association, les biens qui lui auront été dévolus en exécution des articles 4 et 8 seront attribués par décret rendu en Conseil d'Etat, soit à des associations analogues dans la même circonscription ou, à leur défaut, dans les circonscription les plus voisines, soit aux établissements visés au paragraphe premier du présent article.

§ 3. *(L. 13 avril 1908, art. 3)* « Toute action en reprise, qu'elle soit qualifiée en revendication, en révocation ou en résolution, doit être introduite dans le délai ci-après déterminé.

Elle ne peut être exercée qu'en raison de donations, de legs ou de fondations pieuses, et seulement par les auteurs et leurs héritiers en ligne directe.

Les arrérages de rentes dues aux fabriques pour fondations pieuses ou cultuelles et qui n'ont pas été rachetées cessent d'être exigibles.

Aucune action d'aucune sorte ne pourra être intentée à raison de fondations pieuses antérieures à la loi du 18 germinal an X.

§ 4. L'action peut être exercée contre l'attributaire ou, à défaut d'attribution, contre le directeur général des domaines représentant l'Etat en qualité de séquestre.

§ 5. Nul ne pourra introduire une action, de quelque nature qu'elle soit, s'il n'a déposé, deux mois auparavant, un mémoire préalable sur papier non timbré entre les mains du directeur général des domaines qui en délivrera un récépissé daté et signé.

§ 6. Au vu de ce mémoire, et après avis du directeur des domaines, le préfet pourra en tout état de cause, et quel que soit l'état de la procédure, faire droit à tout ou partie de la demande par un arrêté...

§ 7. L'action sera prescrite si le mémoire préalable n'a pas été déposé dans les dix mois à compter de la publication au *Journal officiel* de la liste des biens attribués ou à attribuer avec les charges auxquelles lesdits biens seront ou demeureront soumis, et si l'assignation devant la juridiction ordinaire n'a pas été délivrée dans les trois mois de la date du récépissé.

Parmi ces charges, pourra être comprise celle de l'entretien des tombes.

§ 8. Passé ces délais, les attributions seront définitives et ne pourront plus être attaquées de quelque manière ni pour quelque cause que ce soit.

Néanmoins, toute personne intéressée pourra poursuivre devant le Conseil d'Etat, statuant au contentieux, l'exécution des charges imposées par les décrets d'attribution.

§ 9. Il en sera de même pour les attributions faites après solution des litiges soulevés dans le délai.

§ 10. Tout créancier, hypothécaire, privilégié ou autre, d'un établissement dont les biens ont été mis sous séquestre, devra, pour obtenir le paiement de la créance, déposer préalablement à toute poursuite un mémoire justificatif de sa demande, sur papier non timbré, avec les pièces à l'appui au directeur général des domaines qui en délivrera un récépissé daté et signé.

§ 11. Au vu de ce mémoire et sur l'avis du directeur des domaines, le préfet pourra, en tout état de cause, et quel que soit l'état de la procédure, décider, par un arrêté pris en conseil de préfecture, que le créancier sera admis pour tout ou partie de sa créance, au passif de la liquidation de l'établissement supprimé.

§ 12. L'action du créancier sera définitivement éteinte si le mémoire préalable n'a pas été déposé dans les six mois qui suivront la publication au *Journal officiel* prescrite par le paragraphe 7 du présent article, et si l'assignation devant la juridiction ordinaire n'a pas été délivrée dans les neuf mois de ladite publication.

§ *13.* Dans toutes les causes auxquelles s'appliquent les dispositions de la présente loi, le tribunal statue comme en matière sommaire, conformément au titre 24 du livre II du Code de procédure civile.

Les frais exposés par le séquestre seront, dans tous les cas, employés en frais privilégiés sur le bien séquestré, sauf recouvrement contre la partie adverse condamnée aux dépens, ou sur la masse générale des biens recueillis par l'Etat.

Le donateur et les héritiers en ligne directe soit du donateur, soit du testateur ayant, dès à présent, intenté une action en revendication ou en révocation devant les tribunaux civils, sont dispensés des formalités de procédure prescrites par les paragraphes 5, 6 et 7 du présent article.

§ *14.* L'Etat, les départements, les communes et les établissements publics ne peuvent remplir ni les charges pieuses ou cultuelles, afférentes aux libéralités à eux faites, ou aux contrats conclus par eux, ni les charges dont l'exécution comportait l'intervention soit d'un établissement public du culte, soit de titulaires ecclésiastiques.

Ils ne pourront remplir les charges comportant l'intervention d'ecclésiastiques pour l'accomplissement d'actes non cultuels que s'il s'agit de libéralités autorisées antérieurement à la promulgation de la présente loi, et si, nonobstant l'intervention de ces ecclésiastiques, ils conservent un droit de contrôle sur l'emploi desdites libéralités.

Les dispositions qui précèdent s'appliquent au séquestre.

Dans les cas prévus à l'alinéa premier du présent paragraphe, et en cas d'inexécution des charges visées à l'alinéa 2, l'action en reprise, qu'elle soit qualifiée en revendication, en révocation ou en résolution, ne peut être exercée que par les auteurs des libéralités et leurs héritiers en ligne directe.

Les paragraphes précédents s'appliquent à cette action sous les réserves ci-après :

Le dépôt du mémoire est fait au préfet, et l'arrêté du préfet en conseil de préfecture est pris, s'il y a lieu, après avis de la commission départementale pour le département, du conseil municipal pour la commune et de la commission administrative pour l'établissement public intéressé.

En ce qui concerne les biens possédés par l'Etat, il sera statué par décret.

L'action sera prescrite si le mémoire n'a pas été déposé dans l'année qui suivra la promulgation de la présente loi, et l'assignation devant la juridiction ordinaire délivrée dans les trois mois de la date du récépissé.

§ *15.* Les biens réclamés, en vertu du paragraphe 14, à l'Etat, aux départements, aux communes et à tous les établissements publics ne seront restituables, lorsque la demande ou l'action sera admise, que dans la proportion correspondant aux charges non exécutées, sans qu'il y ait lieu de distinguer si lesdites charges sont ou non déterminantes de la libéralité ou du contrat de fondation pieuse et sous déduction des frais et droits correspondants payés lors de l'acquisition des biens.

§ *16.* Sur les biens grevés de fondations des messes, l'Etat, les départements, les communes et les établissements publics possesseurs ou attributaires desdits biens, devront, à défaut des restitutions à opérer en vertu du présent article, mettre en réserve la portion correspondant aux charges ci-dessus visées.

Cette portion sera remise aux sociétés de secours mutuels constituées conformément au paragraphe premier, 6° de l'article 9 de la loi du 9 décembre 1905, sous la forme de titres de rente nominatifs, à charge par celles-ci d'assurer l'exécution des fondations perpétuelles de messes.

Pour les fondations temporaires, les fonds y afférents seront versés auxdites sociétés de secours mutuels, mais ne bénéficieront pas du taux de faveur prévu par l'article 21 de la loi du 1er avril 1898.

Les titres nominatifs seront remis et les versements faits à la société de secours mutuels qui aura été constituée dans le département, ou à son défaut dans le département le plus voisin.

A l'expiration du délai de dix-huit mois prévu au paragraphe premier, 6° ci-dessus visé, si aucune des sociétés de secours mutuels qui viennent d'être mentionnées n'a réclamé la remise des titres ou le versement auquel elle a droit, l'Etat, les départements, les communes et les établissements publics seront définitivement libérés et resteront propriétaires des biens par eux possédés ou à eux attribués, sans avoir à exécuter aucune des fondations de messes grevant lesdits biens.

La portion à mettre en réserve, en vertu des dispositions précédentes, sera calculée sur la base des tarifs indiqués dans l'acte de fondation, ou, à défaut, sur la base des tarifs en vigueur au 9 décembre 1905.

Art. 10. − § *1.* Les attributions prévues par les articles précédents ne donnent lieu à aucune perception au profit du Trésor.

§ *2. (L. 13 avril 1908, art. 4)* « Les transferts, transcriptions, inscriptions et mainlevées, mentions et certificats seront opérés ou délivrés par les compagnies, sociétés et autres établissements débiteurs et par les conservateurs des hypothèques, en vertu, soit d'une décision de justice devenue définitive, soit d'un arrêté pris par le préfet..., soit d'un décret d'attribution.

§ *3.* Les arrêtés et décrets, les transferts, les transcriptions, inscriptions et mainlevées, mentions et certificats opérés ou délivrés en vertu desdits arrêtés et décrets ou des décisions de justice susmentionnés seront affranchis de droits de timbre, d'enregistrement et de toute autre taxe.

§ *4.* Les attributaires de biens immobiliers seront, dans tous les cas, dispensés de remplir les formalités de purge des hypothèques légales. Les biens attribués seront francs et quittes de toute charge hypothécaire ou privilégiée qui n'aurait pas été inscrite avant l'expiration du délai de six mois à dater de la publication au *Journal officiel* ordonnée par le paragraphe 7 de l'article 9.

Art. 11. − Les ministres des cultes qui, lors de la promulgation de la présente loi, seront âgés de plus de soixante ans révolus et qui auront, pendant trente ans au moins, rempli des fonctions ecclésiastiques rémunérées par l'Etat, recevront une pension annuelle et viagère égale au trois quarts de leur traitement.

Ceux qui seront âgés de plus de quarante-cinq ans et qui auront, pendant vingt ans au moins, rempli des fonctions ecclésiastiques rémunérées par l'Etat, recevront une pension annuelle et viagère égale à la moitié de leur traitement.

Les pensions allouées par les deux paragraphes précédents ne pourront pas dépasser 1 500 F (15 F).

En cas de décès des titulaires, ces pensions sont reversibles, jusqu'à concurrence de la moitié de leur montant au profit de la veuve et des orphelins mineurs laissés par le défunt et, jusqu'à concurrence du quart, au profit de la veuve sans enfants mineurs. A la majorité des orphelins, leur pension s'éteindra de plein droit.

Les ministres des cultes actuellement salariés par l'Etat, qui ne seront pas dans les conditions ci-dessus, recevront pendant quatre ans, à partir de la suppression du budget des cultes, une allocation égale à la totalité de leur traitement pour la première année, aux deux tiers pour la deuxième, à la moitié pour la troisième, au tiers pour la quatrième.

Toutefois, dans les communes de moins de 1 000 habitants et pour les ministres des cultes qui continueront à y remplir leurs fonctions, la durée de chacune des quatre périodes ci-dessus indiquées sera doublée.

Les départements et les communes pourront, sous les mêmes conditions que l'Etat, accorder aux ministres des cultes actuellement salariés, par eux, des pensions ou des allocations établies sur la même base et pour une égale durée.

Réserve est faite des droits acquis en matière de pensions par application de la législation antérieure, ainsi que des secours accordés, soit aux anciens ministres des différents cultes, soit à leur famille.

Les pensions prévues aux deux premiers paragraphes du présent article ne pourront se cumuler avec toute autre pension ou tout autre traitement alloué, à titre quelconque, par l'Etat, les départements ou les communes.

La loi du 27 juin 1885, relative au personnel des facultés de théologie catholique supprimées, est applicable aux professeurs, chargés de cours, maîtres de conférences et étudiants des facultés de théologie protestante.

Les pensions et allocations prévues ci-dessus seront incessibles et insaisissables dans les mêmes conditions que les pensions civiles. Elles cesseront de plein droit en cas de condamnation à une peine afflictive ou infamante ou en cas de condamnation pour l'un des délits prévus aux articles 34 et 35 de la présente loi.

Le droit à l'obtention ou à la jouissance d'une pension ou allocation sera suspendu par les circonstances qui font perdre la qualité de Français durant la privation de cette qualité.

Les demandes de pensions devront être, sous peine de forclusion, formées dans le délai d'un an après la promulgation de la présente loi.

TITRE III

DES ÉDIFICES DES CULTES

Art. 12. — Les édifices qui ont été mis à la disposition de la nation et qui, en vertu de la loi du 18 germinal an X, servent à l'exercice public des cultes ou au logement de leurs ministres (cathédrales, églises, chapelles, synagogues, archevêchés, évêchés, presbytères, séminaires), ainsi que leurs dépendances immobilières, et les objets mobiliers qui les garnissaient au moment où lesdits édifices ont été remis aux cultes, sont et demeurent propriétés de l'Etat, des départements et des communes.

Pour ces édifices, comme pour ceux postérieurs à la loi du 18 germinal an X, dont l'Etat, les départements et les communes seraient propriétaires, y compris les facultés de théologie protestante, il sera procédé conformément aux dispositions des articles suivants.

Art. 13 (1). — Les édifices servant à l'exercice public du culte, ainsi que les objets mobiliers les garnissant, seront laissés gratuitement à la disposition des établissements publics du culte, puis des associations appelées à les remplacer auxquelles les biens de ces établissements auront été attribués par application des dispositions du titre II.

La cessation de cette jouissance, et, s'il y a lieu, son transfert, seront prononcés par décret, sauf recours au Conseil d'Etat statuant au contentieux :

1° Si l'association bénéficiaire est dissoute ;

2° Si, en dehors des cas de force majeure, le culte cesse d'être célébré pendant plus de six mois consécutifs ;

3° Si la conservation de l'édifice ou celle des objets mobiliers classés en vertu de la loi de 1887 et de l'article 16 de la présente loi est compromise par insuffisance d'entretien, et après mise en demeure dûment notifiée du conseil municipal ou, à son défaut, du préfet ;

4° Si l'association cesse de remplir son objet ou si les édifices sont détournés de leur destination ;

5° Si elle ne satisfait pas soit aux obligations de l'article 6 ou du dernier paragraphe du présent article, soit aux prescriptions relatives aux monuments historiques.

La désaffectation de ces immeubles pourra, dans les cas ci-dessus prévus, être prononcée par décret rendu en Conseil d'Etat. En dehors de ces cas, elle ne pourra l'être que par une loi.

---

1. Dans les cas prévus au deuxième alinéa de l'article 13 de la loi du 9 décembre 1905, la désaffectation des édifices culturels communaux ainsi que des objets mobiliers les garnissant est prononcée par arrêté préfectoral à la demande du conseil municipal, lorsque la personne physique ou morale ayant qualité pour représenter le culte affectataire aura donné par écrit son consentement à la désaffectation *(D. n° 70-220, 17 mars 1970).*

Les immeubles autrefois affectés aux cultes et dans lesquels les cérémonies du culte n'auront pas été célébrées pendant le délai d'un an antérieurement à la présente loi, ainsi que ceux qui ne seront pas réclamés par une association cultuelle dans le délai de deux ans après sa promulgation, pourront être désaffectés par décret.

Il en est de même pour les édifices dont la désaffectation aura été demandée antérieurement au 1er juin 1905.

Les établissements publics du culte, puis les associations bénéficiaires, seront tenus des réparations de toute nature, ainsi que des frais d'assurance et autres charges afférentes aux édifices et aux meubles les garnissant.

(L. 13 avril 1908, art. 5) « L'Etat, les départements et les communes pourront engager les dépenses nécessaires pour l'entretien et la conservation des édifices du culte dont la propriété leur est reconnue par la présente loi ».

Art. 14. – Les archevêchés, les évêchés, les presbytères et leurs dépendances, les grands séminaires et facultés de théologie protestante seront laissés gratuitement à la disposition des établissements publics du culte, puis des associations prévues à l'article 13, savoir : les archevêchés et évêchés pendant une période de deux années ; les presbytères dans les communes où résidera le ministre du culte, les grands séminaires et facultés de théologie protestante, pendant cinq années à partir de la promulgation de la présente loi.

Les établissements et associations sont soumis, en ce qui concerne ces édifices, aux obligations prévues par le dernier paragraphe de l'article 13. Toutefois, ils ne seront pas tenus aux grosses réparations.

La cessation de la jouissance des établissements et associations sera prononcée dans les conditions et suivant les formes déterminées par l'article 13. Les dispositions des paragraphes 3 et 5 du même article sont applicables aux édifices visés par le paragraphe premier du présent article.

La distraction des parties superflues des presbytères laissés à la disposition des associations cultuelles pourra, pendant le délai prévu au paragraphe premier, être prononcée pour un service public par décret rendu en Conseil d'Etat.

A l'expiration des délais de jouissance gratuite, la libre disposition des édifices sera rendue à l'Etat, aux départements ou aux communes. *(L. 13 avril 1908, art. 6)* « Ceux de ces immeubles qui appartiennent à l'Etat pourront être, par décret, affectés ou concédés gratuitement, dans les formes prévues à l'ordonnance du 14 juin 1833, soit à des services publics de l'Etat, soit à des services publics départementaux ou communaux ».

Les indemnités de logement incombant actuellement aux communes, à défaut de presbytère, par application de l'article 136 de la loi du 5 avril 1884, resteront à leur charge pendant le délai de cinq ans. Elles cesseront de plein droit en cas de dissolution de l'association.

Art. 15. – Dans les départements de la Savoie, de la Haute-Savoie et des Alpes-Maritimes, la jouissance des édifices antérieurs à la loi du 18 germinal, an X, servant à l'exercice des cultes ou au logement de leurs ministres, sera attribuée par les communes sur le territoire desquelles ils se trouvent, aux associations cultuelles, dans les conditions indiquées par les articles 12 et suivants de la présente loi. En dehors de ces obligations, les communes pourront disposer librement de la propriété de ces édifices.

Dans ces mêmes départements, les cimetières resteront la propriété des communes.

Art. 16. – Il sera procédé à un classement complémentaire des édifices servant à l'exercice public du culte (cathédrales, églises, chapelles, temples, synagogues, archevêchés, évêchés, presbytères, séminaires), dans lequel devront être compris tous ceux de ces édifices représentant, dans leur ensemble ou dans leurs parties, une valeur artistique ou historique.

Les objets mobiliers ou les immeubles par destination mentionnés à l'article 13, qui n'auraient pas encore été inscrits sur la liste de classement dressée en vertu de la loi du 30 mars 1887, sont, par l'effet de la présente loi, ajoutés à ladite liste. Il sera procédé par le ministre *compétent,* dans le délai de trois ans, au classement définitif de ceux de ces objets dont la conservation présenterait, au point de vue de l'histoire ou de l'art, un intérêt suffisant. A l'expiration de ce délai, les autres objets seront déclassés de plein droit.

En outre, les immeubles et les objets mobiliers, attribués en vertu de la présente loi aux associations, pourront être classés dans les mêmes conditions que s'ils appartenaient à des établissements publics.

Il n'est pas dérogé, pour le surplus, aux dispositions de la loi du 30 mars 1887.

Les archives ecclésiastiques et bibliothèques existant dans les archevêchés, évêchés, grands séminaires, paroisses, succursales et leurs dépendances, seront inventoriées et celles qui seront reconnues propriété de l'Etat lui seront restituées.

Art. 17. — Les immeubles par destination classés en vertu de la loi du 30 mars 1887 ou de la présente loi sont inaliénables et imprescriptibles.

Dans le cas où la vente ou l'échange d'un objet classé serait autorisé par le ministre *compétent*, un droit de préemption est accordé :

1° Aux associations cultuelles ;

2° Aux communes ;

3° Aux départements ;

4° Aux musées et sociétés d'art et d'archéologie ;

5° A l'Etat. Le prix sera fixé par trois experts que désigneront le vendeur, l'acquéreur et le président du tribunal de grande instance.

Si aucun des acquéreurs visés ci-dessus ne fait usage du droit de préemption, la vente sera libre ; mais il est interdit à l'acheteur d'un objet classé de le transporter hors de France.

Alinéas 4 et 5 abrogés (L. 31 décembre 1913, art. 39).

La visite des édifices et l'exposition des objets mobiliers classés seront publiques ; elles ne pourront donner lieu à aucune taxe ni redevance.

TITRE IV

DES ASSOCIATIONS
POUR L'EXERCICE DES CULTES

Art. 18. — Les associations formées pour subvenir aux frais, à l'entretien et à l'exercice public d'un culte devront être constituées conformément aux articles 5 et suivants du titre premier de la loi du 1er juillet 1901. Elles seront, en outre, soumises aux prescriptions de la présente loi.

Art. 19. — Ces associations devront avoir exclusivement pour objet l'exercice d'un culte et être composées au moins :

— dans les communes de moins de 1 000 habitants, de sept personnes ;

— dans les communes de 1 000 à 20 000 habitants, de quinze personnes ;

— dans les communes dont le nombre des habitants est supérieur à 20 000, de vingt-cinq personnes majeures, domiciliées ou résidant dans la circonscription religieuse.

Chacun de leurs membres pourra s'en retirer en tout temps, après payement des cotisations échues et de celles de l'année courante, nonobstant toute clause contraire.

Nonobstant toute clause contraire des statuts, les actes de gestion financière et d'administration légale des biens accomplis par les directeurs ou administrateurs seront, chaque année au moins, présentés au contrôle de l'assemblée générale des membres de l'association et soumis à son approbation.

Les associations pourront recevoir, en outre, des cotisations prévues par l'article 6 de la loi du 1er juillet 1901, le produit des quêtes et collectes pour les frais du culte, percevoir des rétributions : pour les cérémonies et services religieux même par fondation ; pour la location des bancs et sièges ; pour la fourniture des objets destinés au service des funérailles dans les édifices religieux et à la décoration de ces édifices. *(L. 25 décembre 1942, art. 1er)* « Les associations cultuelles pourront recevoir, dans les conditions déterminées par les articles 7 et 8 de la loi des 4 février 1901 - 8 juillet 1941, relative à la tutelle administrative en matière de dons et legs, les libéralités testamentaires et entre vifs destinées à l'accomplissement de leur objet ou grevées de charges pieuses ou cultuelles ».

Elles pourront verser, sans donner lieu à perception de droits, le surplus de leurs recettes à d'autres associations constituées pour le même objet.

(L. 25 décembre 1942, art. 2) « Elles ne pourront, sous quelque forme que ce soit, recevoir des subventions de l'Etat, des départements et des communes. Ne sont pas considérées comme subventions les sommes allouées pour réparations aux édifices affectés au culte public, qu'ils soient ou non classés monuments historiques ».

Art. 20. − Ces associations peuvent, dans les formes déterminées par l'article 7 du décret du 16 août 1901, constituer des unions ayant une administration ou une direction centrale ; ces unions seront réglées par l'article 18 et par les cinq derniers paragraphes de l'article 19 de la présente loi.

Art. 21. − Les associations et les unions tiennent un état de leurs recettes et de leurs dépenses ; elles dressent chaque année le compte financier de l'année écoulée et l'état inventorié de leurs biens, meubles et immeubles.

Le contrôle financier est exercé sur les associations et sur les unions par l'administration de l'enregistrement et par l'inspection générale des finances.

Art. 22. − Les associations et unions peuvent employer leurs ressources disponibles à la constitution d'un fonds de réserve suffisant pour assurer les frais et l'entretien du culte et ne pouvant, en aucun cas, recevoir une autre destination ; le montant de cette réserve ne pourra jamais dépasser une somme égale, pour les unions et associations ayant plus de 5 000 F (50 F) de revenu, à trois fois et, pour les autres associations, à six fois la moyenne annuelle des sommes dépensées par chacune d'elles pour les frais du culte pendant les cinq derniers exercices.

Indépendamment de cette réserve, qui devra être placée en valeurs nominatives, elles pourront constituer une réserve spéciale dont les fonds devront être déposés, en argent ou en titres nominatifs, à la Caisse des dépôts et consignations pour y être exclusivement affectés, y compris les intérêts, à l'achat, à la construction, à la décoration ou à la réparation d'immeubles ou meubles destinés aux besoins de l'association ou de l'union.

Art. 23. − Seront punis d'une amende de « 3 000 F à 6 000 F » et, en cas de récidive, d'une amende double, les directeurs ou administrateurs d'une association ou d'une union qui auront contrevenu aux articles 18, 19, 20, 21 et 22.

Les tribunaux pourront, dans le cas d'infraction au paragraphe premier de l'article 22, condamner l'association ou l'union à verser l'excédent constaté aux établissements communaux d'assistance ou de bienfaisance.

Ils pourront, en outre, dans tous les cas prévus au paragraphe premier du présent article, prononcer la dissolution de l'association ou de l'union.

Art. 24. − Les édifices affectés à l'exercice du culte appartenant à l'Etat, aux départements ou aux communes continueront à être exemptés de l'impôt foncier et de l'impôt des portes et fenêtres.

Les édifices servant au logement des ministres des cultes, les séminaires, les facultés de théologie protestante qui appartiennent à l'Etat, aux départements ou aux communes, les biens qui sont la propriété des associations et unions sont soumis aux mêmes impôts que ceux des particuliers.

(L. 19 juillet 1909) Toutefois, les édifices affectés à l'exercice du culte qui ont été attribués aux associations ou unions en vertu des dispositions de l'article 4 de la présente loi sont, au même titre que ceux qui appartiennent à l'Etat, aux départements et aux communes, exonérés de l'impôt foncier.

TITRE V

POLICE DES CULTES

Art. 25. — Les réunions pour la célébration d'un culte tenues dans les locaux appartenant à une association cultuelle ou mis à sa disposition sont publiques. Elles sont dispensées des formalités de l'article 8 de la loi du 30 juin 1881, mais restent placées sous la surveillance des autorités dans l'intérêt de l'ordre public.

Art. 26. — Il est interdit de tenir des réunions politiques dans les locaux servant habituellement à l'exercice d'un culte.

Art. 27. — Les cérémonies, processions et autres manifestations extérieures d'un culte sont réglées en conformité de *l'article 97 du Code de l'administration communale* (art. L. 131-2 du Code des communes).

Les sonneries de cloches seront réglées par arrêté municipal et, en cas de désaccord entre le maire et le président ou directeur de l'association cultuelle, par arrêté préfectoral.

Le décret en Conseil d'Etat prévu par l'article 43 de la présente loi déterminera les conditions et les cas dans lesquels les sonneries civiles pourront avoir lieu.

Art. 28. — Il est interdit, à l'avenir, d'élever ou d'apposer aucun signe ou emblème religieux sur les monuments publics ou en quelque emplacement public que ce soit, à l'exception des édifices servant au culte, des terrains de sépulture dans les cimetières, des monuments funéraires, ainsi que des musées ou expositions.

Art. 29. — Les contraventions aux articles précédents sont punies des peines de police.

Sont passibles de ces peines, dans le cas des articles 25, 26 et 27, ceux qui ont organisé la réunion ou manifestation, ceux qui y ont participé en qualité de ministres du culte et, dans le cas des articles 25 et 26, ceux qui ont fourni le local.

Art. 30. — Conformément aux dispositions de l'article 2 de la loi du 28 mars 1882, l'enseignement religieux ne peut être donné aux enfants âgés de six à treize ans, inscrits dans les écoles publiques, qu'en dehors des heures de classe.

Il sera fait application aux ministres des cultes qui enfreindraient ces prescriptions, de l'article 14 de la loi précitée.

Art. 31. — Sont punis d'une amende de « 3 000 F à 6 000 F » et d'un emprisonnement de six jours à deux mois ou de l'une de ces deux peines seulement ceux qui, soit par voies de fait, violences ou menaces contre un individu, soit en lui faisant craindre de perdre son emploi ou d'exposer à un dommage sa personne, sa famille ou sa fortune, l'auront déterminé à exercer ou à s'abstenir d'exercer un culte, à faire partie ou à cesser de faire partie d'une association cultuelle, à contribuer ou à s'abstenir de contribuer aux frais d'un culte.

Art. 32. – Seront punis des mêmes peines ceux qui auront empêché, retardé ou interrompu les exercices d'un culte par des troubles ou désordres causés dans le local servant à ces services.

Art. 33. – Les dispositions des deux articles précédents ne s'appliquent qu'aux troubles, outrages ou voies de fait, dont la nature ou les circonstances ne donneront pas lieu à de plus fortes peines d'après les dispositions du Code pénal.

Art. 34. – Tout ministre d'un culte qui, dans les lieux où s'exerce ce culte, aura publiquement par des discours prononcés, des lectures faites, des écrits distribués ou des affiches apposées, outragé ou diffamé un citoyen chargé d'un service public, sera puni d'une amende de 1 800 à 20 000 F et d'un emprisonnement de un mois à un an, ou de l'une de ces deux peines seulement.

La vérité du fait diffamatoire, mais seulement s'il est relatif aux fonctions, pourra être établie devant le tribunal correctionnel dans les formes prévues par l'article 52 de la loi du 29 juillet 1881. Les prescriptions édictées par l'article 65 de la même loi s'appliquent aux délits du présent article et de l'article qui suit.

Art. 35. – Si un discours prononcé ou un écrit affiché ou distribué publiquement dans les lieux où s'exerce le culte, contient une provocation directe à résister à l'exécution des lois ou aux actes légaux de l'autorité publique, ou s'il tend à soulever ou à armer une partie des citoyens contre les autres, le ministre du culte qui s'en sera rendu coupable sera puni d'un emprisonnement de trois mois à deux ans, sans préjudice des peines de la complicité, dans le cas où la provocation aurait été suivie d'une sédition, révolte ou guerre civile.

Art. 36. – Dans le cas de condamnation par les tribunaux de police ou de police correctionnelle en application des articles 25 et 26, 34 et 35, l'association constituée pour l'exercice du culte dans l'immeuble où l'infraction a été commise sera civilement responsable.

TITRE VI

DISPOSITIONS GÉNÉRALES

Art. 37. – L'article 463 du Code pénal et la loi du 26 mars 1891 sont applicables à tous les cas dans lesquels la présente loi édicte des pénalités.

Art. 38. – Les congrégations religieuses demeurent soumises à la loi du 1er juillet 1901.

....

DÉCRET DU 16 MARS 1906

portant règlement d'administration publique pour l'exécution de la loi du 9 décembre 1905 sur la séparation des Eglises et de l'Etat en ce qui concerne : l'attribution des biens, les édifices des cultes, les associations cultuelles, la police des cultes (*JO*, 17 mars 1906).

....

TITRE II

ÉDIFICES DES CULTES

Art. 26. — Les édifices antérieurement affectés au culte et appartenant aux établissements ecclésiastiques sont attribués aux associations cultuelles dans les mêmes conditions et suivant les mêmes formes que les autres biens desdits établissements.

Art. 27. — L'entrée en jouissance par les associations cultuelles des édifices du culte mentionnés dans les articles 13, 14 et 15 de la loi susvisée est constatée par un procès-verbal administratif dressé soit par le préfet, pour l'Etat et les départements, soit par le maire, pour les communes, contradictoirement avec les représentants des associations ou eux dûment appelés.

Il en est de même pour la mise à la disposition des associations des objets mobiliers appartenant à l'Etat, aux départements ou aux communes et garnissant ceux des édifices qui servent à l'exercice public du culte.

Le procès-verbal comporte un état des lieux si l'association en fait la demande et, dans tous les cas, un état desdits objets mobiliers dressé d'après les indications de l'inventaire prévu à l'article 3 de la loi susvisée.

Il est établi en double minute et sur papier libre.

Art. 28. — Les réparations incombant aux associations cultuelles en vertu des articles 13 et 14 de la loi du 9 décembre 1905 doivent être exécutées, sous réserve de l'application de la législation sur les monuments historiques, de manière à ne préjudicier sous aucun rapport aux édifices cultuels.

Les projets de grosses réparations doivent, un mois au moins avant leur exécution, être communiqués au préfet pour les édifices appartenant à l'Etat ou au département, et au maire, pour ceux qui sont la propriété de la commune.

Art. 29. — Le ministre des Beaux-Arts est chargé d'assurer l'inspection des immeubles et objets mobiliers classés par application de la loi du 30 mars 1887 et de l'article 16 de la loi du 9 décembre 1905.

Les associations cultuelles fixent, sous réserve de l'approbation du préfet, les jours et heures auxquels auront lieu, conformément à l'article 17 de la loi du 9 décembre 1905, la visite des édifices et l'exposition des objets mobiliers classés.

Si l'association, bien que dûment mise en demeure par le préfet, n'a pris aucune disposition à cet effet, ou en cas de refus d'approbation, il est statué par le ministre des Beaux-Arts.

TITRE III

ASSOCIATIONS POUR L'EXERCICE DES CULTES

CHAPITRE PREMIER

Constitution des associations

Art. 30. – Les associations cultuelles se constituent, s'organisent et fonctionnent librement sous les seules restrictions résultant de la loi du 9 décembre 1905.

Art. 31. – Les dispositions des articles premier à 6 de l'article 31 du règlement d'administration publique du 16 août 1901, auxquelles sont soumises les associations constituées en vertu du titre premier de la loi du 1er juillet 1901, sont applicables aux associations constituées en vertu de la loi du 9 décembre 1905.

La déclaration préalable, que doit faire toute association cultuelle, indique les limites territoriales de la circonscription dans laquelle fonctionnera l'association.

A cette déclaration est jointe une liste comprenant un nombre de membres majeurs et domiciliés ou résidant dans la circonscription d'au moins 7, 15 ou 25, suivant que l'association a son siège dans une commune de moins de 1 000 habitants, de 1 000 à 20 000 habitants ou de plus de 20 000 habitants.

Les pièces annexées sont certifiées sincères et véritables par les administrateurs ou directeurs de l'association.

Art. 32. – Doivent faire l'objet d'une déclaration complémentaire, dans le délai prévu par l'article 3, paragraphe 4, de la loi du 1er juillet 1901, les modifications que l'association apporte aux limites territoriales de sa circonscription ainsi que les aliénations de tous biens meubles et immeubles attribués à l'association en exécution des articles 4, 8 et 9 de la loi du 9 décembre 1905.

En cas d'acquisition d'immeubles, l'association est dispensée de joindre à sa déclaration complémentaire l'état descriptif visé à l'article 3 du règlement d'administration publique du 16 août 1901.

Lorsque, par suite de démissions, de décès ou pour toute autre cause, le nombre des membres de l'association qui continuent à pouvoir figurer sur la liste prévue par l'article 31 du présent règlement est descendu au-dessous du minimum fixé par le premier paragraphe de l'article 19 de la loi susvisée, une déclaration effectuée dans les trois mois fait connaître, en même temps que les membres à retrancher de cette liste, ceux qui sont à y ajouter.

Toute déclaration complémentaire est faite dans les mêmes formes que la déclaration initiale.

CHAPITRE II

Recettes et dépenses - Réserves

Art. 33. – Les seules recettes de l'association sont celles qu'énumère le paragraphe 4 de l'article 19 de la loi du 19 décembre 1905.

Les recettes sont exclusivement affectées aux besoins du culte.

Les sommes à percevoir en vertu de fondations instituées pour cérémonies et services religieux, tant par acte de dernière volonté que par acte entre vifs, sont, dans tous les cas, déterminées par contrat commutatif et doivent représenter uniquement la rétribution des cérémonies et services.

Les revenus des biens attribués avec leur affectation spéciale à des associations, en vertu des articles 4, 8 et 9 de la loi susvisée, ne peuvent être employés à des subventions en faveur d'autres associations, ni au paiement de cotisations à des unions.

Art. 34. — Le montant du revenu, dont il est fait état pour fixer le maximum de la réserve prévue par le paragraphe premier de l'article 22 de la loi susvisée, est déterminé en prenant la moyenne annuelle des recettes de toute nature pendant les cinq dernières années.

Si le revenu d'une association ainsi calculé, après avoir été égal ou inférieur à 5 000 F, vient à excéder cette somme, l'association a le droit de conserver la réserve qu'elle s'est constituée, alors même que cette réserve serait supérieure à trois fois la moyenne annuelle des dépenses. Aucune somme nouvelle ne peut être portée à la réserve tant que celle-ci n'a pas été ramenée au-dessous du maximum légal.

A titre transitoire et jusqu'à l'expiration de la cinquième année qui suivra celle où l'association s'est formée, la moyenne annuelle des revenus et celle des dépenses sont calculées d'après les années entières déjà écoulées.

Art. 35. — Les fonds et valeurs constituant la réserve spéciale prévue par l'article 22, paragraphe 2, de la loi susvisée sont reçus par la Caisse des dépôts et consignations et ses préposés et régis par les dispositions des lois des 28 nivôse an XIII, 28 juillet 1875 et 26 juillet 1893.

Les remboursements de fonds ou remises de valeurs sont effectués par la Caisse des dépôts dans un délai de dix jours, à la demande de l'association, visée par le directeur de l'enregistrement du département et sur la simple quittance de la personne ayant qualité pour opérer les retraits.

Sur la demande de l'association, la Caisse des dépôts et consignations fait procéder, dans les trois jours de l'enregistrement de cette demande au secrétariat de l'administration de la caisse, à l'emploi de tout ou partie des sommes disponibles, ainsi qu'à la réalisation des valeurs déposées et aux changements à apporter dans la composition de ces valeurs.

Art. 36. — Le visa prévu à l'article précédent est donné par le directeur de l'enregistrement sur la seule production des décomptes, mémoires ou factures des entrepreneurs ou des fournisseurs et d'une copie de la délibération de l'association approuvant la dépense ; ce visa intervient dans le délai de quinzaine à partir de la production desdites pièces.

Les pièces justificatives sont, après visa, renvoyées à l'association.

CHAPITRE III

Contrôle financier

Art. 37. — Le contrôle financier est exercé sur les associations par l'administration de l'enregistrement.

Les associations sont également soumises aux vérifications de l'inspection générale des finances.

Art. 38. — L'état des recettes et des dépenses des associations cultuelles, avec l'indication de la cause et de l'objet de chacune des recettes et des dépenses, est tenu sur un livre-journal de caisse coté et paraphé par le directeur de l'enregistrement du département ou par son délégué.

Ce livre est arrêté, chaque année, au 31 décembre.

Art. 39. — Le compte financier porte sur la période écoulée du 1er janvier au 31 décembre de chaque année.

Il présente par nature les recettes et les dépenses effectuées et il se termine par une balance récapitulative.

Il indique les restes à recouvrer et à payer.

Art. 40. – L'excédent des recettes sur les dépenses qui ressort de la balance doit être représenté par le solde en caisse au 31 décembre.

Il est réservé, en premier lieu et jusqu'à due concurrence, à l'acquittement des restes à payer au 31 décembre et des dettes restant à échoir des établissements supprimés dont les biens ont été attribués à l'association cultuelle, conformément aux articles 4, 8 et 9 de la loi du 9 décembre 1905.

Le surplus est affecté à la constitution des réserves prévues par l'article 22 de cette loi ou à l'attribution de subventions à d'autres associations ayant le même objet.

Art. 41. – Lorsqu'une association, ayant à pourvoir à l'acquittement des dettes d'un établissement ecclésiastique supprimé, a obtenu à cet effet la jouissance provisoire de biens ayant fait retour à l'État, les revenus desdits biens ne peuvent être employés qu'à éteindre ce passif. Il sont portés en recettes et en dépenses à des articles spéciaux du compte financier.

Art. 42. – Le compte financier est appuyé d'un extrait, certifié conforme par les directeurs ou administrateurs, du procès-verbal de l'assemblée générale de l'association portant approbation, par application de l'article 19 de la loi susvisée, des actes de gestion financière et d'administration légale des biens accomplis par les directeurs ou administrateurs.

Art. 43. – L'état inventorié prescrit par l'article 21 de la loi susvisée indique distinctement : 1° les biens attribués à l'association par application des articles 4, 8 et 9 de la loi susvisée ou ceux acquis en remploi conformément au paragraphe 3 de l'article 5 ; 2° les valeurs mobilières dont les revenus servent à l'acquit des fondations pour cérémonies et services religieux ; 3° les valeurs placées en titres nominatifs qui constituent la réserve prévue au paragraphe premier de l'article 22 de la loi susvisée ; 4° le montant de la réserve spéciale prévue au second paragraphe du même article et placée à la Caisse des dépôts et consignations ; 5° tous autres biens meubles et immeubles de l'association.

Les biens portés sur l'état sont estimés article par article.

Art. 44. – Le compte financier et l'état inventorié sont dressés, au plus tard, avant l'expiration du premier semestre de l'année qui suivra celle à laquelle ils s'appliquent.

Le compte financier est établi en double et l'un des exemplaires doit être adressé sur sa demande au représentant de l'administration de l'enregistrement, qui en délivre récépissé.

L'association conserve les comptes et états inventoriés s'appliquant aux cinq dernières années avec les pièces justificatives, registres et documents de comptabilité.

Art. 45. – L'association est tenue de représenter aux agents de l'enregistrement et aux fonctionnaires de l'inspection générale des finances ses espèces, récépissés de dépôt et valeurs en portefeuille, ainsi que les livres, registres, titres, pièces de recettes et de dépenses ayant trait tant à l'année courante qu'à chacune des cinq années antérieures.

Art. 46. – Si, à l'occasion de l'exercice de leur contrôle financier, les agents de l'administration de l'enregistrement constatent des infractions réprimées par l'article 23 de la loi susvisée, ils en dressent procès-verbal.

Leurs procès-verbaux sont transmis au procureur de la République de l'arrondissement dans lequel l'association a son siège.

La nullité des actes constituant des infractions visées au premier paragraphe du présent article pourra être demandée par toute partie intéressée ou par le Ministère public.

CHAPITRE IV

Dissolution des associations

Art. 47. — En cas de dissolution volontaire, statutaire ou prononcée par justice, les biens qui auraient été attribués à une association, en vertu des articles 4, 8 et 9 de la loi du 9 décembre 1905 sont, jusqu'à ce qu'il ait été procédé à une nouvelle attribution conformément au second paragraphe dudit article 9, placés sous séquestre par un arrêté préfectoral qui en confie la conservation et la gestion à l'administration des domaines.

La dévolution des autres biens de l'association se fait conformément à l'article 9 de la loi du 1er juillet 1901 et à l'article 14 du décret du 16 août de la même année.

En aucun cas l'assemblée générale appelée à se prononcer sur la dévolution ne peut attribuer aux associés une part quelconque desdits biens.

CHAPITRE V

Unions

Art. 48. — Les unions d'associations, prévues par l'article 20 de la loi du 9 décembre 1905, sont soumises aux dispositions contenues dans le présent titre.

Toutefois, elles n'ont pas à déposer la liste prévue par les articles 31 et 32 ci-dessus.

Elles déclarent l'objet et le siège des associations qui les composent.

Elles font connaître, dans les trois mois, les nouvelles associations adhérentes.

Le patrimoine et la caisse, les recettes et les dépenses d'une union sont entièrement distincts du patrimoine et de la caisse, des recettes et des dépenses de chacune des associations faisant partie de l'union.

TITRE IV

POLICE DES CULTES

Art. 49. — La surveillance des autorités s'exerce sur les réunions cultuelles publiques conformément aux dispositions des articles 9 de la loi du 30 juin 1881 et 97 de la loi du 5 avril 1884 (Code des communes, art. L. 131-2).

Art. 50. — L'arrêté pris dans chaque commune par le maire à l'effet de régler l'usage des cloches tant pour les sonneries civiles que pour les sonneries religieuses est communiqué au président ou directeur de l'association cultuelle.

Un délai de quinze jours est laissé à celui-ci pour former à la mairie, s'il y a lieu, une opposition écrite et motivée, dont il lui est délivré récépissé.

A l'expiration dudit délai, l'arrêté du maire est exécutoire dans les conditions prévues par l'article 96 de la loi du 5 avril 1884 (Code des communes, art. L. 122-29).

Art. 51. — Les cloches des édifices servant à l'exercice public du culte peuvent être employées aux sonneries civiles dans les cas de péril commun qui exigent un prompt secours.

Si elles sont placées dans un édifice appartenant à l'Etat, au département ou à la commune ou attribué à l'association cultuelle en vertu des articles 4, 8 et 9 de la loi du 9 décembre 1905, elles peuvent, en outre, être utilisées dans les circonstances où cet emploi est prescrit par les dispositions des lois ou règlements, ou autorisé par les usages locaux.

Art. 52. – Une clef du clocher est déposée entre les mains du président ou directeur de l'association cultuelle, une autre entre les mains du maire qui ne peut en faire usage que pour les sonneries civiles mentionnées à l'article précédent et l'entretien de l'horloge publique.

Si l'entrée du clocher n'est pas indépendante de celle de l'église, une clef de la porte de l'église est déposée entre les mains du maire.

Art. 53. – Le ministre de l'Instruction publique, des Beaux-Arts et des Cultes, le ministre des Finances et le ministre de l'Intérieur sont chargés, chacun en ce qui le concerne, de l'exécution du présent décret qui sera publié au *Journal officiel* et inséré au *Bulletin des lois.*

LOI DU 2 JANVIER 1907

concernant l'exercice public des cultes (*JO,* 3 janvier 1907)

....

Art. 4. – Indépendamment des associations soumises aux dispositions du titre IV de la loi du 9 décembre 1905, l'exercice public d'un culte peut être assuré tant au moyen d'associations régies par la loi du 1er juillet 1901 (art. 1er, 2, 3, 4, 5, 6, 7, 8, 9, 12 et 17) que par voie de réunions tenues sur initiatives individuelles en vertu de la loi du 30 juin 1881 et selon les prescriptions de l'article 25 de la loi du 9 décembre 1905.

Art. 5. – A défaut d'associations cultuelles, les édifices affectés à l'exercice du culte, ainsi que les meubles les garnissant, continueront, sauf désaffectation dans les cas prévus par la loi du 9 décembre 1905, à être laissés à la disposition des fidèles et des ministres du culte pour la pratique de leur religion.

La jouissance gratuite en pourra être accordée, soit à des associations cultuelles constituées conformément aux articles 18 et 19 de la loi du 9 décembre 1905, soit à des associations formées en vertu des dispositions précitées de la loi du 1er juillet 1901 pour assurer la continuation de l'exercice public du culte, soit aux ministres du culte dont les noms devront être indiqués dans les déclarations prescrites par l'article 25 de la loi du 9 décembre 1905.

La jouissance ci-dessus prévue desdits édifices et des meubles les garnissant sera attribuée, sous réserve des obligations énoncées par l'article 13 de la loi du 9 décembre 1905, au moyen d'un acte administratif dressé par le préfet pour les immeubles placés sous séquestre et ceux qui appartiennent à l'Etat et aux départements, par le maire pour les immeubles qui sont la propriété des communes.

Les règles sus-énoncées s'appliqueront aux édifices affectés au culte qui, ayant appartenu aux établissements ecclésiastiques, auront été attribués par décret aux établissements communaux d'assistance ou de bienfaisance par application de l'article 9, paragraphe premier, de la loi du 9 décembre 1905.

....

DÉCRET-LOI DU 30 OCTOBRE 1935

relatif au contrôle des associations, œuvres et entreprises privées subventionnées par des collectivités locales (*JO*, 31 octobre 1935, p. 11499).

Article premier. – Toute association, œuvre ou entreprise ayant reçu une subvention pourra être soumise au contrôle des délégués de la collectivité qui l'a accordée.

Art. 2. – Tous groupements, associations, œuvres ou entreprises privées ayant reçu une ou plusieurs subventions dans l'année en cours sont tenus de fournir à l'autorité qui a mandaté la subvention une copie certifiée de leurs budgets et de leurs comptes de l'exercice écoulé, ainsi que tous documents faisant connaître les résultats de leur activité.

DÉCRET-LOI DU 2 MAI 1938

relatif aux subventions accordées par l'Etat aux associations, sociétés ou collectivités privées (*JO*, 3 mai 1938, p. 4947).

....

Art. 14. – Toute association, société ou collectivité privée qui reçoit une subvention de l'Etat est tenue de fournir ses budgets et comptes au ministre qui accorde la subvention.

Elle peut en outre être invitée à présenter les pièces justificatives des dépenses et tous autres documents dont la production serait jugée utile.

Tout refus de communication entraînera la suppression de la subvention.

Le président du comité de contrôle financier et le contrôleur des dépenses engagées près le département ministériel intéressé peuvent obtenir communication des documents sus-indiqués.

Art. 15. – Il est interdit à toute association, société ou collectivité ayant reçu une subvention d'en employer tout ou partie en subventions à d'autres associations, sociétés, collectivités privées ou œuvres sauf autorisation formelle du ministre, visée par le contrôleur des dépenses engagées.

Les bénéficiaires de ces dérogations seront soumis, dans les mêmes conditions, au contrôle prévu par le précédent article.

....

LOI N° 505 DU 8 AVRIL 1942

modifiant l'article 13 de la loi du 1er juillet 1901 (*JO*, 17 avril 1942).

....

Article premier *bis (L. 31 décembre 1942 ; Ord. n° 59-71, 7 janvier 1959, art. 20).* – Lors de la reconnaissance légale d'une congrégation religieuse, les biens ou droits immobiliers de toute nature acquis antérieurement à la promulgation de la présente loi pour le compte de l'établissement principal ou de ses établissements particuliers pourront être incorporés dans le patrimoine de chacun d'eux à la condition qu'ils soient nécessaires à l'accomplissement du but que se propose la congrégation.

Le décret conférant la reconnaissance légale doit contenir la désignation précise de ces biens ou droits et mentionner expressément qu'ils remplissent cette condition.

L'incorporation est constatée par des actes notariés qui doivent être soumis aux formalités de l'enregistrement et de la publication au bureau des hypothèques.

Art. 2. – Les congrégations précédemment dissoutes pourront recevoir l'actif immobilier et mobilier, non encore liquidé, ou le reliquat actif résultant de la liquidation, à la condition qu'elles obtiennent la reconnaissance légale.

Elles assumeront, dès que ladite reconnaissance leur aura été conférée, outre les mesures d'assistance prévues en faveur de leurs anciens membres par les lois des 24 mai 1825, 1er juillet 1901 et 7 juillet 1904 et les règlements d'administration publique subséquents, la charge du passif hypothécaire ou chirographaire grevant les biens remis et la suite des instances en cours et engagées par ou contre la liquidation.

....

LOI N° 56-1205 DU 29 NOVEMBRE 1956

concernant le placement des capitaux de la dotation des associations reconnues d'utilité publique et régies par la loi du 1er juillet 1901 et du fonds de réserve des fondations reconnues d'utilité publique (*JO*, 30 novembre 1956).

Article unique. – Nonobstant les clauses de leurs statuts, les établissements d'utilité publique constitués sous forme d'associations régies par le titre II de la loi du 1er juillet 1901 ou de fondations pourront placer leurs capitaux en valeurs admises par la Banque de France en garantie d'avances.

(Deuxième phrase abrogée par L. n° 87-571, 23 juillet 1987, art. 21.)

ORDONNANCE N° 58-896 DU 23 SEPTEMBRE 1958

relative à la vérification de l'utilisation des subventions (*JO*, 28 septembre 1958).

....

Art. 31. – 1° L'article 2 de la loi du 8 août 1947 est remplacé par les dispositions suivantes :

« Tout organisme subventionné dont la gestion n'est pas assujettie aux règles de la comptabilité publique et, quelles que soient sa nature juridique et la forme des subventions qui lui ont été attribuées par l'Etat, une collectivité locale ou un établissement public, est soumis aux vérifications des comptables supérieurs du Trésor et de l'inspection générale des finances ainsi qu'au contrôle de la Cour des comptes.

« L'exercice de ces droits de vérifications et de contrôle reste limité à l'utilisation de ces subventions, dont la destination doit demeurer conforme au but pour lequel elles ont été consenties.

« Ces dispositions sont applicables aux organismes recevant, dans les conditions ci-dessus précisées, des subventions d'autres organismes eux-mêmes soumis au contrôle financier de l'Etat ».

2° Les sociétés, syndicats, associations ou entreprises de toute nature qui ont fait appel ou font appel au concours de l'Etat, d'une collectivité locale ou d'un établissement public, sous forme d'apport en capital, de prêts, d'avances ou de garanties d'intérêt, sont soumises aux vérifications de l'inspection générale des finances, dont les fonctionnaires ont les pouvoirs d'investigation nécessaires à l'examen, sur pièces et sur place, des écritures, du bilan et des comptes dans leurs parties relatives à la gestion et à l'emploi de l'aide accordée conformément au but pour lequel elle a été sollicitée.

Les mêmes pouvoirs appartiennent à l'inspection de l'administration du ministère de l'Intérieur en ce qui concerne ces sociétés, syndicats, associations ou entreprises de toute nature qui ont fait appel au concours des collectivités locales, départementales ou communales.

DÉCRET N° 66-388 DU 13 JUIN 1966

relatif à la tutelle administrative des associations, fondations et congrégations (*JO,* 17 juin 1966, p. 4870).

Article premier. – Sous réserve des dispositions des articles 7 et 8 de la loi du 4 février 1901, l'acceptation des dons et legs faits aux établissements d'utilité publique ou aux associations cultuelles, est autorisée par arrêté du préfet du département où est le siège de l'établissement ou de l'association quand la valeur de la libéralité est inférieure ou égale à *(D. n° 84-132, 21 février 1984, art. 1er)* « cinq millions de francs ». Cette acceptation est autorisée par décret en Conseil d'Etat quand la valeur de la libéralité dépasse *(D. n° 84-132, 21 février 1984, art. 1er)* « cinq millions de francs » ; toutefois, dans ce dernier cas, il est statué par arrêté du ministre de l'Intérieur à la condition que ledit arrêté soit pris conformément à l'avis du Conseil d'Etat.

....

Art. 2. – Sous réserve des dispositions des articles 7 et 8 de la loi du 4 février 1901, l'acceptation des libéralités aux établissements congréganistes dûment autorisés ou légalement reconnus et, dans les départements du Bas-Rhin, du Haut-Rhin ou de la Moselle, aux établissements publics du culte, l'acquisition à titre onéreux ou l'aliénation par lesdits établissements de biens immeubles, de rentes ou valeurs garanties par l'Etat, sont autorisées par arrêté du préfet du département où est leur siège quand la valeur de la libéralité à recevoir, du bien à acquérir ou à aliéner est inférieure ou égale à *(D. n° 84-132, 21 février 1984, art. 1er)* « cinq millions de francs ». L'autorisation est donnée par décret en Conseil d'Etat quand la valeur de la libéralité à recevoir, du bien à acquérir ou à aliéner dépasse *(D. n° 84-132, 21 février 1984, art. 1er)* « cinq millions de francs » ; toutefois, dans ce dernier cas, il est statué par arrêté du ministre de l'Intérieur, à la condition que ledit arrêté soit pris conformément à l'avis du Conseil d'Etat.

Art. 3. – Sous réserve des dispositions des articles 7 et 8 de la loi du 4 février 1901, l'acceptation des dons et legs faits aux associations visées *(D. n° 88-619, 6 mai 1988, art. 2)* « au deuxième alinéa de l'article 6 de la loi du 1er juillet 1901 susvisée » est autorisée par arrêté du préfet du département où est le siège de l'établissement quand la valeur de la libéralité est inférieure ou égale à *(D. n° 84-132, 21 février 1984, art. 2)* « cinq millions de francs ». Cette acceptation est autorisée par décret en Conseil d'Etat quand la valeur de la libéralité dépasse *(D. n° 84-132, 21 février 1984, art. 2)* « cinq millions de francs » ; toutefois, dans ce dernier cas, il est statué par arrêté du ministre de l'Intérieur à la condition que ledit arrêté soit pris conformément à l'avis du Conseil d'Etat.

Art. 3-1. − *(D. n° 88-619, 6 mai 1988, art. 3)* Toute association déclarée, ayant pour but exclusif l'assistance, la bienfaisance, la recherche scientifique ou médicale, qui sollicite l'autorisation d'accepter une libéralité entre vifs ou testamentaires, adresse une demande au préfet du département de son siège.

Cette demande mentionne :

1° Le titre et le siège de l'association ;

2° Les noms, prénoms, profession, domicile et nationalité de ceux qui, à un titre quelconque, sont chargés de son administration ;

3° Les justifications tendant à établir que l'association a pour but exclusif l'assistance, la bienfaisance, la recherche scientifique ou médicale ;

4° La désignation de la libéralité ;

5° L'emploi envisagé pour ladite libéralité.

Art. 3-2. − *(D. n° 88-619, 6 mai 1988, art. 3)* Les dispositions du décret du 1er février 1896, modifié par le décret du 24 décembre 1901, sont applicables dans le cas de libéralité testamentaire faite à une association déclarée.

S'il s'agit d'une libéralité entre vifs, les renseignements sont recueillis sur la situation de famille et de fortune du donateur. Ces formalités sont accomplies par les soins du préfet.

Art. 3-3. − *(D. n° 88-619, 6 mai 1988, art. 3)* L'autorisation d'accepter une libéralité est subordonnée à une enquête administrative préalable faite par le préfet, afin d'établir que l'association bénéficiaire a pour but exclusif l'assistance, la bienfaisance ou la recherche scientifique ou médicale.

Lorsque l'association bénéficiaire a pour but la recherche scientifique ou médicale, l'enquête administrative est complétée par les avis du ministre chargé de la Recherche et lorsqu'il s'agit de recherche médicale, du ministre chargé de la Santé.

....

Art. 4. − L'approbation des libéralités entre vifs ou testamentaires consenties au profit des associations visées *(D. n° 88-619, 6 mai 1988, art. 4)* « à l'article 3 » est subordonnée à l'insertion dans les statuts de dispositions selon lesquelles l'association s'oblige :

− à présenter ses registres et pièces de comptabilité sur toutes réquisitions du ministre de l'Intérieur ou du préfet en ce qui concerne l'emploi desdites libéralités ;

− à adresser au préfet un rapport annuel sur sa situation et sur ses comptes financiers, y compris ceux des comités locaux ;

− à laisser visiter ses établissements par les délégués des ministres compétents et à leur rendre compte du fonctionnement desdits établissements.

Mention en est faite dans l'acte d'autorisation auquel sont annexées les dispositions correspondantes des statuts de l'association.

Toute modification ultérieure de ces dispositions est subordonnée à l'approbation du ministre de l'Intérieur.

(Dernier alinéa abrogé par D. n° 88-619, 6 mai 1988, art. 5.)

Art. 5. − *(D. n° 70-222, 17 mars 1970, art. 3)* Lorsque les associations ou les fondations reconnues d'utilité publique ont dans leurs statuts une disposition soumettant à autorisation administrative les opérations portant sur les droits réels immobiliers, les emprunts, l'aliénation ou le remploi des biens mobiliers dépendant de la dotation ou du fonds de réserve, cette autorisation est donnée par arrêté du préfet du département où est le siège de l'association ou de la fondation.

Art. 6. – Lorsque, par application du présent décret, le préfet a refusé de donner l'autorisation sollicitée, les établissements, associations ou fondations demandeurs peuvent former, dans le délai d'un mois qui suit la notification de l'arrêté préfectoral, un recours administratif. Il sera statué sur ce recours par décret en Conseil d'Etat sur le rapport du ministre de l'Intérieur.

Art. 6-1. – *(D. n° 80-1074, 17 décembre 1980, art. 4)* Les dispositions de l'article 13-1 du décret du 16 août 1901 pris pour l'exécution de la loi du 1er juillet 1901 relative au contrat d'association sont applicables à la modification des statuts ou à la dissolution volontaire de toute fondation reconnue d'utilité publique.

....

LOI N° 82-213 DU 2 MARS 1982

relative aux droits et libertés des communes, des départements et des régions (*JO*, 3 mars 1982 et rectif. *JO*, 6 mars 1982).

....

Art. 87. – *(L. n° 88-13, 5 janvier 1988, art. 23-I)* La chambre régionale des comptes...

....

(L. n° 88-13, 5 janvier 1988, art. 23-III) Elle peut assurer la vérification des comptes et de la gestion des établissements, sociétés, groupements et organismes, quel que soit leur statut juridique, auxquels les collectivités territoriales ou des organismes dépendant de ces collectivités territoriales ainsi que les établissements publics régionaux apportent un concours financier ou dans lesquels elles détiennent séparément ou ensemble plus de la moitié du capital ou des voix dans les organes délibérants, ou exercent un pouvoir prépondérant de décision ou de gestion.

Elle peut assurer la vérification des comptes et de la gestion des filiales des établissements, sociétés, groupements et organismes visés à l'alinéa ci-dessus, lorsque ces organismes détiennent dans lesdites filiales, séparément ou ensemble, plus de la moitié du capital ou des voix dans les organes délibérants, ou exercent un pouvoir prépondérant de décision ou de gestion.

Lorsque les établissements, sociétés, groupements et organismes visés au « septième » alinéa du présent article ou leurs filiales visées à l'alinéa précédent relèvent du contrôle de plusieurs chambres régionales des comptes, la Cour des comptes demeure compétente pour assurer la vérification de leurs comptes. Toutefois, cette vérification peut être confiée à l'une des chambres régionales des comptes des régions concernées par arrêté du Premier président de la Cour des comptes, pris après avis du Procureur général près la Cour des comptes et des présidents des chambres régionales des comptes intéressées. Il en est de même pour la vérification des comptes des établissements, sociétés, groupements et organismes dans lesquels la majorité du capital ou des voix dans les organes délibérants est détenue par des collectivités territoriales ou des organismes qui en dépendent, dans des conditions telles qu'aucune des chambres régionales dont ces collectivités ou organismes relèvent n'est compétente.

....

LOI N° 84-148 DU 1er MARS 1984

relative à la prévention et au règlement amiable des difficultés des entreprises (*JO*, 2 mars 1984, p. 751).

....

CHAPITRE V

Dispositions applicables aux personnes morales de droit privé non commerçantes ayant une activité économique

Art. 27. – Les personnes morales de droit privé non commerçantes ayant une activité économique dont le nombre de salariés, le montant hors taxes du chiffre d'affaires ou les ressources et le total du bilan dépassent, pour deux de ces critères, des seuils fixés par décret en Conseil d'Etat, doivent établir chaque année un bilan, un compte de résultat et une annexe. Les modalités d'établissement de ces documents sont précisées par décret.

(L. n° 85-98, 25 janvier 1985, art. 236, III) « Ces personnes morales sont tenues de nommer au moins un commissaire aux comptes et un suppléant choisis sur la liste mentionnée à l'article 219 de la loi n° 66-537 du 24 juillet 1966 précitée qui exercent leurs fonctions dans les conditions prévues par ladite loi sous réserve des règles qui leur sont propres. Les dispositions de l'article 457 de la loi n° 66-537 du 24 juillet 1966 précitée sont applicables ».

....

Art. 28. – Les personnes morales de droit privé non commerçantes ayant une activité économique dont, soit le nombre de salariés, soit le montant hors taxes du chiffre d'affaires ou les ressources dépassent un seuil défini par décret en Conseil d'Etat, sont tenues d'établir une situation de l'actif réalisable et disponible, valeurs d'exploitation exclues, et du passif exigible, un compte de résultat prévisionnel, un tableau de financement et un plan de financement.

La périodicité, les délais et les modalités d'établissement de ces documents seront précisés par décret.

(L. n° 85-98, 25 janvier 1985, art. 236, IV) « Ces documents sont analysés dans des rapports écrits sur l'évolution de la personne morale, établis par l'organe chargé de l'administration. Ces documents et rapports sont communiqués simultanément au commissaire aux comptes, au comité d'entreprise et à l'organe chargé de la surveillance, lorsqu'il en existe ».

(L. n° 85-98, 25 janvier 1985, art. 236, IV) « En cas de non-observation des dispositions prévues aux alinéas précédents ou si les informations données dans les rapports visés à l'alinéa précédent appellent des observations de sa part, le commissaire aux comptes le signale dans un rapport écrit qu'il communique à l'organe chargé de l'administration ou de la direction. Ce rapport est communiqué au comité d'entreprise. Il est donné connaissance de ce rapport à la prochaine réunion de l'organe délibérant ».

Art. 29. – Le commissaire aux comptes d'une personne morale mentionnée à l'article 27 peut attirer l'attention des dirigeants sur tout fait de nature à compromettre la continuité de l'activité qu'il a relevé au cours de sa mission.

Il peut inviter le président à faire délibérer l'organe collégial de la personne morale. Le commissaire aux comptes est convoqué à cette séance. La délibération est communiquée au comité d'entreprise.

En cas d'inobservation de ces dispositions ou si, en dépit des décisions prises, il constate que la continuité de l'activité reste compromise, le commissaire aux comptes établit un rapport spécial. Il peut demander que ce rapport soit adressé aux associés ou qu'il soit présenté à la prochaine assembléee. Ce rapport est communiqué au comité d'entreprise.

Art. 29 *bis* – *(Inséré, L. n° 93-122, 29 janvier 1993, art. 81)*. Toute association ayant reçu annuellement de l'Etat ou de ses établissements publics ou des collectivités locales une subvention dont le montant est fixé par décret doit établir chaque année un bilan, un compte de résultat et une annexe dont les modalités d'établissement sont précisées par décret.

Ces mêmes associations sont tenues de nommer au moins un commissaire aux comptes et un suppléant choisis sur la liste mentionnée à l'article 219 de la loi n° 66-537 du 24 juillet 1966 précitée qui exercent leurs fonctions dans les conditions prévues par ladite loi sous réserve des règles qui leur sont propres. Les dispositions de l'article 457 de la loi n° 66-537 du 24 juillet 1966 précitée sont applicables.

Le commissaire aux comptes de ces mêmes associations peut attirer l'attention des dirigeants sur tout fait de nature à compromettre la continuité de l'activité qu'il a relevé au cours de sa mission.

Il peut inviter le président à faire délibérer l'organe collégial de l'association. Le commissaire aux comptes est convoqué à cette séance.

En cas d'inobservation de ces dispositions ou si, en dépit des décisions prises, il constate que la continuité des activités reste compromise, le commissaire aux comptes établit un rapport spécial. Il peut demander que ce rapport soit adressé aux membres de l'association ou qu'il soit présenté à la prochaine assemblée.

....

CHAPITRE VII

Groupements de prévention agréés
et règlement amiable

Art. 33. – Toute société commerciale ainsi que toute personne morale de droit privé peut adhérer à un groupement de prévention agréé par arrêté du représentant de l'Etat dans la région.

Ce groupement a pour mission de fournir à ses adhérents, de façon confidentielle, une analyse des informations comptables et financières que ceux-ci s'engagent à lui transmettre régulièrement.

Lorsque le groupement relève des indices de difficultés, il en informe le chef d'entreprise et peut lui proposer l'intervention d'un expert.

A la diligence du représentant de l'Etat, les administrations compétentes prêtent leur concours aux groupements de prévention agréés. Les services de la Banque de France peuvent également, suivant les modalités prévues par convention, être appelés à formuler des avis sur la situation financière des entreprises adhérentes. Les groupements de prévention agréés peuvent bénéficier par ailleurs des aides directes ou indirectes des collectivités locales, notamment en application des articles 5, 48 et 66 de la loi n° 82-213 du 2 mars 1982 modifiée relative aux droits et libertés des communes, des départements et des régions.

Les groupements de prévention agréés sont habilités à conclure, notamment avec les établissements de crédit et les entreprises d'assurance, des conventions au profit de leurs adhérents.

Art. 34. – Les dirigeants des sociétés commerciales et des groupements d'intérêt économique qui ne répondent pas aux critères mentionnés respectivement à l'article 340-1 de la loi n° 66-537 du 24 juillet 1966 précitée et à l'article 10-1 de l'ordonnance n° 67-821 du 23 septembre 1967 précitée et dont les comptes font apparaître une perte nette comptable supérieure à un tiers du montant des capitaux propres en fin d'exercice, peuvent être convoqués par le président du tribunal de commerce afin d'indiquer les mesures qu'ils envisagent pour redresser la situation. Les dirigeants peuvent se faire assister par le groupement de prévention agréé auquel leur entreprise a adhéré.

Art. 35. – Pour la mise en œuvre de mesures de redressement, les dirigeants des entreprises commerciales ou artisanales dont les comptes prévisionnels font apparaître des besoins qui ne peuvent être couverts par un financement adapté aux possibilités de l'entreprise peuvent demander au président du tribunal de commerce de nommer un conciliateur.

Les dirigeants de toute autre entreprise ayant une activité économique peuvent demander au président du tribunal de grande instance la nomination d'un conciliateur dans les conditions prévues à l'alinéa précédent.

Le conciliateur a pour mission de favoriser le redressement notamment par la conclusion d'un accord entre le débiteur et les principaux créanciers de celui-ci sur des délais de paiement ou des remises de dettes.

Art. 36. – Pour apprécier la situation du débiteur, le président du tribunal peut, nonobstant toute disposition législative ou réglementaire contraire, obtenir communication par les commissaires aux comptes, les membres et représentants du personnel, par les administrations publiques, les organismes de sécurité et de prévoyance sociales, les établissements bancaires ou financiers ainsi que les services chargés de centraliser les risques bancaires et les incidents de paiement, des renseignements de nature à lui donner une exacte information sur la situation économique et financière du débiteur.

Le président du tribunal peut ordonner une expertise sur la situation économique et financière de l'entreprise et sur ses perspectives de redressement.

Le président du tribunal communique au conciliateur les renseignements mentionnés au premier alinéa et les résultats de l'expertise.

Art. 37. – L'accord amiable conclu en présence du conciliateur entre les créanciers et le débiteur suspend, pendant la durée de son exécution, toute action de justice, toute poursuite individuelle tant sur les meubles que sur les immeubles du débiteur dans le but d'obtenir le paiement des créances qui font l'objet de l'accord, et interdit que des sûretés soient prises pour garantir le paiement de ces créances.

Les délais impartis aux créanciers parties à l'accord à peine de déchéance ou de résolution des droits afférents aux créances visées à l'alinéa précédent sont suspendus.

Le conciliateur rend compte de sa mission au président du tribunal.

Art. 38. – Toute personne qui est appelée au règlement amiable ou qui, par ses fonctions, en a connaissance est tenue au secret professionnel, dans les conditions et sous les peines prévues à l'article 378 du Code pénal.

DÉCRET N° 85-295 DU 1ᵉʳ MARS 1985

pris pour l'application de la loi n° 84-148 du 1ᵉʳ mars 1984 relative à la prévention et au règlement amiable des difficultés des entreprises (*JO*, 5 mars 1985, p. 2704).

....

CHAPITRE III

Dispositions applicables aux personnes morales de droit privé non commerçantes ayant une activité économique

Art. 22. – Les personnes morales de droit privé non commerçantes ayant une activité économique, mentionnées à l'article 27 de la loi n° 84-148 du 1ᵉʳ mars 1984 relative à la prévention et au règlement amiable des difficultés des entreprises, sont tenues d'établir des comptes annuels et de désigner au moins un commissaire aux comptes et un suppléant lorsqu'elles dépassent, à la fin de l'année civile ou à la clôture de l'exercice, les chiffres ci-dessous fixés pour deux des trois critères suivants :

1° Cinquante pour le nombre de salariés ; les salariés pris en compte sont ceux qui sont liés à la personne morale par un contrat de travail à durée indéterminée ; le nombre de salariés est égal à la moyenne arithmétique des effectifs à la fin de chaque trimestre de l'année civile ou de l'exercice comptable lorsque celui-ci ne coïncide pas avec l'année civile ;

2° Vingt millions de francs pour le montant hors taxes du chiffre d'affaires ou des ressources ; le montant hors taxes du chiffre d'affaires est égal au montant des ventes de produits et services liés à l'activité courante ; le montant des ressources est égal au montant des cotisations, subventions et produits de toute nature liés à l'activité courante ; toutefois, pour les associations professionnelles ou interprofessionnelles collectant la participation des employeurs à l'effort de construction, le montant des ressources, qui s'entendent des sommes recueillies au sens de l'article R. 313-25 du Code de la construction et de l'habitation, est fixé à cinq millions de francs ;

3° Dix millions de francs pour le total du bilan ; celui-ci est égal à la somme des montants nets des éléments d'actif.

Les personnes morales mentionnées au premier alinéa ne sont plus tenues à l'obligation d'établir des comptes annuels, lorsqu'elles ne dépassent pas les chiffres fixés pour deux des trois critères définis ci-dessus pendant deux exercices successifs. Il est mis fin dans les mêmes conditions au mandat du commissaire aux comptes par l'organe délibérant appelé à statuer sur les comptes annuels.

Les dispositions du présent article relatives à l'établissement de comptes annuels ou à la désignation d'un commissaire aux comptes s'appliquent sans préjudice des dispositions réglementaires propres à certaines formes de personnes morales entrant dans l'une des catégories mentionnées à l'article 27 de la loi du 1ᵉʳ mars 1984 précitée.

Art. 23. – Le commissaire aux comptes est désigné par l'organe délibérant de la personne morale.

Art. 24. – Les comptes annuels comprennent un bilan, un compte de résultat et une annexe. Ils sont établis selon les principes et méthodes comptables définis au Code de commerce et dans les textes pris pour son application, sous réserve des adaptations que rend nécessaire la forme juridique ou la nature de l'activité de ces personnes morales. *(D. n° 88-1192, 28 décembre 1988, art. 1ᵉʳ)* « Les plans comptables applicables à ces personnes morales sont approuvés par arrêtés du garde des Sceaux, ministre de la Justice, et des ministres chargés de l'Economie et du Budget, après avis du Conseil national de la comptabilité. Si des particularités d'activité, de structure ou d'opérations le justifient, des adaptations pourront être apportées, dans les mêmes formes, aux dispositions de ces plans comptables ».

Les comptes annuels sont soumis, en même temps qu'un rapport de gestion, à l'approbation de l'organe délibérant au plus tard dans les six mois de la clôture de l'exercice et transmis aux commissaires aux comptes quarante-cinq jours au moins avant la réunion à laquelle ils doivent être approuvés. Le délai de six mois peut être prolongé à la demande du représentant légal de la personne morale, par ordonnance du président du tribunal de grande instance, statuant sur requête.

Art. 25. − Les personnes morales de droit privé non commerçantes ayant une activité économique qui, à la fin de l'année civile ou à la clôture de l'exercice, comptent *(D. n° 87-169, 13 mars 1987, art. 5)* « trois cents salariés » ou plus ou dont le montant du chiffre d'affaires hors taxes ou des ressources est supérieur ou égal à « cent vingt millions de francs », sont tenues d'établir les documents mentionnés à l'article 28 de la loi du 1er mars 1984 précitée. Ces critères sont définis selon les dispositions prévues à l'article 22 ci-dessus.

Elles ne sont plus tenues à cette obligation lorsqu'elles ne dépassent aucun des chiffres fixés pour ces critères pendant deux exercices successifs.

Les dispositions des articles 244-1 à 244-5 du décret n° 67-236 du 23 mars 1967 modifié sur les sociétés commerciales sont applicables, sous réserve des adaptations que rend nécessaire la forme juridique de ces personnes morales.

Art. 26. − Lorsque le commissaire aux comptes met en œuvre la procédure d'alerte prévue à l'article 29 de la loi du 1er mars 1984 précitée, il est fait application des dispositions de l'article 251-1 du décret n° 67-236 du 23 mars 1967 modifié sur les sociétés commerciales si la personne morale a un organe collégial chargé de l'administration distinct de l'organe chargé de la direction, soit de l'article 251-2 du même décret dans les autres cas.

....

CHAPITRE V

Règlement amiable

Art. 36. − La demande de règlement amiable prévue à l'article 35 de la loi n° 84-148 du 1er mars 1984 relative à la prévention et au règlement amiable des difficultés des entreprises est formée par écrit. Elle est adressée ou remise au président du tribunal de commerce ou du tribunal de grande instance selon le cas par le représentant légal de la personne morale ou par le chef d'entreprise.

Cette demande expose les difficultés financières qui la motivent, les mesures de redressement envisagées ainsi que les délais de paiement ou les remises de dettes qui permettraient la mise en œuvre de ces mesures.

A cette demande sont annexés :

1° Un plan de financement prévisionnel et un compte de résultat prévisionnel ;

2° L'état des créances et des dettes accompagné d'un échéancier ainsi que la liste des principaux créanciers ;

3° L'état actif et passif des sûretés ainsi que celui des engagements hors bilan ;

4° Les comptes annuels, le tableau de financement ainsi que la situation de l'actif réalisable et disponible, valeurs d'exploitation exclues, et du passif exigible des trois derniers exercices, si ces documents ont été établis.

Art. 37. – Dès réception de la demande, le président du tribunal fait convoquer, par le greffier, le représentant légal de la personne morale ou le chef d'entreprise pour recueillir ses explications. Il informe de cette demande, par les soins du greffier, le procureur de la République ainsi que le préfet.

Le président du tribunal nomme un conciliateur s'il lui apparaît que les propositions du débiteur sont de nature à favoriser le redressement de l'entreprise. Si la nomination du conciliateur n'intervient pas dans le délai d'un mois à compter de la demande, celle-ci est réputée non admise.

Le président du tribunal fixe en accord avec le demandeur les conditions de rémunération du conciliateur et, le cas échéant, de l'expert mentionné à l'article 36 de la loi n° 84-148 du 1er mars 1984 relative à la prévention et au règlement amiable des difficultés des entreprises.

Art. 38. – L'accord entre le débiteur et les créanciers est constaté dans un écrit signé par les parties et le conciliateur. Ce document est déposé au greffe et communiqué au procureur de la République. Avis de l'accord est adressé au préfet.

Le président du tribunal arrête la rémunération du conciliateur et, le cas échéant, de l'expert après l'accomplissement de leur mission.

Art. 39. – En dehors de l'autorité judiciaire, à qui l'accord et le rapport d'expertise peuvent être communiqués, l'accord ne peut être communiqué qu'aux parties et le rapport d'expertise qu'au débiteur.

....

LOI N° 85-698 DU 11 JUILLET 1985

autorisant l'émission de valeurs mobilières par certaines associations (*JO*, 12 juillet 1985, p. 7863 et rect. *JO*, 14 juillet 1985, p. 7965).

Article premier. – Les associations régies par la loi du 1er juillet 1901 relative au contrat d'association ou par les articles 21 à 79 du Code civil local et la loi d'Empire du 19 avril 1908 applicables en Alsace-Lorraine peuvent, lorsqu'elles exercent, exclusivement ou non, une activité économique effective depuis au moins deux années, émettre des obligations dans les conditions prévues par la présente loi.

Art. 2. – Les obligations visées à l'article premier peuvent n'être remboursables qu'à la seule initiative de l'émetteur. Elles constituent alors des créances de dernier rang, doivent être émises sous forme nominative et prennent la dénomination de titres associatifs.

Art. 3. – Préalablement à l'émission d'obligation, l'association doit :

1° Etre immatriculée au registre du commerce et des sociétés dans des conditions et selon des modalités fixées par décret ;

2° Prévoir dans ses statuts les conditions dans lesquelles seront désignées les personnes chargées de la diriger, de la représenter et de l'engager vis-à-vis des tiers, ainsi que la constitution d'un organe collégial chargé de contrôler les actes de ces personnes.

Si les statuts prévoient la nomination d'un conseil d'administration, elle n'est pas tenue de constituer l'organe collégial visé ci-dessus.

L'organe collégial ou le conseil d'administration sont composés de trois personnes au moins élues parmi les membres.

Art. 4. – Lors de chaque émission d'obligations, l'association doit mettre à la disposition des souscripteurs une notice relative aux conditions de l'émission et un document d'information. Ce document porte notamment sur l'organisation, le montant atteint par les fonds propres à la clôture de l'exercice précédent, la situation financière et l'évolution de l'activité de l'association.

Les mentions qui doivent figurer sur ces documents sont fixées par décret, leurs éléments chiffrés sont visés par un commissaire aux comptes choisi sur la liste prévue par l'article 219 de la loi n° 66-537 du 24 juillet 1966 sur les sociétés commerciales.

Art. 5. – L'émission d'obligations par les associations visées à l'article premier peut être effectuée avec appel public à l'épargne ; elle est alors soumise au régime d'autorisation prévu par l'article 82 de la loi n° 46-2914 du 23 décembre 1946 portant ouverture de crédits provisoires applicables aux dépenses du budget ordinaire (services civils), pour le premier trimestre de l'exercice 1947, et au contrôle de la Commission des opérations de bourse dans les conditions prévues par l'ordonnance n° 67-833 du 28 septembre 1967 instituant une commission des opérations de bourse et relative à l'information des porteurs de valeurs mobilières et à la publicité de certaines opérations de bourse.

Art. 6. – Lorsqu'il n'est pas fait appel public à l'épargne, le taux d'intérêt stipulé dans le contrat d'émission ne peut être supérieur au taux moyen du marché obligataire du trimestre précédant l'émission.

Art. 7. – Les contrats d'émission d'obligations conclus par les associations dans les conditions prévues par la présente loi ne peuvent en aucun cas avoir pour but la distribution de bénéfices par l'association émettrice à ses sociétaires, aux personnes qui lui sont liées par un contrat de travail, à ses dirigeants de droit ou de fait ou à toute autre personne.

Les contrats conclus en violation des dispositions de l'alinéa précédent sont frappés de nullité absolue.

Art. 8. – L'émission d'obligations par une association entraîne, pour celle-ci, l'application des premier, deuxième, quatrième et cinquième alinéas de l'article 27 et de l'article 29 de la loi n° 84-148 du 1er mars 1984 relative à la prévention et au règlement amiable des difficultés des entreprises, quels que soient le nombre de ses salariés, le montant de son chiffre d'affaires ou de ses ressources ou le total de son bilan.

Lorsqu'il est fait appel public à l'épargne par une association, les dispositions de l'article 28 de la loi n° 84-148 du 1er mars 1984 précitée lui sont applicables.

L'émission entraîne également l'obligation de réunir ses membres en assemblée générale au moins une fois par an dans les six mois de la clôture de l'exercice en vue notamment de l'approbation des comptes annuels qui sont publiés dans des conditions fixées par décret.

Lorsque, du fait des résultats déficitaires, cumulés constatés dans les documents comptables, les fonds propres ont diminué de plus de la moitié par rapport au montant atteint à la fin de l'exercice précédant celui de l'émission, l'assemblée générale doit être également réunie dans les quatre mois qui suivent l'approbation des comptes ayant fait apparaître ces résultats déficitaires, à l'effet de décider s'il y a lieu de continuer l'activité de l'association ou de procéder à sa dissolution.

Si la dissolution n'est pas décidée, l'association est tenue, au plus tard à la clôture du deuxième exercice suivant celui au cours duquel la constatation des résultats déficitaires cumulés est intervenue, de reconstituer ses fonds propres.

Dans les deux cas, la résolution adoptée par l'assemblée générale est publiée au registre du commerce et des sociétés.

A défaut de réunion de l'assemblée générale, comme dans le cas où celle-ci n'a pu délibérer valablement, l'associaton perd le droit d'émettre de nouveaux titres et tout porteur de titres déjà émis peut demander en justice le remboursement immédiat de la totalité de l'émission. Ces dispositions s'appliquent également dans le cas où l'association qui n'a pas décidé la dissolution ne satisfait pas à l'obligation de reconstituer ses fonds propres dans les délais prescrits par le cinquième alinéa du présent article.

Le tribunal peut accorder à l'association un délai de six mois pour régulariser la situation ; il ne peut prononcer le remboursement immédiat si, au jour où il statue sur le fond, cette régularisation a eu lieu.

Art. 9. – La décision d'émettre est prise par l'assemblée générale des membres sur la proposition motivée des dirigeants. L'assemblée se prononce également sur le montant de l'émission, l'étendue de sa diffusion, le prix de souscription des titres et leur rémunération ou les modalités de détermination de ces éléments. Elle peut déléguer aux dirigeants, pour une période qui ne peut excéder cinq ans, le pouvoir d'arrêter les autres modalités de l'émission qui, sauf décision contraire, pourra être réalisée en une ou plusieurs fois.

L'assemblée délibère sur toutes les questions relatives à l'émission dans les conditions requises pour la modification des statuts.

Art. 10. – Les dispositions des articles 263, 266, 284, 289 à 338, 441, des 1° et 3° de l'article 471, des articles 472, 473, des 1° à 5° de l'article 474 et des articles 475 à 479 de la loi n° 66-537 du 24 juillet 1966 précitée s'appliquent aux obligations émises par des associations.

Les dispositions de la loi n° 66-537 du 24 juillet 1966 précitée visées à l'alinéa précédent relatives au conseil d'administration, directoire ou gérants de société sont applicables aux associations émettant des obligations et régissent les personnes ou organes qui sont chargés de l'administration conformément aux statuts.

Celles qui sont relatives au conseil de surveillance d'une société ou à ses membres s'appliquent, s'il en existe, à l'organe collégial de contrôle et aux personnes qui le composent.

Art. 11. – Les dispositions prévues par la section V du chapitre VI de la loi n° 66-537 du 24 juillet 1966 précitée sont applicables en cas de dissolution de l'association émettrice, sous réserve des dispositions de la loi du 1er juillet 1901 précitée et des articles 21 à 79 du Code civil local et de la loi d'Empire du 19 avril 1908 applicables en Alsace-Lorraine.

Art. 12. – L'interdiction de gérer résultant des condamnations prévues par l'article 6 du décret du 8 août 1935 portant application aux gérants et administrateurs de sociétés de la législation de la faillite et de la banqueroute et instituant l'interdiction et la déchéance du droit de gérer et d'administrer une société emporte de plein droit l'interdiction, dans les conditions et sous les sanctions prévues par ledit décret, d'administrer ou de gérer, à un titre quelconque, une association ayant émis des obligations ou de participer à son organe collégial de contrôle.

Art. 13. – La responsabilité des membres des organes chargés de la direction, de l'administration ou du contrôle des associations est celle définie, selon les cas, par l'article 244, le deuxième alinéa de l'article 246, les articles 247 et 250 de la loi n° 66-537 du 24 juillet 1966 précitée.

Les dispositions de l'article 10 de l'ordonnance n° 67-833 du 28 septembre 1967 précitée sont applicables aux dirigeants des associations faisant appel public à l'épargne.

Art. 14. – Les associations immatriculées au registre du commerce et des sociétés dans les conditions prévues par la présente loi peuvent se grouper pour émettre des obligations.

Le groupement s'effectue dans le cadre d'un groupement d'intérêt économique dans les conditions prévues par le deuxième alinéa de l'article 5 de l'ordonnance n° 67-821 du 23 septembre 1967 sur les groupements d'intérêt économique.

Les groupements d'intérêt économique constitués par des associations en vue de l'émission d'obligations sont tenus au remboursement et au paiement des rémunérations de ces obligations. Ces groupements d'intérêt économique disposent, à l'égard des associations qui les constituent et ont bénéficié d'une fraction du produit de l'émission, des mêmes droits que ceux conférés aux porteurs d'obligations émises par les associations par les articles 8, 10 et 13 de la présente loi.

Les dispositions des articles 13 et 16 de la présente loi sont applicables aux dirigeants de groupements d'intérêt économique constitués par des associations en vue de l'émission d'obligations.

Les dispositions du premier alinéa de l'article 8, de l'article 10 et de l'article 12 de la présente loi sont applicables à ces groupements.

....

Art. 16. – Sera puni d'une amende de 2 000 F à 60 000 F tout dirigeant, de droit ou de fait, d'association qui aura émis des obligations sans respecter les conditions prévues par les articles premier et 3 de la présente loi.

....

Art. 18. – Un décret en Conseil d'Etat fixera, en tant que de besoin, les conditions d'application de la présente loi.

La présente loi sera exécutée comme loi de l'Etat.

DÉCRET N° 85-1298 DU 4 DÉCEMBRE 1985

fixant les conditions dans lesquelles les établissements publics à caractère scientifique, culturel et professionnel peuvent prendre des participations et créer des filiales (*JO*, 10 décembre 1985, p. 14326).

Article premier. – Les établissements publics à caractère scientifique, culturel et professionnel peuvent créer des sociétés filiales dont ils possèdent plus de 50 % du capital social et prendre des participations dans des sociétés à responsabilité limitée et des sociétés par actions, françaises et étrangères, pour un montant qui ne peut être inférieur au un cinquième du capital social. Le respect de cette proportion n'est plus exigé en cas d'augmentation ultérieure de capital.

L'objet de ces sociétés est la production, la valorisation et la commercialisation de biens ou de services dans les domaines économique, scientifique et culturel, dans le cadre des missions du service public de l'enseignement supérieur défini par la loi n° 84-52 du 26 janvier 1984.

Art. 2. – L'autorisation des opérations mentionnées à l'article premier est réputée acquise si aucune opposition n'a été exprimée dans les quatre mois qui suivent la réception de la délibération par les ministres intéressés.

Les garanties que les établissements publics à caractère scientifique, culturel et professionnel peuvent être amenés à accorder au profit des sociétés filiales ou à celles dans lesquelles elles détiennent des participations sont limitées à la proportion du capital souscrit ; elles font l'objet d'une délibération du conseil d'administration de l'établissement ; elles sont autorisées dans les mêmes conditions que les opérations mentionnées à l'article premier du présent décret.

Art. 3. – Les apports en numéraire et en nature sont constitués du produit des activités mentionnées au dernier alinéa de l'article 20 de la loi n° 84-52 du 26 janvier 1984 sur l'enseignement supérieur ; les apports en jouissance sont faits avec l'accord du propriétaire des biens.

Art. 4. – Lorsque des personnels enseignants-chercheurs sont délégués ou détachés auprès d'une société, ou lorsque des personnels administratifs et techniques sont mis à disposition ou détachés auprès d'une des sociétés mentionnées à l'article premier, une convention est passée entre cette dernière et le ou les établissements publics à caractère scientifique, culturel et professionnel concernés.

Sans préjudice pour les enseignants-chercheurs de l'application du décret n° 84-431 du 6 juin 1984, la convention définit notamment, pour chaque fonctionnaire, la durée du détachement, de la délégation ou de la mise à disposition, la nature et le niveau des activités exercées par l'agent, les conditions d'emploi de celui-ci et, s'il y a lieu, le montant de la rémunération et des indemnités, primes et avantages, directs ou indirects, qui lui sont attribués. Le représentant de l'établissement public à caractère scientifique, culturel ou professionnel auprès de la société s'assure en particulier du respect des dispositions contractuelles prises à cet égard.

La convention comporte également l'évaluation de l'apport en industrie fait par le ou les établissements publics à caractère scientifique, culturel et professionnel et précise le montant et les modalités des versements dus à ce titre par la société.

Les personnels délégués, détachés ou mis à disposition auprès d'une société demeurent soumis, en matière de cumul d'emplois et de cumul de rémunérations, aux dispositions mentionnées au décret du 29 octobre 1936 modifié portant réglementation des cumuls *(de retraites, de rémunérations et de fonctions).*

Art. 5. – Le siège social des sociétés filiales et de celles auxquelles participent les établissements publics à caractère scientifique, culturel et professionnel ne peut être situé dans les locaux de ces établissements.

Art. 6. – Le représentant de l'établissement public à caractère scientifique, culturel et professionnel dans la société remet au moins une fois par an au conseil d'administration de l'établissement un rapport sur les résultats de la gestion de la société, sur la conformité de son action aux missions du service public de l'enseignement supérieur et sur ses perspectives de développement.

Art. 7. – Aucune prise de participation ou création de sociétés filiales ne peut avoir lieu si l'établissement à caractère scientifique, culturel et professionnel se trouve dans une des situations de déséquilibre ou de déficit financier mentionnées aux articles 8 et 43 du décret n° 85-79 du 22 janvier 1985.

DÉCRET N° 85-1322 DU 11 DÉCEMBRE 1985

portant application de l'article 4 de la loi n° 85-698 du 11 juillet 1985 autorisant l'émission de valeurs mobilières par certaines associations (*JO*, 15 décembre 1985, p. 14605).

Article premier. – Le document d'information doit être établi préalablement à toute émission de titres visés par la loi n° 85-698 du 11 juillet 1985 autorisant l'émission de valeurs mobilières par certaines associations.

Il doit être remis ou adressé à toute personne dont la souscription est sollicitée.

Art. 2. – Lorsque l'association émettrice fait publiquement appel à l'épargne pour le placement des titres visés aux articles premier et 2 de la loi n° 85-698 du 11 juillet 1985, les dispositions des articles 211, 212 et 213 du décret n° 67-236 du 23 mars 1967 sont applicables à la notice mentionnée à l'article 4 de la loi précitée pour autant qu'elles sont compatibles avec le statut des associations.

Art. 3. – Le document d'information doit comporter toutes les indications utiles à l'information des souscripteurs et doit contenir les mentions suivantes :

a) *Renseignements concernant l'émission*

1. Le but de l'émission.

2. Les décisions des organes habilités qui sont à l'origine de l'opération et leur durée de validité.

3. Le nombre, la valeur nominale, la forme des titres, le produit brut et l'estimation du produit net de l'émission.

4. Les conditions de l'émission et, le cas échéant, les garanties, les caractéristiques financières des titres. Lorsque la rémunération des titres est inférieure aux conditions du marché lors de l'émission, le document doit en faire mention.

5. Les modalités de cession et, le cas échéant, les conditions de cotation des titres.

6. L'existence et l'organisation de la masse des titulaires de titres.

7. La liste des établissements de crédit chargés du service financier de l'opération, le cas échéant.

b) *Renseignements concernant l'émetteur*

8. Des renseignements concernant l'organisation et le contrôle de l'association :

– l'identité des dirigeants et celle des membres de l'organe de contrôle ou du conseil d'administration ;

– le montant des rémunérations allouées à raison de leurs fonctions de façon globale pour chacune des catégories de personnes énumérées ci-dessus ;

– les mandats que ces mêmes personnes exercent dans d'autres entreprises ;

– la mention des conventions entre l'association et toute personne morale ayant des dirigeants communs avec celle-ci ;

– le nom des commissaires aux comptes et de leurs suppléants, la date de leur nomination.

9. Le montant des fonds propres non susceptibles de reprise à la clôture de l'exercice précédent, le montant total et la ventilation par échéance des engagements autres que ceux résultant de l'émission, l'indication des sûretés accordées aux titres précédemment émis.

10. Le bilan, le compte de résultats et les éléments significatifs de l'annexe des trois derniers exercices. Lorsque l'émission a lieu en cours d'exercice, des éléments significatifs extraits des comptes provisoires et une évaluation de la tendance de l'activité.

11. L'objet social de l'association, une description de son activité et de ses perspectives d'évolution.

12. Les faits significatifs ou affaires contentieuses pouvant avoir une incidence sur l'activité et la situation financière de l'association.

13. Des renseignements concernant les garants de l'émission.

Art. 4. – Toute publicité ou formulaire concernant l'émission doit mentionner l'existence du document d'information et préciser les moyens de l'obtenir sans frais.

DÉCRET N° 86-73 DU 13 JANVIER 1986

pris pour l'application de la loi n° 85-698 du 11 juillet 1985 autorisant l'émission de valeurs mobilières par certaines associations (*JO*, 17 janvier 1986, p. 824).

Article premier. – L'immatriculation au registre du commerce et des sociétés des associations régies par la loi du 1ᵉʳ juillet 1901 relative au contrat d'association ou par les articles 21 à 79 du Code civil local et la loi d'Empire du 19 avril 1908 applicable en Alsace-Lorraine qui exercent exclusivement ou non une activité économique effective depuis au moins deux années et dont les statuts sont conformes aux dispositions de l'article 3 de la loi du 11 juillet 1985 susvisée ne peut intervenir qu'après qu'une décision d'émettre des obligations a été régulièrement prise par l'assemblée générale.

Art. 2. – La radiation de l'immatriculation doit être demandée par l'association émettrice d'obligations dans l'année qui suit le remboursement de toutes les obligations émises.

La radiation doit également être demandée si, un an après la décision de l'assemblée générale d'émettre des obligations, aucune émission n'est intervenue.

Art. 3. – Faute par une association de requérir sa radiation dans les délais prescrits, il est procédé conformément au deuxième alinéa de l'article 58 du décret du 30 mai 1984 susvisé.

Art. 4. – Toute association émettrice d'obligations est tenue de déposer en double exemplaire au greffe du tribunal, pour être annexés au registre du commerce et des sociétés, dans le mois qui suit leur approbation par l'assemblée générale, les comptes annuels, le rapport de gestion, le rapport des commissaires aux comptes de l'exercice écoulé, éventuellement complété des observations de ceux-ci sur les modifications apportées par l'assemblée aux comptes annuels qui leur ont été soumis. En cas de refus d'approbation, une copie de la délibération est déposée dans le même délai.

Toute infraction aux dispositions de l'alinéa précédent sera punie de l'amende prévue pour les contraventions de la cinquième classe. En cas de récidive, l'amende applicable est celle prévue pour la récidive des contraventions de la cinquième classe.

Art. 5. – Les dispositions des articles 214 à 242 du décret n° 67-236 du 23 mars 1967, à l'exception de celles qui concernent exclusivement les sociétés commerciales, s'appliquent aux obligations émises par les associations dans les conditions prévues par la loi du 11 juillet 1985 précitée.

ARRÊTÉ DU 27 JANVIER 1986

relatif à l'immatriculation des associations émettrices d'obligations au registre du commerce et des sociétés (*JO*, 5 février 1986, p. 2002).

Article premier. – Les associations mentionnées à l'article premier de la loi n° 85-698 du 11 juillet 1985 autorisant l'émission de valeurs mobilières par certaines associations et qui sont immatriculées au registre du commerce et des sociétés sont, en application de l'article 20 du décret n° 84-406 du 30 mai 1984 susvisé, dispensées de demander leur immatriculation secondaire ou leur inscription complémentaire selon le cas.

Art. 2. – Sont déclarés dans la demande d'immatriculation des associations susvisées en application de l'article 18 du décret du 30 mai 1984 précité :

1° Le titre de l'association, suivi, le cas échéant, du sigle ;

2° L'adresse de son siège ;

3° Son objet, indiqué sommairement ;

4° La date de clôture de l'exercice ;

5° La date de la déclaration préalable à la préfecture ou à la sous-préfecture ou de l'inscription au registre du tribunal d'instance pour les associations d'Alsace-Moselle, la date du *Journal officiel* où a eu lieu l'insertion qui a rendu publique l'association, la date du dépôt au greffe des statuts ;

6° Les nom, prénoms, date et lieu de naissance, domicile personnel, renseignements concernant la nationalité prévus au A (3°) de l'article 8 du décret du 30 mai 1984 précité pour les personnes chargées de la direction, de l'administration et du contrôle et les commissaires aux comptes ;

7° La date de la décision de l'assemblée générale d'émettre des obligations.

Art. 3. – Les associations mentionnées ci-dessus déposent en annexe au registre, au plus tard en même temps que leur demande d'immatriculation, en application de l'article 48-3 du décret du 30 mai 1984 précité :

a) Deux copies de leurs statuts ;

b) Deux copies de la déclaration ou de l'inscription pour les associations d'Alsace-Moselle ou du *Journal officiel* qui a rendu publique l'association ;

c) Deux copies d'extraits des procès-verbaux de délibération des instances ayant désigné les organes de direction et de contrôle ou le conseil d'administration ;

d) Deux copies du procès-verbal des délibérations de l'assemblée générale constatant la décision d'émettre des obligations.

Art. 4. – En cas de modification intervenue entre la date d'immatriculation et celle du remboursement de toutes les obligations, dans les statuts, l'administration ou la direction de l'association, cette modification est mentionnée au registre du commerce et des sociétés sur justification de l'accomplissement des formalités de déclaration à la préfecture ou la sous-préfecture ou d'inscription au tribunal d'instance pour les associations d'Alsace-Moselle.

DÉCRET N° 87-303 DU 30 AVRIL 1987

relatif aux associations intermédiaires (*JO*, 3 mai 1987).

Section 1

L'agrément

Article premier. – *(D. n° 90-418, 16 mai 1990, art. 1ᵉʳ)* L'agrément d'une association intermédiaire est prononcé par arrêté du préfet de chacun des départements où celle-ci projette d'exercer son activité, après avis :

1° Des organisations professionnelles d'employeurs et des chambres consulaires concernées par les activités qu'elle se propose de mettre en œuvre ;

2° Des organisations syndicales représentatives.

L'arrêté d'agrément est pris au vu d'une demande qui définit, notamment, les activités que l'association se propose de développer en application de l'article L. 128 du Code du travail et qui précise le territoire dans les limites duquel ces activités seraient effectuées.

L'agrément mentionne les activités et le territoire en cause.

Art. 2. – *(D. n° 90-418, 16 mai 1990, art. 1ᵉʳ)* Les chômeurs de longue durée visés à l'article L. 128 du Code du travail sont des personnes inscrites comme demandeurs d'emploi pendant douze mois durant les dix-huit mois qui ont précédé la date d'embauche.

Les conjoints ou les concubins des bénéficiaires du revenu minimum d'insertion sont assimilés à ces derniers pour l'application des dispositions de l'article L. 128 du Code du travail.

Art. 3. – *(D. n° 90-418, 16 mai 1990, art. 1ᵉʳ)* La demande d'agrément est adressée au préfet, accompagnée d'un engagement conforme au modèle figurant en annexe ainsi que d'informations et de pièces justificatives dont la liste est fixée par arrêté du ministe chargé de l'Emploi.

Peuvent seules être agréées les associations qui :

1° S'engagent à embaucher dans les conditions prévues à l'article L. 128 du Code du travail des personnes dépourvues d'emploi et éprouvant des difficultés de réinsertion ;

2° Sont administrées par des personnes bénévoles qui par elle-mêmes ou par personne interposée n'ont aucun intérêt direct ou indirect dans les activités de l'association ou ses résultats ;

3° Utilisent l'intégralité d'éventuels excédents de recettes aux actions entrant dans l'objet de l'association intermédiaire, y compris les actions visées à la seconde phrase de l'article L. 128 du Code du travail ;

4° Ont, soit isolément, soit au sein d'une structure de coopération intéressant plusieurs associations, les moyens humains, matériels et financiers permettant :

a) D'assurer chaque jour ouvrable une permanence d'au moins une demi-journée pour la réception des offres d'activités,

b) D'assurer le suivi des personnes embauchées,

c) De les conseiller dans leurs démarches en vue d'une réinsertion sociale et professionnelle,

d) D'accomplir les tâches administratives et les obligations comptables qu'impliquent les objectifs poursuivis.

Art. 4. – *(D. n° 90-418, 16 mai 1990, art. 1ᵉʳ)* L'association intermédiaire ne peut avoir d'autre objet que celui défini à l'article L. 128 du Code du travail.

L'association intermédiaire ne peut mettre en œuvre d'autres activités que celles énoncées dans l'arrêté d'agrément, ni opérer de mises à disposition de personnes dépourvues d'emploi et éprouvant des difficultés de réinsertion hors du territoire défini dans ce même arrêté.

Aucune modification ne peut être apportée au contenu ou aux modalités de l'action définie par l'association dans sa demande d'agrément sans qu'elle ait été préalablement approuvée par le préfet après avis des organisations mentionnées à l'article premier.

Art. 5. – *(D. n° 90-418, 16 mai 1990, art. 1ᵉʳ)* Le renouvellement de l'agrément est acquis chaque année, s'il n'est pas dénoncé par le préfet deux mois au moins avant la date anniversaire de sa notification.

Ce renouvellement est subordonné à la transmission au préfet du compte rendu d'activité prévu par l'engagement mentionné à l'article 3, trois mois avant la date anniversaire de sa notification.

Art. 6. – *(D. n° 90-418, 16 mai 1990, art. 1ᵉʳ)* L'agrément prévu à l'article premier est retiré, ou le renouvellement de l'agrément refusé, à l'association qui :

1° Opère des prêts de main-d'œuvre pour la réalisation d'activités autres que celles autorisées par l'article L. 128 du Code du travail ;

2° Cesse de remplir les conditions ou de respecter les obligations mentionnées à l'article 3 ;

3° Manque aux engagements qu'elle a pris, ou aux obligations qui lui incombent en vertu de la décision d'agrément.

L'association intermédiaire à laquelle le préfet envisage de retirer l'agrément en est avisée par lettre recommandée ; elle dispose d'un délai qui ne peut être inférieur à quinze jours pour faire valoir ses observations.

En cas d'urgence, le préfet suspend immédiatement l'agrément pour une durée maximale de trois mois.

Section 2

Contrat de travail et de mise à disposition

Art. 8. – Un contrat est établi par écrit entre l'association intermédiaire et la personne, dite l'utilisateur, à la disposition duquel elle met un travailleur. Le contrat précise notamment :

– le nom du ou des travailleurs mis à disposition ;
– les tâches à remplir ;
– le lieu où elles s'exécutent.

ANNEXE : MODÈLE D'ENGAGEMENT

M. ou Mme ....

président(e) de l'association ....

mandaté(e) par la délibération du conseil d'administration du ....

(date) ci-jointe, prend envers le préfet de ....

l'engagement de :

Verser les salaires dus au plus tard le ....

du mois suivant celui où les tâches ont été exécutées ;

L'informer de toute modification concernant les statuts de l'association, la composition du bureau et la personne du directeur des services de l'association ou du responsable du service au titre duquel l'association est agréée ;

Remplir un état statistique fourni par l'Administration et de le transmettre au directeur départemental du travail et de l'emploi avant le ... de chaque mois ;

Lui adresser, chaque année, au plus tard neuf mois après notification de l'agrément ou le renouvellement de celui-ci, un tableau statistique conforme à un modèle défini et fourni par l'Administration et un compte rendu d'activité décrivant :
– les résultats obtenus et les difficultés rencontrées dans la mise en œuvre des activités,
– les actions menées pour faciliter la réinsertion sociale et professionnelle des personnes employées par l'association,
– la concertation avec les autorités territoriales, les professions concernées, les associations du secteur social et les organisations syndicales,
– les moyens humains, matériels et financiers dont dispose l'association ;

Le compte rendu d'activité comprend, en outre, un tableau donnant la répartition des personnes embauchées par l'association selon les caractéristiques des difficultés de réinsertion ayant justifié leur embauche (chômeurs de plus de cinquante ans, bénéficiaires du revenu minimum d'insertion, autres caractéristiques à préciser) ;

Lui adresser, au début de chaque exercice, le budget de l'association et, trois mois après la clôture de l'exercice, le compte de résultats afférant à celui-ci et un état nominatif des avantages, rémunérations et remboursements de frais consentis au titre d'activités autres que celles définies au 1 de l'article L. 128 du Code du travail ;

Faciliter le contrôle de sa gestion et de ses activités de mise à disposition de personnels dans le cadre de l'article L. 128 du Code du travail par les fonctionnaires que le préfet aura mandatés à cette fin et d'ouvrir ses archives aux personnes ou aux organismes que l'Administration aura chargés d'étudier tel ou tel aspect de l'activité des associations intermédiaires, notamment les publics concernés et les activités développées ;

Mettre fin, sans délai, aux activités qu'elle aurait développées et que le préfet, après avoir recueilli ses observations, l'inviterait à ne plus exercer comme non conformes à l'agrément qui lui a été accordé ou à la définition légale des activités qui peuvent être exercées par les associations intermédiaires ;

Veiller à ce que l'utilisateur fasse effectuer par les travailleurs mis à disposition des tâches strictement conformes à ce qui est convenu et à ce qu'autorise le 1 de l'article L. 128 du Code du travail.

ARRÊTÉ DU 22 SEPTEMBRE 1987

autorisant la création au sein des services de l'Etat dans le département d'un fichier automatisé des associations (*JO*, 10 octobre 1987).

Article premier. – Est autorisée la création au sein des services de l'Etat dans le département d'un traitement automatisé d'informations nominatives concernant les associations régies par la loi du 1er juillet 1901 susvisée.

Art. 2. – Ce traitement a pour finalité l'application des textes législatifs et réglementaires relatifs aux associations pour l'enregistrement des déclarations (constitution et mise à jour) et la production des documents de gestion s'y rapportant.

Art. 3. – Les catégories d'informations nominatives enregistrées au fichier des associations sont les suivantes :

– nom, prénom et adresse du déclarant de constitution ou de mise à jour d'une association ;

– noms, profession, domicile, nationalité et fonctions exercées au sein du bureau d'une association d'au plus deux membres ;

– informations relatives à l'association (titre, objet, activité, adresse).

Lorsque les informations collectées font apparaître directement ou indirectement les opinions politiques, religieuses ou philosophiques, les origines raciales ou les appartenances syndicales, l'accord exprès des intéressés est recueilli.

Art. 4 – Les informations contenues dans le fichier sont conservées selon les modalités suivantes :

1° L'identité des déclarants n'est mémorisée qu'afin de pouvoir effectuer l'édition des documents de gestion.

Le service utilisateur procédera périodiquement à l'apurement du fichier détenant ces informations ;

2° Les noms et fonctions exercées au sein du bureau de deux des membres d'une association seront effacés du fichier dès que la dissolution de l'association concernée sera enregistrée.

Art. 5. – Peuvent seuls être destinataires de ces informations les services de l'Etat compétents pour l'application de la législation et de la réglementation concernant les associations.

Art. 6. – Le droit d'accès prévu à l'article 34 de la loi n° 78-17 du 6 janvier 1978 s'exercera auprès des commissaires de la République du département ou des commissaires adjoints de la République dans les arrondissements.

Art. 7. – Les informations nominatives contenues dans ce traitement ne peuvent faire l'objet d'aucun rapprochement, interconnexion, mise en relation ou cession à des tiers.

Art. 8. – La mise en œuvre de cette application est subordonnée à l'envoi préalable à la Commission nationale de l'informatique et des libertés d'une déclaration faisant référence au présent arrêté et précisant le lieu exact d'implantation du traitement et le lieu d'exercice du droit d'accès.

Art. 9. – Le directeur général de l'Administration et le directeur des libertés publiques et des affaires juridiques au ministère de l'Intérieur sont chargés, chacun en ce qui le concerne, de l'exécution du présent arrêté qui sera publié au *Journal officiel* de la République française.

CIRCULAIRE DU 15 JANVIER 1988

relative aux rapports entre l'Etat et les associations bénéficiaires de financements publics (*JO*, 7 avril 1988, p. 4584).

> *Le Premier ministre*
>
> *à*
>
> *Mesdames et Messieurs les Ministres*
> *et Secrétaires d'Etat,*

L'Etat concourt directement ou indirectement au développement de la vie associative, soit pour promouvoir des activités d'intérêt général, soit pour favoriser l'action conjuguée de partenaires privés et de services administratifs publics.

La part souvent prépondérante des financements publics dans le budget de certaines associations et le fait qu'elles contribuent fréquemment à des missions d'intérêt général justifient que l'Etat s'assure que les concours qu'il apporte, directement ou par l'intermédiaire de ses établissements publics, soient utilisés en conformité avec les objectifs qu'il poursuit.

La Cour des comptes a cependant relevé à de nombreuses reprises la mauvaise application des principes et des règles applicables en ce domaine ou l'insuffisance des dispositifs de contrôle du bon emploi des deniers publics.

Je souhaite donc rappeler et préciser ces principes, ces règles et réaffirmer la nécessité de ces contrôles.

Ce rappel ne doit pas être considéré comme l'institution de contraintes nouvelles, mais bien comme le moyen de favoriser une meilleure collaboration entre personnes publiques et privées, dans l'esprit de la loi de 1901 et avec le souci de garantir l'intérêt général et d'assurer l'efficacité des financements publics.

Seront évoqués successivement les principes fondamentaux du contrôle des associations bénéficiaires de financements publics, les conditions d'une normalisation des modalités d'attribution de l'aide de l'Etat et le problème particulier des associations « para-administratives ».

I. Les principes fondamentaux du contrôle des associations bénéficiaires de financements publics.

Le suivi de l'emploi des fonds dont bénéficie un organisme subventionné incombe au premier chef à l'ordonnateur, principal ou secondaire, qui a accordé la subvention, même si sont également compétents à cet égard, chacun pour ce qui le concerne, les contrôleurs financiers, les comptables du Trésor, les membres de l'inspection générale des Finances et des corps de contrôle ministériels et les magistrats de la Cour des comptes.

Pour ce faire, des textes anciens, mais toujours en vigueur, ont instauré l'obligation pour toute association, société ou collectivité privée qui reçoit une subvention de l'Etat de fournir ses budgets et comptes à l'autorité administrative. L'organisme peut, en outre, être invité à présenter les pièces justificatives des dépenses effectuées (décret-loi du 25 juin 1934, modifié par celui du 2 mai 1938 et confirmé par l'article 112 de la loi de finances n° 45-0195 du 31 décembre 1945).

Je rappelle, par ailleurs, la possibilité d'instituer dans les conditions du décret du 30 octobre 1935 et de la loi validée du 14 janvier 1943 le contrôle financier de l'Etat sur les organismes privés, de toute nature, recevant une subvention.

Ces règles s'appliquent quelle que soit la forme du financement public : subvention, mais également contrats d'étude ou de prestations de services. Elles doivent par ailleurs être respectées lorsque, exceptionnellement, une association est financée par un établissement public de l'Etat.

II. La normalisation des modalités d'attribution de l'aide de l'Etat.

Au-delà des textes législatifs et réglementaires, la collaboration entre les pouvoirs publics et les associations devra se concrétiser désormais dès lors que le montant de la subvention excédera le seuil prévu pour l'application des marchés publics de fournitures, par l'établissement d'une convention déterminant clairement les objectifs poursuivis et les obligations réciproques.

Ce document comportera au minimum la définition précise de l'objectif général ou des actions dont l'association s'assigne la réalisation, l'ensemble des moyens qu'elle mettra en œuvre à cet effet, et notamment les personnels, l'indication de son budget total ou de celui de l'opération subventionnée ainsi que la désignation de tous les autres moyens publics. En contrepartie, seront indiqués le montant de la subvention ou de la rémunération correspondant à la prestation fournie, le calendrier et les modalités de son versement.

Par ailleurs, afin de permettre le suivi de l'exécution de la convention, celle-ci comportera les modalités et délais de production des comptes, ainsi que des comptes rendus d'exécution, l'organisation du contrôle et les règles de dénonciation de la convention.

Enfin, vous voudrez bien, d'une manière générale et compte tenu notamment des avantages fiscaux récemment décidés, inviter les associations subventionnées au titre de votre département à développer leurs ressources propres (cotisations de leurs membres, dons, rémunérations de services rendus, etc.). Il convient en effet que l'effort d'autofinancement soit pris en compte pour l'attribution ou le renouvellement d'une subvention, notamment chaque fois que vous constaterez que le montant des frais généraux d'une association subventionnée est en progression.

III. Le problème particulier des associations para-administratives.

Cette catégorie d'associations ne peut être définie par des critères simples. Elle se caractérise néanmoins en général par un financement d'origine publique très important, les crédits publics en provenance de l'Etat ou de ses établissements publics atteignant ou dépassant fréquemment 75 % du total des ressources de l'association, sans préjudice d'autres financements publics éventuels (collectivités locales, CEE ...). On y note par ailleurs une présence majoritaire ou un pouvoir prépondérant de fait d'agents de l'Etat ou de ses établissements publics dans les organes dirigeants.

A plusieurs reprises, la Cour des comptes a souligné les dangers du recours à ce type d'associations qui constituent un démembrement de l'Administration dès lors que leur création peut être interprétée comme une façon de tourner les règles de gestion administrative en vigueur, qu'il s'agisse des normes fixées en matière d'emplois publics et de rémunération d'agents de l'Etat ou des procédures et règles de la comptabilité et des marchés publics. Il va de soi par ailleurs que, dans ce cas, la pérennisation de telles situations ne peut qu'être préjudiciable à l'image qui est donnée des relations entre l'Etat et le monde associatif.

L'Etat peut en revanche accepter l'existence d'associations de ce type destinées à assurer certaines activités en collaboration avec les usagers, une profession ou les collectivités locales.

Je vous invite en conséquence à procéder à un recensement des associations para-administratives relevant de votre département, qui devra déboucher, chaque fois que cela apparaîtra souhaitable, sur des propositions visant à engager, en liaison avec le ministère du Budget et le ministère de la Réforme administrative, une procédure de retrait de l'Etat ou de dissolution.

Pour l'avenir, il n'y a aucune raison, sauf exception, de créer de nouvelles associations para-administratives dès lors que les missions qui leur seraient attribuées pourraient être assurées par les services de l'Etat. Je vous demande de veiller personnellement au respect de ce principe.

L'ensemble de ces mesures, auxquelles j'attache une grande importance, doit permettre une clarification nécessaire des relations entre les associations et l'Etat, dans le respect de la liberté d'association et le souci de garantir l'intérêt général.

DÉCRET N° 90-235 DU 16 MARS 1990

portant application de l'article 12 de la loi n° 88-14 du 5 janvier 1988 modifiée relative aux actions en justice des associations agréées de consommateurs et à l'information des consommateurs (*JO*, 18 mars 1990, p. 3333).

Article premier. – L'agrément des associations ayant pour objet statutaire explicite la défense des investisseurs en valeurs mobilières ou en produits financiers prévu à l'article 12 de la loi n° 88-14 du 5 janvier 1988 modifiée relative aux actions en justice des associations agréées de consommateurs et à l'information des consommateurs peut être accordé à toute association justifiant, à la date de la demande d'agrément, de deux années d'existence à compter de sa déclaration.

Cette association doit également justifier, pendant cette même période, d'au moins 1 000 membres cotisant individuellement ou d'un nombre de membres cotisant individuellement suffisant eu égard à son objet ainsi que d'une activité effective et publique en vue de la défense des intérêts des investisseurs en valeurs mobilières ou en produits financiers appréciée, notamment, en fonction de la réalisation et de la diffusion de publications, de la tenue de réunions d'information et de la participation à des travaux de réflexion.

Art. 2. – L'agrément est accordé par arrêté conjoint du ministre d'Etat, ministre de l'Economie, des Finances et du Budget, du ministre chargé de la Consommation et du garde des Sceaux. Il est publié au *Journal officiel* de la République française.

L'avis du ministère public prévu à l'article 12 de la loi susvisée est donné par le procureur général près la cour d'appel dans le ressort de laquelle l'association a son siège.

L'agrément est accordé pour trois années. Il est renouvelable dans les mêmes conditions que l'agrément initial.

Art. 3. – Lorsque plusieurs associations, dont l'une au moins est agréée, se transforment en une seule, l'agrément doit être à nouveau sollicité. Dans ce cas, la condition d'ancienneté prévue à l'article premier ci-dessus n'est pas exigée.

Art. 4. – Les demandes d'agrément et de renouvellement sont adressées à la direction départementale de la concurrence, de la consommation et de la répression des fraudes dans le ressort de laquelle l'association a son siège social.

La composition du dossier et les modalités d'instruction sont fixées par arrêté conjoint du ministre d'Etat, ministre de l'Economie, des Finances et du Budget, du ministre chargé de la Consommation et du garde des Sceaux.

Lorsque le dossier remis à l'Administration est complet, il en est délivré récépissé.

Art. 5. – La décision d'agrément ou de refus est notifiée dans un délai de six mois à compter de la délivrance du récépissé. Passé ce délai, l'agrément est réputé accordé. Les décisions de refus doivent être motivées.

Art. 6. – Les associations rendent compte annuellement de leur activité selon des modalités fixées par arrêté pris dans les formes prévues à l'article 4.

Art. 7. – L'agrément peut être retiré, après avis du procureur général et de la Commission des opérations de bourse, lorsque l'association ne remplit plus l'une des conditions d'agrément. L'association doit être au préalable mise en demeure de présenter ses observations.

Art. 8. – Le ministre d'Etat, ministre de l'Economie, des Finances et du Budget, le garde des Sceaux, ministre de la Justice, et le secrétaire d'Etat auprès du ministre d'Etat, ministre de l'Economie, des Finances et du Budget, chargé de la Consommation, sont chargés, chacun en ce qui le concerne, de l'exécution du présent décret, qui sera publié au *Journal officiel* de la République française.

ARRÊTÉ DU 16 MARS 1990

relatif à l'agrément des associations ayant pour objet statutaire explicite la défense des investisseurs en valeurs mobilières ou en produits financiers (*JO*, 29 mars 1990, p. 3818).

Article premier. – Le dossier prévu à l'article 4 du décret du 16 mars 1990 est composé comme suit :

1° Une demande d'agrément signée par le président de l'association, ainsi qu'une note de présentation de l'association indiquant en particulier le nombre des adhérents.

Cette note sera éventuellement accompagnée d'un exemplaire de toutes les publications et des textes destinés à une diffusion publique rédigés et publiés au cours du dernier exercice et de l'exercice en cours.

2° Un exemplaire ou une copie certifiée conforme du *Journal officiel* contenant l'insertion mentionnée à l'article 5 de la loi du 1er juillet 1901 relative au contrat d'association.

Un exemplaire, à jour, des statuts.

Une liste des membres dirigeants de l'association conforme aux dispositions de l'article 5 de la loi précitée.

3° Le rapport moral et le rapport financier approuvés lors de la dernière assemblée générale. Ce rapport financier doit comprendre un tableau retraçant les ressources et les charges financières de l'association. Il indique expressément le ou les montants des cotisations demandées aux membres de l'association et le produit de ces cotisations pour les exercices considérés.

Ce dossier est constitué en trois exemplaires. La direction départementale de la concurrence, de la consommation et de la répression des fraudes transmet l'un de ces exemplaires au procureur général ainsi qu'à la Commission des opérations de bourse, lesquels reçoivent également communication des décisions d'agrément ou de refus.

Art. 2. – En application de l'article 6 du décret du 16 mars 1990 susvisé, les associations agréées adressent, chaque année, pour instruction en trois exemplaires, à la direction départementale de la concurrence, de la consommation et de la répression des fraudes, leur rapport moral et leur rapport financier. Ce dernier doit être conforme aux dispositions du 3° de l'article premier ci-dessus.

Art. 3. – La demande de renouvellement d'agrément doit être déposée pendant le huitième mois précédant la date d'expiration de l'agrément en cours. Elle est accompagnée d'un dossier contenant la mise à jour des documents déposés lors de la demande initiale.

Art. 4. – Le directeur général de la concurrence, de la consommation et de la répression des fraudes au ministère de l'Economie, des Finances et du Budget, le directeur des affaires civiles et du sceau et le directeur des affaires criminelles et des grâces au ministère de la Justice sont chargés de l'exécution du présent arrêté qui sera publié au *Journal officiel* de la République française.

LOI N° 91-772 DU 7 AOÛT 1991

relative au congé de représentation en faveur des associations et des mutuelles et au contrôle des comptes des organismes faisant appel à la générosité publique (*JO,* 10 août 1991, p. 10616).

Article premier. – Au chapitre V du titre II du livre II du Code du travail, il est inséré une section IV ainsi rédigée :

« Section IV
« Congé de représentation

« *Art. L. 225-8.* – *I.* Lorsqu'un salarié, membre d'une association déclarée en application de la loi du 1er juillet 1901 relative au contrat d'association ou inscrite au registre des associations en application de la loi du 19 avril 1908 applicable au contrat d'association dans les départements du Bas-Rhin, du Haut-Rhin et de la Moselle ou d'une mutuelle au sens du Code de la mutualité, est désigné comme représentant de cette association ou de cette mutuelle pour siéger dans une instance, consultative ou non, instituée par une disposition législative ou réglementaire auprès d'une autorité de l'Etat à l'échelon national, régional ou départemental, l'employeur est tenu de lui accorder le temps nécessaire pour participer aux réunions de cette instance.

« *II.* Si, à l'occasion de cette représentation, le salarié subit une diminution de rémunération, il reçoit de l'Etat une indemnité compensant, en totalité ou partiellement et, le cas échéant, sous forme forfaitaire, la diminution de rémunération.

« *III.* La durée du congé de représentation ne peut dépasser neuf jours ouvrables par an. Elle peut être fractionnée en demi-journées. Elle est assimilée à une période de travail effectif pour la détermination de la durée des congés payés ainsi que pour l'ensemble des autres droits résultant pour l'intéressé de son contrat et ne peut être imputée sur la durée du congé payé annuel.

« *IV.* L'autorisation d'absence ne peut être refusée par l'employeur que dans le cas où il estime, après avis, s'ils existent, du comité d'entreprise, ou, à défaut, des délégués du personnel, que cette absence aurait des conséquences préjudiciables à la production et à la bonne marche de l'entreprise.

« Le refus doit être motivé à peine de nullité. Il peut être directement contesté devant le bureau de jugement du conseil de prud'hommes qui est saisi et statue en dernier ressort selon les formes applicables au référé.

« *V.* Les dispositions du présent article sont applicables aux salariés mentionnés aux 1° à 7°, 9° et 10° de l'article 1144 du Code rural.

« *VI.* Ces dispositions s'appliquent en l'absence de dispositions législatives particulières existant à la date de leur entrée en vigueur.

« *VII.* Un décret en Conseil d'Etat précise les modalités d'application du présent article et, notamment :

« 1° Les conditions d'indemnisation du salarié par l'Etat ;

« 2° Les règles selon lesquelles est déterminé, par établissement, le nombre maximum de salariés susceptibles de bénéficier des dispositions du présent article au cours d'une année. »

Art. 2. − I. A l'article L. 412-8 du Code de la Sécurité sociale, il est inséré un 12° ainsi rédigé :

« 12° Les salariés désignés, dans les conditions définies à l'article L. 225-8 du Code du travail, pour siéger dans une instance instituée par une disposition législative ou réglementaire auprès d'une autorité de l'Etat pour les accidents survenus par le fait ou à l'occasion de leurs missions, dans la mesure où ils ne bénéficient pas à un autre titre des dispositions du présent article. »

II. Au douzième alinéa (7°) de l'article L. 412-8 du Code de la Sécurité sociale, la référence « L. 990-8 » est remplacée par la référence « L. 992-8 ».

III. Au dernier alinéa de l'article L. 412-8 du Code de la Sécurité sociale, les références « 10° et 11° » sont remplacées par les références « 10°, 11° et 12° ».

IV. A l'article 1145 du Code rural, il est inséré un 7° ainsi rédigé :

« 7° Les salariés agricoles désignés, dans les conditions définies à l'article L. 225-8 du Code du travail, pour siéger dans une instance instituée par une disposition législative ou réglementaire auprès d'une autorité de l'Etat, pour les accidents survenus par le fait ou à l'occasion de leurs missions, dans la mesure où ils ne bénéficient pas à un autre titre des dispositions du présent article. »

V. A l'article 1252-2 du Code rural, il est inséré un 7° ainsi rédigé :

« 7° Les salariés d'exploitations ou d'entreprises agricoles ayant leur siège dans les départements du Haut-Rhin, du Bas-Rhin ou de la Moselle désignés, dans les conditions définies à l'article L. 225-8 du Code du travail, pour siéger dans une instance instituée par une disposition législative ou réglementaire auprès d'une autorité de l'Etat pour les accidents survenus par le fait ou à l'occasion de leurs missions, dans la mesure où ils ne bénéficient pas à un autre titre des dispositions du présent article. »

Art. 3. − Les organismes qui, afin de soutenir une cause scientifique, sociale, familiale, humanitaire, philanthropique, éducative, sportive, culturelle ou concourant à la défense de l'environnement, souhaitent faire appel à la générosité publique dans le cadre d'une campagne menée à l'échelon national soit sur la voie publique, soit par l'utilisation de moyens de communication, sont tenus d'en faire la déclaration préalable auprès de la préfecture du département de leur siège social.

Cette déclaration précise les objectifs poursuivis par l'appel à la générosité publique.

Les organismes effectuant plusieurs campagnes successives peuvent procéder à une déclaration annuelle.

Les moyens mentionnés ci-dessus sont les supports de communication audiovisuelle, la presse écrite, les modes d'affichage auxquels s'appliquent les dispositions de l'article 2 de la loi n° 79-1150 du 29 décembre 1979 relative à la publicité, aux enseignes et préenseignes, ainsi que la voie postale et les procédés de télécommunications.

Art. 4. – Les organismes visés à l'article 3 de la présente loi établissent un compte d'emploi annuel des ressources collectées auprès du public, qui précise notamment l'affectation des dons par type de dépenses.

Ce compte d'emploi est déposé au siège social de l'organisme ; il peut être consulté par tout adhérent ou donateur de cet organisme qui en fait la demande.

Les modalités de présentation de ce compte d'emploi sont fixées par arrêté du Premier ministre pris après avis d'une commission consultative composée des représentants des ministères concernés, de la Cour des comptes et des associations.

Art. 5. – L'article premier de la loi n° 67-483 du 22 juin 1967 relative à la Cour des comptes est complété par un alinéa ainsi rédigé :

« Elle peut également exercer, dans des conditions fixées par décret en Conseil d'Etat, un contrôle du compte d'emploi des ressources collectées auprès du public, dans le cadre de campagnes menées à l'échelon national par les organismes visés à l'article 3 de la loi n° 91-772 du 7 août 1991 relative au congé de représentation en faveur des associations et des mutuelles et au contrôle des comptes des organismes faisant appel à la générosité publique, afin de vérifier la conformité des dépenses engagées par ces organismes aux objectifs poursuivis par l'appel à la générosité publique. »

Art. 6. – Les observations formulées par la Cour des comptes, en application de l'article 5 de la présente loi, sont adressées au président des organismes mentionnés à l'article 3, qui est tenu de les communiquer au conseil d'administration et à l'assemblée générale lors de la première réunion qui suit.

Art. 7. – Le décret en Conseil d'Etat prévu à l'article 5 ci-dessus précise les conditions d'application de la présente loi. Il fixe notamment les modalités de la déclaration prévue à l'article 3, celles du contrôle exercé par la Cour des comptes et celles de la publicité des observations formulées à l'occasion de ce contrôle.

Art. 8. – Le Gouvernement déposera, avant le 31 décembre 1992, un rapport au Parlement afin de permettre à la représentation nationale d'évaluer pour les entreprises les conséquences de l'institution du congé de représentation.

La présente loi sera exécutée comme loi de l'Etat.

Formules

SOMMAIRE DES FORMULES

I. – ASSOCIATIONS DÉCLARÉES

I. – ASSOCIATIONS DÉCLARÉES

Formule 1. – Statuts d'association (1).

Article premier.

Il est fondé entre les adhérents aux présents statuts une association régie par la loi du 1er juillet 1901 et le décret du 16 août 1901, ayant pour titre ....

Article 2.

Cette association a pour but ....

Article 3. – Siège social.

Le siège social est fixé à ....

Il pourra être transféré par simple décision du conseil d'administration ; la ratification par l'assemblée générale sera nécessaire.

Article 4.

L'association se compose de :
a) Membres d'honneur ....
b) Membres bienfaiteurs ....
c) Membres actifs ou adhérents ....

Article 5. – Admission.

Pour faire partie de l'association, il faut être agréé par le bureau qui statue, lors de chacune de ses réunions, sur les demandes d'admission présentées.

Article 6. – Les membres.

Sont membres d'honneur, ceux qui ont rendu des services signalés à l'association ; ils sont dispensés de cotisations.

Sont membres bienfaiteurs, les personnes qui versent (un droit d'entrée de .... F et) une cotisation annuelle fixée chaque année par l'assemblée générale.

Sont membres actifs ceux qui ont pris l'engagement de verser annuellement une somme de .... F.

---

1. Modèle repris de la brochure *JO* n° 1068.

Toute cotisation pourra être rachetée moyennant le paiement d'une somme minima égale à dix fois son montant annuel, sans que la somme globale puisse dépasser cent francs (2).

Article 7. – Radiations.

La qualité de membre se perd par :

a) La démission ;

b) Le décès ;

c) La radiation prononcée par le conseil d'administration pour non-paiement de la cotisation ou pour motif grave, l'intéressé ayant été invité par lettre recommandée à se présenter devant le bureau pour fournir des explications.

Article 8.

Les ressources de l'association comprennent :

1° Le montant des droits d'entrée et des cotisations ;

2° Les subventions de l'Etat, des départements et des communes.

Article 9. – Conseil d'administration.

L'association est dirigée par un conseil de .... membres, élus pour .... années par l'assemblée générale. Les membres sont rééligibles.

Le conseil d'administration choisit parmi ses membres, au scrutin secret, un bureau composé de :

1° Un président ;

2° Un ou plusieurs vice-présidents ;

3° Un secrétaire et, s'il y a lieu, un secrétaire adjoint ;

4° Un trésorier et, si besoin est, un trésorier adjoint.

Le conseil étant renouvelé tous les .... ans par moitié, la première année, les membres sortants sont désignés par le sort.

En cas de vacance, le conseil pourvoit provisoirement au remplacement de ses membres. Il est procédé à leur remplacement définitif par la plus prochaine assemblée générale. Les pouvoirs des membres ainsi élus prennent fin à l'époque où devrait normalement expirer le mandat des membres remplacés.

Article 10. – Réunion du conseil d'administration.

Le conseil d'administration se réunit une fois au moins tous les six mois, sur convocation du président, ou sur la demande du quart de ses membres.

---

2. Le rachat des cotisations est limité à 100 F par l'article 6-1° de la loi du 1er juillet 1901, modifié par la loi n° 48-1001 du 23 juin 1948.

Les décisions sont prises à la majorité des voix ; en cas de partage, la voix du président est prépondérante.

Tout membre du conseil qui, sans excuse, n'aura pas assisté à trois réunions consécutives, pourra être considéré comme démissionnaire.

Nul ne peut faire partie du conseil s'il n'est pas majeur.

Article 11. – Assemblée générale ordinaire.

L'assemblée générale ordinaire comprend tous les membres de l'association (3) à quelque titre qu'ils y soient affiliés. L'assemblée générale ordinaire se réunit chaque année au mois de ....

Quinze jours au moins avant la date fixée, les membres de l'association sont convoqués par les soins du secrétaire. L'ordre du jour est indiqué sur les convocations.

Le président, assisté des membres du comité, préside l'assemblée et expose la situation morale de l'association.

Le trésorier rend compte de sa gestion et soumet le bilan à l'approbation de l'assemblée.

Il est procédé, après épuisement de l'ordre du jour, au remplacement, au scrutin secret, des membres du conseil sortants.

Ne devront être traitées, lors de l'assemblée générale, que les questions soumises à l'ordre du jour (4).

Article 12. – Assemblée générale extraordinaire.

Si besoin est, ou sur la demande de la moitié plus un des membres inscrits, le président peut convoquer une assemblée générale extraordinaire, suivant les formalités prévues par l'article 11 (4).

Article 13. – Règlement intérieur.

Un règlement intérieur peut être établi par le conseil d'administration qui le fait alors approuver par l'assemblée générale.

Ce règlement éventuel est destiné à fixer les divers points non prévus par les statuts, notamment ceux qui ont trait à l'administration interne de l'association.

Article 14. – Dissolution.

En cas de dissolution prononcée par les deux tiers au moins des membres présents à l'assemblée générale, un ou plusieurs liquidateurs sont nommés par celle-ci et l'actif, s'il y a lieu, est dévolu conformément à l'article 9 de la loi du 1er juillet 1901 et au décret du 16 août 1901.

---

3. En principe, les statuts peuvent prévoir que certains membres de l'association, qui ne versent qu'une cotisation très faible, peuvent ne pas faire partie de l'assemblée générale.

4. Il est prudent de fixer des conditions de quorum et de majorité pour la validité des délibérations de l'assemblée générale ordinaire ou extraordinaire et de préciser le nombre de pouvoirs pouvant être détenus par une seule personne.

Formule 2. – Statuts d'association « fermée ».

La liberté qui caractérise le régime juridique des associations permet d'envisager la création de personnes morales plus ou moins ouvertes aux influences extérieures à la volonté des fondateurs.

Dans de nombreuses hypothèses, il est intéressant de disposer d'associations ne pouvant s'émanciper de la volonté de leurs créateurs.

C'est pourquoi nous proposons en variantes des statuts types d'association parus au JO (Formule 1, supra, p. 295) des articles de statuts d'association « fermée » ou « contrôlée ».

Article 4 (5).

L'association se compose de :

a) Membres d'honneur ....

b) Membres bienfaiteurs ....

c) Membres actifs ou adhérents ....

....

Article ... – Conseil d'administration (6).

L'association est dirigée par un conseil de .... membres, élus pour .... années par l'assemblée générale (7). Les membres sont rééligibles.

Le conseil d'administration choisit parmi ses membres, au scrutin secret, un bureau composé de :

1° Un président ;

2° Un ou plusieurs vice-présidents ;

3° Un secrétaire et, s'il y a lieu, un secrétaire adjoint ;

4° Un trésorier et, si besoin est, un trésorier adjoint.

Le conseil étant renouvelé tous les .... ans par moitié, la première année, les membres sortants sont désignés par le sort. En cas de vacance, le conseil pourvoit provisoirement au remplacement de ses membres. Il est procédé à leur remplacement définitif par la plus prochaine assemblée générale. Les pouvoirs des membres ainsi élus prennent fin à l'époque où devrait normalement expirer le mandat des membres remplacés.

---

5. Totalement fermée, l'association peut se composer des seuls membres fondateurs ; les articles 5, 6, 7 et, le cas échéant, 9, 10 sont en ce cas, caducs.

6. L'association et la direction d'une association peuvent être assurées directement par les fondateurs rendant ainsi inutile l'existence d'un conseil d'administration.
   Toutefois, même dans une association « fermée », le formalisme d'un conseil d'administration nous semble préférable quitte à modifier les règles d'élection de ses membres.

7. Pour accroître le contrôle de l'association, la désignation au conseil d'administration peut être faite par cooptation ou à l'initiative des fondateurs.

Article ... – Réunion du conseil d'administration.

Le conseil d'administration se réunit une fois au moins tous les six mois, sur convocation du président, ou sur la demande du quart de ses membres (8).

Les décisions sont prises à la majorité des voix ; en cas de partage, la voix du président est prépondérante.

Tout membre du conseil qui, sans excuse, n'aura pas assisté à trois réunions consécutives, pourra être considéré comme démissionnaire.

Nul ne peut faire partie du conseil s'il n'est pas majeur.

Article ... – Assemblée générale ordinaire (9).

L'assemblée générale ordinaire comprend tous les membres de l'association à quelque titre qu'ils y soient affiliés.

L'assemblée générale ordinaire se réunit chaque année au mois de .....

Quinze jours au moins avant la date fixée, les membres de l'association sont convoqués par les soins du secrétaire.

L'ordre du jour est indiqué sur les convocations.

Le président, assisté des membres du comité, préside l'assemblée et expose la situation morale de l'association. Le trésorier rend compte de sa gestion et soumet le bilan à l'approbation de l'assemblée.

Il est procédé, après épuisement de l'ordre du jour, au remplacement, au scrutin secret, des membres du conseil sortants.

Ne devront être traitées, lors de l'assemblée générale, que les questions soumises à l'ordre du jour.

Article ... – Assemblée générale extraordinaire.

Si besoin est, ou sur la demande de la moitié plus un des membres inscrits, le président peut convoquer une assemblée générale extraordinaire, suivant les formalités prévues par l'article 11.

Article ... – Règlement intérieur.

Un règlement intérieur peut être établi par le conseil d'administration.

Ce règlement éventuel est destiné à fixer les divers points non prévus par les statuts, notamment ceux qui ont trait à l'administration interne de l'association.

---

8. De façon comparable, cette règle de convocation par le quart des membres peut être abandonnée.
9. Toutes restrictions aux droits et modalités des assemblées générales peuvent être prévues, par exemple :
   — des votes à l'unanimité ou à des quorums prédéterminés ;
   — un droit d'accès contrôlé et limité aux assemblées générales ;
   — une compétence restreinte des assemblées, etc.

Article ... – **Dissolution.**

En cas de dissolution prononcée par les deux tiers au moins des membres (ou à l'unanimité), un ou plusieurs liquidateurs sont nommés par celle-ci et l'actif, s'il y a lieu, est dévolu conformément à l'article 9 de la loi du 1er juillet 1901 et au décret du 16 août 1901.

Formule 3. – Statuts d'association déclarée.

Cette formule de statuts d'association déclarée est inspirée des dispositions généralement insérées dans les statuts des sociétés anonymes.

Elle est extraite du Joly Sociétés, Formulaire.

Les soussignés :

....

....

Ont établi, ainsi qu'il suit, les statuts d'une association qu'ils se proposent de fonder.

I. Forme - Objet - Dénomination - Siège - Durée

Article premier. – **Forme.**

Il est formé, entre les soussignés et les personnes physiques ou morales qui adhéreront aux présents statuts et rempliront les conditions ci-après fixées, une association déclarée qui sera régie par la loi du 1er juillet 1901 et les présents statuts.

Article 2. – **Objet.**

L'association a pour objet.............. (*ajouter, le cas échéant*) : ses moyens d'action sont précisés par le règlement intérieur ci-après prévu.

Article 3. – **Dénomination.**

La dénomination de l'association est ....

Article 4. – **Siège.**

Le siège de l'association est fixé à ....

Il pourra être transféré en tout autre endroit de la même ville par simple décision du conseil d'administration et, dans une autre localité, par décision de l'assemblée générale extraordinaire des sociétaires.

Article 5. – Durée.

La durée de l'association est illimitée (*ou :* est fixée à .... années, sauf décision de prorogation par l'assemblée générale extraordinaire des sociétaires).

II. Membres de l'association

Article 6. – Membres.

L'association se compose de membres .... (*par exemple :* fondateurs, membres actifs, membres honoraires, *etc.*).

Pour être membre, à l'un de ces titres, il faut être présenté par .... *(un ou plusieurs)* membres de l'association et agréé par le conseil d'administration.

Le titre de membre bienfaiteur peut être décerné par le conseil d'administration à toute personne qui a rendu des services à l'association.

Article 7. – Cotisations.

1. La cotisation annuelle est de .... F pour les membres ...., de .... F pour les membres ...., *etc.* (*ou :* est fixée annuellement par le conseil d'administration).

Elle peut être rachetée en versant une somme minima égale à dix fois le montant de la cotisation annuelle du sociétaire qui procède au rachat, sans toutefois que le prix de rachat puisse excéder cent francs (10).

Les cotisations sont payables aux époques fixées par le conseil d'administration (*ou :* par le règlement intérieur).

Les membres bienfaiteurs ne sont pas tenus au versement d'une cotisation.

2. Indépendamment de sa première cotisation annuelle, tout nouveau sociétaire doit verser, à titre de droit d'entrée, une somme de .... F pour les membres ...., *etc.* (*ou :* fixée annuellement par le conseil d'administration).

Article 8. – Démission, exclusion et décès.

Les sociétaires peuvent démissionner en adressant leur démission au président du conseil d'administration, par lettre recommandée AR ; ils perdent alors leur qualité de membre de l'association à l'expiration de l'année civile en cours.

---

10. L. 1er juillet 1901, art. 6.

Ou : Le règlement intérieur fixe les modalités de la démission d'un membre.

Le conseil a la faculté de prononcer l'exclusion d'un sociétaire, soit pour défaut de paiement de sa cotisation six mois après son échéance, soit pour motifs graves. Il doit, au préalable, requérir l'intéressé de fournir, le cas échéant, toutes explications. Si le sociétaire exclu la demande, la décision d'exclusion est soumise à l'appréciation de la première assemblée générale ordinaire qui statue en dernier ressort.

Ou : Le conseil a la faculté de prononcer l'exclusion d'un membre pour les motifs et selon les modalités définis au règlement intérieur.

En cas de décès d'un sociétaire, ses héritiers et ayants droit n'acquièrent pas de plein droit la qualité de membre de l'association.

Le décès, la démission ou l'exclusion d'un sociétaire, ne met pas fin à l'association qui continue d'exister entre les autres sociétaires.

Les membres démissionnaires ou exclus et les héritiers et ayants droit des membres décédés sont tenus au paiement des cotisations arriérées et de la cotisation de l'année en cours lors de la démission, de l'exclusion ou du décès.

Article 9. – Responsabilité des sociétaires et administrateurs.

Le patrimoine de l'association répond seul des engagements contractés en son nom, sans qu'aucun des sociétaires ou des administrateurs puisse être personnellement responsable de ces engagements, sous réserve de l'application éventuelle des dispositions de la loi du 25 janvier 1985 relative au redressement et à la liquidation judiciaires des entreprises.

III. Administration

Article 10. – Conseil d'administration.

L'association est administrée par un conseil composé de .... (11) membres au moins et de .... membres au plus, pris parmi les membres .... (*par exemple :* fondateurs, actifs, honoraires) et nommés par l'assemblée générale ordinaire des sociétaires.

Toutefois, le premier conseil est composé de :

....

La durée des fonctions des administrateurs est de .... années, chaque année s'entendant de l'intervalle séparant deux assemblées générales ordinaires annuelles.

---

11.   Trois au moins si l'association veut émettre des obligations. L. n° 85-698, 11 juillet 1985, art. 3.

Toutefois, le premier conseil ne demeurera en fonctions que jusqu'à la réunion de l'assemblée ordinaire qui statuera sur les comptes de l'exercice ....

Cette assemblée procédera à la nomination ou à la réélection d'administrateurs.

Le conseil se renouvellera ensuite à raison de .... membres chaque année, suivant un ordre de sortie déterminé pour la première fois par un tirage au sort, et ensuite d'après l'ancienneté des nominations.

Tout administrateur sortant est rééligible.

Article 11. – Faculté pour le conseil de se compléter.

Si le conseil est composé de moins de .... membres, il pourra, s'il le juge utile, se compléter jusqu'à ce nombre en procédant à la nomination provisoire d'un ou de plusieurs nouveaux administrateurs.

De même, si un siège d'administrateur devient vacant dans l'intervalle de deux assemblées générales ordinaires annuelles, le conseil pourra pourvoir provisoirement au remplacement ; il sera tenu d'y procéder sans délai si le nombre des administrateurs se trouve réduit à deux.

Ces nominations seront soumises, lors de sa première réunion, à la ratification de l'assemblée générale ordinaire des sociétaires, qui déterminera la durée du mandat des nouveaux administrateurs ; toutefois, l'administrateur nommé en remplacement d'un autre ne demeurera en fonctions que pour le temps restant à courir du mandat de son prédécesseur.

A défaut de ratification, les délibérations et les actes accomplis par le conseil d'administration depuis la nomination provisoire n'en demeureront pas moins valables.

Article 12. – Bureau du conseil.

Le conseil nomme, chaque année, parmi ses membres, un président, un vice-président, un secrétaire et un trésorier, lesquels sont indéfiniment rééligibles.

Pour la période à courir jusqu'au 31 décembre ...., ces fonctions seront exercées, savoir :
– celles de président, par M. ....
– celles de vice-président, par M. ....
– celles de secrétaire, par M. ....
– celles de trésorier, par M. ....

Les fonctions de membre du conseil d'administration et de membre du bureau sont gratuites.

Article 13. – Réunions et délibérations du conseil.

1. Le conseil d'administration se réunit au moins tous les six mois sur la convocation de son président, ou de la moitié (*ou :* du quart) de ses membres, et aussi souvent que l'intérêt de l'association l'exige, soit au siège, soit en tout autre endroit du consentement de la moitié au moins des administrateurs en exercice.

L'ordre du jour est dressé par le président ou les administrateurs qui effectuent la convocation ; il peut n'être fixé qu'au moment de la réunion.

> *Ou* : La périodicité et les modalités de réunion du conseil d'administration sont fixées par le règlement intérieur.

2.   Nul ne peut voter par procuration au sein du conseil ; les administrateurs absents peuvent seulement donner leur avis par écrit sur les questions portées à l'ordre du jour.

La présence de la moitié au moins des membres du conseil est nécessaire pour la validité des délibérations.

Les délibérations sont prises à la majorité des voix des membres présents, chaque administrateur disposant d'une voix. En cas de partage des voix, celle du président est prépondérante.

3.   Les délibérations du conseil sont constatées par des procès-verbaux établis sur un registre spécial et signés du président et du secrétaire qui en délivrent, ensemble ou séparément, tout extrait ou copie.

> *Ou* : Les modalités de la constatation des délibérations du conseil sont fixées par le règlement intérieur.

Article 14. – Pouvoirs du conseil.

Le conseil d'administration est investi des pouvoirs les plus étendus pour agir au nom de l'association et faire ou autoriser tous actes et opérations permis à l'association et qui ne sont pas réservés à l'assemblée générale des sociétaires.

Il peut notamment nommer et révoquer tous employés, fixer leur rémunération, prendre à bail les locaux nécessaires aux besoins de l'association, faire effectuer toutes réparations, acheter et vendre tous titres ou valeurs et tous biens meubles et objets mobiliers, faire emploi des fonds de l'association, représenter l'association en justice tant en demande qu'en défense.

> *Ajouter, le cas échéant :* Il établit et modifie le règlement intérieur de l'association, sous réserve de l'approbation de celui-ci ou de ses modifications par la prochaine assemblée générale ordinaire.

> *Ou :* Le règlement intérieur approuvé par l'assemblée générale ordinaire fixe l'essentiel de ces pouvoirs.

Article 15. – Délégation de pouvoirs.

Les membres du bureau du conseil sont investis des attributions suivantes :

Le président est chargé d'exécuter les décisions du conseil et d'assurer le bon fonctionnement de l'association, qu'il représente en justice et dans tous les actes de la vie civile ;

Le vice-président seconde le président dans l'exercice de ses fonctions et le remplace en cas d'empêchement ;

Le secrétaire est chargé des convocations et de la rédaction des procès-verbaux, de la correspondance et de la tenue du registre prescrit par l'article 5 de la loi du 1er juillet 1901 ;

Le trésorier tient les comptes de l'association et, sous la surveillance du président, il effectue tous paiements et reçoit toutes sommes ; il procède, avec l'autorisation du conseil, au retrait, au transfert et à l'aliénation de tous biens et valeurs.

IV. Assemblées générales

Article 16. – Composition et époque de réunion.

Les sociétaires se réunissent en assemblées générales, lesquelles sont qualifiées d'extraordinaires lorsque leurs décisions se rapportent à une modification des statuts, et d'ordinaires dans les autres cas.

L'assemblée générale se compose des membres .... *(fondateurs, actifs, etc.* [12]) de l'association.

Nul d'entre eux ne peut s'y faire représenter par une personne non membre de l'association, à l'exception de son conjoint.

L'assemblée générale ordinaire est réunie chaque année dans les six mois de la clôture de l'exercice (13), sur la convocation du conseil d'administration, aux jour, heure et lieu indiqués dans l'avis de convocation.

En outre, l'assemblée générale ordinaire est convoquée extraordinairement, par le conseil d'administration, lorsqu'il le juge utile, ou à la demande du .... (le quart, *par exemple*) au moins des membres de l'association, quelle que soit la catégorie à laquelle ils appartiennent.

L'assemblée générale extraordinaire est convoquée par le conseil d'administration lorsqu'il en reconnaît l'utilité.

> *Le cas échéant, ajouter :* Les membres bienfaiteurs peuvent participer auxdites assemblées, mais sans avoir voix délibérative.

Article 17. – Convocation et ordre du jour.

Les convocations sont faites au moins quinze jours à l'avance par lettre individuelle, indiquant sommairement l'objet de la réunion.

L'ordre du jour est dressé par le conseil : il n'y est porté que les propositions émanant de lui et celles qui lui ont été communiquées, un mois au moins

---

12. Les statuts pourraient prévoir que certains membres de l'association qui ne versent qu'une cotisation très faible ne peuvent assister à l'assemblée générale et prendre part au vote des résolutions.
13. L. n° 85-698, 11 juillet 1985, art. 8.

avant la réunion, avec la signature du .... (le quart, *par exemple*) au moins des membres de l'association, quelle que soit la catégorie à laquelle ils appartiennent.

Les assemblées se réunissent au siège ou en tout autre endroit de la ville où se trouve le siège.

> *Ou :* Les modalités de convocation des assemblées sont fixées par le règlement intérieur.

Article 18. – Bureau de l'assemblée.

L'assemblée est présidée par le président du conseil d'administration ou, à défaut, par le vice-président, ou encore par un administrateur délégué à cet effet par le conseil.

Les fonctions de secrétaire sont remplies par le secrétaire du conseil d'administration ou, en son absence, par un membre de l'assemblée désigné par celle-ci.

Il est dressé une feuille de présence signée par les membres de l'association en entrant en séance et certifiée par les président et secrétaire de séance.

Article 19. – Nombre de voix.

Chaque membre de l'association a droit à une voix et à autant de voix supplémentaires qu'il représente de sociétaires.

> *Préciser, le cas échéant :* sans toutefois qu'un membre puisse représenter plus du .... (*par exemple :* le quart) des autres membres pouvant participer au vote.

Article 20. – Assemblée générale ordinaire.

1. L'assemblée générale ordinaire entend le rapport du conseil d'administration sur sa gestion et sur la situation morale et financière de l'association ; elle approuve ou redresse les comptes de l'exercice clos, vote le budget de l'exercice suivant, ratifie la nomination des administrateurs nommés provisoirement, pourvoit au remplacement des administrateurs, autorise toutes acquisitions d'immeubles nécessaires à la réalisation de l'objet de l'association, tous échanges et ventes de ces immeubles, ainsi que toutes constitutions d'hypothèques et tous emprunts et, d'une manière générale, délibère sur toutes questions d'intérêt général et sur toutes celles qui lui sont soumises par le conseil d'administration, à l'exception de celles comportant une modification des statuts, ou émission d'obligations.

2. Pour délibérer valablement, l'assemblée générale ordinaire doit être composée du .... (*par exemple :* le quart) au moins des sociétaires.

Si cette condition n'est pas remplie, l'assemblée est convoquée, à nouveau, dans les formes et délais prévus sous l'article 17 ci-dessus et, lors de la seconde réunion, elle délibère valablement quel que soit le nombre des sociétaires présents ou représentés, mais seulement sur les questions à l'ordre du jour de la précédente assemblée.

Les délibérations sont prises à la majorité des voix des membres présents ou représentés.

Article 21. – Assemblée générale extraordinaire.

1. L'assemblée générale extraordinaire peut modifier les statuts dans toutes leurs dispositions ; elle peut, notamment, décider la dissolution anticipée de l'association ou son union avec d'autres associations. Elle peut décider d'émettre des obligations.

2. Pour délibérer valablement, l'assemblée générale extraordinaire doit être composée de .... (*par exemple :* la moitié) au moins des sociétaires.

Si cette condition n'est pas remplie, l'assemblée est convoquée à nouveau à quinze jours d'intervalle, dans la forme prescrite par l'article 17 ci-dessus et, lors de cette seconde réunion, elle délibère valablement quel que soit le nombre des sociétaires présents ou représentés, mais seulement sur les questions à l'ordre du jour de la première réunion.

Les délibérations de l'assemblée générale extraordinaire sont prises à la majorité des deux tiers des voix des membres présents ou représentés.

Article 22. – Procès-verbaux.

Les délibérations de l'assemblée générale des sociétaires sont constatées par des procès-verbaux établis sur un registre spécial qui pourra être le même que celui contenant les procès-verbaux du conseil, et signés par le président et le secrétaire de séance.

Les copies ou extraits de ces procès-verbaux, à produire en justice ou ailleurs, sont signés par le président du conseil d'administration ou par deux administrateurs.

V. Ressources de l'association - Contrôle des comptes

Article 23. – Ressources.

Les ressources annuelles de l'association se composent :

Des droits d'entrée et des cotisations versées par ses membres ;

Des revenus des biens ou valeurs qu'elle possède ;

Les autres ressources de l'association peuvent se composer des subventions qui lui seraient accordées ;

    S'il y a lieu, ajouter : et des rémunérations versées par certains usagers de ses services ;

Et éventuellement du produit de l'émission d'obligations.

Article 24. – Fonds de réserve.

Il pourra, sur simple décision du conseil d'administration, être constitué un fonds de réserve qui comprendra l'excédent des recettes annuelles sur les dépenses annuelles.

Ce fonds de réserve sera employé alors en priorité au paiement du prix d'acquisition des immeubles nécessaires à la réalisation de l'objet de l'association, à leur installation et aménagement, ainsi qu'au paiement des travaux de réfection ou de grosses réparations.

Il pourra également être placé en valeurs mobilières, au nom de l'association, sur décision du conseil d'administration.

Ou : L'emploi de ce fonds de réserve est précisé au règlement intérieur.

Article 25. – Contrôle des comptes (14).

Le contrôle des comptes est assuré par un ou plusieurs commissaires aux comptes titulaires et suppléants.

VI. Dissolution - Liquidation

Article 26. – Dissolution - Liquidation.

En cas de dissolution volontaire, statutaire ou forcée de l'association, l'assemblée générale extraordinaire désigne un ou plusieurs liquidateurs qui jouiront des pouvoirs les plus étendus pour réaliser l'actif et acquitter le passif, après reprise éventuelle des apports existants par les apporteurs ou leurs héritiers ou ayants droit connus.

Si l'association a émis des obligations, elle est dissoute dans les conditions prévues aux articles 390 et suivants de la loi du 24 juillet 1966 sur les sociétés commerciales, sous réserve des dispositions particulières de la loi du 1er juillet 1901 (15).

Le produit net de la liquidation sera dévolu à une association ayant un objet similaire ou à tout établissement public ou privé reconnu d'utilité publique et qui sera désigné par l'assemblée générale extraordinaire des sociétaires.

Article 27. – Diminution des fonds propres *(le cas échéant)* [16].

Lorsque, du fait des résultats déficitaires cumulés constatés dans les documents comptables, les fonds propres ont diminué de plus de la moitié par rapport au montant atteint à la fin de l'exercice précédant celui de l'émission d'obligations, l'assemblée générale extraordinaire doit être réunie dans les quatre mois qui suivent l'approbation des comptes ayant fait apparaître ces résultats déficitaires, à l'effet de décider s'il y a lieu de continuer l'activité de l'association ou de procéder à sa dissolution.

---

14. Si l'association a émis des obligations : L. n° 85-698, 11 juillet 1985, art. 8.
15. L. n° 85-698, 11 juillet 1985, art. 11.
16. Si l'association a émis des obligations : L. n° 85-698, 11 juillet 1985, art. 8.

Si la dissolution n'est pas décidée, l'association est tenue, au plus tard à la clôture du deuxième exercice suivant celui au cours duquel la constatation des résultats déficitaires cumulés est intervenue, de reconstituer ses fonds propres.

Dans les deux cas, la résolution adoptée par l'assemblée générale est publiée au registre du commerce et des sociétés.

A défaut de réunion de l'assemblée générale, comme dans le cas où celle-ci n'a pu délibérer valablement, l'association perd le droit d'émettre de nouveaux titres et tout porteur de titres déjà émis peut demander en justice le remboursement immédiat de la totalité de l'émission. Ces dispositions s'appliquent également dans le cas où l'association qui n'a pas décidé la dissolution ne satisfait pas à l'obligation de reconstituer ses fonds propres dans les délais prescrits par le deuxième alinéa du présent article.

Le tribunal peut accorder à l'association un délai de six mois pour régulariser la situation ; il ne peut prononcer le remboursement immédiat si, au jour où il statue sur le fond, cette régularisation a eu lieu.

Article 28. – **Règlement intérieur** *(le cas échéant)*.

Le règlement auquel il est référé sous divers articles des présents statuts, et dont il formera l'indispensable complément, aura même force que ceux-ci, et devra être exécuté comme tel par chaque membre de l'association aussitôt après son approbation par l'assemblée générale ordinaire prévue à cet effet, sous l'article 14 des présents statuts. En attendant cette approbation, il sera néanmoins applicable à titre provisoire.

VII. Formalités

Article 29. – **Déclaration et publication.**

Le conseil d'administration remplira les formalités de déclaration et de publication prescrites par la loi.

Tous pouvoirs sont conférés à cet effet au porteur d'un original des présentes.

Fait à ...., le ....
En ...... originaux (17).

---

17. Il est de bonne pratique que les membres du bureau nommés par les statuts fassent précéder leur signature de la mention manuscrite « bon pour acceptation de fonctions de ... ».

Formule 4. – Règlement intérieur.

Les soussignés :

M. ...., demeurant à .... ;

M. ...., *etc.,*

Composant ensemble le conseil d'administration de l'association dénommée ...., ayant son siège à ....

Ont établi ainsi qu'il suit le règlement intérieur de ladite association, prévu par l'article .... des statuts.

Article premier. – Moyens d'action de l'association.

Les moyens d'action de l'association sont, principalement, en France et à l'étranger .... (*par exemple :* la réalisation de conférences, manifestations, publications, *etc.*).

Article 2. – Exigibilité des cotisations.

Les cotisations sont exigibles le .... de l'année qu'elles concernent et, pour les nouveaux membres, le jour de leur agrément, au prorata du temps restant à courir.

Toute cotisation payée reste définitivement acquise à l'association et tout membre qui cesse de faire partie de celle-ci ne peut réclamer aucune part des biens sociaux.

Article 3. – Démission, exclusion et décès d'un membre.

1. La démission d'un membre doit être adressée au président du conseil d'administration par lettre recommandée AR. Tout membre démissionnaire perd sa qualité de membre de l'association à l'expiration de l'année civile en cours.

2. L'exclusion d'un membre peut être prononcée soit pour défaut de paiement de sa cotisation six mois après son échéance, soit pour motifs graves. L'intéressé doit être au préalable requis de fournir, le cas échéant, toutes explications et, s'il le demande, la décision d'exclusion est soumise à l'appréciation de la plus prochaine assemblée générale ordinaire qui statue en dernier ressort.

3. Les héritiers ou ayants droit d'un membre personne physique ou les attributaires de l'actif de toute personne morale membre de l'association, ne peuvent prétendre à un maintien quelconque dans l'association.

Article 4. – Conseil d'administration.

1. Le conseil d'administration se réunit au moins tous les six mois et aussi souvent que l'intérêt de l'association l'exige ; dans tous les cas, la convocation émane soit du président, soit *(par exemple)* de la moitié des membres du conseil. Le ou les auteurs de la convocation en fixent le lieu.

2. Les délibérations du conseil sont constatées par des procès-verbaux établis sur un registre spécial et signés du président et du secrétaire qui en délivrent, ensemble ou séparément, tout extrait ou copie.

3. Le conseil peut notamment nommer et révoquer tous employés, fixer leur rémunération, prendre à bail les locaux nécessaires aux besoins de l'association, faire effectuer toutes réparations, acheter ou vendre tous titres ou valeurs et tous biens meubles et objets mobiliers, faire emploi des fonds de l'association et représenter l'association tant en demande qu'en défense.

Article 5. – Assemblées générales.

Les convocations sont faites au moins .... jours à l'avance par lettre individuelle indiquant l'ordre du jour de la réunion.

Celui-ci est dressé par le conseil. Il n'y est porté que les propositions émanant de lui et celles qui lui ont été communiquées un mois au moins avant la réunion, avec la signature d'au moins .... *(par exemple : le quart)* des membres de l'association, quelle que soit la catégorie à laquelle ils appartiennent.

La réunion se tient au lieu précisé par le conseil dans l'avis de convocation.

Article 6. – Emploi du fonds de réserve.

S'il est constitué un fonds de réserve, celui-ci sera employé en priorité au paiement du prix d'acquisition des immeubles nécessaires à la réalisation de l'objet de l'association, à leur installation et aménagement, ainsi qu'au paiement des travaux de réfection ou de grosses réparations.

Il pourra également être placé en valeurs mobilières au nom de l'association, sur décision du conseil d'administration.

Fait à ...., le ....

Formule 5. – Apport d'un immeuble avec stipulation de reprise (acte distinct des statuts).

La forme notariée est nécessaire pour les formalités de publicité foncière.

Un notaire procédera non seulement à cette formalité, mais également à la purge des différents droits de préemption susceptibles de frapper l'opération comme en matière d'apport en société.

La forme notariée présente en outre deux avantages :

— d'une part, conférer à l'acte plus de sécurité quant à une requalification éventuelle en libéralité (ce qui implique que le notaire respecte le formalisme des donations) ;

— d'autre part, traverser le temps pour l'exercice de la clause de reprise.

Par devant M^e ...., notaire à ....,

Ont comparu :

1° M. ....

D'une part, ci-après dénommé l'« apporteur »,

2° et M. ....

Agissant pour le compte de l'association ....,

Association dont les statuts ont été signés le ...., mais dont la déclaration à la préfecture de .... n'a pas été accomplie à ce jour,

D'autre part, ci-après dénommée l'« association ».

Apport

M. .... apporte à l'association ....

un immeuble ....

(Suivent les énonciations d'usage sur l'immeuble apporté, les servitudes d'urbanisme et son origine de propriété.)

Propriété - Jouissance
Conditions suspensives

L'association ne deviendra propriétaire et n'aura la jouissance définitive du bien apporté, par la prise de possession réelle, qu'après l'accomplissement de toutes les formalités de constitution et notamment la publication au *JO* de la déclaration.

Faute d'obtenir cette publication au plus tard le ...., le présent acte sera considéré comme n'ayant jamais existé.

(Reprendre les charges et conditions habituelles aux apports en sociétés d'immeubles.)

Charges et conditions particulières

1. L'apport est fait par l'apporteur en raison de l'intérêt qu'il porte, en qualité de membre de l'association, à la réalisation du but de cette dernière.

2. L'immeuble apporté sera utilisé par l'association pour l'accomplissement de ce but.

3. La vente de cet immeuble par l'association devra être décidée préalablement par le conseil d'administration (*ou :* par l'assemblée générale ; *ou :* par l'assemblée générale aux conditions prévues pour la modification des statuts). A peine de nullité, la décision devra également statuer sur l'affectation du prix de vente et sur son remploi éventuel.

4. Toute modification ultérieure de l'affectation et toute aliénation du bien acquis en remploi devront résulter d'une décision prise par le même organe et dans les mêmes conditions.

5. En cas de dissolution de l'association, et après paiement du passif, l'apporteur pourra reprendre le bien apporté dans l'état où il se trouvera à cette date. Un acte sera dressé pour constater cette dévolution, lors de la liquidation de l'association. A défaut, l'apporteur pourra obtenir judiciairement cette dévolution.

6. En cas de décès de l'apporteur avant la dissolution de l'association, ses héritiers, qu'ils soient ou non membres de l'association, pourront obtenir la dévolution du bien apporté, ou de celui qui le remplacera au moment de la dissolution.

Publicité foncière

....

Déclarations

....

Dont acte en .... pages.

Formule 6. – Apport de numéraire avec obligation d'emploi et stipulation de reprise *(articles à ajouter aux statuts).*

L'hypothèse envisagée ici concerne l'apport de numéraire destiné à l'acquisition d'un immeuble. En pratique, l'apporteur aura intérêt à intervenir à l'acte d'acquisition afin de s'assurer que la clause de remploi ultérieur sera bien intégrée dans l'acte.

Article .... – Apports en numéraire.

Il a été fait apport à l'association par M. ...., membre, de la somme en numéraire de .... F, en raison de l'intérêt qu'il porte au but fixé ci-dessus par l'association, laquelle somme a été versée aujourd'hui même à un compte ouvert au nom de l'association en formation à la banque ...., compte n° ....

Article .... – Emploi.

Cette somme est destinée à l'acquisition par l'association d'un immeuble situé à ...., qui sera utilisé pour l'accomplissement du but ci-dessus fixé.

La vente de cet immeuble par l'association devra être décidée préalablement par le conseil d'administration (*ou :* par l'assemblée générale ; *ou :* par l'assemblée générale aux conditions prévues pour la modification des statuts).

A peine de nullité, la décision devra également statuer sur l'affectation du prix de vente et sur son remploi éventuel.

Toute modification ultérieure de l'affectation et toute aliénation du bien acquis en remploi devront résulter d'une décision prise par le même organe et dans les mêmes conditions.

En cas de dissolution de l'association, et après paiement du passif, l'apporteur pourra reprendre le bien apporté dans l'état où il se trouvera à cette date. Un acte sera dressé pour constater cette dévolution, lors de la liquidation de l'association. A défaut, l'apporteur pourra obtenir judiciairement cette dévolution.

En cas de décès de l'apporteur avant la dissolution de l'association, ses héritiers, qu'ils soient ou non membres de l'association, pourront obtenir la dévolution du bien apporté, ou de celui qui la remplacera au moment de la dissolution.

Formule 7. − Bulletin d'adhésion.

Association ....

Siège à ....

Je soussigné .... *(nom, prénom, domicile)* déclare, après avoir pris connaissance des statuts et du règlement intérieur de l'association .... dont il m'a été remis un exemplaire, solliciter mon admission comme membre de ladite asociation.

Je m'engage à respecter ses statuts et règlement intérieur, et notamment à payer les cotisations prévues.

Ci-joint un chèque de .... F, représentant la cotisation pour l'année ....

Fait à ...., le ....
Signature.

Formule 8. − Déclaration (initiale) d'association (18).

Monsieur le Préfet (*ou :* Sous-Préfet),

Nous avons l'honneur, conformément aux dispositions de l'article 5 de la loi du 1er juillet 1901 et de l'article premier de son décret d'application du 16 août 1901, de procéder à la déclaration de l'association dite (19) « .... », dont le siège est à (20) ....

Cette association a pour objet (21) :

....

....

Les personnes chargées de son administration ou de sa direction sont :

M. X ...., prénoms ...., de nationalité ...., domicilié à ....,

exerçant la profession de ...., président ;

M. Y ...., prénoms ...., de nationalité ...., domicilié à ....,

exerçant la profession de ...., trésorier ;

---

18. Modèle repris, *in extenso*, de la brochure *JO* n° 1068. A établir sur papier libre.
19. Reproduire le titre exact de l'association tel qu'il figure dans les statuts.
20. Préciser l'adresse complète du siège social.
21. Reproduire l'article des statuts relatif à l'objet ou au but de l'association.

M. Z ...., prénoms ...., de nationalité ...., domicilié à ....,
exerçant la profession de ...., secrétaire.

Ci-joint deux exemplaires, dûment approuvés par nos soins, des statuts de
l'association.

Nous vous demandons de bien vouloir nous délivrer récépissé de la présente
déclaration.

Veuillez agréer, Monsieur le Préfet (*ou :* Sous-Préfet) [22], l'assurance de
notre considération distinguée.

                                        Fait à ...., le ....
                                        X....., Y....., Z..... (23)

Formule 9. – Déclaration des modifications de statuts d'association déclarée (24).

Monsieur le Préfet (*ou :* Sous-Préfet),

Nous avons l'honneur, conformément aux dispositions de l'article 5 de la loi
du 1er juillet 1901, de déclarer les modifications apportées par l'assemblée
générale du .... aux statuts annexés à la déclaration de notre association en date du ....

Ci-joint deux exemplaires, dûment approuvés par nos soins, du texte de ces
modifications (*ou :* des nouveaux statuts).

Nous vous demandons de bien vouloir nous délivrer récépissé de la présente
déclaration.

Veuillez agréer, ...

                                        Fait à ...., le ....

        Le président (25).   *Le secrétaire* (25).
                                        Ou : *Un administrateur.*

---

22. Lorsque l'association a son siège dans l'arrondissement du chef-lieu du département, la
     déclaration est à adresser à la préfecture ; lorsque l'association a son siège à Paris, la décla-
     ration est à adresser à la préfecture de police ; dans tous les autres cas, la déclaration
     doit être effectuée à la sous-préfecture de l'arrondissement du siège social.
23. La déclaration et les statuts y annexés doivent être signés par deux, au moins, des person-
     nes mentionnées sur la liste des dirigeants ou administrateurs de l'association. Mais les
     autorités chargées de recevoir les déclarations peuvent toujours exiger les signatures des
     autres personnes inscrites sur cette liste.
24. Modèle repris, *in extenso,* de la brochure *JO* n° 1068.
25. Normalement, la déclaration de modification des statuts doit être signée par le président
     et contresignée par un administrateur membre du bureau (en général le secrétaire).

Formule 10. – Déclaration de changement de personnes chargées de l'administration ou de la direction d'association (26).

Monsieur le Préfet (*ou :* Sous-Préfet),

Nous avons l'honneur de vous faire connaître, conformément aux dispositions de l'article 5 de la loi du 1er juillet 1901 et de l'article 3 de son décret d'application du 16 août 1901, que lors de la séance de son conseil d'administration (*ou :* de son assemblée générale) en date du ...., l'association dite « .... », dont le siège est à ...., et qui a été déclarée le .... , a procédé au renouvellement du bureau, composé désormais comme suit :

M. X ...., prénoms ...., de nationalité ...., domicilié à ...., exerçant la profession de ...., président sortant, réélu (27) ;

M. Y ...., prénoms ...., de nationalité ...., domicilié à ...., exerçant la profession de ...., secrétaire entrant (27) ;

M. Z ...., prénoms ...., de nationalité ...., domicilié à ...., exerçant la profession de ...., trésorier sortant, réélu.

Nous vous demandons de bien vouloir nous délivrer récépissé de la présente déclaration.

Veuillez agréer, ...

Fait à ...., le ....

Le président. *Le secrétaire sortant.* *Le secrétaire entrant.*

Formule 11. – Déclaration de l'acquisition d'un bien immobilier (26).

Monsieur le Préfet (*ou :* Sous-Préfet),

Nous avons l'honneur, conformément aux dispositions de l'article 3-4° du décret du 16 août 1901, de vous faire connaître que l'association dite « .... », dont le siège est à ...., et qui a été déclaré le ....

---

26. Modèle repris, *in extenso,* de la brochure *JO* n° 1068.
27. Selon le cas.

a procédé suivant acte authentique en date du ...., établi par
M^e ...., notaire à ...., à l'acquisition d'un immeuble sis
à ...., rue ...., n° ...., moyennant le prix principal
de .... F.

Ci-joint un état descriptif (*ou :* la désignation) dudit immeuble, qui sera utilisé conformément au but statutaire de notre association.

Nous vous demandons de bien vouloir nous adresser récépissé de la présente déclaration.

Veuillez agréer, Monsieur le Préfet (*ou :* Sous-Préfet), l'assurance de notre
considération distinguée.

                                                Fait à ...., le ....

        Le président.   *Le trésorier.*
                                                Ou : *Le secrétaire.*

Formule 12. – Déclaration de l'aliénation d'un bien immobilier (28).

Monsieur le Préfet (*ou :* Sous-Préfet),

Nous avons l'honneur, conformément aux dispositions de l'article 3-4° du
décret du 16 août 1901, de vous faire connaître que l'association dite
« .... », dont le siège est à ...., et qui a été déclarée le ....
a procédé suivant acte authentique en date du ...., établi par
M^e ...., notaire à ...., à l'aliénation d'un immeuble sis
à ...., rue ...., n° ...., moyennant le prix principal
de .... F.

Nous vous demandons de bien vouloir nous adresser récépissé de la présente déclaration.

Veuillez agréer, Monsieur le Préfet (*ou :* Sous-Préfet), l'assurance de notre
considération distinguée.

                                                Fait à ...., le ....

        Le président.   *Le trésorier.*
                                                Ou : *Le secrétaire.*

---

28. Modèle repris, *in extenso,* de la brochure *JO* n° 1068.

Formule 13. – Lettre de convocation à l'assemblée annuelle.

Formule extraite du Joly Sociétés, Formulaire

J'ai l'honneur de vous convoquer, en qualité de sociétaire, à l'assemblée générale ordinaire de l'association ...., qui se tiendra le ...., à .... heures, au siège .... *(adresse)* [*ou :* à ...., rue ...., n° ....].

Les questions suivantes seront à l'ordre du jour :

1. Approbation des comptes ;

2. ....

3. ....

Vous trouverez ci-joint, conformément aux dispositions de l'article .... des statuts :

– rapport du conseil sur sa gestion et sur la situation morale et financière de l'association (*éventuellement :* le rapport du commissaire aux comptes) [29] ;

– comptes de l'exercice clos ;

– résolutions proposées.

En outre, pendant le délai de quinze jours qui précède l'assemblée, tous documents nécessaires à votre information seront tenus au siège à votre disposition pour en prendre connaissance.

Je vous rappelle qu'au cas où vous ne pourriez assister vous-même à la réunion, vous pouvez vous y faire représenter par un autre sociétaire ou par votre conjoint qui devra être muni d'un pouvoir régulier, et ce conformément aux dispositions de l'article .... des statuts.

Je vous signale enfin que, par application de l'article .... des statuts, les résolutions proposées, ayant le caractère de décisions ordinaires, seront valablement prises par un ou plusieurs associés représentant ....

Fait à ...., le ....

Le président du conseil d'administration.

---

29. Si l'association fait appel public à l'épargne, les dispositions de l'article 28 de la loi n° 84-148 du 1er mars 1984 lui sont applicables (L. n° 85-698, 11 juillet 1985, art. 8).

Formule 14. – Convention de subvention entre un ministère et une association (30).

Convention au titre de l'année ...
Préambule

Le ministère de (31) ...., compte tenu des orientations de la politique gouvernementale, entend instaurer de nouvelles relations avec les associations qui œuvrent dans son secteur d'activité. Pour ce faire, il propose de passer avec elles des conventions relatives :

– à des projets correspondant à des thèmes jugés prioritaires .... ;

– ou à des projets qui leur sont spécifiques, mais conformes à l'intérêt général.

L'association désignée ci-après, pour sa part, envisage de réaliser en 19.. des projets qui s'inscrivent dans le champ d'intervention du ministère ; elle sollicite en conséquence l'aide de ce dernier.

Entre :

– le ministère de .... représenté par .... ;

– et l'association dénommée .... représentée par son président.......

Il est convenu ce qui suit :

Article premier. – Le ministère s'engage à soutenir financièrement *(selon le cas)* [32] l'objectif général de .... *ou* : les actions suivantes dont l'association s'assigne la réalisation : .... (cf. détail en annexe).

Article 2. – Pour 19.., l'aide du ministère à la réalisation de l'objectif ou des actions retenues s'élève au total à .... F. Elle sera créditée au compte de l'association, après signature de la présente convention, selon les procédures comptables en vigueur, en quatre versements trimestriels à terme échu (*ou* : en un seul versement, *ou* : par une avance sur production d'un état prévisionnel d'emploi et règlement d'acomptes sur justification de l'emploi de l'avance ou de l'acompte précédent).

Article 3. – Le budget nécessaire à la réalisation de l'objectif ou des actions retenues s'élève à .... F. Il comporte un effectif de .... agents. Il est financé par une subvention de l'Etat de .... F, une subvention de la ville de .... F, et des recettes propres attendues de .... F.

---

30. Issu de l'annexe à la circulaire 1-B-n° 142 du 1er février 1988.
31. Ce modèle type élaboré par et pour les services de l'administration centrale et leurs services déconcentrés convient également aux subventions des collectivités locales. Encore ces dernières ont-elles souvent créé leur propre formulaire.
32. La subvention peut en effet prendre la forme de prestations : mise à disposition de locaux, de personnels, de moyens techniques...

Article 4. – En outre, l'association bénéficie de la mise à disposition des locaux situés rue ....

Article 5. – L'association s'engage :

– à mettre en œuvre tous les moyens nécessaires à la réalisation de l'objectif, ou à réaliser l'ensemble des actions prévues, selon le cas ;

– à fournir un compte rendu d'exécution, selon le cas, dans les deux mois suivant l'exercice concerné, ou suivant la réalisation de chaque action ;

– à fournir le compte de résultat annuel avant le 1er mai de l'année suivante, et le cas échéant un compte de résultat propre à chaque action ;

– à faciliter le contrôle, par le ministère (administration centrale, services extérieurs), de la réalisation des actions, notamment l'accès aux documents administratifs et comptables.

Article 6. – L'association s'engage à adopter un cadre budgétaire et comptable conforme au plan comptable général révisé.

Article 7. – L'association s'engage à désigner en qualité de commissaire aux comptes un expert-comptable ou un comptable agréé dont elle fera connaître le nom au ministère dans un délai de trois mois après signature de la présente convention.

Article 8. – En cas de non-respect par l'une ou l'autre des parties, des engagements réciproques inscrits dans la présente convention, celle-ci pourra être résiliée de plein droit par l'une ou l'autre partie à l'expiration d'un délai de quinze jours suivant l'envoi d'une lettre recommandée avec accusé de réception valant mise en demeure.

Pour le ministre de .... :

                                        Pour l'association ....

Le contrôleur financier.

II. – ASSOCIATIONS SOLLICITANT LA RECONNAISSANCE D'UTILITÉ PUBLIQUE

Formule 15. – Résolution autorisant la demande en reconnaissance d'utilité publique.

Formule extraite du Joly sociétés, Formulaire.

... IÈME RÉSOLUTION

L'assemblée générale extraordinaire des sociétaires, après avoir entendu la lecture du rapport du conseil d'administration, autorise ledit conseil à solliciter la reconnaissance d'utilité publique par application de la loi du 1er juillet 1901.

Elle confère, à cet effet, tous pouvoirs à M. ...., président du conseil d'administration, et à M. ...., membre et secrétaire dudit conseil, lesquels sont notamment investis du droit de consentir les modifications aux statuts qui pourraient être demandées par l'administration ou par le Conseil d'Etat, en vue de la reconnaissance d'utilité publique de l'association.

Si des modifications sont apportées, celles-ci seront constatées par un procès-verbal dressé par lesdits MM. .... et prendront effet du jour de ce procès-verbal.

Elles feront, d'autre part, l'objet d'une déclaration complémentaire à la préfecture (*ou :* à la sous-préfecture), qui sera effectuée par le président du conseil d'administration.

Cette résolution est adoptée ....

Formule 16. – Statuts d'association sollicitant la reconnaissance d'utilité publique.

Les statuts des associations qui sollicitent la reconnaissance d'utilité publique doivent être conformes aux statuts types élaborés par le Conseil d'Etat (supra, p. 68, n° 152).

Cette conformité est imposée non seulement en ce qui concerne le libellé du texte des statuts, mais également pour l'ordre des articles et leur numérotage.

Nous publions ci-après un modèle de statuts d'association sollicitant la reconnaissance d'utilité publique par l'administration, proposé dans la brochure JO n° 1068.

Si l'association doit émettre des obligations, on introduira dans le modèle proposé les clauses spécifiques figurant dans la formule 3 ci-dessus, aux articles 16, 20, 21, 23, 25, 26 et 27.

I. But et composition de l'association

Article premier.

L'association dite : ……….. fondée en ……….. a pour but de ………..

Sa durée est :
– fixée à (33) ……………………
– illimitée (33) ……………………

Elle a son siège social à (34) …………………

Article 2.

Les moyens d'action de l'association sont (35) …………………

Article 3.

L'association se compose de membres (36) …………………

Pour être membre, il faut être agréé par le conseil d'administration (37).

La cotisation annuelle est de …………… pour les membres ……………, de
…………… pour les membres (38) ……………, *etc.*

Elle peut être rachetée en versant une somme fixée forfaitairement à
………….. F.

Les cotisations annuelles peuvent être relevées par décision de l'assemblée
générale.

Le titre de membre (39) …………… peut être décerné par le conseil d'administration aux personnes qui rendent ou qui ont rendu des services signalés
à l'association. Ce titre confère aux personnes qui l'ont obtenu le droit de
faire partie de l'assemblée générale sans être tenues de payer une cotisation.

Article 4.

La qualité de membre de l'association se perd :
1° Par la démission ;

---

33. Supprimer l'une des deux mentions. En cas de durée limitée, indiquer le nombre d'années
     prévu pour cette durée ou l'événement dont la réalisation doit entraîner la dissolution
     de l'association.
34. Indiquer seulement le nom de la commune et du département, sans mentionner la rue,
     ni le numéro.
35. A titres d'exemples : publications, expositions, conférences et cours, bourses, concours,
     prix et récompenses, secours, gestion d'établissements, organisation de comités locaux.
36. A titre d'exemples : membres titulaires, bienfaiteurs, adhérents, correspondants, etc. Les
     statuts précisent les droits et les obligations de chaque catégorie de membres. Des per-
     sonnes morales légalement constituées, notamment des associations déclarées conformé-
     ment à l'article 5 de la loi du 1er juillet 1901, peuvent être admises comme membres de
     l'association.
37. L'association peut, en outre, prévoir la présentation par deux ou plusieurs membres.
38. Un taux spécial peut être prévu pour les personnes morales.
39. Honoraire ou d'honneur.

2° Par la radiation prononcée, pour non-paiement de la cotisation ou pour motifs graves, par le conseil d'administration, sauf recours à l'assemblée générale (40). Le membre intéressé est préalablement appelé à fournir ses explications.

II. Administration et fonctionnement

Article 5.

L'association est administrée par un conseil dont le nombre des membres, fixé par délibération de l'assemblée générale, est compris entre .... membres au moins et .... membres au plus (41). Les membres du conseil sont élus au scrutin secret, pour .... ans, par l'assemblée générale et choisis dans les catégories de membres dont se compose cette assemblée.

En cas de vacance, le conseil pourvoit provisoirement au remplacement de ses membres. Il est procédé à leur remplacement définitif par la plus prochaine assemblée générale (42). Les pouvoirs des membres ainsi élus prennent fin à l'époque où devrait normalement expirer le mandat des membres remplacés.

Le renouvellement du conseil a lieu (43) ....

Les membres sortants sont rééligibles (44).

Chaque administrateur peut détenir un pouvoir en sus du sien.

Le conseil choisit parmi ses membres, au scrutin secret, un bureau composé d'un président, d'un ou .... vice-présidents (45) d'un ou ....secrétaires, d'un trésorier et d'un trésorier adjoint.

Le bureau est élu pour .... ans (46).

Article 6.

Le conseil se réunit une fois au moins tous les six mois et chaque fois qu'il est convoqué par son président ou sur la demande du quart des membres de l'association.

---

40. Les statuts peuvent indiquer que la radiation est susceptible d'être prononcée également pour les mêmes motifs et dans les mêmes conditions par l'assemblée générale, sur le rapport du conseil d'administration.
41. Le chiffre de 24 paraît un maximum.
42. L'association peut également indiquer dans ses statuts que, lors de chaque renouvellement du conseil d'administration l'assemblée générale désigne un certain nombre d'administrateurs suppléants destinés à remplacer les membres qui viendraient à quitter l'association avant l'expiration de leur mandat.
43. Le renouvellement peut avoir lieu soit intégralement, soit par moitié, tiers, quart ou cinquième, suivant la durée du mandat.
44. Toutefois les statuts peuvent prévoir une limite au nombre de mandats consécutifs.
45. Trois au plus, sauf cas exceptionnel.
46. La durée du mandat ne saurait excéder la durée des fonctions du conseil.

La présence du tiers au moins des membres du conseil d'administration est nécessaire pour la validité des délibérations.

En cas de partage, la voix du président est prépondérante.

Il est tenu procès-verbal des séances.

Les procès-verbaux sont signés par le président et le secrétaire. Ils sont établis sans blancs, ni ratures, sur des feuillets numérotés et conservés au siège de l'association.

Article 7.

Les membres du conseil d'administration ne peuvent recevoir aucune rétribution à raison des fonctions qui leur sont confiées.

Des remboursements de frais sont seuls possibles. Il doivent faire l'objet d'une décision expresse du conseil d'administration, statuant hors de la présence des intéressés ; des justifications doivent être produites qui font l'objet de vérifications.

Les agents rétribués de l'association peuvent être appelés par le président à assister, avec voix consultative, aux séances de l'assemblée générale et du conseil d'administration.

Article 8.

L'assemblée générale de l'association comprend les membres (47) ....

Elle se réunit .... (48) et chaque fois qu'elle est convoquée par le conseil d'administration ou sur la demande du quart au moins de ses membres.

Son ordre du jour est réglé par le conseil d'administration.

Elle choisit son bureau qui peut être celui du conseil d'administration.

Elle entend les rapports sur la gestion du conseil d'administration, sur la situation financière et morale de l'association.

Elle approuve les comptes de l'exercice clos, vote le budget de l'exercice suivant, délibère sur les questions mises à l'ordre du jour et pourvoit, s'il y a lieu, au renouvellement des membres du conseil d'administration (49).

Il est tenu procès-verbal des séances.

---

47. Indiquer les catégories de membres dont se compose l'assemblée générale. Tous les membres cotisants doivent pouvoir y participer, d'une manière ou d'une autre, avec voix délibérative. Lorsqu'une association comprend des personnes morales régulièrement constituées, ses statuts doivent indiquer les conditions de leur représentation à l'assemblée générale. Le cas échéant, il faut prévoir le mode de représentation des comités locaux à l'assemblée générale.

48. L'assemblée doit se réunir au moins une fois par an.

49. Le vote par correspondance peut être prévu en ce qui concerne les élections.

Les procès-verbaux sont signés par le président et le secrétaire. Ils sont établis sans blancs, ni ratures, sur des feuillets numérotés et conservés au siège de l'association.

Chaque membre présent ne peut détenir plus de .... pouvoirs en sus du sien (50).

En cas de partage, la voix du président est prépondérante.

Le rapport annuel et les comptes sont adressés chaque année à tous les membres de l'association.

Sauf application des dispositions de l'article précédent, les agents rétribués de l'association n'ont pas accès à l'assemblée générale.

Article 9.

Le président représente l'association dans tous les actes de la vie civile. Il ordonnance les dépenses. Il peut donner délégation dans des conditions qui sont fixées par le règlement intérieur (51).

En cas de représentation en justice, le président ne peut être remplacé que par un mandataire agissant en vertu d'une procuration spéciale.

Les représentants de l'association doivent jouir du plein exercice de leurs droits civils.

Article 10.

Les délibérations du conseil d'administration relatives aux acquisitions, échanges et aliénations d'immeubles nécessaires au but poursuivi par l'association, constitutions d'hypothèques sur lesdits immeubles, baux excédant neuf années, aliénations de biens rentrant dans la dotation et emprunts doivent être approuvés par l'assembée générale.

Article 11.

Les délibérations du conseil d'administration relatives à l'acceptation des dons et legs ne sont valables qu'après approbation administrative donnée dans les conditions prévues par l'article 910 du Code civil, l'article 7 de la loi du 4 février 1901 et le décret n° 66-388 du 13 juin 1966 modifié.

Les délibérations de l'assemblée générale relatives aux aliénations de biens mobiliers et immobiliers dépendant de la dotation, à la constitution d'hypothèques et aux emprunts, ne sont valables qu'après approbation administrative.

---

50. Il est recommandé de prévoir entre 5 et 10 pouvoirs par membre présent.
51. Le règlement intérieur est facultatif.

Article 12 (52).

....

....

III. Dotation, ressources annuelles

Article 13.

La dotation comprend :
1° Une somme de (53) .... constituée en valeurs placées conformément aux prescriptions de l'article suivant ;
2° Les immeubles nécessaires au but recherché par l'association ainsi que des bois, forêts ou terrains à boiser ;
3° Les capitaux provenant des libéralités, à moins que l'emploi immédiat n'en ait été autorisé ;
4° Les sommes versées pour le rachat des cotisations ;
5° Le dixième au moins, annuellement capitalisé, du revenu net des biens de l'association ;
6° La partie des excédents de ressources qui n'est pas nécessaire au fonctionnement de l'association pour l'exercice suivant.

Article 14.

Tous les capitaux mobiliers, y compris ceux de la dotation, sont placés en titres nominatifs, en titres pour lesquels est établi le bordereau de références nominatives prévu à l'article 55 de la loi n° 87-416 du 17 juin 1987 sur l'épargne ou en valeurs admises par la Banque de France en garantie d'avance.

Article 15.

Les recettes annuelles de l'association se composent :
1° Du revenu de ses biens à l'exception de la fraction prévue au 5° de l'article 13 ;
2° Des cotisations et souscriptions de ses membres ;
3° Des subventions de l'Etat, des régions, des départements, des communes et des établissements publics ;
4° Du produit des libéralités dont l'emploi est autorisé au cours de l'exercice ;
5° Des ressources créées à titre exceptionnel et, s'il y a lieu, avec l'agrément de l'autorité compétente (54) ;
6° Du produit des rétributions perçues pour service rendu.

---

52. Indiquer sommairement dans cet article les règles d'organisation et de fonctionnement des établissements de l'association ainsi que les pouvoirs conférés aux personnes chargées de leur direction. Lorsque l'association comprend des comités locaux ne constituant pas des personnes morales distinctes d'elle-même, ses statuts doivent indiquer également les règles d'organisation et de fonctionnement de ces comités et préciser quels sont leurs rapports avec le conseil d'administration de l'association. Ils doivent contenir, en outre, la disposition suivante : les comités locaux peuvent être créés par délibération du conseil d'administration approuvée par l'assemblée générale et notifiée au commissaire de la République dans le délai de huitaine.
53. Mentionner ici les capitaux mobiliers faisant partie de la dotation au moment de la demande.
54. Quêtes, conférences, tombolas, loteries, concerts, bals et spectacles, *etc.* autorisés au profit de l'association.

Article 16.

Il est tenu une comptabilité faisant apparaître annuellement un compte de résultat, un bilan et, le cas échéant une ou plusieurs annexes.

Chaque établissement de l'association doit tenir une comptabilité distincte qui forme un chapitre spécial de la comptabilité d'ensemble de l'association (55).

Il est justifié chaque année auprès du préfet du département, du ministre de l'Intérieur et du ministre (56) .... de l'emploi des fonds provenant de toutes les subventions accordées au cours de l'exercice écoulé.

IV. Modification des statuts et dissolution

Article 17.

Les statuts peuvent être modifiés par l'assemblée générale sur la proposition du conseil d'administration ou sur la proposition du dixième des membres dont se compose l'assemblée générale.

Dans l'un et l'autre cas, les propositions de modifications sont inscrites à l'ordre du jour de la prochaine assemblée générale, lequel doit être envoyé à tous les membres de l'assemblée au moins .... jours à l'avance.

L'assemblée doit se composer du quart au moins des membres en exercice. Si cette proportion n'est pas atteinte, l'assemblée est convoquée de nouveau, mais à quinze jours au moins d'intervalle, et cette fois, elle peut valablement délibérer, quel que soit le nombre des membres présents ou représentés.

Dans tous les cas, les statuts ne peuvent être modifiés qu'à la majorité des deux tiers des membres présents ou représentés.

Article 18.

L'assemblée générale, appelée à se prononcer sur la dissolution de l'association et convoquée spécialement à cet effet, dans les conditions prévues à l'article précédent, doit comprendre, au moins, la moitié plus un des membres en exercice.

Si cette proportion n'est pas atteinte, l'assemblée est convoquée de nouveau, mais à quinze jours au moins d'intervalle, et cette fois, elle peut valablement délibérer, quel que soit le nombre des membres présents ou représentés.

Dans tous les cas, la dissolution ne peut être votée qu'à la majorité des deux tiers des membres présents ou représentés.

---

55. Lorsque l'association possède ou se propose de créer des comités locaux, cette règle doit être étendue par une disposition des statuts.
56. Indiquer le(s) ministre(s) au département duquel (desquels) ressortit l'association.

Article 19.

En cas de dissolution, l'assemblée générale désigne un ou plusieurs commissaires, chargés de la liquidation des biens de l'association. Elle attribue l'actif net à un ou plusieurs établissements analogues, publics ou reconnus d'utilité publique, ou à des établissements visés à l'article 6, alinéa 2, de la loi du 1er juillet 1901.

Article 20.

Les délibérations de l'assemblée générale prévues aux articles 17, 18 et 19 sont adressées, sans délai, au ministre de l'Intérieur et au ministre (57)
....

Elles ne sont valables qu'après approbation du Gouvernement.

V. Surveillance et règlement intérieur

Article 21.

Le .... (58) doit faire connaître dans les trois mois, à la préfecture du département ou à la sous-préfecture de l'arrondissement où l'association a son siège social, tous les changements survenus dans l'administration ou la direction de l'association (59).

Les registres de l'association et ses pièces de comptabilité sont présentés sans déplacement, sur toute réquisition du ministre de l'Intérieur ou du préfet, à eux-mêmes ou à leur délégué ou à tout fonctionnaire accrédité par eux.

Le rapport annuel et les comptes – y compris ceux des comités locaux – sont adressés chaque année au préfet du département, au ministre de l'Intérieur et au ministre de .... (60).

Article 22.

Le ministre de l'Intérieur et le ministre (60) .... ont le droit de faire visiter par leurs délégués les établissements fondés par l'association et de se faire rendre compte de leur fonctionnement.

Article 23.

Le règlement intérieur (61) préparé par le conseil d'administration et adopté par l'assemblée générale est adressé à la préfecture du département. Il ne peut entrer en vigueur qu'après approbation du ministre de l'Intérieur.

---

57. Indiquer le(s) ministre(s) au département duquel (desquels) ressortit l'association.
58. Membre du bureau chargé de la représentation de l'association en justice et dans les actes de la vie civile.
59. Pour les changements de personnes, mention doit être faite, par référence à l'article 5 de la loi du 1er juillet 1901, tel que modifié par l'article premier de la loi n° 81-909 du 9 octobre 1981, des noms, professions, domiciles et nationalités.
60. Cf. *supra,* note 50.
61. Le règlement intérieur qui, dans le strict respect des statuts, ne fait que compléter ceux-ci, et ne saurait en rien être confondu avec le règlement intérieur prévu par le Code du travail, est facultatif.

**Annexe. – Pièces à produire (62) à l'appui de la demande
de reconnaissance d'utilité publique d'une association**

1° L'extrait de la délibération de l'assemblée générale autorisant la demande de reconnaissance d'utilité publique, avec indication du nombre des membres présents (63) ;

2° L'extrait du *Journal officiel,* contenant la déclaration de l'association ;

3° Un exposé indiquant :

a) L'origine, le développement, les conditions de fonctionnement, le but d'intérêt public de l'association ;

b) Le cas échéant, l'organisation et le fonctionnement des comités locaux ainsi que leurs rapports avec l'association ;

4° La liste des établissements de l'association avec indication de leur siège *(s'il y a lieu)* ;

5° Les statuts de l'association en dix exemplaires, dont trois au moins paraphés à chaque page et signés sous le dernier article ;

6° Une note justifiant les différences entre les statuts soumis et les statuts types *(s'il y a lieu)* ;

7° Les listes des membres du bureau, du conseil d'administration et de l'association, avec indication de leur âge, nationalité, profession et domicile ;

8° Les comptes de résultats et bilans des trois derniers exercices et le budget de l'cxcrcice courant ;

9° Un état de l'actif et du passif avec indication :

a) Pour les immeubles, de leurs situation, contenance et valeur ;

b) Pour les titres, de leur valeur en capital (certificat bancaire à l'appui).

Formule 17. – Statuts de fédération d'associations sollicitant la reconnaissance d'utilité publique.

> *Les statuts des associations qui sollicitent la reconnaissance d'utilité publique doivent être conformes aux statuts types élaborés par le Conseil d'Etat* (supra, *p. 68, n° 152).*

> *Cette conformité est imposée non seulement en ce qui concerne le libellé du texte des statuts, mais également pour l'ordre des articles et leur numérotage.*

> *Nous publions ci-après un modèle de statuts proposé aux associations revêtant la forme d'unions d'associations et sollicitant la reconnaissance d'utilité publique par l'administration dans la brochure JO n° 1068.*

---

62. En deux exemplaires certifiés sincères et véritables par les signataires de la demande (sauf les statuts).

63. Dans l'intérêt des associations, et pour faciliter l'examen des demandes de reconnaissance d'utilité publique, il est recommandé que l'assemblée générale délègue à deux de ses membres le droit de consentir les modifications aux statuts qui pourraient être demandées par l'administration ou le Conseil d'Etat.

Si l'association doit émettre des obligations, on introduira dans le modèle proposé les clauses spécifiques figurant dans la formule 3 ci-dessus, aux articles 16, 20, 21, 23, 25, 26 et 27.

I. But et composition de l'association

Article premier.

L'association dite « Fédération (64) .... » fondée en .... groupe des associations régies par la loi de 1901 ayant pour but ....

Elle a pour objet (65) ....

Sa durée est :
– fixée à (66) ....
– illimitée (66) ....
Elle a son siège social à(67) ....

Article 2.

Les moyens d'action de la fédération sont (68) ....

Article 3.

La fédération se compose des fédérations adhérentes qui devront être agréées par le conseil d'administration.

La fédération comprend en outre (69) à titre individuel des membres (70).

....

Les associations adhérentes contribuent au fonctionnement de la fédération selon les modalités ci-après (71) ....

Pour les membres de la fédération à titre individuel, la cotisation annuelle est de ...., pour les membres .... de ...., pour les membres ...., *etc.*

---

64. S'il s'agit d'une association qui regroupe des associations déjà constituées en « Fédération », le terme à retenir est celui « d'Union ».
65. Les statuts précisent notamment ici, le cas échéant, les services communs organisés par la fédération au profit des associations adhérentes.
66. Supprimer l'une des deux mentions. En cas de durée limitée, indiquer le nombre d'années prévu pour cette durée ou l'événement dont la réalisation doit entraîner la dissolution de l'association.
67. Indiquer seulement le nom de la commune et du département, sans mentionner la rue, ni le numéro.
68. A titre d'exemples : publications, expositions, conférences et cours, bourses, concours, prix et récompenses, secours, gestion d'établissements, organisation de comités locaux.
69. Eventuellement.
70. A titre d'exemples : membres fondateurs, donateurs, bienfaiteurs, d'honneur, honoraires, qui peuvent être des personnes physiques ou des personnes morales. Dans une fédération, les membres à titre individuel n'ont qu'une place marginale, statutairement définie.
71. Il convient de préciser ici les éléments de cette contribution annuelle et son mode de calcul.

La cotisation peut être rachetée en versant une somme fixée forfaitairement à .... F.

Les contributions et les cotisations annuelles peuvent être relevées par décision de l'assemblée générale.

Le titre de membre (72) .... peut être décerné par le conseil d'administration aux personnes qui rendent ou qui ont rendu des services signalés à la fédération. Ce titre confère aux personnes qui l'ont obtenu le droit de faire partie de l'assemblée générale sans être tenues de payer une cotisation annuelle.

Article 4.

La qualité de membre de la fédération se perd :

a) Pour une association :
1°   Par le retrait décidé par celle-ci conformément à ses statuts ;
2°   Par la radiation prononcée, pour motifs graves ou refus de contribuer au fonctionnement, par le conseil d'administration, sauf recours à l'assemblée générale. Le président de l'association est préalablement appelé à fournir ses explications.

b) Pour un membre à titre individuel :
1°   Par la démission ;
2°   Par la radiation prononcée, pour non-paiement de la cotisation ou pour motifs graves, par le conseil d'administration, sauf recours à l'assemblée générale. Le membre intéressé est préalablement appelé à fournir ses explications.

II. Administration et fonctionnement

Article 5.

La fédération est administrée par un conseil composé de .... membres (73) appartenant à une association adhérente et désignés selon les modalités suivantes (74).

En cas de vacance, il est pourvu le plus rapidement possible à une nouvelle désignation (75).

Les pouvoirs des membres ainsi élus prennent fin à l'époque où devrait normalement expirer le mandat des membres remplacés.

---

72.   D'honneur ou honoraire.
73.   Le chiffre de 30 paraît un maximum.
74.   Les statuts fixent les règles de désignation en prévoyant, le cas échéant, une représentation par secteurs d'activité regroupés dans la fédération ou par région géographique. Sauf exception, c'est l'assemblée générale qui procède à ces désignations au scrutin secret.
75.   La fédération peut également indiquer dans ses statuts que, lors de chaque renouvellement du conseil d'administration, il est désigné un certain nombre d'administrateurs suppléants destinés à remplacer les membres qui viendraient à cesser d'exercer leurs fonctions avant l'expiration de leur mandat.

Le renouvellement du conseil a lieu (76) ....

Les membres sortants sont rééligibles (77).

Chaque administrateur peut détenir un pouvoir en sus du sien.

Le conseil choisit parmi ses membres, au scrutin secret, un bureau composé d'un président, d'un ou .... vice-présidents (78), d'un ou .... secrétaires, d'un trésorier et d'un trésorier adjoint.

Le bureau est élu pour .... ans (79).

Article 6.

Le conseil se réunit une fois au moins tous les six mois et chaque fois qu'il est convoqué par son président ou sur la demande du quart des membres de la fédération.

La présence du tiers au moins des membres du conseil d'administration est nécessaire pour la validité des délibérations.

Il est tenu procès-verbal des séances.

Les procès-verbaux sont signés par le président et le secrétaire. Ils sont établis sans blancs, ni ratures, sur des feuillets numérotés et conservés au siège de la fédération.

Article 7.

Les membres du conseil d'administration ne peuvent recevoir aucune rétribution à raison des fonctions qui leur sont confiées.

Des remboursements de frais sont seuls possibles. Il doivent faire l'objet d'une décision expresse du conseil d'administration, statuant hors de la présence des intéressés ; des justifications doivent être produites qui font l'objet de vérifications.

Les agents rétribués de la fédération peuvent être appelés par le président à assister, avec voix consultative, aux séances de l'assemblée générale et du conseil d'administration.

Article 8.

L'assemblée générale de la fédération comprend (80) ....

---

76. Le renouvellement peut avoir lieu soit intégralement, soit par moitié, tiers, quart ou cinquième, suivant la durée du mandat.
77. Les statuts peuvent prévoir que le nombre de mandats consécutifs est limité.
78. De un à trois, sauf cas exceptionnel.
79. La durée du mandat des membres du bureau ne saurait excéder la durée de leurs fonctions au conseil.
80. Les statuts fixent la représentation des associations et déterminent les modalités selon lesquelles est calculé le nombre des voix qui leur sont allouées.
    Sauf exception, les personnes membres à titre individuel de la fédération ont accès à l'assemblée générale et peuvent participer aux débats.

Elle se réunit .... (81) et chaque fois qu'elle est convoquée par le conseil d'administration ou sur la demande du quart au moins de ses membres représentant au moins le quart des voix.

Son ordre du jour est réglé par le conseil d'administration.

Elle choisit son bureau qui peut être celui du conseil d'administration.

Elle entend les rapports sur la gestion du conseil d'administration, sur la situation financière et morale de la fédération.

Elle approuve les comptes de l'exercice clos, vote le budget de l'exercice suivant, délibère sur les questions mises à l'ordre du jour et pourvoit, s'il y a lieu, au renouvellement des membres du conseil d'administration (82).

Il est tenu procès-verbal des séances.

Les procès-verbaux sont signés par le président et le secrétaire. Ils sont établis sans blancs, ni ratures, sur des feuillets numérotés et conservés au siège de l'association.

Chaque membre présent ne peut détenir plus de .... pouvoirs en sus du sien (83).

Le rapport annuel et les comptes sont adressés chaque année à tous les membres de la fédération.

Sauf application de l'article précédent, les agents rétribués de la fédération n'ont pas accès à l'assemblée générale.

Article 9.

Le président représente la fédération dans tous les actes de la vie civile. Il ordonnance les dépenses. Il peut donner délégation dans des conditions qui sont fixées par le règlement intérieur (84).

En cas de représentation en justice, le président ne peut être remplacé que par un mandataire agissant en vertu d'une procuration spéciale.

Les représentants de la fédération doivent jouir du plein exercice de leurs droits civils.

Article 10.

Les délibérations du conseil d'administration relatives aux acquisitions, échanges et aliénations d'immeubles nécessaires au but poursuivi par la fédération, constitutions d'hypothèques sur lesdits immeubles, baux excédant neuf années, aliénations de biens rentrant dans la dotation et emprunts doivent être approuvées par l'assemblée générale.

---

81. L'assemblée doit se réunir au moins une fois par an.
82. Le vote par correspondance peut être prévu en ce qui concerne les élections.
83. Il est recommandé de prévoir entre 5 et 10 pouvoirs par membre présent.
84. Le règlement intérieur est facultatif.

Article 11.

Les délibérations du conseil d'administration relatives à l'acceptation des dons et legs ne sont valables qu'après approbation administrative donnée dans les conditions prévues par l'article 910 du Code civil, l'article 7 de la loi du 4 février 1901 et le décret n° 66-388 du 13 juin 1966 modifié.

Les délibérations de l'assemblée générale relatives aux aliénations de biens mobiliers et immobiliers dépendant de la dotation, à la constitution d'hypothèques et aux emprunts, ne sont valables qu'après approbation administrative.

Article 12 (85).

....

....

III. Dotation, ressources annuelles

Article 13.

La dotation comprend :

1° Une somme de (86) .... constituée en valeurs placées conformément aux prescriptions de l'article suivant ;

2° Les immeubles nécessaires au but recherché par la fédération ainsi que des bois, forêts ou terrains à boiser ;

3° Les capitaux provenant des libéralités, à moins que l'emploi immédiat n'en ait été autorisé ;

4° Les sommes versées pour le rachat des cotisations ;

5° Le dixième au moins, annuellement capitalisé, du revenu net des biens de la fédération ;

6° La partie des excédents de ressources qui n'est pas nécessaire au fonctionnement de la fédération pour l'exercice suivant.

Article 14.

Tous les capitaux mobiliers, y compris ceux de la dotation, sont placés en titres nominatifs, en titres pour lesquels est établi le bordereau de références nominatives prévu à l'article 55 de la loi n° 87-416 du 17 juin 1987 sur l'épargne ou en valeurs admises par la Banque de France en garantie d'avance.

Article 15.

Les recettes annuelles de la fédération se composent :

1° Du revenu de ses biens à l'exception de la fraction prévue au 5° de l'article 13 ;

---

85. Indiquer dans cet article comment s'établissent les liens entre les associations et la fédération et quels sont les organes de coordination qui sont institués.

86. Mentionner ici les capitaux mobiliers faisant partie de la dotation au moment de la demande.

2°   Des cotisations et souscriptions de ses membres ;

3°   Des subventions de l'Etat, des régions, des départements, des communes et des établissements publics ;

4°   Du produit des libéralités dont l'emploi est autorisé au cours de l'exercice ;

5°   Des ressources créées à titre exceptionnel et, s'il y a lieu, avec l'agrément de l'autorité compétente (87) ;

6°   Du produit des rétributions perçues pour service rendu.

Article 16.

Il est tenu une comptabilité faisant apparaître annuellement un compte de résultat ou d'exploitation, le résultat de l'exercice et un bilan (88).

Chaque établissement de l'association doit tenir une comptabilité distincte qui forme un chapitre spécial de la comptabilité d'ensemble de la fédération (89).

Il est justifié chaque année auprès du préfet du département, du ministre de l'Intérieur et du ministre (90) .... de l'emploi des fonds provenant de toutes les subventions accordées au cours de l'exercice écoulé.

IV. Modification des statuts et dissolution

Article 17.

Les statuts ne peuvent être modifiés que par l'assemblée générale sur la proposition du conseil d'administration ou sur la proposition du dixième des membres dont se compose l'assemblée générale représentant au moins le dixième des voix.

Dans l'un et l'autre cas, les propositions de modifications sont inscrites à l'ordre du jour de l'assemblée générale, lequel doit être envoyé aux associations membres au moins .... à l'avance.

L'assemblée doit se composer de la moitié au moins des membres en exercice représentant la moitié au moins des voix. Si cette proportion n'est pas atteinte, l'assemblée est convoquée de nouveau, mais à quinze jours au moins d'intervalle et, cette fois, elle peut valablement délibérer, quel que soit le nombre des membres présents ou représentés.

Dans tous les cas, les statuts ne peuvent être modifiés qu'à la majorité des deux tiers des membres présents ou représentés.

---

87.   Quêtes, conférences, tombolas, loteries, concerts, bals et spectacles, *etc.* autorisés au profit de la fédération.

88.   Si la fédération a recours au nouveau plan comptable, indiquer : un bilan, un compte de résultat et une annexe.

89.   Lorsque la fédération possède ou se propose de créer des comités locaux, cette règle doit être étendue par une disposition des statuts.

90.   Indiquer le(s) ministre(s) au département duquel (desquels) ressortit la fédération.

Article 18.

L'assemblée générale, appelée à se prononcer sur la dissolution de la fédération et convoquée spécialement à cet effet, dans les conditions prévues à l'article précédent, doit comprendre, au moins, la moitié plus un des membres en exercice représentant la moitié plus une des voix.

Si cette proportion n'est pas atteinte, l'assemblée est convoquée de nouveau, mais à quinze jours au moins d'intervalle, et cette fois, elle peut valablement délibérer, quel que soit le nombre des membres présents ou représentés.

Dans tous les cas, la dissolution ne peut être votée qu'à la majorité des deux tiers des membres présents ou représentés.

Article 19.

En cas de dissolution, l'assemblée générale désigne un ou plusieurs commissaires, chargés de la liquidation des biens de la fédération. Elle attribue l'actif net à un ou plusieurs établissements analogues, publics ou reconnus d'utilité publique, ou à des établissements visés à l'article 6, alinéa 2, de la loi du 1er juillet 1901.

Article 20.

Les délibérations de l'assemblée générale prévues aux articles 17, 18 et 19 sont adressées, sans délai, au ministre de l'Intérieur et au ministre .... (91).

Elles ne sont valables qu'après approbation du Gouvernement.

V. Surveillance et règlement intérieur

Article 21.

Le .... (92) doit faire connaître dans les trois mois, à la préfecture du département ou à la sous-préfecture de l'arrondissement où la fédération a son siège social, tous les changements survenus dans l'administration ou la direction de la fédération (93).

Les registres de la fédération et ses pièces de comptabilité sont présentés sans déplacement, sur toute réquisition du ministre de l'Intérieur ou du préfet, à eux-mêmes ou à leur délégué ou à tout fonctionnaire accrédité par eux.

Le rapport annuel et les comptes, y compris ceux des comités locaux, sont adressés chaque année au préfet du département, au ministre de l'Intérieur et au ministre de .... (94).

---

91. Indiquer le(s) ministre(s) au département duquel (desquels) ressortit la fédération.
92. Membre du bureau chargé de la représentation de la fédération en justice et dans les actes de la vie civile.
93. Pour les changements de personnes, mention doit être faite, par référence à l'article 5 de la loi du 1er juillet 1901, tel que modifié par l'article premier de la loi n° 81-909 du 9 octobre 1981, des noms, professions, domiciles et nationalités.
94. Cf. *supra,* note 84.

Article 22.

Le ministre de l'Intérieur et le ministre .... (cf. *supra*, note 91) ont le droit de faire visiter par leurs délégués les établissements fondés par la fédération et de se faire rendre compte de leur fonctionnement.

Article 23.

Le règlement intérieur (95) préparé par le conseil d'administration et adopté par l'assemblée générale est adressé à la préfecture du département. Il ne peut entrer en vigueur qu'après approbation du ministre de l'Intérieur.

Annexe. – Pièces à produire (96) à l'appui de la demande de reconnaissance d'utilité publique d'une fédération d'associations

1° L'extrait de la délibération de l'assemblée générale autorisant la demande de reconnaissance d'utilité publique, avec indication du nombre des présents (97) ;

2° L'extrait du *Journal officiel,* contenant la déclaration de la fédération ;

b) L'organisation et le fonctionnement des comités locaux ainsi que leurs rapports avec la fédération ;

4° La liste des établissements de la fédération avec indication de leur siège *(s'il y a lieu)* ;

5° Les statuts de la fédération en dix exemplaires, dont trois au moins paraphés à chaque page et signés sous le dernier article ;

6° Une note justifiant les différences entre les statuts soumis et les statuts types *(s'il y a lieu)* ;

7° Les listes des membres du bureau, du conseil d'administration et de la fédération, avec indication, en ce qui concerne les personnes physiques, de leurs âge, nationalité, profession et domicile ; en ce qui concerne les associations, de la date du décret qui les a reconnues d'utilité publique ou du numéro du *Journal officiel* contenant l'extrait de leur déclaration ;

8° Les bilans et comptes de résultats des trois derniers exercices et le budget de l'exercice courant ;

9° Un état de l'actif et du passif avec indication :

a) Pour les immeubles, de leur situation, contenance et valeur ;

b) Pour les titres, de leur valeur en capital (certificat bancaire à l'appui).

---

95. Le règlement intérieur, qui, dans le strict respect des statuts, ne fait que compléter ceux-ci et ne saurait en rien être confondu avec le règlement intérieur prévu par le Code du travail, est facultatif.
96. En deux exemplaires certifiés sincères et véritables par les signataires de la demande (sauf les statuts).
97. Dans l'intérêt des fédérations, et pour faciliter l'examen des demandes de reconnaissance d'utilité publique, il est recommandé que l'assemblée générale délègue à deux de ses membres le droit de consentir les modifications aux statuts qui pourraient être demandées par l'administration ou le Conseil d'Etat.

Formule 18. – Attestation de don.

cerfa
N° **30-2370**   ARTICLE 238 bis-5 DU CODE GÉNÉRAL DES IMPÔTS

DONS

NUMÉRO D'ORDRE DU REÇU

BÉNÉFICIAIRE

Nom _____

Adresse n°_____ rue _____

Code postal | | | | | | commune _____

Objet _____
_____
_____

Le cas échéant, cochez la ou les cases concernées :

- Association ou fondation reconnue d'utilité publique ou fiscalement assimilée en matière de dons.
  - ☐ reconnue d'utilité publique   par décret du _____ *J.O.* du _____
  - ☐ autorisée à recevoir des dons   par décision du _____
    et legs   délivrée par _____
- Etablissement d'enseignement supérieur ou artistique privé, à but non lucratif
  - ☐ agréé par décision du _____
- Versement
  - ☐ justifié dans le cadre du compte de campagne d'un candidat à l'élection à la Présidence de la République ou à l'Assemblée nationale
  - ☐ affecté à la fourniture gratuite de repas

DONATEUR

Nom _____

Adresse n° _____ rue _____

Code postal | | | | | | commune _____

Le bénéficiaire reconnaît avoir reçu à titre de don, la somme de_____
_____ F

Somme en toutes lettres_____

Date du paiement_____

Date et signature

Mode de versement

☐ Numéraire   ☐ Chèque   ☐ Autres
(sauf dans le cadre du   ou virement
compte de campagne)

(Format minimum : 10 × 21 cm ; format maximum : 21 × 30,5 cm)

III. – FONDATIONS

Formule 19. – Statuts de fondation sollicitant la reconnaissance d'utilité publique (98).

I. But de la fondation

Article premier.

L'établissement dit .... fondé en .... a pour but de ....
Il a son siège à ....

Article 2.

Les moyens d'action de la fondation sont (99) : ....

II. Administration et fonctionnement

Article 3.

La fondation est administrée par un conseil composé de .... (100) membres dont .... nommés par le fondateur et renouvelés par lui (101) et après son décès par le conseil lui-même (102) désignés de la manière suivante (103) :

Les membres du conseil sont nommés pour ..... ans et renouvelés par .... tous les ..... ans.

Lors du prochain renouvellement, les noms des membres sortants sont désignés par la voie du sort.

---

98. Formule de la Direction générale de la Préfecture de Paris : brochure *JO* n° 1351.
99. A titre d'exemples : bulletins, publications, mémoires, conférences et cours, écoles, musées et expositions, bourses, pensions, concours, prix et récompenses, secours, *etc.*
100. Il est désirable que le nombre des membres du conseil d'administration soit de douze au maximum.
101. Ou « par le fondateur pour la première fois, et ensuite ».
102. Un tiers au moins.
103. On ne saurait admettre que le conseil d'administration puisse, dans son ensemble, se recruter par lui-même. Un pareil système serait de nature à présenter de graves inconvénients, spécialement dans des établissements qui, n'étant pas constitués sous forme d'association, sont privés du contrôle que peut exercer l'assemblée générale des sociétaires. Il est donc nécessaire de recourir à des combinaisons qui permettent à des éléments nouveaux de fusionner avec les anciens pour rectifier, s'il y a lieu, le fonctionnement de l'institution. Parmi les combinaisons, il convient d'indiquer les suivantes, à titre d'exemples :
1° Membres de droit (préfet, maire, délégués des conseils municipaux, des commissions administratives des établissements de bienfaisance) ;
2° Membres choisis par le conseil dans des catégories de personnes déterminées ;
3° Adjonction au conseil pour l'élection de ses membres d'un certain nombre de personnes représentant, à titre divers, certaines activités de service public ou privé : dans ce cas, toutes les élections doivent être faites par le collège électoral ainsi composé ;
4° Nomination de certains membres par le préfet du département.

Le règlement intérieur fixe les conditions dans lesquelles il est procédé au renouvellement des membres du conseil.

Les pouvoirs des membres sortants peuvent être renouvelés (104).

En cas de décès ou de démission d'un membre du conseil d'administration, il sera pourvu à son remplacement dans les deux mois. La durée des fonctions de ce nouveau membre prend fin à l'époque où aurait normalement expiré le mandat de celui qu'il remplace.

Article 4.

Le conseil choisit parmi ses membres un bureau composé d'un ou .... vice-président(s) [105] d'un ou .... secrétaire(s), d'un trésorier et d'un trésorier-adjoint.

Le bureau est élu pour .... ans (106).

Article 5.

Le conseil se réunit une fois au moins tous les six mois et chaque fois qu'il est convoqué par son président ou sur la demande du quart de ses membres.

La présence de la majorité des membres en exercice du conseil d'administration est nécessaire pour la validité des délibérations. Si le quorum n'est pas atteint, il est procédé à une nouvelle convocation dans des conditions qui sont précisées par le règlement intérieur. Le conseil peut alors valablement délibérer si le tiers au moins de ses membres sont présents.

Il est tenu un procès-verbal des séances, lequel est signé du président et du secrétaire.

Les agents rétribués de la fondation peuvent être appelés par le président à assister, avec voix consultative, aux séances du conseil d'administration.

Article 6.

Toutes les fonctions de membre du conseil d'administration et de membre du bureau sont gratuites.

III. Attributions

Article 7.

Le conseil d'administration entend le rapport que le bureau doit présenter annuellement sur la situation financière et morale de l'établissement.

---

104. Les statuts peuvent prévoir une limite de la durée des mandats, variable au surplus, le cas échéant, selon les conditions de nomination des membres du conseil et selon les fonctions exercées.
105. Préciser le nombre.
106. La durée du mandat ne peut excéder la durée des fonctions du conseil.

Il reçoit, discute et approuve, s'il y a lieu, les comptes de l'exercice clos, qui lui sont présentés par le trésorier, avec pièces justificatives à l'appui.

Il vote le budget de l'exercice suivant sur les propositions du bureau et délibère sur toutes les questions mises à l'ordre du jour.

Le bureau instruit toutes les affaires soumises au conseil d'administration et pourvoit à l'exécution de ses délibérations.

Le rapport annuel sur la situation de l'établissement, ainsi que les budgets et comptes, sont adressés chaque année au préfet du département, au ministre de l'Intérieur et au ministre de .... (107).

Article 8.

Le président représente la fondation dans tous les actes de la vie civile. Il ordonnance les dépenses. Il peut donner délégation dans des conditions qui sont fixées par le règlement intérieur.

En cas de représentation en justice, le président ne peut être représenté que par un mandataire agissant en vertu d'une procuration spéciale.

Les représentants de la fondation doivent jouir du plein exercice de leurs droits civils.

Le trésorier encaisse les recettes et acquitte les dépenses. Les comptes de sa gestion sont soumis à l'approbation préfectorale.

Article 9.

Les délibérations du conseil d'administration relatives aux aliénations de biens mobiliers et immobiliers dépendant de la dotation, à la constitution d'hypothèques et aux emprunts, ne sont valables qu'après approbation administrative.

Les délibérations du conseil d'administration relatives à l'acceptation des dons et legs ne sont valables qu'après l'approbation administrative donnée dans les conditions prévues par l'article 910 du Code civil, l'article 7 de la loi du 4 février 1901 et par le décret n° 66-388 du 13 juin 1966, modifié par le décret n° 70-222 du 17 mars 1970.

IV. Dotation et ressources annuelles

Article 10.

La dotation comprend (108) ......, le tout formant l'objet de (109) ...... fait par (110) .... en vue de la reconnaissance de (111) .... comme établissement d'utilité publique.

---

107. Indiquer le ministre du département duquel ressort l'établissement.
108. Indiquer la composition de la dotation.
109. Indiquer la nature de l'acte.
110. Nom du fondateur.
111. Indiquer la nature de l'établissement.

Elle est accrue du produit des libéralités autorisées sans affectation spéciale ainsi que du .... (112) de l'excédent des ressources annuelles.

Article 11 (113).

....

Article 12.

Les ressources annuelles de la fondation se composent :
1°   Du revenu de la dotation ;
2°   Des subventions qui peuvent lui être accordées ;
3°   Du produit des libéralités dont l'emploi est autorisé ;
4°   Du produit des ressources créées à titre exceptionnel et, s'il y a lieu, avec l'agrément de l'autorité compétente (114) ;
5°   Du produit des rétributions perçues pour service rendu.

Il est justifié chaque année auprès du préfet du département, du ministre de l'Intérieur et du ministre de .... (115) de l'emploi des fonds provenant de toutes les subventions sur fonds publics accordées au cours de l'exercice écoulé.

V. Modification des statuts et dissolution

Article 13.

Les présents statuts ne pourront être modifiés qu'après deux délibérations du conseil d'administration prises à deux mois d'intervalle et à la majorité des trois quarts des membres en exercice.

Article 14.

En cas de dissolution ou en cas de retrait de la reconnaissance d'utilité publique, le conseil d'administration désigne un ou plusieurs commissaires chargés de la liquidation des biens de la fondation. Il attribue l'actif net à un ou plusieurs établissements analogues, publics ou reconnus d'utilité publique ou à des établissements visés à l'article 35 de la loi du 14 janvier 1933.

Ces délibérations sont adressées, sans délai, au ministre de l'Intérieur et au ministre de .... (115).

Dans le cas où le conseil d'administration n'aurait pas pris les mesures indiquées, un décret interviendrait pour y pourvoir. Les détenteurs de fonds, titres et archives appartenant à la fondation, s'en dessaisiront valablement entre les mains du commissaire désigné par ledit décret.

---

112.   Le pourcentage est au moins du dixième.
113.   Cet article fixe les règles d'emploi et de gestion de la dotation.
114.   Quêtes, conférences, tombolas, loteries, concerts, bals, spectacles, *etc.,* autorisés au profit de l'établissement.
115.   Indiquer le ministre du département duquel ressort l'établissement.

Article 15.

Les délibérations du conseil d'administration prévues aux articles 13 et 14 ne sont valables qu'après l'approbation du Gouvernement.

VI. Règlement intérieur et surveillance

Article 16.

Le règlement intérieur adopté par le conseil d'administration est adressé à la préfecture du département. Il arrête les conditions de détails nécessaires pour assurer l'exécution des présents statuts. Il ne peut entrer en vigueur qu'après approbation du ministre de l'Intérieur.

Article 17.

Le ministre de l'Intérieur et le ministre de .... (116) auront le droit de faire visiter par leurs délégués les divers services dépendant de l'établissement et de se faire rendre compte de leur fonctionnement.

Annexe : Pièces à produire

1° Exposé indiquant :
– le but de l'œuvre ;
– les services qu'elle peut rendre ;
2° L'acte authentique constituant la dotation ;
3° Un projet de budget ;
4° Douze exemplaires des statuts ;
5° Liste des membres du conseil d'administration.

Note. – Les dispositions particulières que les fondateurs croient devoir introduire dans les présents statuts trouveront leur place dans les articles qui s'en rapprochent le plus.

Si ces dispositions ont un caractère purement temporaire, elles feront l'objet d'un chapitre final.

Formule 20. – Modèles de testament au profit de la Fondation de France (117).

Pour léguer tout ou partie de son patrimoine

Modèle A : En cas de legs universel (legs de la totalité de la succession, déduction faite des frais et des legs particuliers).

---

116. Indiquer le ministre du département duquel ressort l'établissement.
117. Extraits d'une brochure « Fondation de France : Fondations, donations et legs », p. 24.

Je soussigné(e) ....

Institue pour ma légataire universelle la Fondation de France, à charge pour elle d'affecter le produit de la vente des biens dépendants de ma succession à :

.... (118)

Ce testament révoque toutes dispositions antérieures.

Fait à ...., le ....
Entièrement écrit, daté et signé de ma main.

Date et signature.

Modèle B *: En cas de legs particulier (legs d'un ou plusieurs biens déterminés).*

Je soussigné(e) ....

Institue pour mon légataire universel Monsieur ou Madame ...., sous réserve des biens énumérés ci-dessous .... que je lègue à la Fondation de France, à charge pour elle d'affecter le produit de la vente des biens à :

.... (118)

Ce testament révoque toutes dispositions antérieures.

Fait à ...., le ....
Entièrement écrit, daté et signé de ma main.

Date et signature.

Pour créer une fondation avec capital

Modèle C *: En cas de legs universel (legs de la totalité de la succession, déduction faite des legs particuliers).*

Je soussigné(e) ....

Institue pour ma légataire universelle la Fondation de France, à charge pour elle de gérer au mieux mon capital et d'en affecter les revenus ainsi qu'il suit :

.... (118)

Ce testament révoque toutes dispositions antérieures.

Fait à ...., le ....
Entièrement écrit, daté et signé de ma main.

Date et signature.

---

118. Indiquer ici le domaine d'intervention que vous avez choisi (aide aux personnes handicapées, aux personnes âgées, à la recherche scientifique, au tiers monde, à la préservation d'un site ou d'un village, à la création d'un prix en faveur de telle ou telle action, etc.).

Modèle D : En cas de legs particulier (legs d'un ou plusieurs biens déterminés).

Je soussigné(e) ....

Institue pour mon légataire universel Monsieur ou Madame ...., sous réserve des biens énumérés ci-dessous .... que je lègue à la Fondation de France, à charge pour elle de gérer au mieux mon capital et d'en affecter les revenus ainsi qu'il suit :

.... (119)

Ce testament révoque toutes dispositions antérieures.

Fait à ...., le ....
Entièrement écrit, daté et signé de ma main.

Date et signature.

Formule 21. – Statuts de fondation d'entreprise (120).

Formule extraite du Joly Sociétés, Formulaire.

Les soussignés (121) :

1° Société A .... *(dénomination)*

SA au capital de .... F

Siège social : ....

RCS .... B ....

Représentée par M. ...., PDG, habilité aux termes d'une délibération du conseil d'administration du .... ;

2° Société B *(id.)* ;

3° Société C *(id.)*,

Ont établi les statuts ci-après de la fondation d'entreprise qu'elles constituent :

Article premier. – Forme.

Il est créé une fondation d'entreprise régie par la loi n° 87-571 du 23 juillet 1987, les textes pris pour son application, et par les présents statuts.

---

119. Indiquer ici le domaine d'intervention que vous avez choisi (aide aux personnes handi-capées, aux personnes âgées, à la recherche scientifique, au tiers monde, à la préserva-tion d'un site ou d'un village, à la création d'un prix en faveur de telle ou telle action, etc.).

120. L. n° 90-559, 4 juillet 1990 : *Bull. Joly,* 1990, p. 729, § 210 et commentaire Y. Streiff : *Bull. Joly,* 1990, p. 835, § 259 ; également A. Gobin : *JCP,* éd. N, 1990, I, p. 449 ; modi-fiant la loi n° 87-571, 23 juillet 1987 : *Bull. Joly,* 1987, p. 601, § 247 et commentaire A. Couret : *Bull. Joly,* 1987, p. 753 ; D. n° 91-1005, 30 septembre 1991 : *Bull. Joly,* 1991, p. 993.
Les références à ces textes seront indiquées sous la forme : L., art... et D., art...

121. Peuvent seules être fondateurs les personnes morales visées à L., art. 19.

Article 2. − Dénomination.

La dénomination est : « Fondation d'entreprise .... ».

Article 3. − Siège.

Le siège est fixé à : .... *(adresse).*

Article 4. − Objet.

La fondation d'entreprise a pour objet .... *(réalisation d'une œuvre d'intérêt général, à but non lucratif)* [122].

Article 5. − Durée.

La durée de la fondation d'entreprise est de .... années (123). Elle pourra être prorogée pour une période d'égale durée, à la majorité des *(par exemple :* deux tiers) des fondateurs.

Les fondateurs ne participant pas à une éventuelle prorogation s'interdisent de se prévaloir, directement ou indirectement, de la fondation d'entreprise .... *(dénomination).*

Article 6. − Dotation initiale.

La dotation initiale est de .... F (124), fournie, savoir :

1. Par la société A ...., à concurrence de .... F, ... F au moyen *(par exemple)* de l'affectation d'un immeuble sis à ..., rue ..., n° ...., cadastré section ...., aux termes d'un acte reçu par Mᵉ ...., notaire à .... du ....
2. Par la société B ...., à concurrence de .... F, ... F au moyen de versements en numéraire ;
3. Par la société C ...., à concurrence de .... F, ... F au moyen de ....

Total .... F

Les fonds apportés demeureront consignés entre les mains de Mᵉ ...., notaire à .... (*ou :* de la Banque, *ou autre tiers*) jusqu'à ce que la fondation jouisse de la capacité juridique.

Article 7. − Engagements pluriannuels (125).

Les soussignés s'engagent à contribuer à un programme d'action sur .... années, d'un montant de .... F (126).

---

122. L., art. 19.
123. La durée, nécessairement limitée, ne peut être inférieure à cinq ans : L., art. 19-2.
124. Le montant minimum de la dotation initiale est fonction du programme d'action pluriannuel. Minimum : 200 000 F ; D., art. 7.
125. Montant minimum : 2 000 000 F : D., art. 7.
126. Les versements peuvent s'étaler sur une période maximale de cinq ans, quand bien même le programme aurait une durée plus longue : L., art. 19-7, al. 3. Le calendrier des versements doit figurer aux statuts : D., art. 3.

A ce titre, les soussignés s'engagent à verser, savoir :
1. La société A ...., ... F dont .... F *(préciser la périodicité ou l'échéance des versements).*
2. La société B ...., ... F *(id.).*
3. La société C ...., ... F *(id.).*

Chaque fondateur a fourni une caution bancaire garantissant le respect dudit engagement ; lesdites cautions demeureront ci-après annexées (127).

Article 8. – Ressources.

Les ressources de la fondation d'entreprise se composent (128) :
– des versements des fondateurs, à l'exception de la dotation initiale ;
– des subventions de l'Etat, des collectivités territoriales et de leurs établissements publics ;
– du produit des rétributions pour services rendus ;
– des revenus de la dotation initiale et de ses ressources.

Toutes les valeurs mobilières sont placées en titres nominatifs, en titres pour lesquels est établi le bordereau de références nominatives prévu par l'article 55 de la loi n° 87-416 du 17 juin 1987 sur l'épargne ou en valeurs admises par la Banque de France en garanties d'avances (129).

Article 9. – Administration.

La fondation d'entreprise est administrée par un conseil, composé de .... membres au moins et de .... membres au plus, dont :
– .... représentant les fondateurs (130) ;
– .... représentant le personnel des fondateurs ou de la fondation (131) ;
– .... personnalités qualifiées dans ses domaines d'intervention (132).

Les membres du conseil sont désignés ainsi (133) :
– les fondateurs : chaque fondateur dispose, en permanence, d'au moins un siège au conseil ;
– les représentants du personnel sont désignés à la majorité des administrateurs fondateurs, sur une liste de .... noms au moins pour chaque société et la fondation d'entreprise, établie après avis du comité d'entreprise ou des délégués du personnel. Ces représentants doivent toujours appartenir au moins à deux sociétés ;
– les personnalités qualifiées sont désignées à la majorité des seuls fondateurs.

---

127. L., art. 19-7. Le contrat de caution est à joindre à la demande d'autorisation : D., art. 2.
128. L., art. 19-8. Les fondations d'entreprise ne peuvent recevoir des dons ou des legs, ni faire appel à la générosité publique. Par ailleurs, n'étant pas visées par l'article 1ᵉʳ de la loi n° 85-698 du 11 juillet 1985, elles ne sont pas autorisées à émettre des obligations.
129. L., art. 19-3.
130. Deux tiers au plus : L., art. 19-4.
131. Deux tiers au plus avec les fondateurs : L., art. 19-4.
132. Un tiers au moins : L., art. 19-4.
133. Il s'agit d'un exemple.

Les membres du conseil sont désignés pour .. ans et renouvelés à raison de ... membres par année, suivant un ordre déterminé, pour la première fois par tirage au sort, et ensuite, d'après l'ancienneté de nomination.

Les administrateurs sont toujours rééligibles.

En cas de décès ou démission d'un administrateur, il est pourvu à son remplacement dans les deux mois. Le nouveau membre demeure en fonction pour le temps restant à courir du mandat de son prédécesseur.

Les membres du conseil exercent leurs fonctions à titre gratuit. Les dépenses engagées par eux dans l'intérêt de la fondation leur seront remboursées sur justificatifs.

Article 10. – Bureau du conseil.

Chaque année le conseil nomme, parmi ses membres, un président, un vice-président, un trésorier et un secrétaire, lesquels sont toujours rééligibles.

Article 11. – Réunions et délibérations du conseil.

1. Le conseil d'administration se réunit au moins tous les .... mois sur la convocation de son président ou de .... *(la moitié, le quart)* de ses membres et aussi souvent que l'intérêt de la fondation l'exige, soit au siège, soit en tout autre endroit du consentement de la moitié au moins des administrateurs.

L'ordre du jour est fixé par l'auteur de la convocation. Tout administrateur peut demander à ce qu'une ou plusieurs questions soient inscrites à l'ordre du jour.

2. Le conseil peut être convoqué par tous moyens, au moins jours avant la réunion.

3. Le conseil est présidé par le président, à défaut par le vice-président, à défaut le conseil élit son président de séance.

4. Le conseil ne délibère valablement que si la moitié au moins de ses membres sont présents. Les administrateurs émargent un registre des présences en entrant en séance. Un administrateur ne peut se faire représenter que par un autre administrateur. Les délibérations sont adoptées à la majorité des administrateurs présents ou représentés.

Toutefois, les modifications statutaires, la majoration du programme d'action pluriannuel et la prorogation de la fondation sont décidées à la majorité des deux tiers des seuls fondateurs.

5. Les délibérations du conseil sont constatées par des procès-verbaux établis sur un registre spécial, qui peut être le même que le registre des présences, et signés du président et du secrétaire.

Article 12. – Pouvoirs du conseil.

Le conseil est investi des pouvoirs les plus étendus pour prendre toutes décisions dans l'intérêt de la fondation d'entreprise.

Il décide des actions en justice, vote le budget, approuve les comptes et décide des emprunts.

Le président représente la fondation en justice et dans les rapports avec les tiers.

Article 13. — Exercice social.

L'exercice social a une durée d'une année. Il commence le .... et se termine le ....

Article 14. — Comptes sociaux.

Le conseil établit chaque année un bilan, un compte de résultats et une annexe.

Le cas échéant (134), il établit également une situation de l'actif réalisable et disponible et du passif exigible, un compte de résultat prévisionnel, un tableau de financement et un plan de financement.

Ces documents sont analysés dans des rapports écrits sur l'évolution de la fondation d'entreprise, établis par le conseil d'administration, et communiqués au commissaire aux comptes et à l'autorité de tutelle.

Article 15. — Contrôle des comptes.

Le contrôle des comptes est assuré par un ou plusieurs commissaires aux comptes, titulaires et suppléants.

Est nommé commissaire aux comptes, pour une durée de .... ans :
— titulaire : M. ....
— suppléant : M. ....

Article 16. — Dissolution - Liquidation.

1. La fondation d'entreprise est dissoute par l'arrivée du terme, le retrait de l'autorisation, ou par le retrait de l'ensemble des fondateurs, sous réserve qu'ils aient intégralement payé les sommes qu'ils se sont engagés à verser.

2. En cas de dissolution, un liquidateur est nommé par le conseil d'administration ou par décision de justice si le conseil n'a pu procéder à cette nomination ou si la dissolution résulte du retrait d'autorisation (135).

La nomination du liquidateur est publiée au *Journal officiel* (136).

3. Le liquidateur attribue les ressources non employées de la fondation d'entreprise et la dotation initiale à un ou plusieurs établissements publics ou reconnus d'utilité publique, dont l'action est analogue à celle de la fondation d'entreprise dissoute.

---

134. L., art. 19-9, en fonction du seuil de ressources fixé par D., art. 8, à 4 000 000 F.
135. Tribunal de grande instance du siège de la fondation à la requête de tout intéressé ou du Ministère public : D., art. 15.
136. A l'initiative, selon le cas, du président de la fondation après accord du conseil, ou du liquidateur : D., art. 16. Aux frais de la fondation : D., art. 17.

Article 17. – Premier conseil d'administration.

Sont désignés comme premiers administrateurs :

1. Au titre des fondateurs :

M. .... *(nom, prénom, profession, domicile, nationalité)* [137], pour la société A ....

M. .... *(id.)* pour la société B.

M. .... *(id.)* pour la société C.

2. Au titre des représentants du personnel :

M. .... *(id.).*

M. .... *(id.).*

3. Au titre des personnalités qualifiées :

M. .... *(id.).*

M. .... *(id.).*

M. .... *(id.).*

Article 18. – Pouvoirs.

Tous pouvoirs sont donnés à M. ...., à l'effet d'accomplir toutes démarches et formalités en vue de l'obtention de l'autorisation prévue à l'article 19-1 de la loi n° 87-571 du 23 juillet 1987 (138).

Article 19. – Condition suspensive.

Les présents statuts sont établis sous la condition suspensive de l'obtention de l'autorisation prévue à l'article 19-1 de la loi n° 87-571 du 23 juillet 1987 (139).

                                        Fait à ...., le ....
                                        En ...... originaux.

---

137. D., art. 2.

138. La demande d'autorisation est déposée à la préfecture du siège de la fondation d'entreprise ; elle mentionne la dénomination de la fondation d'entreprise, son siège et sa durée, les noms, prénoms, profession, domicile et nationalité des administrateurs, ainsi que les raisons sociales, les dénominations, les sièges et les activités des fondateurs. Sont joints à la demande les statuts, l'acte d'apport de la dotation initiale et les cautionnements : D., art. 2.

139. On rappelle que l'autorisation peut être tacite : L., art. 19-1 et D., art. 6. A défaut de décision expresse du préfet dans les quatre mois du dépôt de la demande, les fondateurs adressent au ministère de l'Intérieur le récépissé de dépôt de la demande délivré par le préfet, et le ministre assure, dans le mois, et aux frais de la fondation, la publication au *Journal officiel.*

INDEX ALPHABÉTIQUE

Les chiffres romains renvoient aux titres
et les chiffres arabes aux numéros

Société coopérative, I-17.

Statuts d'association, I-44 à I-55 :
   Contenu, I-45 à I-55 ;
   Forme, I-44.

Syndicat professionnel, I-18.

T

Transformation, I-127 à I-133, IV-23.

TVA, IV-20 à IV-23.

U

Union d'associations, I-77 à I-80.

V

Valeurs mobilières :
   v° Association émettant des valeurs mobilières.

BIBLIOGRAPHIE

I. Livres, monographies, ouvrages divers

Les associations : un droit à revoir ? Principes, apparences, réalités.
Colloque organisé par la Compagnie régionale des commissaires aux comptes, Versailles, décembre 1990.

Les congrégations et la reconnaissance légale.
Colloque organisé par la Faculté de droit canonique de l'Institut catholique de Paris et l'Université de Paris-XI, mai 1991.

P. ALAMIGEON, *Les associations cultuelles, instrument de la propriété ecclésiastique en France,* mémoire de licence, 1981.

E. ALFANDARI, *Les associations et fondations en Europe,* Juris-service, 1990.

R. BRICHET, *Associations et syndicats,* Litec, 1992.

P. FREY, *Associations d'Alsace-Moselle,* Juris-service, 1993.

J. KERLEVÉO, *L'église catholique en régime français de séparation,* éd. Desclée et Cie, 1956.

P. LE CANNU, *Prévention et règlement amiable des difficultés des entreprises,* GLN Joly éd., 1988.

D. LEPELTIER, E. BUTTET, G. LESGUILLIER, *Les groupements d'intérêt économique : GIE, GEIE,* GLN Joly éd., 1990.

D. LINOTTE, *Recherches sur la notion d'intérêt général en droit administratif,* Thèse, Bordeaux, 1975.

J. MANDRIN, *L'Enarchie ou les mandarins de la société bourgeoise,* éd. Table ronde, 1981.

M. POMEY, *Traité des fondations d'utilité publique,* PUF, 1980.

A. RIVET, *Traité du culte catholique,* 1950, t. II.

G. SOUSI, *Les associations,* Dalloz, 1987.

Cl. WITZ, *La fiducie en droit privé français,* Economica, 1981.

II. Articles et notes de jurisprudence

E. ALFANDARI, « Le patrimoine de l'entreprise sous forme associative » : *Mélanges Derruppé,* Litec et GLN Joly, 1991, p. 265.

E. ALFANDARI, obs. sous Cass. 1re civ., 8 novembre 1978 : *RTD com.,* 1979, p. 487.

E. ALFANDARI, note sous CA Paris, 21 avril 1986 : *Rev. sociétés,* 1987, p. 90.

E. ALFANDARI, intervention au colloque « Les associations : un droit à revoir ? », Versailles, décembre 1990.

E. ALFANDARI et M. JEANTIN, obs. sous Cass. 1re civ., 10 juillet 1979 : *RTD com.,* 1980, n° 11, p. 112.

E. ALFANDARI et M. JEANTIN, obs. sous Cass. 1re civ., 5 février 1980 : *RTD com.,* 1981, p. 102.

E. ALFANDARI et M. JEANTIN, obs. sous CA Versailles, 23 mars 1982 : *RTD com.,* 1983, p. 571.

E. ALFANDARI et M. JEANTIN, note sous CA Paris, 1re ch. A, 25 septembre 1990 : *RTD com.,* 1991, p. 247.

A. BATTEUR, « Le changement de nature juridique des personnes morales » : *Petites affiches,* 27 juillet 1992, p. 12.

P. CHASSAGNADE-BELMIN, « Les apports aux associations » : *Journ. not.,* 1958, p. 585.

P. CHAUVEAU, note sous Cass. 1re civ., 5 février 1980 : *JCP,* 1980, II, 19461.

J. CHEVALIER, « L'intérêt général dans l'administration française » : *RJDA,* 1975, IV.

A. COURET, « La loi sur l'épargne » : *Bull. Joly,* 1987, p. 429.

A. COURET, « La loi sur le mécénat » : *Bull. Joly,* 1987, p. 753.

F. GÉNY, note sous Cass., 19 novembre 1940 : *S.* 1943.1.9.

A. GOBIN, « Evolution du droit des fondations » : *JCP,* éd. N, 1982, I, 246.

A. GOBIN et J.-L. MONOT, « Fondations : la nouvelle donne » : *JCP,* éd. N, 1987, p. 342.

Y. GUYON, « La loi du 11 juillet 1985 autorisant l'émission de valeurs mobilières par certaines associations » : *ALD,* 1986-33.

Y. GUYON, note sous CA Reims, 19 février 1980 : *JCP,* éd. G, 1981, II, 1946.

HARDOUIN, « Les apports aux associations » : *D.,* 1933, p. 140.

Th. HASSLER, note sous CA Paris, 1re ch. B, 26 octobre 1984 : *JCP,* éd. G, 1985, II, n° 20452.

M. JEANTIN, note sous CE, 9e et 8e s.s., req. n° 65917, 28 décembre 1988 : *Bull. Joly,* 1989, p. 364, § 135.

M. JEANTIN, note sous CE, 7e et 8e s.s., req. n° 84846, 20 juillet 1990 : *Bull. Joly,* 1990, p. 980, § 317 et p. 1015, § 326.

M. JEANTIN, note sous CA Versailles, 13e ch., 3 mai 1990 : *Bull. Joly,* 1990, p. 648, § 180.

J. KERLEVÉO, « Nouvelles dispositions législatives concernant les diocésains et les congrégations » : *DS.,* 1970, p. 109, chron. XXIV.

W. LE BRAS, « Les fondations étrangères en France » : *Bull. Joly,* 1982, p. 1007.

R. LINDON, note sous TGI Paris, 23 octobre 1984 : *D.,* 1985, J, p. 31.

R. LINDON, note sous TGI Paris, 28 janvier 1985 : *D.,* 1985, J, p. 129.

Christine MAYER, « L'immatriculation des associations au répertoire des métiers », *Juris-assoc.,* 1990, n° 49, p. 17.

A.-H. MESNARD, « Les associations et le service public culturel » : *AJDA,* 1980, p. 172.

J. MORANGE, intervention au colloque « Les congrégations et la reconnaissance légale », mai 1991.

J.-P. NEGRIN, « Les associations administratives » : *AJDA,* 1980, p. 129.

R. PLAISANT, « Les dénominations des associations » : *Gaz. Pal.,* 1982, I, p. 33.

R. PLAISANT, note sous TC Rennes, 31 janvier 1978 : *Rev. sociétés,* 1978, 779.

R. PLAISANT, note sous Cass. 1re civ., 10 juillet 1979 : *Rev. sociétés,* 1980, p. 586.

M. POMEY, « Le contrôle par le Conseil d'Etat des associations reconnues d'utilité publique » : *EDCE,* n° 32.

Ph. REIGNE, « Les valeurs mobilières émises par les associations » : *Rev. sociétés,* 1989, p. 3.

Th. RENOUX, note sous Cass. crim., 3 janvier 1983 : *D.,* 1984, J, 615.

M. REVILLARD, « L'exercice par les associations étrangères d'une activité en France » : *Dr. sociétés,* juillet 1991, p. 1.

B. SAINTOURENS, note sous CA Paris, 1re ch. A, 11 octobre 1988 : *Bull. Joly,* 1989, p. 340, § 116.

J. SARRUT, note sous Cass., ch. réunies, 11 mars 1914 : *DP,* 1914, 257.

A. SIMON, intervention au colloque « Les associations : un droit à revoir ? » Versailles, décembre 1990.

H. SOULEAU, note sous CA Nancy, 28 avril 1976 : *Defrénois,* 1977, art. 31396.

Y. STREIFF, « Le droit civil au secours de la transmission des entreprises, l'avant-projet de loi sur la fiducie » : *Petites affiches,* 9 mai 1990, n° 56, n° spécial.

R. THÉRY, « L'octroi d'un monopole à une association » : *Dr. sociétés,* 1969, p. 409.

J.-L. TROUSSET, « Pouvoir et responsabilité dans les associations » : *JCP,* éd. E, 1984, II, n° 14268.

TABLE DES MATIÈRES

Chapitre premier

Constitution de l'association

Section 1. — **Membres**

Section 2. — **Objet**

Section 3. — **Apports et autres ressources**

§ *1. Apports*

§ *2. Droits d'entrée et cotisations*

Section 4. — **Forme et énonciations des statuts**

Pages

Chapitre II

Fonctionnement de l'association

Chapitre III

Modifications statutaires

Chapitre IV

Dissolution - Liquidation

Chapitre V

Associations reconnues d'utilité publique

Chapitre VI

Objet et statuts particuliers

TITRE II

FONDATIONS

Chapitre premier

Fondations reconnues d'utilité publique

Chapitre II

Les comptes de fondation

Chapitre III

Fondations d'entreprise

TITRE III

CONGRÉGATIONS ET ASSOCIATIONS CULTUELLES

TITRE IV

RÉGIME FISCAL

Chapitre premier

Régime fiscal des associations

Chapitre II

Régime fiscal des fondations

fabrègue s.a.

saint-yrieix - limoges - paris

rimeur 10611-5-94 — Dépôt légal mai 1994

Conflict: 1
achèvement d'imprimer : 1
mer : footi.d 34 — tirage légal dan 199